Thomas Jung
Die Seinsgebundenheit des Denkens

Thomas Jung (Dr. phil.) lehrt Soziologie an der Universität Oldenburg. Seine Forschungsfelder sind: Soziologie des Intellektuellen, Kultursoziologie und Kultursemiotik.

Thomas Jung

Die Seinsgebundenheit des Denkens

Karl Mannheim und die Grundlegung einer Denksoziologie

[transcript]

Bibliografische Information der Deutschen Bibliothek
Die Deutsche Bibliothek verzeichnet diese Publikation in der Deutschen Nationalbibliografie; detaillierte bibliografische Daten sind im Internet über http://dnb.ddb.de abrufbar.

Umschlaggestaltung & Innenlayout: Kordula Röckenhaus, Bielefeld
Herstellung: Justine Haida, Bielefeld
Druck: Majuskel Medienproduktion GmbH, Wetzlar
ISBN 978-3-89942-636-6

Gedruckt auf alterungsbeständigem Papier mit chlorfrei gebleichtem Zellstoff.

Besuchen Sie uns im Internet: *http://www.transcript-verlag.de*

Bitte fordern Sie unser Gesamtverzeichnis und andere Broschüren an unter: *info@transcript-verlag.de*

Inhalt

0. Vorwort

»Man muss im Denken vom Anderen affiziert sein.«
(Der Autor)

Es ist ein Wagnis, eine soziologische Denkweise aus der Zeit der soziologischen Klassiker, also aus der Entstehungsphase der deutschen Soziologie rehabilitieren zu wollen. Der soziologische Mainstream ist nicht so, dass man mit dem soziologischen Denken K. Mannheims reüssieren könnte. Allenfalls als »Begründer der deutschen Wissenssoziologie«, der mit M. Scheler zusammen »die Wissenssoziologie als eine eigenständige kritische Theorie des Denkens, Erkennens und Wissens« auf den Weg gebracht hat (H. Knoblauch, 2005, 100) wird das soziologische Denken K. Mannheims in Form von Einführungsbänden dargestellt und gewürdigt. Gleichwohl sollte man sich nochmals erinnern, was die genuine Grundfrage dieses Klassikers der Wissenssoziologie einmal war, um die weiterhin geltende Relevanz des Mannheim'schen Denkens anerkennen zu können. Die ursprüngliche Grundfrage K. Mannheims hat E. Lederer in knapper, aber sehr treffender Weise wie folgt umrissen:

»Da einmal ganz systematisch die Frage aufgeworfen wird [...]: woher kommt es, daß gerade dieses oder jenes in dieser Zeit gedacht, in dieser Zeit verstanden und gesehen werden kann, daß die Menschen, trotzdem sie immer denken, nicht immer dasselbe denken, trotzdem sie immer sehen, nicht immer dasselbe sehen, trotzdem sie immer verstehen, nicht immer dasselbe verstehen können? Ohne daß man sagen könnte, daß ein immanenter Entwicklungsprozeß des Denkens, Sehens und Verstehens vorliegt, in dem jeweils die eben erreichte Stufe unzweifelhaft höher liegt als die früheren.« (E. Lederer, 1982, 384)

Im Zuge der marxistisch fundierten Ideologiekritik ist die Mannheim'sche Beantwortung dieser Grundfrage, sowohl zu Lebzeiten K. Mannheims als auch während der Reaktualisierung seiner Schriften in den gesellschaftskritischen Debatten der siebziger Jahre des vorigen Jahrhunderts, als Forschungsprogrammatik einer Ideologieforschung angesehen worden, die sich konsequent »der ursprünglichen Marx'schen Intention«, nämlich »Wegweiser der kritisch-dialektischen Analyse menschlicher Selbstentfremdung« zu sein, entzogen hat (M. Djuric, 1979, 144). Diese Reklamation des Mannheim'schen Denkens für eine ideologiekritische Forschung stützte sich durchweg auf eine politische Lesart, vor allem des Buches »Ideologie und Utopie« (1985). Vergessen wurde dabei aber, dass diese Mannheim'sche Schrift auf die ideologischen Debatten der Weimarer Republik bezogen war, um dieser weltanschaulichen Debattenlage den Spiegel »*standortgebundener*« Denkenweisen vorzuhalten. Der Tenor des Buches wie auch dessen Vokabular hat der Lesart politisch motivierter Ideologiekritik in die Hände gespielt. So lautet z.B. eine zentrale Formulierung in diesem Buch, dass »die Entdeckung der seinsgebundenen Wurzel des Denkens also zunächst die Form der Enthüllung angenommen hat« (Ideologie und Utopie, 1985, 36). Der Begriff der »Enthüllung«, aber auch Argumente wie z.B., dass »eine geistige Denkhaltung einher geht mit Grundprinzipien gesellschaftlicher Lebensformen bzw. Seinslagen«, d.h., dass das Denken »analogen Strukturlagen im sozialen Raum entspricht« (Die Bedeutung der Konkurrenz im Gebiete des Geistigen, 1982, 348), haben der ideologiekritischen Verrechnung des Mannheim'schen Denkens Vorschub geleistet.

Erst mit den später zugänglich gewordenen Frühschriften K. Mannheims zur Kultursoziologie (vgl. Strukturen des Denkens, 1980) ist diese ideologiekritische Lesart K. Mannheims verschwunden. Was die kultursoziologischen Schriften wesentlich in den Vordergrund rücken, war von Anfang an das zentrale Anliegen des Mannheim'schen Denkens: den interferierenden Funktionszusammenhang von koexistentieller Sozialwelterfahrung und Denkweisen soziologisch interpretierbar zu machen. Diese Rekonstruktionsabsicht war grundsätzlicher angelegt als man durch die spätere wissenssoziologische Adaption der Mannheim'schen Vorgaben vermuten kann, denn K. Mannheims Skeptizismus ging weiter als nur bis zur wissenssoziologischen Aufdeckung von impliziten Sinn- oder Regelstrukturen, die in sozialen Alltagsvollzügen Wirklichkeitsmeinungen erzeugen. Der Mannheim'sche Denkskeptizismus ist in der wissenssoziologischen Weiterentwicklung weitgehend verblasst bzw.

verschwunden. Was jetzt gilt, ist Folgendes: Die wissenssoziologische Sinnanalyse hat sich thematisch auf kleine Sinnwelten und methodisch – wenn man sich z.B. an der wissenssoziologischen Hermeneutik orientiert, die noch aufs Engste mit der ursprünglichen Forschungsprogrammatik K. Mannheims zu verbinden ist – auf die soziologische Rekonstruktion von protokollierten Handlungs- und Interaktionsabläufen des Alltags einzugrenzen. Eine solche forschungspragmatische Kleinschreibung lag bzw. liegt nicht in der Ausgangsfrage, die K. Mannheim mit seinem soziologischen Denken inaugurieren wollte. Rekurriert man nochmals auf seine zugrundeliegenden Intention – insbesondere repräsentiert in seinen kultursoziologischen Schriften –, so ging es ihm elementarer um ein soziologisches Verstehen der korrelationalistischen Formensprache, die sich zwischen bestehenden Denk- bzw. Erkenntnisweisen (in der Form »*konjunktiven Erkennens*«) und den historisch gegebenen Seinsweisen (in der Form kollektiv-existentieller Erlebenszusammenhänge) ausdrückt. Dahinter stand aber die weitergehende Intention seines soziologischen Denkens, die ein Ausdruck seiner denk- bzw. erkenntniskritischen Skepsis war: nämlich, dass das Denken in den Sozialwelten von gemeinschaftlichen Lebensformen sein ursprüngliches Fundament und seine Genese hat. Diese denk- bzw. erkenntnisskeptische Grundhaltung wird in den drei zentralen Stichworten, die K. Mannheim als neue Aufgabenstellung des modernen soziologischen Denkens formuliert hat, sehr deutlich. Er hebt als dritte und wichtige Aufgabenstellung hervor, dass »drittens die Tendenz, unsere Erkenntnistheorie, die bisher die gesellschaftliche Natur des Denkens nicht genügend berücksichtigte, zu revidieren« ist (Ideologie und Utopie, 1985, 45). Diese erkenntniskritische Revision, die im Kern eine neue Lesart der soziologischen Schriften K. Mannheims entlang einer Philosophie der Art und »Weisen der Welterzeugung« (N. Goodman, 1990) herausfordert, steht noch aus, weil sie eben durch den Kanon wissenssoziologischer Rezeptionsweisen verdeckt ist.

Die Faktizität der prinzipiellen *Seinsgebundenheit des Denkens*, von der K. Mannheim – sowohl durch seinen biografischen Lebensweg als auch durch den Kanon seiner eigenen philosophischen Rezeptionen nachvollziehbar – überzeugt war, ist von der wissenssoziologischen Weiterentwicklung niemals als *nachkantischer Einspruch* gegen den Primat subjekt- bzw. individualtheoretischer Begründungen für die soziologische Theoriebildung kultiviert worden. Grundsätzlicher kann man auch sagen, dass das soziologische Verstehen kollektiver bzw. gemeinschaftlicher *Weltanschauungen* (einschließlich der darin ausgedrückten kollektiven Handlungs-, Denk- wie Willensintentionalitäten) in der soziologischen Theoriebildung deshalb vernachlässigt wurde, weil es heute weitgehend einem *methodologischen* wie *ontologischen Individualismus* auch anhängt. Dessen Annahme ist ja, dass das Gemeinsame des Seins (in Form der sozialen Lebenswelt), des Denkens und des Handelns letztlich auf subjektiven Intentionalitäten (die der Konstitutionsgrund der heterogenen Formen intersubjektiver Kopplungsprozesse sind) beruht. Das Moment der gemeinschaftlichen Sozialerfahrung im Sinne einer vorgängigen *Wir-Bewusstseinsstruktur*, oder wie K. Mannheim es intentionalistisch als »gemeinsame Weltwollung« formulierte, ist – bis auf die marxistische Soziologie (L. Goldmann, H. Lefebvre) und der E. Durkheim-Schule (M. Halbwachs) – kaum zum epistemologischen Ansatzpunkt der soziologischen Theoriebildung und ihres Verstehensansatzes erhoben worden. Nach wie vor gilt, dass M. Weber das Profil der verstehenden Sozialwissenschaft auf einen Handlungsbegriff gegründet hat, der keine Kollektivsubjekte kennt und »Kollektivgebilde« nur als Vorstellungsgehalte von Individuen einstuft:

> »Die Deutung des Handelns muß von der grundlegenden wichtigen Tatsache Notiz nehmen: daß jene dem Alltagsdenken [...] angehörenden Kollektivgebilde *Vorstellungen* von etwas teils Seiendem, teils Geltensollenden in den Köpfen realer Menschen [...] sind, an denen sich deren Handeln orientiert, und daß sie als solche eine ganz gewaltige, oft geradezu beherrschende, kausale Bedeutung für die Art des Ablaufs des Handelns der realen Menschen haben« (1968, 7).

Der Bruch mit einem *methodologischen* wie *ontologischen Individualismus* für eine soziologische Theoriebildung (einschließlich ihres Sinnverstehenskonzepts) ist aber m.E. bereits mit dem Mannheim'schen Konzept einer *denksoziologischen* Rekonstruktion von *Weltanschauungs-* und *Denkstilmustern* vorgezeichnet worden, in dem es K. Mannheim darum ging, die Soziogenese dieser Muster nicht an das denkende Subjekt, sondern an die *konjunktive Erfahrungsebene*, d.h. die koexistentiellen Erfahrungswelten von Kollektiven bzw. Gemeinschaften zurückzubinden. Mit dieser Form der soziologischen Analyse ist K. Mannheims Denkansatz originär und bis heute für die soziologische Theoriebildung ungebrochen aktuell.

Man muss folglich die soziologischen Schriften K. Mannheims nochmals lesen, um sie im vorgenannten Sinne als ein *denksoziologisches* Konzept zu begreifen, das gleichermaßen den synchronen wie diachronen Zusammenhang von Weltanschauungsmustern (»totale Ideologie«) und den dadurch präponierten Denkstilmustern der sozialen Wirklichkeitskonstruktionen aufdeckt. K. Mannheim hat – zumindest metadisziplinär – ein *denksoziologisches* Konzept inauguriert, das die durch Kant gegebene transzendentale Analyse der unabdingbaren Apriori von Erkenntnisleistungen durch eine *denksoziologisch* instrumentierte Erkenntniskritik ersetzt. Diese Erkenntniskritik, die sich eher als eine *denksoziologisch* umargumentierte Erkenntnisskepsis ausnimmt, soll die historischen wie weltanschaulichen Spaltungen zwischen dem *Denken* und dem *sozialen Sein* verstehbar machen, indem sie die agonalen, aber auch die synthetischen Formierungsprinzipien dieser Spaltungen als soziologische Funktionalitäten für das gesellschaftliche Sein der Menschen ausweist.

Der Rückbezug auf K. Mannheim, auf die wesentlichen Sinngehalte und Argumentationstopoi seines *denksoziologischen* Konzepts, das nur quer und gegen den Strich seiner wissens- und kultursoziologischen Schriften zu interpretieren ist, dient also nicht einer Musealisierung eines soziologischen Klassikers. K. Mannheim hat in seinem Aufsatz »Das Problem der Generationen« (1964) hellsichtig davon gesprochen, dass das »Absterben früherer Generationen im sozialen Geschehen dem nötigen Vergessen dient« (1964, 533). Gleichwohl kann über den generationsspezifischen Vergessenszusammenhang daran erinnert werden, dass in den klassischen Texten der frühen Soziologengeneration eine unterschwellige Wirkungskontinuität bestehen bleibt, die etwas zu bewahren trachtet, was sich heute in der soziologischen Fachdisziplin völlig entschlägt: Die begriffliche wie methodische Vitalität einer Hermeneutik des Sozialen, die das soziologische Achsenkreuz noch zwischen historischer Sinnrekonstruktion und sozialfunktionaler Sinnkritik von geltenden Denk- und Erkenntnisweisen spannte. Es ist keine pure Anhänglichkeit, wenn man Denktraditionen aufgreift, eher systematische Vergegenwärtigung eines Denkens, in der sich die Stimme der Denkskepsis als *denksoziologische* Kritik ausbuchstabiert hat.

Noch etwas in eigener Sache: Diese Interpretationsstudie ist über einen langen Zeitraum entstanden. Von daher trägt sie Spuren unterschiedlichster Intensität der Auseinandersetzung mit den Schriften K. Mannheims. Dieses wechselnde Nähe- und Distanzverhältnis zum Thema gehört aber notwendigerweise zur Natur langfristiger Schreibprozesse. Auf der langen Strecke seiner Produktivität wünscht sich jeder Autor zum Abschluss eine entlastende Korrektur. Für eine solche Hilfestellung danke ich besonders Eva van Leeuwen und Leo Farwick.

1. Einleitung

»Der Mensch ist nicht einsam, aber Denken ist einsam.«
(G. Benn)

Eine Einleitung sollte die Funktion haben das thematische Gelände abzustecken, den mit dem Thema gegebenen Untersuchungsfokus zu benennen, eine Übersicht über den argumentativen Aufbau zu liefern, aber auch die Intentionen, wie das gewählte Verfahren der Textinterpretation offen zu legen. Beginnen wir zunächst mit den zugrunde liegenden Intentionen:

Es geht in der Hauptsache um eine erneute, sehr textnahe Lektüre der wissens- und kultursoziologischen Schriften K. Mannheims. Dabei ist der Fokus dieser Wiederlektüre eine breit angelegte wie systematisch vorgehende Reinterpretation wesentlicher Begriffe, Argumentationstopoi und Begründungsmuster unter der leitenden Fragestellung, was K. Mannheim eigentlich mit der numinos klingenden Formel vom »*seinsgebundenen Denken*« denksoziologisch gemeint und konzeptualisiert hat. Es handelt sich insofern um eine Reinterpretation, weil sich diese stark begriffsanalytisch verfahrende Werkstudie zu K. Mannheim der wissensoziologischen Lesart, also der Einbettung der Schriften K. Mannheims als einem Vorläufer oder Klassiker der Wissenssoziologie entschlägt. Von daher ist diese Werkstudie auch keine schlichte Einführung in das Werk eines soziologischen Klassikers, der neben M. Scheler zu den Begründern der deutschen Wissenssoziologie gezählt wird. Sie ist aber auch keine erneute Reformulierung der Mannheim'schen Wissenssoziologie in Hinblick auf ihre Anschlussfähigkeit zum gegenwärtigen Mainstream der wissenssoziologischen Theoriediskussion. Einführungen und wissenssoziologische Adaptionen zu den Werken K. Mannheims gibt es inzwischen in ausreichender Anzahl; – da muss nichts mehr hinzugefügt werden.

Was hier versucht wird ist etwas anderes. Ausgehend von der Mannheim'schen Zentralkategorie vom *»seinsgebundenen Denken«* soll die Grundthese K. Mannheims, dass Erkennen und Denken letztlich sozialen Ursprungs und nicht letztbegründend in Subjektleistungen zu verorten sind, an den soziologischen Texten durchbuchstabiert werden. Dabei wird der begriffliche und thematische Textkorpus der primär soziologischen Schriften K. Mannheims dekomponiert, um die begriffliche, kategoriale und argumentative Grundstruktur als ein *denksoziologisches* Theoriekonzept K. Mannheims zu rekomponieren. Damit wird nicht nur terminologisch ein bewusst gewählter Abstand zur wissenssoziologischen Rezeption der soziologischen Schriften K. Mannheims ausgedrückt, sondern die *wissenssoziologische* Lesart zugunsten einer *denksoziologischen* Lesart der Texte K. Mannheims verschoben. Es geht also nicht um eine von K. Mannheim inaugurierte kritisch-soziologische Theorie des Wissens und der Wissensbestände, sondern vielmehr um die *denksoziologische* Ersetzung subjekttheoretischer Fundierung des Erkennens und Denkens durch die schlüssige Beantwortung zweier Fragen. Fragen, die für das soziologische Denken K. Mannheims ganz zentral waren: Wie ist die sozial gebundene Bewusstseinsstruktur, die sich in den unterschiedlich manifestierten Denkweisen ausdrückt, soziologisch beschreibbar, und wie ist der Zusammenhang dieser sozialen Bewusstseinsstruktur mit kollektiv wirksamen Weltanschauungen so vermittelt, dass er denksoziologisch begründbar bzw. rekonstruierbar ist? Diese *denksoziologische* Lesart der Mannheim'schen Texte ist die erste grundlegende Intention dieser Interpretationsstudie.

Eine andere, aber auch wesentliche Intention, bezieht sich auf eine Umschrift der Rezeption K. Mannheims als Ideologiekritiker. Wenn man davon ausgeht, dass das Grundmotiv der originären Denkweise K. Mannheims war, die Sozialität als letzte konstitutive Seinsweise des Menschen in den existierenden Denk- und Wissensformen soziologisch aufzudecken und interpretierbar zu machen, dann verblasst gewissermaßen eine Rezeption K. Mannheims als Ideologiekritiker. Die denksoziologische Ermittlung der Strukturmerkmale und Topoi des gemeinschaftlichen bzw. kollektiven Weltverstehens, des *konjunktiven* Weltinterpretationsmusters war K. Mannheim weit wichtiger als der – durch seine prominente Schrift »Ideologie und Utopie« (1985) – inaugurierte Ansatz, Partikularideologien in ihren politisch wirksamen Semantiken bzw. Wissensdiskursen festzustellen. Es ging ihm nicht nur einfach um die *»seinsverbundene«*

Perspektivität von unterschiedlichen Denk- und Wissensdiskursen als Ideologien; dies sind nur die inzwischen vorübergegangenen Rezeptionen K. Mannheims als Ideologiekritiker, wie sie in den politischen Weltanschauungsdebatten der zwanziger und siebziger Jahre des vergangenen Jahrhunderts aktuell und üblich waren. Eine Lesart der soziologischen Schriften K. Mannheims unter dem Siegel des Ideologiekritikers soll hier ausgeklammert werden. Dies heißt aber keinesfalls, dass der Mannheim'sche Ideologiebegriff in seiner denksoziologischen Funktionalität und in seiner systematischen Abgrenzbarkeit zu den Kategorien Weltanschauung und »*seinsgebundes Denken*« ausgespart wird. Vielmehr wird sein vormals politischer Argumentationsgehalt zugunsten der vorgenannten *denksoziologischen* Lesart suspendiert, um diesem Begriff seinen spezifisch begriffsanalytischen Ort und seine bedeutsame Funktionalität innerhalb der hier rekonstruierten Mannheim'schen Begriffsnomenklatur zuzuweisen. Pronociert könnte man auch sagen, dass der Mannheim'sche *Ideologiebegriff* in dieser Interpretationsstudie »kleingeschrieben« und der Mannheim'sche *Weltanschauungsbegriff* eher »großgeschrieben« wird, weil dieser – neben dem Begriff des *Denkstils* – im Vordergrund eines *denksoziologischen* Argumentationszusammenhangs steht. Im Kern heißt dies, dass K. Mannheim primär als soziologischer *Weltanschauungsanalytiker* und nicht als politischer Ideologiekritiker gelesen wird. Wenn man so will, ist dies die zweite grundlegende Intention dieser Interpretationsstudie.

Eine weitere, auch sehr wesentliche Intention kann ausgewiesen werden, wenn man sich klar macht, dass die so genannte Wissenssoziologie K. Mannheims prinzipiell in dreifacher Hinsicht zu lesen und zu rekonstruieren ist: erstens als eine empirisch-rekonstruktive Wissenssoziologie, die die im politischen Kampf vorfindlichen Ideologien und kollektiven Interessendiskurse aufhellen; zweitens als wissenschaftsgeschichtliche Rekonstruktion von historisch wirksamen Wissens- und Denkformen, um deren Bezug zu den veränderten geschichtlichen Existenzweisen aufzuzeigen und drittens als eine verkappte Philosophie der Erkenntnis- und Denkweise, die die »Weisen der Welterzeugung« (N. Goodman, 1990) nicht mehr im erkennenden Subjekt zentriert, sondern in den sozialen Erfahrungshintergründen von gemeinschaftlichen Lebensweisen. Man kann diese letzte Lesart als eine *metadisziplinäre* Lesart der soziologischen Schriften K. Mannheims bezeichnen, da es hier um den elementaren aber soziologisch ausweisbaren Funktionszusammenhang von kollektiven Denkweisen und »*konjunktiven*« Erkenntniserfahrungen geht. Die Stoßrichtung dieser *denksoziologischen* Funktionsanalyse ist im

Grunde die apokryphe Inschrift der originären Denkweise K. Mannheims, nämlich mittels dieser Funktionsanalyse bis zur letzten konstitutiven Seinsweise des Menschen vorzustoßen, wo sich das soziale Leben (nicht nur seine materiellen Strukturbedingungen!) elementar mit den Denk- und Bewusstseinsformen zu einer geistigen Formensprache verbindet. Die zentrale kultursoziologische Kategorie, die diesen Grundgedanken aufnimmt und umsetzen sollte, war für K. Mannheim der *Weltanschauungsbegriff*. Die *denksoziologische* Ermittlung der gemeinschaftlichen Strukturen und Topoi des Weltverstehens, der konjunktiven Weltinterpretationsmuster ist der eigentliche Nucleus des soziologischen Denkens K. Mannheims. Diese subtile Verbindung von *Weltanschauungsdenken* und *denksoziologischer* Funktionsanalyse ist eine durchgehende Signatur in den Texten K. Mannheims. Diese Signatur, verschlüsselt über die Zentralbegriffe *Weltanschauung* und *Denkstil*, im Mannheim'schen Textkorpus zu rekonstruieren, ist die dritte, auch grundlegende Intention dieser Interpretationsstudie zum soziologischen Denken K. Mannheims. In diesem Sinne betrachtet sie K. Mannheim durchgehend als soziologischen *Weltanschauungstheoretiker*.

Eine weitere Intention bezieht sich auf den philosophischen Hintergrund des soziologischen Denkens K. Mannheims. Will man sich auf die Art und Weise des soziologischen Denkens einlassen, mit der er versucht den sozialelementaren Funktionszusammenhang von Denk- und Seinsweisen mittels seiner *denksoziologischen* Argumente, Begriffe und Kategorien zu erfassen, so muss man sich auf den philosophischen Kontext einstellen, der für diese Argumente, Begriffe und Kategorien ausschlaggebend war bzw. immer noch ist. Kurz gesagt: Man muss K. Mannheims *denksoziologisches* Konzept auch begriffsphilosophisch lesen, um seine Formel vom »*seinsgebundenen Denken*« richtig zu verstehen und nicht wissenssoziologisch zu minimalisieren. Eine solche philosophische Lesart heißt aber nicht, dass unterstellt wird, K. Mannheim habe ein eigenes philosophisches System oder Konzept entwickelt, um seine *denksoziologische* Theorie metatheoretisch fundieren zu können. K. Mannheim hat sich aber auf die vielfältigen philosophischen Strömungen, die in den zwanziger und dreißiger Jahren des 20. Jahrhunderts reformuliert und diskutiert worden sind, so eingelassen, dass er sie für sein philosophisch inspiriertes Denken der Soziologie produktiv umgesetzt und umgewandelt hat. Diese Umsetzung mutet auf den ersten Blick wie ein Eklektizismus an, der sich aus damaligen philosophischen Werkstätten, wie z.B. der Phänomenologie, der philosophischen Evolutionslehre, der Lebensphilosophie W. Diltheys und dem Historismus bediente, um durch begriffliche Transformation auf die Soziologie, sein *denksoziologisches* Konzept zu entwickeln. Dieser unwillkürliche Eindruck verschwindet aber, wenn man davon ausgeht, dass K. Mannheims Denken im Kerngehalt um eine philosophische Soziologie des Sozialen kreiste. Eine philosophische Soziologie des Sozialen, die durch die prominent gewordenen Themata, wie z.B. die Ideologiekritik und/oder die Wissenssoziologie, eher verdeckt als aufgedeckt wurde. Einer philosophischen Imprägnation des soziologischen Vokabulars K. Mannheims folgt aber eine metadisziplinäre Lesart, die sich auf die »starken philosophischen Implikationen« (W. Hoffmann, 1996, 185) der Mannheim'schen Soziologie einlässt und sie reinterpretiert.

Diese philosophische Imprägnation ist aber nur eine Seite des soziologischen Denkens K. Mannheims. Eine andere ist, dass sein soziologischer Denkansatz das klassische, bis heute noch geltende Abhängigkeitsverhältnis zwischen Philosophie und Soziologie eliminieren wollte, und zwar so, »[...] daß das Verhältnis zwischen Erkenntnistheorie (Philosophie) und Soziologie nicht als ein Abhängigkeitsverhältnis, sondern als ein gegenseitiges Interdependenzverhältnis verstanden werden muß« (V. Meja/N. Stehr, 1982, 894). K. Mannheims Grundthese von der prinzipiellen »*Seinsgebundenheit*« des Denkens prospektiert nicht nur eine *denksoziologische* Forschungsprogrammatik von Denkstilen, sie greift auch ganz basal in den philosophischen Glauben von der erkenntnistheoretischen Reinheit des Denkens ein; solange es sich nur durch strenge Erkenntnisreflexion seiner apriorischen Bedingungen rational vergewissern wollte. Ausgangspunkt dieses kritischen Eingriffs ist die Überzeugung K. Mannheims, und man kann sie als die epistemologische Erkenntnisprämisse seines soziologischen Denkens bezeichnen, dass Erkennen und Denken ihre Quellen im kollektiven Erfahrungshaushalt haben. In sehr plastischer Sprache hat L. Gumplowicz diese These in seinem »Grundriß der Soziologie« (1905) beschrieben:

> »Denn erstens, was im Menschen denkt, das ist gar nicht er, sondern seine soziale Gemeinschaft. Die Quelle seines Denkens liegt gar nicht in ihm, sondern in der sozialen Atmosphäre, in der er lebt, in der er atmet, und er kann nicht anders denken als so, wie es aus den in seinem Hirn sich konzentrierenden Einflüssen der ihn umgebenden sozialen Umwelt mit Notwendigkeit ergibt« (1905, 268).

Dieser Rückbezug der Bewusstseinsleistungen auf die gemeinschaftlichen, d.h. sozialgebundenen Erlebenserfahrungen läuft nicht nur der traditionellen Erkenntnisphilosophie entgegen, die in der transzendentalen Analyse die unabdingbaren Apriori von Erkenntnisleistungen festschreiben wollte. Er soziologisiert auch – eben in der Form einer *Denksoziologie* – die Erkenntnistheorie, um die Spaltungen zwischen Denkformen und Seinsweisen, aber auch ihre zeitweiligen Synthesen synchron wie diachron nachvollziehbar zu machen. Die Beziehungen zwischen dem Denken und dem Sozialen, dem Kollektivbewusstsein und der existenziellen Seinsweise werden bei K. Mannheim durch das Prisma einer Disziplin rekonstruiert, die begrifflich gleichermaßen soziologisch wie philosophisch inspiriert und konzipiert ist, um letztlich die Funktionsleistungen menschlicher Erkenntnisweisen als »konjunktive Erkenntnisse« (K. Mannheim) auszuweisen. Die vierte grundlegende Intentionen dieser Interpretationsstudie der soziologischen Texte ist es also, den erkenntnistheoretischen und damit den philosophischen Hintergrund des soziologischen Denkens K. Mannheims auszuleuchten.

Mit dieser, auf die philosophische Imprägnation abhebende Intention, ist die fünfte Intention gekoppelt, einen begriffs- und argumentationssystematischen Zusammenhang herauszuarbeiten, den man für das *denksoziologische* Konzept K. Mannheims reklamieren kann. Zwar ist das soziologische Denken K. Mannheims philosophisch intoniert, es folgt aber keinem systematischen Anliegen. Dafür spricht u.a. die Form seiner Schriften, die einen mehr essayistischen Charakter haben. Dieser essayistischen Form folgt im Begründungsstil auch die Mannheim'sche Argumentationsweise – trotz ihres durchgehenden Gestus, Frage- und Problemstellungen durch ideengeschichtliche Rekurse und Verortungen zu beantworten und zu explizieren. Die folgende Interpretationsstudie versteht sich von daher als der Versuch, über begriffliche und kategoriale Variationen wie Differenzierungen, sowie entlang verschiedener thematischer Felder der *Denksoziologie* K. Mannheims, so etwas wie eine Systematik in den offenen Begründungs- und Argumentationszusammenhang dieses soziologischen Klassikers zu bringen. Hierzu ist es eben nötig den soziologischen Begründungszusammenhang begrifflich wie argumentativ zu dekomponieren, um sie unter dem *denksoziologischen* Leitthema des »*seinsgebundenen Denkens*« zu rekomponieren. Diese Intention, eine begriffliche Ordnung und analytische Trennschärfe in das offene Argumentationsmuster der Mannheim'schen Texte zu bringen, prägt die Struktur und den Darstellungscharakter der Interpretationsstudie im Ganzen.

Will man nun das thematische Gelände und damit den Untersuchungsfokus dieser Interpretationsstudie in komprimierter Weise abstecken, so hilft ein Verweis auf eine Einschätzung des Werkes K. Mannheims von R. Merton. In seiner Schrift »The Sociology of Knowledge« (1964) hat R. Merton ein grundlegendes Tableau von fünf verschiedenen Frageperspektiven herausgearbeitet, die die Denksoziologie K. Mannheims zentral anleiten. Diese Frageperspektiven sind:

- Die Rückführung der geistigen Schöpfungen auf ihre jeweilige Seinsbasis.
- Die soziologische Rekonstruktion bzw. Untersuchung der mannigfaltigen Ausdrucksformen dieser geistig-kulturellen Schöpfungen.
- Die spezifischen Verbindungen, die zwischen den geistigen Produkten und der Seinsbasis bestehen.
- Die jeweilige soziale Funktionalität der vom Sein bestimmten geistigen Schöpfungen.
- Letztlich die Bedingungen, unter denen die zugerechneten Beziehungen gültig sind.

Auf diese Frageperspektiven, die so etwas wie einen systematischen Zusammenhang zur Interpretation der soziologischen Schriften K. Mannheims vorgeben, versucht diese Interpretationsstudie umfassende Antworten zu geben. Dies geschieht, durch ein systematisches Abarbeiten und Ausdifferenzieren der von K. Mannheim vorgegebenen Kategorien und Begrifflichkeiten, aber auch durch die Reinterpretation seiner Begründungen anhand einer – nur implizit gegebenen – *denksoziologischen* Argumentationsweise. Der Fokus dieser Uminterpretation in systematischer Absicht ist der Mannheim'sche Denktopos des »*seinsgebundenen Denkens*«.

Auf der Basis dieser thematischen Fokussierung ergibt sich für diese Interpretationsstudie folgender inhaltlicher Aufbau:

Der *biografische Teil*, das Kapitel 2, stellt keine Ergötzlichkeit in der Form dar, dass man nun endlich wissen will, wer eigentlich K. Mannheim war, welche intellektuelle Entwicklung er durchlaufen und wie sich ein soziologisches Forscherleben in der ersten Hälfte des vorigen Jahrhunderts bis zu seinem Tod durchgehalten hat. Vielmehr legt dieses umfangreiche biografische Kapitel das Interesse auf die »intellektuelle Ortlosigkeit« von K. Mannheim fest, um damit einen biografisch geistigen Hintergrund zu entfalten, der verständlich machen soll, wieso K. Mannheim so gedacht hat wie es sich in seiner *denksoziologischen* Überformung letztlich ausgedrückt hat. Gewissermaßen wird die Form des »*seinsgebundenen Denkens*« anhand biografischer Materialien und Interpretationen eruiert, damit die originäre Denkweise K. Mannheims – in Entsprechung zu seiner sozialhistorischen, mentalitätsgebundenen und zeitgeistigen Existenzweise – deutlich wird. Da mit diesem biografischen Entwurf keine empirischen Ansprüche auf eine gewesene Faktizität gelebten Lebens erhoben werden, ist das ganze Kapitel in der Tempusform Präsens abgefasst, um zu verdeutlichen, dass dieser biografische Teil nichts anderes ist als eine retrograde Vergegenwärtigung des intellektuellen Denkhabitus K. Mannheims durch den Autor.

Das Kapitel 3 widmet sich ganz der *epistemologischen Grundlegung* der *Denksoziologie* K. Mannheims. Hier wird der erkenntnistheoretische und damit der philosophische Gehalt des Mannheim'schen Denkens thematisiert. Dieses Kapitel nimmt noch keinerlei Bezug auf die soziologischen Kategorien, die für die *Denksoziologie* K. Mannheims wichtig waren und die bei jeder Rezeption des Werkes im Zentrum stehen sollten. Ohne eine eingehende Klärung und Kennzeichnung der epistemologischen Prämissen, die die *Denksoziologie* K. Mannheims fundieren, kann – so die Grundthese dieses Kapitels – schlechterdings der *denksoziologische* Ansatz gar nicht richtig begriffen werden. In den Dimensionen »*Wahrheitswert*«, »*Relationales Denken*« und »*Konjunktives Erkennen*« wird eine grundlegende operative Begrifflichkeit ausgewiesen, die die nachfolgenden thematischen Kategorien und Begriffe der Mannheim'schen *Denksoziologie* vor missbräuchlichen oder missverständlichen Adaptionen schützen.

Das Kapitel 4 entfaltet die drei maßgeblichen *Grundkategorien* in ihren vielfältigen Bedeutungsvalenzen, um die substanziellen differentia specifica zwischen diesen Kategorien herauszuarbeiten, die ja so etwas wie die leitenden thematischen Grundbegriffe sind, um die sich die Mannheim'sche *Denksoziologie* rankt und auslegt. Hierbei wird deutlich werden, dass – gewissermaßen in Form einer internen Taxonomie – das »*seinsgebundene Denken*« die Basiskategorie ist, von der sich die beiden nachfolgenden Kategorien *Weltanschauung* und *Ideologie* hinsichtlich ihrer *denksoziologischen* Reichweite und Rekonstruktionsgehalte deutlich unterscheiden. Ähnliches gilt auch für die interne Bedeutungsreichweite zwischen der Kategorie der *Weltanschauung* und der der *Ideologie*. Alle drei Grundkategorien sind aber als paradigmatische Leitkategorien der Mannheim'schen *Denksoziologie* anzusehen.

Das Kapitel 5 hat zwar die Mannheim'sche *Interpretationsmethode* zum Gegenstand, thematisiert aber zugleich methodologische Leitbegriffe, wie den *Denkstil*, die *soziologische Funktionalität* und den *Sinnbegriff*. Diese methodischen Leitbegriffe sind reine Interpretationsbegriffe und dürfen nicht substantialistisch aufgefasst werden.

Sie ermöglichen, wenn sie im Mannheim'schen Sinne und nach seinem vorgegebenen Bedeutungsgehalt benutzt werden, erst eine soziologische Interpretation, die das methodische Prinzip der Sinnentsprechung, das nicht mit Analogiestiftungen verwechselt werden darf, handbar und plausibel macht. Das methodische Kapitel ist so gefasst, dass deutlich wird aus welchen Gründen die *denksoziologische* Interpretation eine kultursoziologische und keine ideologiekritische Rekonstruktionsmethode ist. Dem Konnex von sozialer Welt als Sinnzusammenhang und den in Denkformen ausgedrückten kollektiven Bewusstseinselementen wird in diesem Kapitel – nicht nur bloß im Sinne der Mannheim'schen Argumentationen und Begrifflichkeiten, sondern darüber hinaus – als methodisches Anliegen – Rechnung getragen.

Das Kapitel 6 dient nicht nur der Chronistenpflicht, weil die Intellektuellenfrage inzwischen als Reflex auf das Verschwinden dieses Sozialtypus in der Soziologie en vogue geworden ist. Man kann, wenn man nach den ersten Thematisierungen einer originären Intellektuellensoziologie fahndet, durchaus bei der Soziologie der Weimarer Zeit anfangen, wie dies auch in diesem Kapitel vorgezeichnet ist. Innerhalb einer solch anfänglichen *Intellektuellensoziologie*, die primär nach der sozialen Funktion dieses Sozialtypus fragt, wäre K. Mannheim ein deutlicher Gewährsmann, wenn man einmal von seiner in den späteren Schriften recht kritikwürdigen Elitenkonzeption absieht. Was den *Begriff* und die *Funktion* des *Intellektuellen* bei K. Mannheim so spannend und *denksoziologisch* ergiebig macht, ist die Grundthese K. Mannheims, dass der Intellektuelle, wenn man ihn aus dem Personenkreis der kulturellen und/oder technischen Intelligenz löst, eigentlich eine persongewordene Aporie zum *denksoziologischen* Zentraltopos »*seinsgebundenes Denken*« darstellt. Nur der Intellektuelle ist in der Lage und fähig, eben aufgrund seiner sozialen Ungebundenheit, die Opakheit des »*seinsgebundenen Denkens*« zu relativieren. Er ist nicht der Hüter des Seins, sondern derjenige, der mit dem Geist und dem Wort um die Transzendierungsmöglichkeiten des geronnenen Seins kämpft. Für K. Mannheim gibt es trotz aller Perspektivität der Seinsauslegungen doch so etwas wie eine in der Denkgeschichte sich durchsetzende Synthese von Vernunft und Sein, die alle asymmetrischen Spaltungen zwischen Denkformen und historischen Seinsweisen überwindet. Der Hüter dieser geschichtlichen Überwindungsoption, also der geschichtlichen Synthese von Vernunft und Sein, ist der Intellektuelle; – dies ist seine historische Funktionalität.

Das Kapitel 7 stellt sich der beidseitigen Kritik, die das Denken K. Mannheims einerseits von E. R. Curtius und andererseits durch die

Kritik von M. Horkheimer und T. W. Adorno erfahren hat. Eine Bewertung dieser Kritik wird nicht explizit vorgenommen, jedoch wird sie als Ausdruck der weltanschaulichen Grabenkämpfe der Weimarer Zeit rekonstruiert, um zu zeigen, wie das Mannheim'sche Wort von der »Bedeutung der Konkurrenz im Gebiet des Geistigen« (1964) selbst noch seinen eigenen Ansatz einer *Denksoziologie* betroffen hat. Die ausführliche Darlegung der Kritik seitens der Kritischen Theorie zeigt exemplarisch, wie eine marxistisch fundierte und instrumentierte Kritik den *denksoziologischen* Ansatz K. Mannheims nur über diesen damals geltenden Begriffshorizont, speziell der marxistischen Konzeption von Ideologiekritik, rezipieren und kritisieren konnte. K. Mannheims *Denksoziologie* hat ja den feinen Sinn, dass die Konkurrenzkämpfe im Bereich der symbolischen Repräsentationen, hier Denkformen, nicht minder soziologisch wichtig zu nehmen sind, als die ökonomischen Kämpfe, die das analytische Anliegen der marxistisch fundierten Soziologie ist. Dieses Ausspielen der Kampfzonen, in dem die Ökonomie das letzte Wort hat, war K. Mannheim nicht nur suspekt, sondern war seiner Meinung nach auch falsch, weil sie die Eigenfunktionalität von kollektiven Repräsentationsweisen sinngenetisch nicht adäquat abbilden kann.

Das Kapitel 8 und damit das letzte Kapitel stellt sich nicht als Abschluss oder als argumentative Konklusion dieser Interpretationsstudie dar. In diesem Kapitel sollen zwei markante Strukturelemente des soziologischen Denkens K. Mannheims herausgestellt und behandelt werden: die *Agonalität* und die *Synthese*. Beide Strukturelemente bestimmen durchgängig das *denksoziologische* Oeuvre K. Mannheims. Die spannende Frage ist deshalb, wie beide – eigentlich gegensätzlichen – Strukturelemente bei K. Mannheim nicht nur begründet, sondern möglicherweise argumentativ vermittelt sind.

Zum Schluss dieser Einleitung noch etwas zu dem bevorzugten Verfahren, das als Lesart an den *denksoziologischen* Schriften K. Mannheims praktiziert wurde. Das Prinzip, das der Autor verfolgt hat, lässt sich sehr einleuchtend an der klassischen Malkunst der Chinesen verdeutlichen. Das Prinzip klassischer Malkunst in China ist, dass jeder, der ein Meister des Pinsels werden will, sich zunächst im exakten Kopieren ausbilden muss. Erst in der Beherrschung der perfekten Kopierung erwirbt man sich das Anrecht, die eigene Kreativität zu entfalten, um ein originärer Maler zu werden. Für die Verfassung von theoretischen Monografien müsste eigentlich dasselbe gelten, denn das chinesische Kopistenprinzip hat nichts mit Werkhörigkeit oder Plagiat bzw. Betrug zu tun, sondern mit der Übernahme exegetischer Mühe. Insofern gilt: Wer sich die Gedanken, die Ideen, auch das Wissen anderer zu Eigen machen will, muss eine prekäre Ambivalenz lösen: Er muss exegetisch und hermeneutisch zugleich verfahren. Exegetisch insoweit, als in der Rekonstruktion des geistigen Gehalts der Texte Anderer eine gewisse Texttreue gewahrt bleiben muss. Hermeneutisch insofern, als in der Reformulierung des geistigen Gehalts eine Sinnaneignung ausgebreitet werden kann, die den exegetischen Sinngehalt in seiner Potenzialität ausschöpft, d.h. ihn in seiner Lesart vervielfältigt. Die hermeneutische Lesart übersteigt die exegetische, fügt dem buchstäblichen Sinn (sensus literalis) einen weiteren geistigen Sinn (sensus spiritualis) hinzu, der nicht nur den historischen Abstand zwischen Werkautor und Hermeneut überbrückt, sondern vielmehr die wirkungsgeschichtliche Sinnvielfalt des zugrunde liegenden Textkorpus bereichert. Auf dieser Ebene hört nämlich die Exegese auf und die Kopistenarbeit geht – getreu der Vorlage – in originäre Malkunst über. Deshalb liegt die Meisterschaft in der chinesischen Lackkunst auch im Vermögen, immer wieder eine neue dünne Lackschicht auf ein Werk aufzutragen, so dass die besten Werke bis zu hundert Schichten von Übermalungen des Originals enthalten. Zu dieser Übermalungskunst gehört auch, dass man an verschiedenen Stellen des Bildes wiederholt die Konturen nachziehen muss, die bereits schon mal gezogen worden sind. Übertragen auf den Text heißt dies, dass man eine Wiederkehr textexegetischer Stellen in Kauf nehmen muss, obwohl diese schon an anderen Interpretationsstellen angeführt worden sind. Dies heißt aber nur, dass diese Textstellen im Kontext des je anders verhandelten Sachverhalts jeweils einen anderen Begründungssinn offerieren. Konkret: Eine Textstelle, ein Argument aus der Mannheim'schen *Denksoziologie* kann einmal als Beleg für eine methodische Lesart, zum anderen aber auch als Beleg für eine grundbegriffliche Lesart herangezogen werden. In beiden Fällen ist nicht so sehr von einer Wiederholung des gleichen Mannheim'schen Arguments die Rede, sondern, treu der chinesischen Kopistenkunst, eine weitere Konturierung des Sinnbildes durch wiederholenden Pinselstrich. Da man von dem chinesischen Prinzip der Malkunst lernen kann, hat sich die nachfolgende textimmanente Interpretation der *Denksoziologie* K. Mannheims, ihrer epistemologischen, kategorialen, begrifflichen und methodologischen Sinngehalte an diesem Prinzip orientiert.

2. Biografische Orte und intellektuelle Ortlosigkeit

»Wer keine Heimat mehr hat, dem wird wohl gar das Schreiben zum Wohnen.« (T. W. Adorno)

2.1. Biografie erzählen

Die George-Schule, diese ästhetische Schule der Verabsolutierung des schöpferisch-literarischen Geistes, war noch der Meinung, dass es keine – wie auch immer geartete – direkte Wirkung des gelebten Lebens in das Werk eines Autors gibt. Die Profanität lebensgeschichtlicher Fakten ließ sich ihrer Meinung nach nicht mit der hohen Kunst schöpferischer Produktivität in Verbindung bringen. Auch wenn die George-Schule primär den Genius des Künstlers im Blick hatte, so traf ihr Urteil ebenso für den intellektuellen Geist zu. Heute weiß man, dass eine strikte Unterscheidung zwischen der reinen Chronologie lebensgeschichtlicher Ereignisse bzw. Daten und der »intellektuellen Biografie« (Gombrich) falsch ist. Ebenso falsch, weil gleichfalls verabsolutierend, ist die Gegenposition, die ein unmittelbares Kausalitätsverhältnis von lebensgeschichtlichen Ereignissen und der schöpferischen, d.h. intellektuellen Produktivität, in der biografischen Rekonstruktion unterstellt. Diese Ansicht leistet einer szientistischen Mystifikation Vorschub, nach der die Auswirkungen lebensgeschichtlicher Ereignisse am Werk ablesbar sind, weil es im Grunde der repräsentative Spiegel der verlaufsbestimmenden Lebensbedingungen ist. Für eine solche kausale Verkettung von Werk und Lebens gilt, was Joachim Fest als biografische Anmaßung bezeichnet: »Alle kausale Bravour, die man den Ereignissen unterschiebt, ist nichts als Anmaßung« (Die Zeit, Nr. 13, 20.03.2003, 38).

Unstrittig ist jedoch, auch wenn der Autor, über den man schreibt keine Marionette seiner Lebensumstände ist, dass sein Werk der ingeniöse Ausdruck eines intellektuellen Habitus ist, in dem die subjektiv verarbeiteten Lebensumstände ihre Signaturen gezeitigt haben. Das Werk ist mithin eine sublim geknüpfte Synthese, in der es zwischen den erlittenen Lebenserfahrungen und dem im Werk durch typische Denkfiguren repräsentierten intellektuellen Denkhabitus Spuren eines wechselseitigen Zusammenhangs gibt; mithin Zusammenhangsspuren, die durch die Verarbeitungspraxis der vom Autor rezipierten Denkweisen und -systeme selber verdeckt sind. Stößt man jedoch auf diesen Zusammenhang, so dechiffrieren sich Biografie und Werk als Einheit eines auf beiden Ebenen ausgedrückten intellektuellen Habitus, der soziogenetisch das lebensgeschichtliche Produkt einer Koinzidenz von existenzieller Betroffenheit und deren intellektueller Verarbeitung im Denken ist.

Dieser Koinzidenz im fremden Leben nachzuspüren, heißt nicht eine biografische Wahrheit auszusprechen: etwa die wahre und einzige Identität der biografierten Person. Vielmehr heißt es, nur den Blickwinkel der biografischen Rekonstruktion zwischen Denkhabitus und Lebenserfahrungen eines Autors oszillieren zu lassen, eine rekonstruierbare Figuration zu finden, in der die existenzielle Typik von Denkhabitus und Lebenserfahrung als unverwechselbare Biografie dieses Autors und keines anderen entworfen werden kann. Da die Figuration die Verdichtung des biografischen Materials bestimmt, bleibt die Biografie Entwurf oder auch Hypothese und macht sich nicht anheischig fremdes Leben, das sich im Werk und in der Lebensgeschichte anzeigt, mit Fragen der empirischen Validität zu belasten, die ohnehin an der Interpretierbarkeit lebensgeschichtlicher Quellen scheitern müssen. Gewiss ist für den Biografen nur die prinzipielle Unlesbarkeit fremden Lebens, die Tatsache, dass »selbst der methodisch gewiefteste Biograf [...] über das Bild eines Bildes nicht hinauskommt« (R. Stach, 2002, 24). So ist denn die Biografie nichts anderes als eine aus dem Werk- und dem Lebensmaterial eines Autors *übersetzte* Lebensgeschichte, bei der die Übersetzung die Sinnstiftung eines vorfindlichen, fremden, an sich anonymen Lebenstextes erst generiert. Der Wert dieser Übersetzung ist dann die Plausiblität des neu erzählten *Lebenstextes*, die argumentative Schlüssigkeit, mit der die so entstandene Biografie suggeriert, dass *es so gewesen sein könnte*, bzw. dass so möglicherweise über die intellektuelle Inschrift eines Autors Werk und Leben zusammenhängen. Nicht für die Objektivität der biografischen Wahrheit kann der Biograf bürgen, sondern nur für die Objektivität seines Interpretationsvorgangs, d.h. dass er Lebensdokumente nicht willentlich verfälscht, sich von moralisierenden Wertungen leiten lässt oder gar die Quellenlage dort reduziert, wo sie den narrativen Fortgang der Biografie stört.

Wenn man der Biografie die Freiheit einer am Material orientierten kompositorischen Offenheit zugesteht, die das Entwerfen eines leitmotivisch organisierten Plots erst ermöglicht, dann liegt das Maß ihrer Stimmigkeit in der Dichte der Überzeugungskraft, mit der die rekonstruierte Lebensgeschichte als so und nicht anders erzählte Lebensgeschichte ihre narrative Widerspruchsfreiheit und Identität ausdrückt. Da sich die wahre Identität des Autors, über den man schreibt, notwendigerweise immer entzieht, niemals biografisch einholbar ist, kann zumindest die erzählte Identität der biografierten Person als Richtmaß gelten. Ohne eine solche fiktive, durch den Erzählgestus der Biografie erzeugte Identität wäre auch keine biografische Verdichtung der objektiven Materialien, die im dokumentierten Leben wie Werk vorliegen, möglich. Es würde alles in lebensgeschichtliche Kontingenzen, in werkimmanente Zufälligkeiten und subjektive Willkürlichkeiten zerfallen, die mit der schlichten Chronologie des gelebten Lebens eins gemeinsam haben: Sie sind ohne Sinn und Verstand.

Dieser prinzipielle Entwurfscharakter der Biografie dispensiert von vornherein auch die leidige Frage, wo und wie man mit der Biografie zu beginnen oder auch zu enden hat. Sartre hat in seiner großen Flaubert-Studie diese Frage nach dem Wie und dem Wo des biografischen Einstiegs als nebensächlich eingestuft, denn »in einen Toten tritt man ein wie in eine offene Stadt.« »Entscheidend ist« – so fügt Sartre hinzu – »daß man von einem Problem ausgeht« (J. P. Sartre, 1977, 8). Von einem Problem auszugehen, heißt aber nichts anderes, als die biografischen Daten und Ereignisse auf etwas hin zu fokussieren, was als mögliches Totalitätsmoment Person und Leben so übergreift, dass es dem fremden Lebenslauf und dem Werk der biografierten Person seinen nur ihm typischen Ausdruckscharakter gibt. Für das Leben und das Werk K. Mannheims ist dies die existenzielle Erfahrungsverarbeitung einer *intellektuellen Ortlosigkeit. Intellektuelle Ortlosigkeit* ist hier nichts anderes als eine metaphorische Umschreibung eines markanten Wesensmerkmals des Intellektuellen: das seiner sozialen Nicht-Zugehörigkeit.

2.2. Biografische Orte und Kreiserfahrungen

2.2.1. Budapest

K. Mannheim ist in Budapest aufgewachsen. Es ist das Budapest des frühen 20. Jahrhunderts. Die Zentren des kulturellen Aufbruchs im Übergang vom 19. zum 20. Jahrhundert sind Paris, Berlin und Wien; Metropolen also, in denen, wie Goethe auf seiner »Italienischen Reise« über Venedig sagte, »ein großes respektables Werk versammelter Menschenkraft« (J. W. Goethe, 1981, 69) gebündelt ist. Obwohl Budapest an der Peripherie des von der westeuropäischen Kultur vorgegebenen Modernitätstakts liegt, ist diese Stadt im Sinne F. Schlegels, eine notwendige Provinz der Moderne, denn von Wien nimmt sie alle westeuropäischen Einflüsse der Modernität des beginnenden 20. Jahrhunderts auf. Was an neuen Strömungen in Musik, Dichtung und Kunst, aber auch in der Philosophie aktuell und damit modern ist, wird in den intellektuellen Zirkeln dieser Stadt begierig aufgenommen, diskutiert und produktiv umgesetzt. In der Dichtung reüssiert Béla Balázs, in der Musik sind es Béla Bartók und Zoltán Kodály, die die musikalische Moderne umsetzen. Von Oskár Jászi wird die Zeitschrift »Das zwanzigste Jahrhundert« herausgegeben, die »die wichtigsten Strömungen der westeuropäischen Kultur in Ungarn bekannt machen sollte« (W. Hofmann, 1996, 16). Der herrschende Traditionalismus, repräsentiert durch das Ungarn der Habsburger Monarchie, steht für die junge, aufstrebende Intellektuellengeneration zur Disposition und gipfelt in Umbruchsbestrebungen von politischen Programmatiken einer kulturellen und gesellschaftlichen Erneuerung Ungarns. Der notwendige Fall der Habsburger Monarchie im Jahr 1918 und das kurze Zwischenspiel der ungarischen Räterepublik von 1918 bis 1920 wird von dieser Intellektuellengeneration geistig vorweggenommen. Zugleich sucht diese Aufbruchsgeneration, in der Adaption und Verarbeitung der politischen Erneuerungsströmungen, die in den westeuropäischen Zentren den intellektuellen Ton angeben, das eigene visionäre Programm einer kulturellen und zugleich politischen Revolution für Ungarn. Diese latente Formierungsphase von Umbruch und Erneuerung gestaltet sich in den so genannten Budapester Intellektuellen-Kreisen. In diesen *Kreisen*, die nichts anderes waren als intellektuelle Gruppierungen, die sich in konstanten Diskussionszirkeln und Vortragsreihen mit aktuellen Themen der Kultur, der Philosophie und vor allem der Politik auseinandersetzten, formt und entwickelt sich, jedenfalls bis zum Zusammenbruch der Habsburger Monarchie, das intellektuelle, politisch-revolutionäre Klima des Budapest des frühen 20. Jahrhunderts. Zwei dieser Intellektuellen-Kreise sind maßgeblich zu nennen, wenn es darum geht, sowohl die kulturelle Umbruchsituation Budapests als auch K. Mannheims Stellung innerhalb dieser ersten existentiellen Lebenssituation zu skizzieren.

Der *Galilei-Kreis* um den Soziologen Károly Polány ist die eine Intellektuellengruppe, in der der junge K. Mannheim den neuen Geist des Aufbruchs erfährt. Über den Reformpolitiker und Wissenschaftler Oskar Jászi hat er anfänglich regelmäßig Kontakt zum *Galilei-Kreis*, in dem »die wichtigsten politischen Weltanschauungen der Gegenwart« (ebd.) nicht nur debattiert, sondern auch auf politische Durchsetzbarkeit verhandelt werden. Oskar Jászi ist auch derjenige, der zunächst K. Mannheim intellektuell anspricht und prägt. Über dessen Vorlesungen gewinnt K. Mannheim einen ersten und systematischen Zugang zu den europäischen Klassikern der Soziologie des 19. Jahrhunderts. Das reformliberale Politikverständnis, das in K. Mannheims eigenen politischen Denkansätzen immer vorherrschend war, ist ihm von Oskar Jászi vermittelt worden. Noch in seinem Londoner Exil hat K. Mannheim Kontakt zu Oskar Jászi und zeitlebens hat er nie verhehlt, dass er sich diesem idealistischen Reformdenker weltanschaulich-politisch immer verbunden gefühlt hat. Diese ideelle Übereinkunft wird insbesondere sichtbar, wenn man sich die platonische Grundidee ansieht, wie sie Oskar Jászi als Verwirklichung zukünftiger politischer Staatsführung bestimmt:

»Es komme das Zeitalter, in dem Philosophen das Staatsleben lenken, Menschen von vollem theoretischen Wissen und voller sittlicher Reinheit die Leitung übernehmen« (O. Jászi, zit. nach D. Kettler, Neuwied, 1967, 31).

K. Mannheims spätere Vorstellungen, wie sie insbesondere in seinem Buch »Mensch und Gesellschaft im Zeitalter des Umbaus« (1958) zweifelsfrei vorhanden sind, kommen dieser Grundidee sehr nahe. Auch sie schreiben der »*sozial freischwebenden Intelligenz*« in der planbaren Demokratie eine geistig-politische Vormachtsstellung zu, die an die platonische Staatsidee erinnern. T. W. Adorno hat in seiner Kritik an der Denkposition K. Mannheims – dies soll hier vorweggenommen werden – dieser Privilegierung der Intelligenz das Siegel einer »invarianten«, weil unhistorisch argumentierenden »Elitetheorie« aufgedrückt (GS 10.1, 1997, 35). Gleichwohl sind diese »Kreiserfahrungen« im *Galilei-Kreis* nicht von Dauer, denn K. Mannheim sucht eher das, was den Kreis um Georg Lukács zunächst prägt: die Fragen der Kulturentwicklung und der kulturellen Erneuerung.

Dies ist deutlich ein anderer Themenfokus als der, der die Mitglieder des *Galilei-Kreises* primär interessiert und umtreibt: die soziale und politische Reform Ungarns.

Im so genannten *Sonntags-Kreis* wird K. Mannheim Mitglied; hier stehen die Themen an, die ihn doch mehr und nachhaltiger interessieren: Ethik, Philosophie, Kunst und Literatur. Das große Leitthema dieser Zeit, die Kulturkrise der Moderne angesichts ihrer offensichtlichen Entfremdungsphänomene, wird in diesem Kreis zum zentralen Fokus der Diskussionen und Vorträge. Georg Lukács ist nicht nur der intellektuelle Kopf dieses *Sonntags-Kreises*, sondern auch lange Zeit ihr Spiritus Rector. In dieser Funktion gibt er nicht nur den Ton an, sondern er prägt, animiert und fasziniert jüngere *Kreis*-Mitglieder. K. Mannheims eigene Intellektualität, seine Suche nach intellektueller Heimstatt, wird in diesem Kreis zum ersten Mal befriedigt. Obwohl noch jung an Jahren, er wird im *Sonntags-Kreis* zu den »Knaben« gerechnet, gelingt ihm die Abfassung dessen, was man als das »Manifest für den *Sonntags-Kreis*« (W. Hofmann, 1996, 20) betrachten kann. Unter dem Titel »Seele und Kultur« (1917) legt er eine Schrift vor, die deutlich an das Kulturkonzept G. Simmels anknüpft. Da er zwischenzeitlich in Berlin Seminare bei G. Simmel gehört hat, übernimmt er dessen These von der prinzipiellen Dualität von Seele und Kulturobjekt, um daran anschließend ein geschichtsphilosophisches Schema von divergenten »Kulturstadien« zu entwickeln.

Im Gegensatz zur tragischen Kulturkonzeption G. Simmels, in der die moderne Kultur bereits alle Insignien einer »Tragödie«, einer Totalentfremdung des subjektiven Geistes von den Kulturobjektivationen aufweist, bildet bei K. Mannheim das moderne Stadium der Kulturentwicklung nur das kulturelle Muster aus, in dem der menschliche Geist die Form von kritischer Reflexion und wissenschaftlicher Analyse der Wirklichkeit vollends ausbildet. Indem aber »die Kritik sowie die analysierenden Wissenschaften [...] zu Schauplätzen der wertvollsten Resultate« der Gegenwartsmoderne werden, ist das Verlangen nach einheitlicher Welterklärung, nach Identität von seelischer Subjektivität und objektivierter Kultur nicht mehr bruchlos herstellbar. An die Stelle einer vormaligen Identität von Seele und Werk, ein Zustand des ersten Kulturstadiums, tritt nunmehr das Stadium, in dem die Erkenntnis der objektivierten Kultur, vornehmlich der Geltung ihrer Normen und Werte, abhängig ist vom jeweils »methodologischen Prinzip ihrer Erforschung« (Seele und Kultur, 1985, 163). Die wissenschaftlich-methodische Selbstaufklärung der Kultur und ihrer gesellschaftlichen Entwicklung bildet den

Ausgang aus dem geschichtlichen Hiatus von »Seele und Kultur«. Wie hängt nun diese Grundidee eines »Pluralismus« des methodischen Erkennens mit den Intentionen des *Sonntags-Kreises* zusammen? Dieser Intellektuellenzirkel hat ja die Kulturkrise der Moderne, insbesondere das moderne Selbstentfremdungsphänomen der Menschen zum Zentralthema. Indem nun K. Mannheim in seinem Aufsatz »Seele und Kultur« für einen Pluralismus der methodisch-wissenschaftlichen Erkenntnisweisen plädiert, schließt er daran die Hoffnung, dass durch diesen sich nicht nur eine traditionelle Redogmatisierung von Normen und Werten auflöst, sondern auch, dass sich im Durchgang durch die pluralen, sich kritisch gegeneinander abarbeitenden Normen- und Wertdeutungen eine rational bestimmte Sichtweise allgemein verbindlich durchsetzt. Gerade in einer erneuerten Kultur, so K. Mannheims Credo, sollte die Geltung von Normen und Werten allein durch einen kritisch-wissenschaftlichen Rationalitätsdiskurs legitimiert und verbindlich gemacht werden. Das Grundproblem des *Sonntags-Kreises*, dass eine »normative Kritik der Moderne [...] keinesfalls in billigen Antimodernismus umschlagen sollte« (W. Hofmann, 1996, 20), ist von K. Mannheim in diesem Aufsatz kulturalistisch gelöst: Die in der Moderne entstandene Form des kritisch-wissenschaftlichen Diskurses muss die Frage nach der Geltungsgrundlage von Werten und Normen letztlich lösen und beantworten.

Erst als nach dem Zusammenbruch der Habsburger Monarchie das kurze Zwischenspiel der ungarischen Räterepublik beginnt, geht K. Mannheim, inzwischen als Professor für Philosophie an der Universität tätig, zu seinem intellektuellen Mentor Georg Lukács auf deutliche Distanz. G. Lukács ist in der Räterepublik nicht nur Volkskommissar für Bildung, sondern er ist auch derjenige, der das ideelle Ziel des *Sonntags-Kreises*, die völlige Kulturerneuerung von Mensch und Gesellschaft, vom idealistischen Sockel holt. Für ihn bedeutet Kulturerneuerung die durch den Marxismus belehrte Strategie, dass eine Kulturerneuerung nur erreichbar ist, indem zuvor die Gesellschaft politisch erneuert, d.h. sozial-strukturell revolutioniert wird. Georg Lukács' Weg zum Theoretiker der KP Ungarns kann K. Mannheim trotz aller persönlicher Sympathie nicht mitgehen. Für ihn ist – darin bleibt er dem Reformliberalen Oskar Jászi treu – Kulturerneuerung nur möglich durch allmähliche und immer weiter fortführende Kultivierung des Menschen bzw. dessen, was den Menschen als Kulturwesen allein bestimmt: die Seele als sein selbstschöpferisches Moment. Die Trennungslinie, die K. Mannheim zu Georg Lukács zieht wird ganz deutlich, wenn man die Schlussintention seines kulturphilosophischen Aufsatzes »Die Grundprobleme der Kulturphilosophie« (É. Karádi, É. Vezér, 1985) heranzieht.

Auch in diesem Text entwickelt K. Mannheim ein Schema der geschichtsphilosophisch bestimmten Kulturentwicklung, das stark von G. Simmel übernommen ist. Wie dieser bestimmt er die Kultur des Menschen vom Seelenbegriff her; obwohl, wie er sagt, »die Seele« nicht unmittelbar, d.h. durch »primäre Erkenntnis«, sondern »nur aus ihrem korrelativen Begriff« erfassbar ist. Korrelativ heißt soviel wie: Das Seelische ist nur »mittelbar« aus den Kulturobjektivationen, aus dem, was sie an »Sinnganzheiten mit Bedeutungs- und Ausdrucksfähigkeit« repräsentieren, deutbar (Die Grundprobleme der Kulturphilosophie, 1985, 224 ff.).

Am Schluss dieses Textes entwirft er drei elementare Existenzweisen, die zwar je spezifische Modelle für politisch-moralisches Handeln darstellen, jedoch auch seine Differenz zu G. Lukács anzeigen. Ausgehend von der Kardinalfrage, »ob es erlaubt sei, um eines guten Ziels willen zu bösen Mitteln zu greifen?« (ebd. 231), fokussiert er diese Frage auf drei idealtypisch konstruierte Handlungstypen: den *Heiligen*, den *Politiker* und den *Pädagogen*. An der unterschiedlichen Handlungsmoral dieser Typen wird dann sehr deutlich, welcher politischen Handlungsmoral K. Mannheim vertraut. Während der *Heilige* wirklichkeitsabgewandt ist, denn das weltliche Geschehen deutet und beurteilt er vom transzendenten Standpunkt aus, ist der *Politiker* in seinem ganzen Handeln und Denken davon bestimmt, das Übel der Welt praktisch anzugehen. Er ist zutiefst davon überzeugt, dass sein politisches Handeln im Namen eines Fortschritts der Geschichte steht, und in diesem Versprechen auf menschlich-geschichtliche Erlösung liegt seine moralische Bindung. Der dritte Typus, der *Pädagoge*, glaubt weder an die Handlungsmoral des *Heiligen* noch an die des *Politikers*. Zutiefst skeptisch gegenüber einem optimistischen Institutionalismus des Politischen, auf den der *Politiker* ausschließlich setzt, nimmt der *Pädagoge* eher eine resignativ-trotzige Rolle ein: Im Wissen, dass es keine außerweltliche und innerweltliche Erlösung vom Übel gibt, bleibt er bei der Sisyphus-Perspektive: »dem Mittel der Kultivierung, die wesentliche Umgestaltung der Kultur« (ebd. 231). Nur in der Kultivierung des Menschen sieht der *Pädagoge* einen Einspruch gegen den geschichtlichen Zusammenhang des Übels; nur sie erlaubt ihm, kontrafaktisch weiterhin Hoffnung zu haben. Für den *Heiligen* und den *Politiker* sind diese Hoffnungen jedoch Gewissheiten, denn beide unterstehen einem jeweils Absoluten: der *Heilige* der Gewissheit des außerweltlichen Einbruchs durch eine transzendente Macht der Erlösung, der *Politiker* der Gewissheit, dass sein Handeln im Sinne einer Revolutionsgeschichte steht, deren Ende die politisch-institutionelle Erlösung weltlicher Probleme zeitigt. Im Unglauben an jedes Heilsversprechen, an jedes utopische Ziel bleibt der *Pädagoge* an eine paradoxe Moral verpflichtet: im Wissen um die Unerreichbarkeit der Erlösung, trotzdem auf dessen endliche Einlösung im Handeln ausgerichtet zu sein. Das einzige adäquate Mittel hierzu ist die Kultivierung des Menschen, also dessen, was als Weltharmonie in seiner Seele wesentlich angelegt ist und durch den *Pädagogen* als weltliche Verfassung ausgebildet werden muss. Dies meint die Schlusssentenz, mit der die Schrift »Die Grundprobleme der Kulturphilosophie« endet:

»Der *Pädagoge* ist resigniert, er kann nicht mit der Unmittelbarkeit des Heiligen anrühren, denn er weiß, daß seine Geste falsch wäre. Er weiß aber, daß die Kunst, so hochwertig sie auch sein mag – nicht besser macht. Und dennoch hofft er, daß die Musik der Seele irgendwie durch sie durchbricht [...]. Und wenn sich der *Pädagoge* auch dessen bewusst ist, wenn er sich damit auch abgefunden hat, daß er das Unendliche nicht erreichen kann, tut er mindestens so viel wie Charon, er führt über das schwarze Wasser« (ebd.).

Man kann nicht wissen, wen K. Mannheim mit dem *Heiligen* gemeint hat. Deutlich jedoch ist, dass er in der Differenz zwischen dem Typus des *Politikers* und dem des *Pädagogen* eine politische Distanzierung zu G. Lukács angezeigt hat.

Gegenüber G. Lukács Perspektive, die politische Revolution, den gesellschaftlichen Umsturz als Mittel zur späteren Kultivierung des Menschen einzusetzen, war er nicht nur höchst skeptisch eingestellt, ihm fehlte auch die Gewissheit politischer Überzeugung, der sichere Glaube an die geschichtliche Allmacht von Revolutionen. K. Mannheims *prinzipieller Denkhabitus, sich keiner Position restlos auszuliefern*, sich keinem festen Standort zuzuordnen und Wahrheitsansprüche nur als vorübergehende Mittel im Diskurs von Wirklichkeitsdeutungen zu handhaben, kommt hier deutlich zum Ausdruck. Dass dieser Mannheim'sche Denkhabitus auch zutiefst Ausdruck seiner eigenen exilierten Lebensform und -mentalität ist, wird späterhin noch ausführlicher begründet werden.

Zunächst jedoch zwingt die politische Realgeschichte, nämlich der Zusammenbruch der ungarischen Räterepublik, K. Mannheim dazu, Ungarn in Richtung Deutschland zu verlassen. Seine Lehrtätigkeit an der Universität von Budapest muss K. Mannheim beenden, denn seine Verbindungen zur Führung der Räterepublik sind nicht nur Anlass eines drohenden Disziplinarverfahrens, sondern stempeln ihn auch für die neuen nationalistischen Machthaber zur persona non grata. Mannheim geht zum ersten Mal ins Exil; er muss die »intellektuelle« Heimat des *Sonntags-Kreises* verlassen und in Heidelberg erneut einen Ort der Zugehörigkeit suchen. Auf Vermittlung von G. Lukács, dem K. Mannheim vorher noch selbst zur Flucht aus Ungarn verhilft, kann er in Heidelberg sofort im *Max-Weber-Kreis* Aufnahme finden.

Was ist aber die für K. Mannheim bleibende Erfahrung des *Sonntags-Kreises*? Hier erfährt er zum ersten Mal, dass die *Kreiserfahrung*, also die Zugehörigkeit zu einer intellektuellen Gemeinschaft, zu einer frei institutionalisierten Geistes- und Gesprächsgemeinschaft, seine weitere Lebensgeschichte bestimmt und zugleich Ausdruck seiner paradoxen Lebenshaltung ist: Paradox, weil K. Mannheim einerseits lebenslang eine tiefe Sehnsucht nach existentieller Zugehörigkeit zu einer Gemeinschaft und zugleich ein absonderndes Gefühl prinzipieller Nichtzugehörigkeit bzw. Fremdheit hat. Der weitere biografische Verlauf der Mannheim'schen Lebensgeschichte wird dieses Lebenshaltungsmuster immer wieder hervorbringen.

2.2.2. Heidelberg

Durch vorherige Studienaufenthalte in Berlin, K. Mannheim hatte dort Seminare bei G. Simmel, E. Troeltsch und E. Cassirer besucht, ist ihm die deutsche Sprache und Geisteskultur bekannt. Die Soziologie in Heidelberg, repräsentiert durch M. Weber, ist K. Mannheim durch seine Auseinandersetzungen mit dessen Schriften geläufig. Gleichwohl wird er kein Schüler oder Adept der Weber'schen Soziologie, vielmehr versucht er in Heidelberg von Anfang an, sein eigenes Profil innerhalb des Faches Soziologie zu finden. Damit wendet sich K. Mannheim von der mehr kulturphilosophischen Thematik seiner Budapester Zeit ab und findet zu einer stärkeren Ausrichtung seines Denkens zur Soziologie. Sicherlich »darf Mannheims Schritt von der Philosophie in die Soziologie nicht einfach als ein Wechsel von Disziplinen verstanden werden«, denn »Mannheim war immer davon überzeugt, daß das Gegenwartsdenken durch die Soziologie hindurch führen müsse« (D. Kettler/V. Meja, 1999, 298). Ein solcher Schritt wäre auch für K. Mannheims Soziologieverständnis unverständlich, denn für ihn soll die Soziologie – als historisch späte Wissenschaft – ein zentrales Anliegen der Philosophie systematisch in sich aufnehmen und forschungsmethodisch umsetzen: die Analyse und Entwicklung der Bedingungen von Wissen, Denken und Erkennen zum Zwecke der Existenzerhellung. In der sachgemäßen Aufklärung dessen, was traditionell die Philosophie als kritisches, aufklärerisches Orientierungswissen bereitstellte, sieht K. Mannheim die genuin neue Aufgabenstellung der Soziologie. In seinem Heidelberger Aufsatz »Zur Problematik der Soziologie in Deutschland«, der primär eine Replik auf die Angriffe seines Kritikers E. R. Curtius ist, wird deshalb diese junge Wissenschaft zum »Instrument der Bewusstseins- und Seelenerweiterung und, was dabei unvermeidlich ist, zu einer radikalen Revision aller bisher als Absolutheiten sich gebenden partikularen Möglichkeiten des Seins« (Zur Problematik der Soziologie in Deutschland, 1964, 616). Gegen den herrschenden Trend, die Soziologie als reine Fachdisziplin im positivistischen Sinne zu etablieren und zu institutionalisieren, soll sie für K. Mannheim in bester philosophischer Tradition ein »Organon der Selbstbesinnung und Selbsterweiterung« sein (ebd., 614). Dass dies nicht auf eine reine Wissensakkumulation hinausläuft, dafür steht K. Mannheims Einschätzung der Soziologie, dass sie die historisch »bestehende Möglichkeit« eröffnet, »für alle jetzt lebenden Menschen [...], das Weltbild zu erweitern und sich hierbei der Methode der Soziologie zu bedienen« (ebd., 615). Mit diesem Soziologieverständnis beginnt K. Mannheim in Heidelberg seine Universitätsarbeit. Durch den Ökonomen E. Lederer, der u.a. Analysen zur Kultur des Kapitalismus vorgelegt hat, gewinnt er nicht nur Zugang zur Universität, sondern auch zum damaligen Geistes-Milieu der »oberrheinischen Kulturprovinz« (F. Meinecke). Innerhalb der Universität orientiert er sich zunächst an A. Weber, dem Begründer einer deutschen Kultursoziologie, die den gleichermaßen diachronen und strukturellen Entwicklungszusammenhang von Kultur- und Gesellschaftsgeschichte thematisiert. K. Mannheims erst sehr spät veröffentlichte Schriften zur Kultursoziologie (vgl. D. Kettler, V. Meja und N. Stehr, 1980, 9) gehen darauf zurück, dass er sich dem A. Weber'schen Thema der Kultursoziologie als einer sich ins Geschichtliche gewendeten Soziologie aus *denksoziologischer* Sicht stellt. Zugleich jedoch fließen – nunmehr jedoch strenger soziologisch fundiert – seine ehemaligen kulturphilosophischen Argumentationen aus der Budapester Zeit in diesen Themenkomplex ein. In einer bestimmten Weise folgt K. Mannheim dem Mainstream der Heidelberger Soziologie nicht: Er verschließt sich der vertieften Kenntnisnahme des ökonomischen Wissens, das für die Weiterentwicklung der Soziologie M. Webers am Heidelberger Institut unabdingbar ist. Seine »Kenntnisse der Ökonomie bleiben nicht nur rudimentär«, sondern er hegt auch »kein Interesse« an dieser, vornehmlich von E. Lederer vertretenen Disziplin

(R. Blomert, 1999, 29 ff.). Für eine Soziologie, wie er sie versteht, nämlich als interpretative Disziplin, die kulturell-geistige Erzeugnisse auf ihre sozial-historische *Seinsgebundenheit* zurückführen soll, beginnt er in seiner Heidelberger Zeit die Grundrisse zu legen. Damit setzt er sich nicht so sehr in einen Gegensatz zur Soziologie M. Webers, die in Heidelberg Vorbildcharakter hat (vgl. D. Kettler, u.a., 1980, 10), sondern entwickelt einen seinem intellektuellen Habitus gemäßen eigenen Weg – den der *Denksoziologie* oder – wie es üblicherweise heißt – Wissenssoziologie.

Im Heidelberg der damaligen Zeit sich niederzulassen, bedeutet für K. Mannheim nicht nur seine in Budapest begonnene Universitätslaufbahn weiterzuverfolgen, es heißt auch, sich einzustellen auf das kontroverse Geistes-Milieu dieser Stadt. Zwei intellektuelle Kreise bestimmen das Heidelberger Diskussionsklima: der *George-Kreis* und der von Marianne Weber nach dem Tod ihres Mannes fortgeführte sonntägliche *M. Weber-Kreis.* Die weltanschauliche Gegensätzlichkeit beider Kreise kann man auch als das Aufeinanderprallen zweier intellektueller Strömungen kennzeichnen: »Strömungen von pathetisch-asketischer Wissenschaftlichkeit und pathetisch-ästhetischer Lebensrenovierung« (U. Matthiesen, 1988, 304). Der *M. Weber-Kreis,* in dem K. Mannheim durch seinen engen Kontakt zu G. Lukács Zutritt und wohlwollende Akzeptanz findet (vgl. E. Gabor, 1983, 9) repräsentiert den geistigen Pol der »pathetisch-asketischen Wissenschaftlichkeit«. Dieser Kreis, in dem K. Mannheim häufiger Gast und Redner ist, ist im Grunde ein Spiegelbild der universitären, vornehmlich sozialwissenschaftlichen Intelligenz. Hier werden die Themen der neuesten kulturellen und sozialwissenschaftlichen Debatten erörtert und am Leitfaden rational-wissenschaftlichen Geistes diskutiert. Gegen diesen – in den Augen der Anhänger des *George-Kreises* kulturzersetzenden Geist – wehrt sich die pathetisch-ästhetische Weltanschauung der Georgianer. Zwar nehmen sie sensibel die Entfremdungsphänomene der Moderne wahr, die Rezepturen, die sie empfehlen, münden jedoch in einer Selbststilisierung ästhetisch-künstlerischer Verweigerung gegenüber realgeschichtlichen Problemen der Gegenwartsmoderne. Die Kunst und die Poesie müssen für die Georgianer herhalten, um die lebensweltlichen Zerstörungen, die die fortschreitende Industrialisierung und das elementare Durchgreifen des Kapitalismus auf die Lebensverhältnisse zeitigen, auf neuromantische Weise auf Distanz zu halten. Den Vorstellungen von freien, allein vom künstlerischen Genius getragenen Gemeinschaften setzen die Georgianer die modernen, vom Ökonomismus zersetzten Lebensformen gegenüber: der »Bund« der Kunstsinnigen allein soll die Rettung vor dem zunehmenden Verfall klassischer Ideale sein. Dafür und gegen ein in sich zerrissenes Lebensgefühl der Moderne propagieren sie die Heilsbilder ästhetischer Harmonie. Der krude Materialismus der Moderne ist den Georgianern ebenso ein Gräuel, wie der Rationalismus des wissenschaftlichen Geistes. Nur das wahre, d.h. das ideelle Sein, das durch die Kunst verbürgt ist und das sich in der ästhetischen Anschauung Bahn bricht, rechtfertigt die Welthaltung der Georgianer. Gegen die Erscheinung des vermassten Menschen setzen sie ihr Ideal des durch Ästhetizismus von der realen Welt abgehobenen Menschen; aber das ist jene elitäre und aristokratische Selbstabschottung gegen die schon T. W. Adorno monierte: »Die Not der Entfremdung wird in die Tugend der Selbstsetzung umgebogen« (1997, 201); – Selbstsetzung aus idealistischem Ästhetizismus müsste es heißen.

Auch K. Mannheim kann sich mit dem durch und durch literarischen Weltverständnis der Georgianer nicht anfreunden. Er steht in deutlicher Distanz zu ihnen, und zwar nicht nur weil er gern gesehener Gast im universitären Zirkel des *M. Weber-Kreises* ist. Was er den Georgianern vorwirft ist poetisch überhöhte Weltflucht, Eskapismus, der sich – geschützt durch die literarische Kultur in Heidelberg – selbst genügt. Gegen diesen Auszug aus der Wirklichkeit der zwanziger Jahre will gerade seine soziologische Weltbetrachtung eine notwendige Korrektur sein, indem sie nach der soziologischen Bedingtheit und Genese kultureller Inhalte fragt; so lautet jedenfalls das Leitmotiv seiner Schrift von der »Eigenart kultursoziologischer Erkenntnis« (D. Kettler, u.a., 1980, 50 ff.). Für den *George-Kreis* ist dies ein tiefer, wenn nicht gar verletzender Affront, denn ihr wortschwärmerischer Idealismus und ihr Glaube an das Überdauern ewiger Werte, die im Kultur-, vornehmlich Kunstschaffen bewahrt sind, wird durch das, was E. R. Curtius abwertend den »Soziologismus« nennt, zersetzt. Was E. R. Curtius an K. Mannheim kritisiert, ist im Kerngehalt der Vorwurf, den die Georgianer in Heidelberg insgesamt den Soziologen vorhalten. Der Vorwurf lautet: Durch den soziologischen Intellektualismus, wie dieser exemplarisch durch K. Mannheim vertreten wird, werden die tradierten Werte und Sinngehalte ausgehöhlt und alles wird zu relativen, ja haltlosen Denkpositionen. K. Mannheims Ablehnung der Georgianer ist aber nicht nur weltanschaulich begründet, sie ist auch das Ergebnis eines klaren diagnostischen Blicks dessen, der von außen, der als »Fremder« auf die Heidelberger Intellektuellen-Provinz sieht. Da K. Mannheim selbst – wie der Grundtenor der Heidelberger Briefe zeigt – um seine *Ort- und Heimatlosigkeit* als Intellektueller weiß, durchschaut er die Selbsttäuschung des *George-Kreises* am besten. So schreibt er:

»Der George-Kreis [...] ist ein gutgemeintes Experiment einsamer Intellektueller, die versuchen, die verschiedenen Probleme der geistigen Heimatlosigkeit zu lösen [...]. Sie betrügen sich selbst mit dem Gefühl, Boden unter den Füßen zu haben. Sie haben sich in sich zurückgezogen, bedecken sich mit dem Mantel der Kultur, übergehen die Welt und verlieren sich in sich selbst. Das Leben in dem von Hügeln rundum beschützten Heidelberg gibt ihnen das Gefühl, daß sie existieren und wichtig und effektiv sind; es bedarf nur eines Gewitters, und sie werden zu Symbolen eines vergangenen Zeitalters« (zit. nach D. Kettler u.a., 1980, 11).

K. Mannheim ist aber nicht nur in der Lage den intellektuellen Selbstbetrug der George-Anhänger aufzuspießen, er hat auch die generelle Distanz des »Fremden«, um die intellektuelle Gegensätzlichkeit der Heidelberger Geistes-Szene wie in einem Brennglas zu fokussieren und zu analysieren. Was sie wesentlich trennt, so K. Mannheim, ist mehr als der Literaten- und Wissenschaftler-Streit: Es ist eine prinzipielle Divergenz von *Weltanschauungstypen*. Am Schluss seiner »Heidelberger Briefe«, die zu den wenigen Zeugnissen gehören, die K. Mannheims persönliche Empfindungen und Selbstreflexionen wiedergeben, charakterisiert er beide Kreise wie folgt: »Das geistige Leben in Heidelberg [kann] am Gegensatz zwischen zwei Polen gemessen werden [...]. Auf der einen Seite steht die Universität, auf der anderen die grenzenlose literarische Welt.« Und so fährt er fort: »[...] die eine liegt auf der Linie der protestantischen Kulturtradition, die andere orientiert sich am Katholizismus«. Dass dies kein reines Zuordnungsschema ist, sondern weltanschauliche Gruppen- und Milieubindungen freilegt, dies erläutert er dann:

»Katholizismus und Protestantismus [bedeuten] weder eine rassische noch religiöse Unterscheidung, sondern die Züge von zweierlei Arten Vergangenheit, deren Spuren in der geistigen Haltung und der Kohärenz der Lehren der heutigen Richtungen erscheinen [...], die Einteilung kann allein von ihrer [der Menschen] Nähe zu der einen oder anderen, von ihrer Affinität zu der einen oder anderen Einstellung abhängen. Themen, Fragen, Gang und Sprechweise, Assoziation und Zusammenkunft sind in beiden Welten anders [...]. Terminologie und Worte liegen schon dort im Streit, wo die Abweichung im Wesen noch gar nicht zu Worte kam« (Heidelberger Briefe, 1985, 84).

Obwohl vordergründig die Polarität der Heidelberger Intellektuellen-Kreise beschrieben wird, zeigt sich hier bereits, was die *Weltanschauungsanalyse* K. Mannheims soziologisch erbringen soll: die Analyse der vorgängigen weltanschaulichen Bindungen, die den Geist von Gruppen bzw. Gemeinschaften bis in ihre Sprech- und Denkweisen hinein bestimmen. Insofern ist diese Mannheim'sche Interpretation von *M. Weber-Kreis* und *George-Kreis* ein gelungenes Exempel dafür, was seine *Weltanschauungsanalyse* an soziologischer Deutung ermöglichen soll: nämlich intellektuelle Distanz zu Lehren und Denkrichtungen, die im Widerstreit stehen, und ihre jeweilige Rückübersetzung in die Formen ihrer historischen Herkünfte und Abstammungslinien. Zugleich aber, und dies darf unter dem gewählten biografischen Topos der *intellektuellen Ortlosigkeit* nicht vergessen werden, koinzidiert die analytische Distanz mit einem Grundmerkmal des von K. Mannheim selbst hellsichtig herausgestellten Existenzverständnisses: dem *Prinzip genereller Ort- und Heimatlosigkeit des Intellektuellen.* Ersichtlich wird dies an einer zentralen Passage aus den »Heidelberger Briefen«, in der K. Mannheim so etwas wie eine Selbstcharakterisierung anzeigt:

»Wenn Menschen zusammenkommen, bin ich dort, wenn sie lernen, lerne ich mit ihnen, und ich wünschte mir auch mit ihnen zusammen zu leben, mich niederzulassen – und dennoch finde ich meinen Platz nicht« (ebd., 73).

Man kann die »Heidelberger Briefe« als ein Zeugnis dafür nehmen, dass K. Mannheim nunmehr die Erfahrung der Flucht aus Budapest und sein erstes Exil in Heidelberg in Form brieflicher Reflexionen auf Distanz bringen will. Dafür spricht, dass er sich selbst in diesen Briefen als eine »Scherbe des zerbrochenen ungarischen Kruges« (ebd.) bezeichnet. Die Inskription der Briefe geht aber weiter, zielt tiefer als nur auf die persönliche Befindlichkeit eines aus Ungarn vertriebenen Menschen. K. Mannheim verbindet nämlich seine eigene erste Exilerfahrung mit Reflexionen über die generelle Frage, »wie der Geist [d.h. der Intellektuelle/Verfasser] ein Heim auf der ganzen Erde finde« (ebd., 76). Nicht der Flüchtling ist der Prototyp des Exilanten, sondern der Intellektuelle, der bis in sein innerstes Selbstverständnis von »*transzendentaler Heimatlosigkeit*« (G. Lukács) geprägt ist. So zielt denn auch das eigentliche Nachdenken dieser Briefe »nur auf die Charakteristik einer kleinen, dünnen Schicht«, eben jene »Kaste«, die »sich in so hohem Maße in den Dienst des Geistes stellt, daß er tatsächlich im Mittelpunkt ihres Lebens steht und seine Anwesenheit in allen ihren Lebensäußerungen spürbar ist« (ebd., 74).

Dass damit nicht nur die »heutigen deutschen progressiven Intellektuellen« (ebd., 73), also die fortschrittlichen Geister der Weimarer Republik gemeint sind, geht aus einer weiteren Passage hervor: »Wir, die über alle Punkte der Welt verstreute Menge, sind der einzig internationale haltlose Kehricht ohne Grund unter den Füßen: die wir Bücher schreiben und lesen und die beim Schreiben und Lesen einseitig nur der Geist interessiert«, sind – so müsste man hier K. Mannheim ergänzen – die prinzipiell Heimatlosen. Heimat bedeutet nämlich, immer einen unverrückbaren Standpunkt, eine zweifelsfreie Gewissheit zu haben, die über die Zugehörigkeit zu einer Gemeinschaft, deren Geist und Mentalität man teilt und mitträgt, erzeugt und abgesichert ist. Derartig Bindendes lässt sich aber nicht vereinbaren mit der sozialen Distanz, mit der habituellen Fremdheit, die der Intellektuelle notwendig einnehmen muss, um im Namen des Geistes, der nicht die Wirklichkeit ist, schreibend eine Mitte zu suchen. Zwar geht die Sehnsucht unentwegt auf soziale Zugehörigkeit, denn »wir möchten ein Heim, eine Welt finden, weil wir spüren, daß wir in dieser Welt keinen Platz finden« (ebd., 76), aber »der schreibende Mensch« hat eine Seinsweise erwählt, die keinen Platz »innerhalb der Ordnung dieser Erde« vorsieht. Für die menschliche Gemeinschaft bleibt er der Randgänger, obwohl er sich selbst in der »Mitte der Welt« und in ihren geschichtlichen Abenteuern wähnt (ebd., 74). So oszilliert der Intellektuelle zwischen draußen und drinnen wie ein Fremder im gewährten Asyl. Die Welt der Mitmenschen bleibt ihm innerlich fremd, obwohl er unter ihnen lebt, und die Grenze, die er selbst zu ihnen zieht, eigentlich nicht benennen kann: »[...] und ich denke an die Welt immer als an das, was draußen ist, an etwas Äußeres, obwohl die abschließenden Mauern nirgendwo zu erblicken sind« (ebd., 83). Was K. Mannheim in diesen Passagen der Heidelberger Briefe entfaltet, ist mehr, ist substanzvoller als die simple Beschreibung der Rollenfunktion des Intellektuellen. In seinem Aufsatz »The Democratization of Culture« (dt.: Demokratisierung des Geistes, 1956), in dem er das Phänomen der sozialen Distanz ausdifferenziert, wird deutlich, dass die soziale Distanz des Intellektuellen die Form der für ihn elementaren Existenzdistanz ist. Während es eine soziale Distanz der Horizontalen gibt (sich fern halten, neutral bleiben) und eine soziale Distanz der Vertikalen (in Form von Ungleichheitsverhältnissen), ist die Existenzdistanz eine, die prinzipiell und ganz basal »zwischen dem Ich und dem anderen rein als Person [...]« (Demokratisierung des Geistes, 1956, 209) eine Trennung vollzieht. Der ganze Tenor der Heidelberger Briefe zielt darauf, diese basale Existenzdistanz nicht nur als Habitus des Intellektuellen zu begründen, sondern auch für sich selbst, genährt durch den Exilort Heidelberg, einzugestehen. Der melancholische Unterton dieser Briefe verweist darauf, dass ihm nunmehr klar wird, dass die *prinzipielle Heimatlosigkeit* keine des ungarischen Flüchtlings, vielmehr eine des Intellektuellen ist. Auch wird ihm bewusst, was er in Budapest erfahren hat und was sich in Heidelberg – fast paradigmatisch – wiederholt: Die Anbindung an die Gemeinschaft anderer Intellektueller, an die »Kaste«, ist die einzige Form, die transzendentale Heimatlosigkeit in Form einer »geistigen Heimat« von *Kreiserfahrungen* zeitweilig *zu* suspendieren. Der *M. Weber-Kreis* in Heidelberg hat insofern die gleiche stützende Funktion wie der *Sonntags-Kreis* in Budapest: Er bildet den »Krug«, aus dem K. Mannheim im intellektuellen Gespräch die lebensnotwendige Nahrung des Geistes schöpft.

2.2.3. Frankfurt

Zeitlich gesehen ist Frankfurt in der Lebensgeschichte K. Mannheims nur eine kurze Episode, denn bereits 1933 muss er auf aufgrund seiner jüdischen Herkunft Deutschland verlassen, nachdem er 1930 als Nachfolger Franz Oppenheimers an die Johann Wolfgang Goethe-Universität berufen wird. Diese Berufung »zum jüngsten Ordinarius auf einem der ersten deutschen Soziologielehrstühle« (U. Matthiesen, 1989, 72) ist nicht unumstritten, denn insbesondere seitens der Vertreter der Kritischen Theorie ist das wissenssoziologische Forschungsprogramm, das K. Mannheim vertritt zu idealistisch, zu wenig fundiert in der Marx'schen Gesellschaftsanalyse. Von der Fakultät ist zunächst Hans Kelsen erkoren, doch der wissenschaftspolitisch ambitionierte Kurator der Universität Frankfurt, K. Riezler, fädelt »im Zusammenspiel zwischen dem Berliner Kultusministerium und dem liberalen Sozialisten Emil Lederer« diesen für die damalige Zeit »sensationellen Berufscoup« ein (ebd.). K. Riezler geht es mit der Berufung K. Mannheims darum, Ansätze »zwischendisziplinärer Forschung« einerseits zu institutionalisieren und andererseits die Johann Wolfgang Goethe-Universität zu nichts weniger als einem »Zentrum deutscher Universitätskultur zu machen« (ebd.). Mit der Berufung K. Mannheims sollen beide Ambitionen K. Riezlers verwirklicht werden, denn mit K. Mannheim wird nicht nur der renommierte Autor des kontrovers diskutierten, aber sehr populären Buches »Ideologie und Utopie« nach Frankfurt geholt, sondern auch, was viel wichtiger ist, der »Wortführer der neuen Soziologengeneration«, die »sich von den Debatten der 20er Jahre als Fachsoziologen absetzten wollten« (ebd., 85). Seit seinem Vortrag »Die Bedeutung der Konkurrenz im Gebiete des Geistigen«, 1928 auf dem Züricher Soziologentag gehalten, in dem K. Mannheim nicht nur seine Grundgedanken zur *Seinsgebundenheit des Denkens* darlegt, sondern mit seiner Vorstellung von Soziologie die Führungsrolle der soziologischen Meinungsführer wie Leopold von Wiese und Alfred Weber aufkündigt, wird mit ihm, dem neuen »Star« der Soziologengemeinschaft, die weitere Entwicklung eines eigenständigen Paradigmas der deutschen Soziologie verbunden. Dieser Ruf eilt ihm von Heidelberg nach Frankfurt voraus. Zudem ist es für die ambitionierte Wissenschaftspolitik der Frankfurter Universität nicht ohne Reiz, die soziologische Konkurrenzuniversität Heidelberg personell zur Ader zu lassen; denn mit K. Mannheim kommen nicht nur N. Elias und A. Seidel, sondern auch, »wie Leopold Wiese sich ausdrückte [...] einige Blüten des Mannheim'schen Seminars aus Heidelberg« (ebd., 82). Man kann im Nachhinein in der Berufung K. Mannheims zwei wirksame Motivlagen vermuten: Einerseits der wissenschaftspolitische Versuch, den Schwerpunkt der soziologischen Diskussion und Entwicklung von Heidelberg nach Frankfurt zu verlagern. Dafür spricht, dass die Frankfurter Universität in den »frühen 30er Jahren zu dem Ort [wurde], an dem sich das für eine Gesellschaftstheorie interessante Denken in einer für Deutschland einzigartigen Wiese konzentrierte« (R. Wiggershaus, 1988, 130). Andererseits, und dies ist wohl eher ein institutspolitisches Motiv, soll die Berufung K. Mannheims das liberal-sozialistische Denken gegen das stark marxistisch orientierte Denken der Vertreter der Kritischen Theorie stark machen. Dies wird deutlich, wenn man die Frankfurter Debatten um das Fundament und die Reichweite der Begriffe Ideologie und Ideologiekritik Revue passieren lässt. Die inhaltliche Kritik von M. Horkheimer wie auch von T. W. Adorno an der »Wissenssoziologie« K. Mannheims (vgl. auch Kap. 7. 2.) ist nur ein, wenn auch gewichtiger Beleg für die damaligen Frankfurter Debatten. Dass M. Horkheimer den Neuankömmling im Frankfurter Institut nicht gerade wohlwollend empfängt, geht aus der Art und Weise hervor, wie er den neuen Kollegen mit der spitzen Feder der akademischen Kritik begrüßt. In der hauseigenen Zeitschrift des am Frankfurter Institut beheimateten Grünberg-Archiv erscheint sofort seine scharfe Kritik am Ideologiekonzept K. Mannheims. Unter dem Titel »Ein neuer Ideologiebegriff?« (1930) nimmt Horkheimer Mannheims Buch »Ideologie und Utopie« aufs Korn und wirft ihm u.a. vor, dass »bei der Eingliederung der Lehren von Karl Marx in die Geisteswissenschaft der Gegenwart [damit ist die Mannheim'sche Wissenssoziologie gemeint/Verfasser] [...] der Sinn seiner Grundbegriffe in das Gegenteil verkehrt« (M. Horkheimer, 1987, 271) würde. Schwerer wiegt aber der Vorwurf, der den kritisch-aufklärerischen Impetus des Mannheim'schen Denkens als Tröstungsfunktion angesichts realen Leidens der Menschen charakterisiert: Der Ideologiebegriff in der Soziologie K. Mannheims werde »nicht bloß verwendet [...]«, sondern diese »neue Soziologie [...]« will ihn gleichzeitig mit der Denkart versöhnen, deren Wirklichkeit er brechen sollte. Eine solche Versöhnung sei selbst Ideologie, und die Behauptung eines einheitlichen Sinnzusammenhangs »zu den verschiedenen Zeiten und zu derselben Zeit, ja innerhalb eines Volkes [...] beruhige« die »wirtschaftlich nicht Privilegierten [...] über ihre wirklichen Leiden« (ebd., 282). Dass K. Mannheim nicht der »anklägerischen Bedeutung« des Ideologiebegriffs (ebd., 290) folgt, dies ist die Disqualifikation für eine gesellschaftskritische Soziologie, wie sie für M. Horkheimer am Soziologischen Institut in Frankfurt verbindlich sein soll. Als Entree im neuen Kollegenkreis ist zwar inhaltliche Kritik eine Art intellektueller Respektbekundung, K. Mannheim jedoch ein Versöhnungsdenken zu unterstellen und seine Lehre von der geschichtlichen Bedingtheit geistiger Gehalte als weitgehendes Desinteresse gegenüber dem materiellen Elend der Massen auszulegen, kommt einer Exkommunikation im linksorientierten Lager der Frankfurter Universität gleich. Dieses geistespolitische Lager stellt sich als ein vielfältig schillerndes Spektrum dar, das sich hauptsächlich um die geisteswissenschaftlichen Fächer, insbesondere Germanistik und Soziologie, herausbildet, und das sich thematisch auf Fragen der Gesellschafts- und Ideologiekritik konzentriert (vgl. R. Wiggershaus, 1988, 129). Wenn innerhalb dieses akademisch-linken Meinungsspektrums der neue Kollege auf den Platz der bürgerlich-idealistischen Soziologie verwiesen wird, ist dies nicht allein der vorherrschenden »Lager-Mentalität der Weimarer Debattenfronten« (U. Matthiesen, 1989, 73) zuzuschreiben. Daneben müssen auch Motive des Konkurrenzempfindens unterstellt werden, denn K. Mannheim kommt aus den Augen der Frankfurter nicht nur aus der Heidelberger Soziologie, er ist auch institutionell und wissenschaftsprogrammatisch der Konkurrent. Institutionell insoweit, als er bei seinen Berufsverhandlungen die Errichtung eines eigenen soziologischen Seminars aushandelt, das sinnigerweise direkt neben den Räumen des Instituts für Sozialforschung von Horkheimer und Adorno untergebracht ist. Die Konkurrenz, wer nun im Bereich der angestrebten Ideologieforschung die zukünftige Meinungsführerschaft hat, wird gewissermaßen räumlich dokumentiert: Beide Parteien, K. Mannheim mit seinen Schülern wie auch Horkheimer mit seinem ambitionierten Institut für Sozialforschung, sind im selben Gebäude auf gleicher Höhe, nämlich ebenerdig angesiedelt. M. Horkheimer, der eine reine Fachsoziologie ablehnt und dafür die Soziologie in ein universalwissenschaftliches Gesamtprojekt auflösen will, das sich der historisch-materialistischen Erkenntnis des Gesellschaftsprozesses intensiv widmen soll, muss folglich in der soziologischen *Weltanschauungsanalyse* des Kollegen K. Mannheim das seinem Anliegen konkurrierende Unternehmen vermuten. Von daher ist es auch nachvollziehbar, dass M. Horkheimer den Neuankömmling aus Heidelberg geradezu herablassend zur Kenntnis nimmt: Dieser habe ja nur – was die akademischen Vorleistungen K. Mannheims betrifft – »eine schmale Dissertationsschrift und eine schlanke Habilitationsschrift« zu Buche stehen (N. Hammerstein 1989, 81). Obwohl beide Parteien fortan Tür an Tür arbeiten, gibt es, was eine mögliche institutionelle Zusammenarbeit betrifft, »so gut wie keine Kontakte« (R. Wiggershaus, 1988, 129). Diese für K. Mannheim so wichtigen Kontakte in Form von *Kreiserfahrungen* findet er nur außerhalb der institutionellen Universitätsarbeit.

Die Frankfurter Zeit ist für K. Mannheim die Zeit, in der er intellektuell – in Form der Kritik durch die Frankfurter Schule – am meisten herausgefordert wird. Zuvor, noch in Heidelberg, hat er mit seiner Habilitationsschrift, »Altkonservatismus. Ein Beitrag zur Soziologie des Wissens«, habilitiert. Diese Schrift, die im Kern eine Analyse der soziologisch-historischen Konstellation, in der der Konservatismus entstand, darstellt, geht ursprünglich auf die Lektüre von C. Schmitts Buch »Politische Romantik« zurück. Der Untertitel »Ein Beitrag zur Soziologie des Wissens« ist insofern irreführend, weil es K. Mannheim nicht primär um die Analyse konservativer Wissensbestände geht, vielmehr um das geschichtliche Aufkommen einer bestimmten Denkweise, die sich vornehmlich im Deutschland des 19. Jahrhunderts als weltanschauliche Gegenreaktion gegen die *Weltanschauungen* des bürgerlichen Liberalismus und des proletarischen Sozialismus herausbildete und politisch behauptete. Ausgehend von der Leitfrage: »Gibt es eine historische und soziologische Einheit, welche jener Bedeutungseinheit entspricht, die das Wort Konservatismus meint?« (1984, 92) gelingt es K. Mannheim anhand des Schrifttums deutscher Altkonservativer des frühen 19. Jahrhunderts typische, immer wiederkehrende Merkmale des konservativen *Denkstils* herauszuarbeiten. Ein typisches Merkmal dieses *Denkstils* ist z.B., dass Kollektivgebilde, vornehmlich Staaten oder Nationen, nicht von den Individuen und ihren Rechten her legitimiert werden. Die Legitimation ergibt sich aus dem Konstrukt der Volksgemeinschaft, die als eigenständig organische Totalität den Einzelnen und seine Rechte wie ein natürliches Recht bestimmen. Der Einzelne, das Individuum, ist nur ein Teil oder ein Mittel einer geistigen Totalität, die sich als »Volksgeist« versteht. Notwendigerweise muss damit das Individualrecht durch die höheren Rechte von Volksinstitutionen eingeschränkt oder sogar subordiniert werden. Noch heute, so K. Lenk, »gilt [...] Mannheims Studie über den deutschen Altkonservatismus [...] in der Forschung zu Recht als wegweisend« (1989, 18); auch wenn der Merkmalskatalog, den K. Mannheim am altkonservativen *Denkstil* rekonstruiert, nicht mehr umstandslos auf den Konservatismus der Gegenwart übertragbar ist.

Diese Habilitation, die ihn in Heidelberg zum Privatdozenten ohne Berufung macht, ist ein Lehrstück für die bereits in den 20er Jahren behördlich wirksame Fremden- und Judenfeindlichkeit. Auch K. Mannheims Versuch, sich in Deutschland endlich einzubürgern, ist von diesem Gemisch aus behördlichem, sanktionierten Fremden- und Judenhass geprägt. Seine Habilitation wird erst angenommen, »nachdem Alfred Weber und Emil Lederer persönlich dafür garantiert hatten, daß ihr Schützling nie politisch aktiv gewesen sei und von seiner Persönlichkeit nicht der Versuchung erliegen werde, jemals in Deutschland politisch aktiv hervorzutreten« (W. Hoffmann, 1996, 28/29).

Sein Einbürgerungsbegehren wird zunächst abschlägig mit dem Hinweis beschieden, »daß es sich bei ihm um einen Ostausländer israelitischen Bekenntnisses handle«, bei denen eine »zwanzigjährige Bewährungsprobe« vorausgesetzt wird, »bevor an Einbürgerung gedacht werden könne« (ebd.). Auf diese diskriminierende Weise kann K. Mannheims Einbürgerung bis zum Jahr 1929 hinausgeschoben werden. Er erfährt hier am eigenen Leibe, dass Fremdenfeindlichkeit zwar das behördliche Urteil diktiert, der Judenhass aber das tiefere, bekenntnishaftere Motiv darstellt. Ihm muss nunmehr klar werden, dass ein Fremder nur Gast mit Duldungsrechten ist, und Jude sein heißt, »kulturfremde Person« zu sein (ebd., 29), was im Grunde nichts anderes bedeutet, als als eine unerwünschte Person zu gelten. Sein Jüdisch-Sein, das in Budapest noch eingebettet war in das ungarische Judentum der Jahrhundertwende, erfährt hier die in der Geschichte der Juden historisch überkommene Erfahrungsform: *prinzipielle Exiliertheit* – wo immer auch die Assimilation an eine fremde Kultur, an eine fremde Heimat begehrt wird.

In Frankfurt ist er zunächst vor solchen Erfahrungen geschützt. Er kann wieder Anschluss finden an die für ihn wichtigen intellektuellen *Kreiserfahrungen*. Im so genannten »*Frankfurter Kränzchen*«, dem u.a. der religiösen Sozialist P. Tillich. A. Löwe, K. C. Mennicke und der sozialdemokratisch orientierte Kurator K. Riezler aber auch die Vertreter der Frankfurter Schule, wie M. Horkheimer, F. Pollock und Th. W. Adorno angehören, ist er regelmäßig Gast. In diesem Kreis der linken Intelligenz wird auf hohem theoretischen Niveau debattiert und gestritten, denn es geht um nichts weniger, als um die adäquate Analyse von Geschichte und Gesellschaft in der Form der Überwindung des Kapitalismus. Hier prallen nicht die *Weltanschauungen* von Konservatismus und Sozialismus aufeinander, sondern die weltanschaulichen Positionierungen in den Lösungsfragen einer sozialistischen Umgestaltung kapitalistischer Kultur und Gesellschaft. Besonders M. Horkheimer und T. W. Adorno vertreten in diesen Debatten ihr Vorhaben der Reaktualisierung des Marxismus in Gestalt der Kritischen Gesellschaftstheorie. K. Mannheim exponiert sich nicht im *Kränzchen*; auch nicht als er öfter von M. Horkheimer und T. W. Adorno in die Zange kritisch-dialektischen Denkens genommen wird. Es ist überliefert, dass sich K. Mannheim in solchen heftigen Debatten eher distinguiert zurückgehalten habe: »Auch im Frankfurter Diskussionskreis um Paul Tillich [eben diesem Kränzchen/Verfasser] an dem neben Mannheim auch Horkheimer und Adorno intensiv teilnahmen, sollen beide heftige Angriffe gegen Mannheim losgelassen haben. Mannheim soll hier gegenüber eine auffällig reservierte Haltung eingenommen haben« (U. Matthiesen, 1989, 130).

M. Horkheimer vollzieht jedoch in dieser Kritik an K. Mannheim, was er durchweg an reformistischen Denkern argwöhnt:

> »[...], daß die akademische Zunft das Thema der sozialistischen Umgestaltung zwar kultiviert debattieren und erörtern, aber letztlich metaphysisch verwässern und damit die Erfahrung der ganzen Unmenschlichkeit im Grundsätzlichen, nämlich der drängenden Notwendigkeit der Änderung« aufhebt (R. Wiggershaus, 1988, 64).

K. Mannheims reservierte Haltung in diesen intellektuell anspruchsvollen Debatten mag man als einen prinzipiellen Zweifel am Projekt der totalen Gesellschaftskritik werten, jedoch ist sie wohl auch konsequenter Ausdruck dessen, was zum ethischen Kern seiner soziologischen *Weltanschauungsanalyse* gehört: Keine weltanschauliche Position kann für sich und ihre Zeit eine hegemoniale Meinungsüberlegenheit beanspruchen.

Während K. Mannheim in den Budapester, aber auch noch in den Heidelberger Kreisen erfährt, dass der intellektuelle Diskurs, getragen von der Stichhaltigkeit der Argumentationen, prinzipiell offen ist, d.h. Wahrheit eher nur tentativ fungiert und damit Weltanschauungen nicht verabsolutierbar sind, hält die Frankfurter Kreiserfahrung anderes bereit: Weltanschauliche Positionen befinden sich nicht nur im Meinungsstreit, sie sind auch strategische Mittel im Kampf um die Durchsetzung der Deutungshoheit von Wirklichkeitsauffassungen. Die Frankfurter Zeit ist für K. Mannheim die von außen an ihn herangetragene Auseinandersetzung mit einer soziologischen Theoriebildung, die »auf einer marxistisch gefärbten Grundlage das Bedürfnis nach einer einheitlichen Welterklärung abdeckte« (R. Blomert, 1999, 8). Dass dies nicht das grundlegende Motiv der Kritischen Theorie ist, ist K. Mannheim deshalb wohl entgangen, da er jeden Debattenstreit auf die *denksoziologischen* Parameter weltanschaulicher Bindungen zurückführte. Dies ist aber eine Haltung des Über-den-Denkparteien-Stehen, die zutiefst den Ausdruck des Merkmals der *intellektuellen Ortlosigkeit* wiedergibt.

Die Universitätsarbeit in Frankfurt ist ohnehin nur von kurzer Dauer. Auf Betreiben der neuen Machthaber nach 1933 wird er zunächst in den Zwangsurlaub verbannt, dem dann wenig später die endgültige Dienstentlassung ohne Pensionsbezüge folgt. Ein »ungarischer Jude« darf und kann nicht Mitglied der Universität Frankfurt sein; ihm fehlt es auf jeden Fall an »nationaler Zuverlässigkeit«, wie es in der Entlassungsbegründung heißt. Dieser erste Beurlaubungsschub, dem er ebenso wie M. Horkheimer, P. Tillich u.a. zum Opfer fällt, dient dazu, die Frankfurter Universität von jüdischen, kommunistischen und sozialdemokratischen Dienstangestellten zu reinigen; so sieht es jedenfalls das von den Nazis umgesetzte »Gesetz zur Wiederherstellung des Berufsbeamtentum vom 07.04.1933« vor. Die Episode Deutschland ist für ihn vorbei und er flüchtet über Holland nach London – seinem letzten Exilort.

2.2.4. London

K. Mannheim, der sich politisch in keiner Weise exponiert hat, der auch nicht zwischen der ideologischen Rechten oder der ideologischen Linken Platz sucht, muss wohl die exekutiven Maßnahmen der Nazis in der Form und in dem Umfang nicht für möglich gehalten haben. Nicht anders ist es zu erklären, wieso er, kurz bevor der braune Spuk die Universität Frankfurt gänzlich einholt, einem jungen, kommunistischen Studenten zum Soziologiestudium rät. Er schreibt: »Was wir Dir bieten können, ist eine ziemlich intensive Arbeitsgemeinschaft, naher Kontakt mit den Dozenten, aber wenig dogmatische Festgelegtheit. Wir halten uns nicht für eine politische Partei, sondern müssen so tun, als ob wir viel Zeit hätten und das Für und Wider jeder Sache ruhig diskutieren könnten« (zit. nach D. Kettler/V. Meja, 1999, 304).

Auffällig ist nicht so sehr eine gewisse Gutgläubigkeit, dass die Nazi-Ideologie an der Frankfurter Universität vorbeigeht, sondern die abwartende Haltung, die aus diesem Brief spricht. Obwohl das braune Menetekel an der Wand geschrieben steht, plädiert K. Mannheim dafür »so zu tun, als ob wir viel Zeit hätten«. Wie viele Intellektuelle seiner Zeit nimmt er zwar die Bedrohung wahr, schanzt sich aber ein in die intellektuelle Haltung des Wartenden, des Nichthandelnden, der treu und gegen die politischen Verhältnisse einzig allein seiner Sache verpflichtet ist: »das Für und Wider jeder Sache ruhig« diskutieren zu können. Hier kehrt exemplarisch wieder, was K. Mannheim hellsichtig in seinen Heidelberger Briefen als typische Weltabgewandtheit des Intellektuellen gekennzeichnet hat: Der Intellektuelle ist »einseitig nur (am) Geist interessiert« (1985, 74), und dies macht ihn prinzipiell machtlos, ja handlungsunfähig gegen die Zumutungen der Realität. Diese Zumutungen bedeuten aber, dass sich K. Mannheim in seinem zweiten Exil nach Deutschland, in London, erneut eine Existenz aufbauen muss.

An der London School of Economics and Political Science erhält er eine außerplanmäßige Dozentur. Seine universitäre Tätigkeit besteht darin, dass er lecturer für Soziologie ist. Acht Jahre später wechselt er zum Institute of Education an der Universität London, an der er später noch zum Professor für Pädagogik ernannt wird.

Hier in England beginnt eine weitere thematische Umorientierung für ihn. Während er in Heidelberg, aber auch in Frankfurt durchweg an der Grundlegung und Entwicklung seiner Soziologie der Denk- und Wissensformen arbeitet, sich insbesondere in der kurzen Frankfurter Universitätszeit vermehrt den Fragen der soziologischen Ideologieforschung zuwendet, dominieren nun in seiner Londoner Zeit zwei Themenkomplexe: Zum einen die zeitgeschichtliche Diagnose, um die Erfahrungen der Zerstörung der Demokratie durch den Faschismus zu verarbeiten, und zum anderen programmatische Überlegungen, wie die Notwendigkeit rationaler Gesellschaftsplanung mit den bürgerlichen Freiheitsrechten vermittelt werden kann. Dieser thematische Wandel hat natürlich auch damit zu tun, dass K. Mannheim aus den ideologischen Grabenkämpfen der früheren Lebenssituation heraus ist, insbesondere aus den in Frankfurt rivalisierenden Fragestellungen um eine der geschichtlichen und gesellschaftlichen Situation adäquate Ideologieforschung. Wichtiger ist aber, dass K. Mannheim in London auf kein breites soziologisches Umfeld stößt, in dem er sich hervortun kann, denn »die Soziologie war in England als Fach kaum etabliert, und ihre wenigen Vertreter mussten um das Ansehen einer Disziplin kämpfen, die insbesondere innerhalb der Universitäten weithin als Domäne von Dilettanten abgetan wurde« (D. Kettler/V. Meja, 1999, 304).

Er ist Gast, er ist Exilsuchender, und als solcher ist es nicht ratsam, dort mit seiner Art des soziologischen Denkens reüssieren zu wollen, wo die akademische Reputation ohnehin sehr gering ist – in der randständigen Soziologie Englands. Der thematische Wechsel ist somit auch durch die englischen Universitätsverhältnisse erzwungen. Kurt H. Wolff beschreibt diesen Themenwandel entlang der Mannheim'schen Schriften als einen Wechsel von einer »soziologisch-philosophischen Phase« in Deutschland zu einer Phase hin, in der »das schon seit jeher mitspielende Bedürfnis, seine Zeit zu verstehen, sein dringendstes Anliegen wird [...]« (1978, 287). Zweifelsfrei kehrt K. Mannheim damit zu seinem anfänglichen Bedürfnis nach zeit- und kulturdiagnostischem Denken zurück, jetzt aber soziologisch geläutert und nicht mehr aus dem Geist der wert- und normentheoretischen Kulturphilosophie, wie er sie in seiner Budapester Studienzeit praktizierte. Seine beiden wichtigsten Schriften aus der englischen Exilzeit »Diagnosis of our Time« (1943) und »Freedom, Power and Democratic Planing« (1951) zeigen exemplarisch, was nunmehr das Leitmotiv des Mannheim'schen Denkens wird. In beiden Schriften geht es darum, der Erfahrung der tiefgehenden Krise der modernen demokratischen Gesellschaft gerecht zu werden. Diese Krise zeigt sich nicht nur am Phänomen des Nazi-Faschismus, sondern auch daran, dass die Entwicklungen der modernen Gesellschaften eine Zerstörung bisheriger bürgerlicher Zivilisationserrungenschaften aufzeigen, wie z.B. die Auflösung und der Verfall von sozialen Regulativen, die planlose Industrialisierung mit zerstörerischen Folgen für die Lebenswelt und der Verlust von institutionellen Bindungen. Dieser diagnostische Befund – so K. Mannheims Folgerung – nötigt im Grunde zu »einer Erfindung planvoller Menschenbeeinflussung [...] wenn auch (diese) in ihrer gegenwärtigen Gestalt nur ein Notbehelf« sein kann (Diagnosis of our Time, 1943/1951, 115). Dass diese Idee der rationalen Planbarkeit gesellschaftlicher Prozesse nicht mit den Planungsstaaten des Faschismus oder des dogmatischen Sozialismus zu verwechseln ist, macht K. Mannheim nicht nur in diesem Buch deutlich, sondern insbesondere in dem posthum veröffentlichten Buch »Freedom, Power and Democratic Planing« (1951/1970). Hier versucht er die Kardinalfrage einer planbaren Demokratie in Freiheit zu lösen: Wie lässt sich demokratische Freiheit bewahren und zugleich die Notwendigkeit einer »gesamten koordinierten Gesellschaftstechnik« für die Gesellschaft realisieren, indem »die Garantien dieser [demokratischen/Verfasser] Freiräume in ihre Struktur und Verfassung eingebaut« sind (ebd., 119)? Die Lösung sieht K. Mannheim nur in einer veränderten Rolle der geistigen Elite, also der »*freischwebenden Intelligenz*«, denn diese kann als eine bewusst und rational führende Führungsschicht sowohl aus der bestehenden Krise herausführen, als auch den »gesellschaftlichen Umbau« zur rational geplanten Demokratie bewerkstelligen. Das Instrument, das dieser privilegierten Schicht zur Verfügung steht, um den konsensuell eingelenkten Gesellschaftsumbau herbeizuführen, ist die Soziologie. Dies ist dann eine Soziologie, die nicht nur rationale Sozialtechnologien entwickelt und anbietet, sondern auch – und darauf insistiert K. Mannheim – ein aufklärerisches Orientierungswissen vermittelt für das, was gegenwärtig und zukünftig aus gesellschaftlicher Verantwortung an gesellschaftlichem Handeln notwendig ist. In seinem englischen Exil kommt K. Mannheim – jenseits seiner liberalen Welthaltung – zu dem, was ihm zeitlebens durch alle Werkphasen hindurch ein politisch-ethisches Unterpfand seines soziologischen Denken ist und nunmehr in Gestalt von demokratischen Planungsphantasien beschäftigt: Wie ist eine Synthese von individueller Freiheit und notwendiger Vergemeinschaftung in der Gesellschaft zu denken und zu realisieren? Dass die Kernfrage aus einer tiefgehenden Spur seines jüdischen Existenzverständnisses kommt, verrät er am Schluss eines Vortrags, den er im Londoner Exil hält. Dort heißt es: »Wenn ich nicht für mich bin, wer wird für mich sein? Wenn ich nur für mich bin, wofür bin ich dann?« (zit. nach K. H. Wolff, 1978, 349). Dieses Zitat, das K. Mannheim aus einer Rede eines jüdischen Weisen übernimmt, zeigt den Nukleus seines soziologischen Denkens: die soziale Verantwortung für den anderen als Sinngebung des eigenen Selbstverständnisses. Mit einem solchen, sich selbstverpflichtenden Ethos im Denken reagiert K. Mannheim aber auf die ihn lebenslang begleitende und schmerzhafte Sehnsucht des Intellektuellen, der sich prinzipiell am Rande, am Außenkreis menschlicher Gemeinschaft weiß. Seine (soziologischen) Synthetisierungsversuche von (Kultur-)Geist und Gesellschaft spiegeln wider, dass der Intellektuelle in solchen Versuchen die Überbrückung der Kluft anstrebt, die er durch seine *prinzipielle Ortlosigkeit* zu den Menschen immer wieder aufreißt. Wonach sich K. Mannheim unentwegt gesehnt hat, ist die Solidarität zu Menschen, die seines Geistes und seiner Welthaltung sind. Er findet solche Menschen, wie auch vorher in Budapest, Heidelberg und Frankfurt, im so genannten *Moot-Kreis*, einer Gruppe von christlich orientierten Intellektuellen, zu denen auch T. S. Eliot gehörte. Solidarität ist ihm aber auch der Begriff, der sich – soziologisch gesprochen – in der zukünftigen Gesellschaft herstellen lassen soll. Dies ist wohl der ethische Impuls, der hinter K. Mannheims Idee von der geplanten Gesellschaft in Freiheit steht.

Im *Moot-Kreis* ist K. Mannheim, wie eine persönliche Charakterisierung durch T. S. Eliot zeigt, nicht nur ein willkommener Diskutant. Er besticht dadurch, dass er »ein brillanter Darsteller von Ideen« und ein »stimulierender« Gesprächspartner ist (vgl. W. Lepenies, 1985, 395 ff.). Der *Moot-Kreis* ist für ihn ein Forum, eine informelle Diskussionsbasis, um fernab der akademischen Pflichtübungen an der Hochschule sein Denken im Kreise von Intellektuellen auf die Probe zu stellen. Hier kann er argumentativ sein und das ihn bis zum Ende seines Lebens bewegende Thema der Krisis der modernen Gesellschaft und den vernunftgesteuerten Weg aus dieser Krisis einbringen. Mit der Gesprächs- und Diskussionskultur dieses Kreises knüpft er nahtlos an die lebenslange Erfahrung aller vorherigen *Kreiserfahrungen* an: Dass im solidarischen Grundgefühl der intellektuellen Gesprächsgemeinschaft, trotz der notwendigen Differenz weltanschaulicher Positionen, jene freie Form der sozialen Bindung liegt, die vorbildlich für soziale Gemeinschaften sein kann; die darüber hinaus aber auch die soziale Bindungsform ist, die dem ortlosen Intellektuellen die notwendige Heimstatt ermöglicht, um seine *intellektuelle Ortlosigkeit* geistig zu kompensieren. In den Kreiserfahrungen sammelt K. Mannheim eine lebensgeschichtliche Erfahrung von *Solidarität im Geiste*, die ihn über die prinzipielle Fremdheit gegenüber der Sozialwelt und die faktisch erlebte Heimatlosigkeit des realgeschichtlich exilierten Judens hinweg hilft.

Zwei Jahre vor seinem Tod wird er das, was er in seiner Typologie der paradigmatischen Handlungstypen vorgezeichnet hat: *Pädagoge* an der University of London. Damit knüpft er in Form einer institutionalisierten Rolle an seine frühe Budapester Überzeugung an, dass nur in der immerwährenden Kultivierung des Menschen die einzige Chance der menschlichen Selbstheilung liegt. Verallgemeinernd gesprochen heißt dies: Nur in der Kultivierung überwindet der Mensch seine ihm eigene Heimatlosigkeit, nicht in der Flucht aus ihr.

K. Mannheim stirbt 1947 an den Folgen eines Herzinfarkts. Der ungarische Flüchtling jüdischer Herkunft stirbt in der Fremde.

2.3. Intellektuelle Ortlosigkeit und Fremdheitserfahrung

Die biografische Fokussierung des Mannheim'schen Lebens hat ein dieses Leben bestimmendes Moment herausgestellt: Das unentwegte Oszillieren zwischen Fremdheitserfahrung und Sehnsucht nach Zugehörigkeit zu einer Gemeinschaft, »dieses Heimweh [...] von Zugehörigkeit, wenigstens einmal nicht *an* einem Ort, sondern auch von *dort* zu sein« (Z. Baumann, 2002, 185). Dieses für den Mannheim'schen Lebensweg auffällige Merkmal, das sich in den Heidelberger Briefen – eher kryptisch als bekenntnishaft – ausdrückt, soll nicht in einem biografischen Plot stecken bleiben. Das hinter dem Flüchtlingsschicksal, hinter der zeitgeschichtlichen Maske des Emigrantentums versteckte Phänomen der *intellektuellen Ortlosigkeit* K. Mannheims bedarf einer grundsätzlicheren Interpretation. Mit Recht hat H. Abel Zweifel daran, dass der Heidelberger Brief, in dem K. Mannheim davon spricht, »dass der ungarische Krug zerbrochen ist und seine hundert Scherben in hundert Richtungen versprengt« sind, allzu »gerne als Metapher des Schicksals des Emigranten gelesen« wird (1997, 208). K. Mannheim selbst hat dieser Metapher Vorschub geleistet, als er – während der Zeit im Londoner Exil – in seinem Aufsatz »The Function of the Refugee« (1945) die soziologische Funktion des Flüchtlings wie folgt umschrieben hat: Flüchtlinge sind »Individuen, die zwei oder mehr Kulturen in sich aufgenommen haben« und solchermaßen die »konstruktive Aufgabe« haben, »als Dolmetscher verschiedener Kulturen zu dienen und eine lebendige Kommunikation zwischen verschiedenen, bisher getrennten Welten hervorzurufen« (zit. nach K. H. Wolff, 1978, 358). Aber politischer Flüchtling zu sein, politisch erzwungene Exilierung zu erfahren und sich der Exilkultur einzuordnen, ist eine Sache, jedoch eine andere ist es, und auch darüber gibt der Heidelberger Brief beredsam Auskunft, Fremdheitserfahrung geistig zu habitualisieren und als spezifisches Merkmal persönlicher Intellektualität zum Ausdruck zu bringen. Was damit gemeint ist, hat T. W. Adorno in einem sehr offenen Brief an Max Horkheimer zu dessen 70. Geburtstag so ausgedrückt: »Du sahst aus wie ein Gentleman, und wie ein Flüchtling von Geburt. Dem entsprach auch deine Existenzform« (M. Horkheimer, 1996, 592). T. W. Adorno hat damit sehr treffend ein typisches Spezifikum der intellektuellen Erscheinung M. Horkheimers hervorgehoben, das man ohne weiteres auf K. Mannheim beziehen kann. Allein die Adorn'sche Kennzeichnung »Flüchtling von Geburt« geht weit über die soziale Typik des politischen Flüchtling hinaus, denn damit ist genau jener Wesenszug gemeint, den K. Mannheim als prinzipielles Exil des Intellektuellen unter den Menschen begriffen hat: »Es verlangt uns nach einander, doch ohne die Möglichkeit des Zueinanderkommens« (Seele und Kultur, 1964, 70). In der bereits zitierten Heidelberger Briefpassage hat K. Mannheim dieses geistige Exilantentum auf sich selbst gewendet: »[...] und ich wünschte mir auch mit ihnen [den Menschen/Verfasser] zusammen zu leben, mich niederzulassen – dennoch finde ich meinen Platz nicht« (Heidelberger Briefe, 1985, 73).

Der Typus des Flüchtlings, von dem T. W. Adorno spricht, ist die Figur des Ashaver, für den es keinen festen Ort, sondern nur die Wanderexistenz gibt; dessen unverwechselbares Signum ist die prinzipielle soziale wie geistige Distanz.

Die Frage ist nun, worauf sich – hier notwendig exemplarisch und nur skizzenhaft entfaltet – dieses Wesensmerkmal einer *intellektuellen Ortlosigkeit* zurückführen bzw. was sich für dieses Merkmal als plausible Interpretationsebene heranziehen lässt. Zwei Interpretationsmuster werden hier angeboten, die sich gegenseitig keineswegs ausschließen, vielmehr sich in einer chiastischen Weise verbinden. Dies ist einmal das Interpretationsmuster der *jüdischen Mentalität* und durch diese erzeugt: ein bestimmter Duktus des jüdischen Geistes. Zum anderen die *intellektuelle Melancholie*, die die besondere Typik des Intellektuellen kennzeichnet.

2.3.1. Jüdische Mentalität

Mit dem Interpretationsmuster der jüdischen Mentalität ist nicht das eher marginale, im Grunde nur äußerliche Faktum gemeint, dass K. Mannheim jüdischer Herkunft war. Dieses biografische Hintergrundfaktum wird erst dann interpretationswürdig, wenn man danach fragt, inwieweit mit der jüdischen Mentalität sozialisierende Bedingungen gegeben sind, die zum geistigen Habitus der *intellektuellen Ortlosigkeit* disponieren. Damit wird keineswegs eine charakterologische oder gar rassistische Festlegung vorgenommen. Bevor die sozialisierenden Bedingungen skizziert werden, muss deshalb der Begriff der Mentalität hinreichend expliziert werden, um solche Missdeutungen zu vermeiden.

Mentalität ist keineswegs eine personale Festlegung, auch keine invariable ethnische Eigenschaft von Gruppen oder Kollektiven. Der Begriff der Mentalität, seiner Herkunft nach ein Schlüsselbegriff der historischen Annales-Schule, ist vielmehr eine historisch-soziologische Kategorie, die ein langanhaltendes »Ensemble der Weisen und

Inhalte des Denkens und Empfindens« beschreibt, »das für ein bestimmtes Kollektiv in einer bestimmten Zeit prägend ist« (Peter Dinzelbacher, 1993, XXII). L. Febvre hat Mentalität sehr einfach als »geistige Einstellungen« (zit. nach P. Ariés, 1990, 139) umschrieben, mit der in elementarer Weise homogen gehaltene Gemeinschaften »ein Stück der Wirklichkeit, in der sie lebten, verstanden und zu verstehen geben« (R. Chartier, 1989, 11). Was mit »geistigen Vorstellungen« gemeint ist, ist nicht identisch mit gruppenspezifischen Werten oder Normen, und ist auch nicht gleichzusetzen mit den kollektiven Ideen, die zu einer jeweiligen Ideologie von Kollektiven gerinnen. »Geistige Vorstellungen« sind eher aufzufassen als alltagsgebundene »matrices eigenständiger Reden und Praktiken« (ebd., 12), die die erfahrende Welt in eine gemeinschaftliche Vorstellungswelt transkribiert, die vom Einzelnen als habitueller Hintergrund seines Denkens und Handelns übernommen wird. Mentalitäten von Kollektiven oder Gruppen sind lang anhaltende und sehr wirksame mentale Figurationen der symbolischen Deutung und Repräsentation von sozialer Welt. Das Entscheidene am Mentalitätskonzept ist nun nicht allein, dass hier das ganze Ensemble von Denken, Verhalten, Fühlen, Glauben und Vorstellen in der Art eines kollektiven Zusammenspiels rekonstruierbar ist, was ja seine analytische Reichhaltigkeit ausmacht, vielmehr liegt die epistemische Ergiebigkeit woanders. Es sind nämlich drei markante Qualitäten, die das Mentalitätskonzept gegenüber anderen Konzepten, wie etwa denen der Ideengeschichte oder Sozialgeschichte, favorisieren: zum Ersten das Merkmal, dass die Mentalität einer Gruppe oder eines Kollektivs dem Einzelnen gar nicht bewusst ist bzw. durch ihn nur als symbolisch strukturierender Hintergrund in Form seiner kulturellen Gemeinschaftsidentität zum Ausdruck kommt. Dieses Moment des mental Unbewussten prädisponiert sein konkretes Handeln und Denken, ohne dass es dieses völlig determiniert, sondern eher wie eine basale Hintergrundfiguration vorprägt. Zum Zweiten das Merkmal der »langen Dauer«, d.h., dass die Mentalität weit über die Lebensgeschichte des Einzelnen hinausgeht bzw. dieser historisch immer vorgelagert ist. Die Mentalität als eine verbindende und bindende Weltinterpretationsrahmung einer Gruppe oder eines Kollektivs ist ein umfassendes Kognitions- und Handlungsmuster, dessen zeitvariante Wirksamkeit nicht vom Einzelnen, sondern allein von der symbolisch-kohärenten Präsenz des Kollektivs gegenüber seinen Mitgliedern abhängig ist. Verschwindet oder löst sich der symbolisch-repräsentative Zusammenhang eines Kollektivs auf, so wird die Mentalität dieser ursprünglichen Gemeinschaft blasser, d.h. für den Einzelnen unwirksamer und für seinen geistig-seelischen Habitus unverbindlicher. Zum Dritten, und dies ist für das Interpretationsmuster der jüdischen Mentalität bei K. Mannheim das wichtigste, das Merkmal des einer Gruppe bzw. einem Kollektiv inhärenten Geistes. Mit dem epistemischen Operieren des Mentalitätsbegriffs wird die traditionelle Unterstellung eines universalen Geistes oder eines Geistes großer historischer Kulturen (z.B. abendländischer, orientalischer Geist usw.) obsolet. Was nämlich mit dem Mentalitätskonzept epistemisch eingelenkt wird, ist die Annahme einer Partikularität und einer Vielzahl von Geistformen, die jeweils nach den zeitlich wie regional unterschiedlichen Gemeinschaften existieren. Ein Grundgedanke, der in der Theoriekonzeption K. Mannheims durch den Begriff des *»seinsgebundenen Denkens« denksoziologisch* umformuliert und fundiert ist. Zusammenfassend kann man sagen, dass der lang andauernde Geist einer Gemeinschaft die symbolisch-repräsentative »Haut« (P. Dinzelbacher, a.a.O., XXXIII) bildet, in der der einzelne dieser Gemeinschaft sozialisiert wie kultiviert wird, und in der er sich lebenslang bewegt, aber sich auch geistig-habituell präsentiert.

Insbesondere das dritte Merkmal, dasjenige eines die Lebensgemeinschaft bindenden Geistes ist für die nachfolgende Interpretation von Interesse, denn mit der biografischen Gegebenheit der jüdischen Herkunft ist nicht nur die Übernahme der jüdischen Mentalität verbürgt, sondern auch – und dies insbesondere für Intellektuelle wie K. Mannheim – die Habitualisierung eines bestimmten Duktus des Denkens. Bei aller Notwendigkeit einer Aneignung der in der Fremde assimilierten Geisteskultur bleibt dieser habitualisierte Duktus des Denkens insofern bestehen, als markante Charakteristika des »jüdischen Geistes« sich in diesem Duktus unverwechselbar ausdrücken. Was es mit diesem »jüdischen Geist« auf sich hat, das hat einmal G. Landauer in einem Brief an den Philologen F. Mauthner treffend umschrieben, in dem er die Mauthner'sche Kennzeichnung des Jüdischen als besonderen »Ductus des Gehirns« aufgreift und exakt im Sinne des hier explizierten Mentalitätsbegriffs wiedergibt:

»Darum aber, ob Du die Eigenschaft des Jüdischen einen *Ductus des Gehirns* nennst und etwa nur das Wörtchen *nur* hinzufügst, handelt es sich doch wohl nicht, sondern darum, daß Du, indem Du diesen Ductus jüdisch nennst, nicht bloß von einem Zug sprichst, der Dir individuell eignet, sondern von einem, der Dir mit einer Anzahl Menschen gemeinsam ist. Und welchen Wert ich dieser, von gemeinsamer Geschichte stammenden Gemeinschaft beilege, das entscheidet mir nicht die Logik. Ich für mein Teil finde nicht so viele in die Jahrtausende zurückgehende Gemeinschaften in unserer Zeit, daß ich auf eine verzichten möchte [...]. Und eine Gemeinschaft, die man – mit Deinen Worten – an einem *Ductus im Gehirn* erkennt, ist eigentlich Wirklichkeit genug. Es handelt sich also um ein Begleitgefühl zu einer Wirklichkeit; die Logik wird mir's nicht nehmen können; warum sollte sie's aber auch wollen?« (1935, Wien, 382).

Genau dieses mit der jüdischen Herkunft übernommene Begleitgefühl, das einen spezifischen Duktus des Denkens prägt, wird in den bereits zitierten Heidelberger Briefpassagen K. Mannheims in unverwechselbarer Weise ausgedrückt.

Dass K. Mannheim dieses »jüdische« Begleitgefühl mit seinen ersten Lebenserfahrungen aufgenommen hat, wird biografisch durch die Stellung des ungarischen Judentums im damaligen Budapest plausibel. Seine Geburtszeit (1893) und die Zeit der Sozialisationserfahrungen (bis etwa 1912) fallen mit den Assimilationserfahrungen der ungarischen Juden in Budapest um die Jahrhundertwende zusammen. Obwohl die ungarischen Juden zur »Magyarisierung« der damaligen Donaumonarchie erheblich beigetragen haben (vgl. P. Hanák, 1984, 284 ff.), bildeten die ungarischen Juden im Gegensatz zu anderen ethnischen Gruppierungen (Deutsche, Slowaken) eine Gruppierung, die von Anfang an den Assimilationsprozess ambivalent vollzog. Ökonomisch und sozial auf die bürgerliche Umgestaltung des Vielvölkerstaates »Ungarn« eingestellt, ja sogar Motor der Modernisierung der agrarisch ausgerichteten Donaumonarchie, blieb das ungarische Judentum gegenüber der neuen, auf nationale Identität hinauslaufenden Kultur des Magyarentum reserviert bzw. zwiespältig gebunden. Während sich die anderen ethnischen Gruppierungen im nationalen Prozess der »Magyarisierung« auflösten, ihre alte Identität in der neuen ungarischen Nationalidentität verloren, blieb das Judentum zwar akzeptiert, aber niemals völlig integriert; es betrieb von sich aus ein Neophytentum, das »noch lange Zeit, manchmal sogar mehrere Generationen hindurch die Erinnerung an die alte Gemeinschaft« bewahrte (ebd., 305). Diese Unfähigkeit zur gänzlichen Assimilation war und ist aber von Anfang an Erfahrungsbestand der jüdischen Mentalität, denn sie ist die Konsequenz dessen, was die jüdische Gemeinschaft im Assimilationsprozess immer wieder neu erfuhr und bis heute noch erfährt: akzeptiert, aber andersartig; dazugehörig, aber fremd. Aus diesem Grund stand die Assimilationserfahrung der ungarischen Juden von Beginn an unter dem Vorbehalt, die eigene Gemeinschaftskultur nicht aufzugeben, sondern von Generation zu Generation weiterzugeben und zu bewahren:

»Das seit dem Ende des 18. Jahrhunderts in großer Zahl einwandernde Judentum wurde als Gemeinschaft nicht durch nationale, sondern durch religiöse Bande, durch die kulturelle Tradition, durch die Ablehnung und die zahlreichen Beschränkungen der aufnehmenden Gesellschaft zusammengehalten« (ebd., 285).

Geschichtlich immer wieder erfahrene und deshalb auch erzwungen gewollte Diaspora nennt man das. Mit einer Assimilation unter reservierendem Vorbehalt kommt es aber zu einer »zweifachen bzw. gespaltenen Bindung«, denn der Assimlierende »verhält sich zu beiden Gemeinschaften [der Herkunftsgemeinschaft wie der neuen Gemeinschaft/Verfasser] loyal und strebt eine allgemeine Harmonierung der zweifachen Bindung an« (ebd., 305). Eine Verschmelzung, ja eine kulturelle Inkorporation in die neue Identitätsgemeinschaft ist nicht möglich, da die kulturelle Andersartigkeit der eigenen Gemeinschaftsmentalität nur eine Annäherung, nicht aber eine konstitutive Vermittlung mit der fremden, neuen Kultur erlaubt. Die Funktion der kulturellen Vermittlung vermag der Flüchtling zu leisten, nicht aber der Fremde, denn die kollektive Erfahrung, prinzipiell anders zu sein, bestätigt und wiederholt sich im Assimilationsprozess als gespaltene Bindung: formales Dazugehören, aber substantielles Entferntsein. Ein Charakteristikum, das G. Simmel konstitutionell dem »Fremden« zugewiesen hat und das über die bloße Distanzwahrung in Beziehungen hinaus geht: »Die Distanz innerhalb des Verhältnisses [zwischen den Menschen/Verfasser] bedeutet, daß der Nahe fern ist, das Fremdsein aber, das der Ferne nah ist« (1992, 767). Obwohl formales Mitglied der Gemeinschaft, bleibt der Fremde substantiell draußen, weil er für die Anderen von der Wurzel her nicht einer von ihnen ist. Die Metapher der *Wurzellosigkeit* des Fremden ist nicht zufällig, denn sie schließt sich konnotativ dem an, was G. Simmel zum Verhältnis von Fremden und Bodenbesitz sagt:

»Der Fremde ist eben seiner Natur nach kein Bodenbesitzer, wobei Boden nicht nur in dem physischen Sinne verstanden wird, sondern auch in dem übertragen einer Lebenssubstanz, die wenn nicht an einer räumlichen, so an einer ideellen Stelle des gesellschaftlichen Umkreises fixiert ist [...] er ist, so lange er eben als Fremder empfunden wird, in dem Anderen kein Bodenbesitzer« (ebd., 766).

»Bodenlos« oder »wurzellos« in den Augen der Anderen zu sein, stellt aber eine prägende Erfahrung dar, die potentiell zur *intellektuellen Ortlosigkeit* disponiert. Aus der früh erfahrenen Separation, dass die eigene, die jüdische Herkunft in der assimilierten »Heimat« prinzipiell fremd bleibt, baut sich lebenslang jener »Duktus des Geistes« auf, der sich jeder weltanschaulichen Einbindung, jeder ideellen Annektion von Weltbildern, Ideologien und/oder Glaubensdoktrinen von vornherein kritisch widersetzt, weil sie – wie K. Mannheim es in seinem Werk *denksoziologisch* umformt – nur standortgebundene Sichtweisen von gemeinschaftlich erzeugten und bestätigten Wirklichkeitsdeutungen widerspiegeln. K. Mannheims erkenntnistheoretisches Diktum: »Wir sind zugleich Bürger mehrerer Welten« (Beiträge zur Theorie der Weltanschauungs-Interpretation, Neuwied, 1964, 99) ist nicht nur der Einsicht geschuldet, dass wir die Gegenstände der Erfahrung »auf mehrere Weisen« haben können, nämlich »in ästhetischer, religiöser, ethischer Weise und andererseits im theoretischen Erfasstsein« (ebd.). Es verweist auch in biografischer Lesart auf die Erfahrung, dass man als assimilierter Jude im Vielvölkerstaat Ungarn Bürger mehrerer Kulturkreise sein musste und das die sinnstrukturierende Wirklichkeitswahrnehmungen zutiefst abhängig sind von gruppen- bzw. milieuspezifisch erlebten Denk- und Spracherfahrungen. Was man erkennt, was man denkt, ist durch ein ansozialisiertes *»konjunktives Erkennen«* (K. Mannheim) der lebensweltlich prägenden Gemeinschaft prädisponiert. Diese Grundthese eines *»seinsgebundenen Denkens«* (K. Mannheim) verweist zwar darauf, dass sich die jeweilige geistige Identität durch »letzten Endes paradigmatische(r) Urerfahrungen bestimmter Lebenskreise« konstituiert. Dies ist aber nur ihre soziogenetische Explikation. Wichtiger ist die epistemologische Behauptung einer »multipolare(n) Weltansicht, die von mehreren Standorten her versucht, denselben neuauftauchenden Tatsachen gerecht zu werden« (Die Bedeutung der Konkurrenz, 1982, 345). Diese erkenntnisleitende Maxime hat sicher ihren Ursprung in den frühen Sozialerfahrungen, die K. Mannheim in seinen jüdisch-ungarischen Lebenskreisen gemacht hat: Erfahrungen, die immer darum kreisten, dass die eigene Identität der Denk- und Erlebnisbasis zugleich eine fremde für die ist, zu denen man gehören will. So mag sich in die Welterfahrung des jungen K. Mannheims ein Hiatus gesenkt haben, der sich nur harmonisieren lässt, wenn *Weltanschauungen* partikularisiert und so in ihrer Geltung relativiert werden. K. Mannheims *Wahrheitsrelativismus*, der eher ein Relationismus ist, wie das nachfolgende Kapitel darlegen wird, resultiert wohl ebenso aus dieser biografischen Urerfahrung wie auch andere Denkfiguren seines Werkes.

Leider ist über die frühen Sozialisationserfahrungen K. Mannheims nichts bekannt. Aber ebenso wie Freud, Kafka u.a., die nach dem Übergang vom 19. zum 20. Jahrhundert in den osteuropäischen Metropolen, Wien, Prag und Budapest, lebten, war K. Mannheim das, was man einen »völlig okzidentalisierten Juden« (Marthe Robert, 1977, 21) nennen könnte: ein durch den Bildungsprozess mit dem christlich-griechischen Kulturerbe assimilierter, aber auch durch die Persistenz jüdischer Mentalität paradox sozialisierter Intellektueller. Diese Persistenz liegt nicht einfach darin, dass man Jude ist und etwa ebenso wie die Vorfahren die strikte Einhaltung der Vorschriften und Regularien des jüdischen Gesetzes befolgt, d.h. einfach die Tradition talmudischer Religiosität mechanisch übernimmt. Eine Sozialisationsgeschichte, die für K. Mannheim eine Internalisierung der orthodoxen jüdischen Religiosität durch das Elternhaus belegen könnte, ist wohl auch nicht nachzuweisen. Anzunehmen ist aber, dass mit dem jüdischen Elternhaus, mit der jüdischen Sozialität in K. Mannheim jenes Identitätsmoment im Assimilationsprozess mitfundiert wurde, das S. Freud einmal in einer brieflichen Selbstcharakterisierung wie folgt umschrieben hat: »We were both Jewes and knew of each other that we carried this miraculous thing in common, which – inaccessible to any analysis so far – makes the Jew« (S. Freud, zit. nach Marthe Robert, a.a.O., Anm. 42, 166). Dass dieses »geheimnisvolle Etwas« nicht nur einfach numinos ist, sondern die Bewahrung der Andersartigkeit im Denken und Handeln trotz der assimilierten Kultur bedeutet, darauf hat M. Robert in ihrer Freud-Biografie hingewiesen. Was nämlich mit dieser durch die jüdische Herkunft tradierten Andersartigkeit übernommen wird, »[...] ist ein gemeinsamer Besitz, ein Verbindendes jenseits der Worte, das sich nicht definieren läßt«, das jedoch »im Laufe einer langen Geschichte, deren Ursache und Wirkung zugleich es ist« (a.a.O., 36). Ein gemeinsamer Besitz, der immer wieder auf die nachfolgende Generation übertragen wird. Diese Übertragung erfolgt aber nicht mechanisch, sondern bildet sich im kommunikativen Auseinandersetzungsprozess von generationsspezifischen Zugehörigkeitsdefinitionen immer wieder neu und damit verändernd aus. Was also übertragen wird, ist dasjenige, was A. Strauss einmal die gruppenspezifische Zusammengehörigkeit als »symbolische Identität« bezeichnet hat. Diese identitätsmäßige Zugehörigkeit ist eine »gemeinsame Symbolbildung ihrer Mitglieder«, die letztlich auf der kommunikativen Verarbeitung gemeinsamer geschichtlicher Erfahrungen beruht und die über die »Zugehörigkeitsgeschichte« in der persönlichen Identität als »Moment kollektiver Erinnerung zur Wirkung« und zum Ausdruck kommt (vgl. A. Strauss, 1974, 161 ff.). Für die jüdische Identität ist dies die kulturelle Andersartigkeit, die sich als das konjunktiv wie »kommunikativ Gemeinsame« (a.a.O., 161) von Generation zu Generation als symbolische Zusammengehörigkeit weitergibt. Für K. Mannheim hat sich dies als Übernahme eines intellektuellen Duktus eines Geistes ausgewirkt, dessen Spezifika kenntlich werden, wenn man auf bestimmte unverwechselbare Charakteristika dieses durch die traditionelle Bewahrung der jüdischen Mentalität erzeugten Duktus des jüdischen Geistes rekurriert. Es sollen hier nur drei der wichtigsten Charakteristika genannt sein, die das jüdische Denken bestimmen und die unisono für die Denkweise K. Mannheims – wie die nachfolgenden Kapitel zur Mannheim'schen *Denksoziologie* zeigen – stilbildend sind.

Ein erstes, und sicherlich sehr bezeichnendes Charakteristikum ist das des radikalen *Nonkonformismus* des Denkens, das sich prinzipiell oppositionell gegen den herrschenden Common Sense ausrichtet. Mit diesem *Nonkonformismus* ist mehr gemeint als Kritik oder gar intellektuelles Querulantentum, das sich im Rechthaben stilisiert. Der *Nonkonformismus*, um den es hier geht, ist ein Denkhabitus, der der radikalen Überschreitung bestehender Denkgewohnheiten, Denkmuster und Denkzustimmlichkeiten zutiefst verpflichtet ist. Er folgt einem Negationsprinzip im Denken, das das ganz Andere, jenseits von These und Gegenthese oder gar ihrer kompromisslerischen Vermittlung, im Blick hat. Dieser *Nonkonformismus* ist *agonal* nicht *konsensuell*. Damit ist nicht nur eine Distanz zur Überlieferung, zur Meinung der herrschenden Majorität gefordert, sondern vielmehr auch der grundsätzliche Bruch, mit dem, was bisher als einvernehmliche Wahrheit von Denken und Sein identifiziert wurde und wird. Erst durch Preisgabe eines bisher alle Urteile präjudizierenden Wahrheitsanspruchs wird die Möglichkeit von prinzipiell andersartigen, nichtkommensurablen Wirklichkeitsdeutungen und Seinserfahrungen eröffnet. S. Freud hat diesen *Nonkonformismus* des Denkens einmal als Signum seiner »jüdischen Natur« gekennzeichnet, ohne dass er den mit dem *Nonkonformismus* hier explizierten Aspekt einer negativ transzendierenden Denkform hervorgehoben hätte:

> »Weil ich Jude war, fand ich mich frei von vielen Vorurteilen, die andere im Gebrauch ihres Intellekts beschränkten, als Jude war ich dafür vorbereitet, in die Opposition zu gehen und auf das Einvernehmen mit der kompakten Majorität zu verzichten« (S. Freud, 1999, 52).

Die Freiheit des Intellekts, die S. Freud anspricht, ist eine, die sich dem geforderten Prinzip einer Standortfestigkeit, einer letztbegründeten Festlegung von Weltansicht, auch der zukünftigen, radikal widersetzt, denn anders wäre das Denken der Andersartigkeit als unentwegtes Einspruchnehmen der Selbstkritik des Denkens nicht möglich. Ein Grundzug, der den *Denkstil* K. Mannheims zutiefst bestimmt.

Das zweite Charakteristikum des »Duktus des jüdischen Geistes« ist in seiner »Philosophie« ebenso »antitotalitär wie unfanatisch« (vgl. A. Deuber-Mankowsky, 2000, 7) wie das des Nonkonformismus. Auf einen Begriff gebracht kann man es als *Veränderungswillen* bezeichnen, auf den hin sich das Denken zweckhaft ausrichtet. Dass dem Denken K. Mannheims ein solcher die Welt und die Menschen tragender Veränderungsimpetus innewohnt, hat ihm bereits Leopold v. Wiese in seinem Nekrolog attestiert. Er sah bei ihm die enge »Verknüpfung eines streng rationalen Denkens mit einer glühenden Leidenschaft, die praktische Welt zu verändern, sowohl die Menschennatur wie die Gesellschaftsordnung zu wandeln«. Entscheidend an dieser – jedoch von einem stark antisemitischen Unterton – getragenen Einschätzung ist nicht so sehr, dass er K. Mannheims Denken »in die Reihe der großen Juden Marx, Gumplowicz, Durkheim und Trotzki« stellte, sondern dass er in dessen Denkweise die Wiederkehr »mancher Eigenschaften eines alttestamentarischen Propheten« (L. von Wiese, 1948/49, 99) vermutete. In der Tat geht dieser Wille zur Veränderung der gegebenen Gesellschaftsordnung auf die Tradition der jüdischen Propheten zurück. Der Prophet Amos verkörpert die Anklage im Namen der sozialen Gerechtigkeit, Hosea fordert die Veränderung im Namen der Moralität und Jesaja legitimiert die Hoffnung auf eine in der menschlichen Geschichte sich eröffnende Möglichkeit, den Frieden unter den Menschen endlich herzustellen. Das prophetische Erbe der praktischen Veränderung der Welt ist die Mentalitätserbschaft, die sich im »Duktus des jüdischen Denkens« am klarsten und am stabilsten bis heute durchgehalten hat. Säkularisiert, d.h. mit der Tradition des aufklärerischen Humanismus synthetisiert, ist dieser Veränderungswille nicht nur antreibendes Moment des jüdischen Denkens, vielmehr dessen eigentliche Zielsetzung: Denn das Ziel des Judentums besteht nicht darin »die Menschen zu judaisieren, sondern darin, sie ein wenig zu humanisieren« (W. Jasper, 2001, 9). Eine Perspektive, die K. Mannheim an die innere Moralität der soziologischen Aufklärung bindet: nämlich die schrittweise Selbstaufhellung des menschlichen Bewusstseins im Sinne einer »Bewusstseins- und Seelenerweiterung« (Zur Problematik der Soziologie, 1964, 616)

Das dritte Charakteristikum, das sich unmittelbar aus der auf die Zukunft gerichtete Humanisierungsintention des jüdischen Denkens ergibt, ist, dass das Denken, vor allem auch das wissenschaftliche, sich sozial-ethisch verpflichtet bzw. von einer *sozialen Ethik* leiten lässt, die sich der sozialen Gerechtigkeitsfrage verpflichtet weiß. Damit ist nicht die Plattheit gemeint, dass sich die wissenschaftliche Erkenntnis, die Wissensproduktion an die Hand politischer Verpflichtungen nehmen lassen muss oder dass die Erkenntnis einem historischen Auftrag folgen soll. Eher geht es um die kritische Selbstvergewisserung des Denkens selbst, dass sich sein Telos nicht allein und ausschließlich im Rechtfertigungsvollzug von logischer Schlüssigkeit und approximativer Dichte der theoretischen Aussagen begrenzt. Es ist ein Telos, das K. Mannheim als die eigentlich ethische Aufgabe seines Verständnisses von Soziologie gekennzeichnet hat: nämlich »ein Organon der Selbstbesinnung und der Selbsterweiterung« des Humanum (a.a.O., 614) zu sein. Dass damit die Frage der sozialen Gerechtigkeit in der gesellschaftlichen Lebenspraxis, und nicht nur prospektiv die Frage des Wissenszuwachses angesprochen ist, geht schon daraus hervor, dass K. Mannheim die Selbstaufklärungsfunktion des Denkens durch die *Denksoziologie* gekoppelt wissen wollte mit der demokratischen Grundlegung eines zukünftigen »Gemeinwohls«, bei dem »[...] nicht aber die Freiheit der Reichen, die teuren Güter zu monopolisieren« in der Lage ist, das Gemeinwohl zu bestimmen (Freiheit und geplante Demokratie, 1970, 219). Dieser Impuls, das Denken an eine Ethik der sozialen Gerechtigkeit zu binden, geht ideell auf die Tradition der radikalen jüdischen Propheten zurück, die, namentlich in der Gestalt des Amos, die Anklage gegen das soziale Unrecht vertreten.

Diese drei Charakteristika des jüdischen Geistes kehren in bestimmten Denktopoi des Mannheim'schen Werkes immer wieder. An welchen Argumentationsfiguren und Denktopoi diese Charakteristika zu vindizieren sind, kann im Rahmen dieser Studie, auch nicht innerhalb dieses biografischen Kapitels geleistet werden. Dies würde eine eigene textanalytische Studie zum Werk K. Mannheims erfordern. Da dies nicht der Grundintention dieser *denksoziologischen* Rekonstruktion entspricht, kann es hier nur darum gehen, auf einen subtextuellen Zusammenhang von Mannheim'scher Denkweise und einen biografisch hergeleiteten »Duktus des jüdischen Geistes« hinzuweisen. Ein Hinweis, der dem Leser die Möglichkeit eröffnet, bestimmte, in dieser Studie rekonstruierte Grundkategorien und Leitgedanken nicht nur als *denksoziologische* nachzuvollziehen, sondern sie auch mit Blick auf diesen biografischen Verweisungszusammenhang als mehr zu verstehen als nur eine *denksoziologische* Begriffsnomenklatur.

2.3.2. Intellektuelle Melancholie

Das zweite Interpretationsmuster, das hier entfaltet wird, nimmt nicht den Umfang der Explikation des ersten ein. Wohl auch deshalb, weil es hier um ein Moment des mehr subjektiven Bedingungszusammenhangs der *intellektuellen Ortlosigkeit* geht. Gleichwohl soll die Verwendung des Begriffs der *intellektuellen Melancholie* nicht auf psychologischer Argumentationsebene erfolgen, also die Melancholie als psychisches Konstrukt expliziert werden. Was mit subjektivem Bedingungszusammenhang gemeint ist, ergibt sich aus einer eher soziologischen Fassung des Melancholiephänomens, das sich – erst hier trifft der Begriff des Subjektiven zu – als typische Bewusstseinshaltung von Einzelnen, also von Personen, die mithin als Intellektuelle charakterisiert werden, zeigt. Intellektuelle sind bestimmte Sozialtypen, die ein personales Merkmalsmuster haben, das sich – soziologisch gesehen – »als ein gesellschaftlich außerordentliches Verhalten« bzw. eine Bewusstseinshaltung anzeigt (vgl. G. Blauberger, 1985, 55). Mit einer soziologischen Fassung des Melancholiebegriffs verschwindet auch die traditionelle Bedeutung, die die Melancholie seit den medizinischen Schriften des Corpus Hippocraticums als eine Krankheit, Störung des Geistes oder sogar als Laster immer negativ konnotiert hat. Schon die aristotelische Melancholieauffassung eröffnet den anderen Weg der Bewertung, indem der Melancholiker mit der geistigen Genialität verbunden wird, die ihn »zu den vielen ungleich« werden lässt (vgl. ebd., 13). Das soziologische Moment der melancholischen Bewusstseinshaltung wird hier schon sehr früh angesprochen, nämlich die Distanz zur Masse, zur Meinung der Vielen, die gewollte Separation von der Alltagswelt aufgrund eines Verlustes oder einer unentwegten Infragestellung des gegebenen Wirklichkeitssinns. Am besten kommt dieses basale Infragestellen in der irritierenden Frage zum Ausdruck, die K. Mannheim an seinen Besucher Fritz Croner bei einem Spaziergang durch Heidelberg stellte: »Sagen Sie: Wie *ist* die Wirklichkeit?« (zit. nach R. Blomert, 1999, 12). Die Wirklichkeit erscheint dem Intellektuellen nicht einfach als gegeben, sondern als prinzipiell rätselhaft, gar numinos unbegründbar. Die Melancholie ist das existentielle Begleitgefühl dazu; sie erzeugt jene Weltdissonanz, die den Intellektuellen dazu zwingt sich der konformen Weltsicht, der Sicherheit, dass alle so denken und die Welt so sehen, zu entziehen. Dies ist aber nicht nur ein Rückzug aus der Welt der Vielen, denn sonst wäre die *intellektuelle Melancholie* nichts weiter als romantischer Eskapismus, sondern eine durch unentwegte Reflexion des Weltsinns erzwungene Haltung, die Alltagsordnung, ihre vorfindlichen Sinnsurrogate zu transzendieren. Dieses Transzendieren der Alltagserfahrung macht den Intellektuellen prinzipiell anfällig für Utopien und Revolutionen, obwohl dieses Transzendieren im Ursprung religiöser Natur ist. Im Gegensatz zum Bürger bleibt nämlich der Intellektuelle – geistesgeschichtlich betrachtet – auf der urreligiösen Frage nach dem Sinnganzen der Weltordnung sitzen, die die moderne bürgerliche Welt aus pragmatischem Erwerbsstreben eskamotiert hat. M. Weber hat diese insgeheime Religiosität des Intellektuellen als unabwendbare Sehnsucht nach Erlösung in einer nichterlösten Welt angesehen:

»Der Intellektuelle sucht auf Wegen, deren Kasuistik ins Unendliche geht, seiner Lebensführung einen durchgehenden Sinn zu verleihen, also Einheit mit sich selbst, mit den Menschen, mit dem Kosmos. Er ist es, der die Konzeption der Welt als eines Sinn-Problems vollzieht. Je mehr der Intellektuelle den Glauben und die Magie zurückdrängt, und so die Vorgänge der Welt entzaubert werden, ihren magischen Sinngehalt verlieren, nur noch ›sind‹ und ›geschehen‹, aber nichts mehr bedeuten, desto dringlicher erwächst die Forderung an die Welt und ›Lebensführung‹ je als Ganzes, daß sie bedeutungshaft sind und ›sinnvoll‹ geordnet seien [...]« (M. Weber, 1972, 307 ff.).

Indem aber die moderne Wirklichkeit jeder transzendentalen Sinnstiftung und -bindung nicht nur spottet, sondern sie auch referenzlos werden lässt, schlägt die Sehnsucht nach dem Sinn des Ganzen in ein *prinzipielles Neinsagen* zur vorfindlichen Welt um: Aus nicht einlösbarer Sehnsucht nach dem Tolitätssinn, aus Enttäuschung über das Ausbleiben dieses Sinns resultiert eine Melancholie, die sich intellektuell als radikale Kritik am Ganzen kompensiert.

Soziologisch gesehen bedeutet also das unentwegte Transzendieren der Alltagserfahrung das existentielle Moment der Nichtzugehörigkeit des Intellektuellen zur Gemeinschaft, die Übernahme der Rolle eines »intentionalen Außenseitertums« in der Gesellschaft (vgl. H. Mayer, 1983, 18 ff.). In der Innenperspektive des Intellektuellen bedeutet das unentwegte Transzendieren das Nicht-akzeptieren-können der Wirklichkeit wie sie geworden ist und wie sie sich für ihn zeigt. Beide Momente überkreuzen sich in der *intellektuellen Melancholie* in Form zweier, sehr personaler Wesensmerkmale: einerseits im andauernden Gefühl, anders und damit für die anderen fremd zu sein und andererseits im ausgeprägten Denkhabitus, die gewordene Wirklichkeit so zu negieren, dass die Option einer anderen Welt immer möglich bleibt. Beide Wesensmerkmale verknüpfen sich aufs Engste mit markanten Merkmalen der jüdischen Mentalität, bei der das »intentionale Außenseitertum« jedoch aufgehoben ist im »existentiellen Außenseitertum« des Judentums (ebd.) und bei der die kritische Transzendierung der Wirklichkeit eingebettet bleibt im Umschlagen einer zukünftigen Weltordnung mit einer humanen Sinntotalität.

Inwieweit diese beiden Wesensmerkmale mehr aus der jüdischen Mentalität, also dem »Duktus des jüdischen Geistes« oder mehr aus der Psychodynamik der intellektuellen Melancholie resultieren, mag nicht entscheidbar sein. Auf jeden Fall vereinigen sie sich im Denkhabitus K. Mannheims aufs Engste, weil er sowohl durch die innere Repräsentanz der jüdischen Mentalität als auch durch die textuell verbriefte Präsenz seiner *intellektuellen Melancholie*, beide Wesensmerkmale prototypisch zu Wort kommen lässt. Die *intellektuelle Ortlosigkeit*, die sich wie ein roter Leitfaden durch das Leben K. Mannheims zieht und die W. Hofmann metaphorisch als »Zwischen den Stühlen denken« (1996, 7 ff.) bezeichnet hat, war nicht nur der Antrieb zu seinem Werk, sie ist auch ganz federführend die biografische Inschrift seiner Denkweise. Wenn er für das »Offensein« gegenüber »der Starrheit des gedanklichen Fassungsvermögens« (Ideologie und Utopie, 1985, 79) und für ein »Gleiten der Begriffe« (ebd., 86) plädiert, so wendet er sich damit nicht nur gegen Verabsolutierungen von Denkstandpunkten und begriffliche Hypostasierungen: Es sind auch charakterisierende Bezeichnungen für die Typik seines eigenen Denkens, das sich jeder Positionierung bzw. Festlegung entziehen will.

3. Epistemologische Prämissen

> *»Dieses relativ Wahre der Wahrheit, heißt es zu ermitteln.«*
> *(Vladimir Jankélévitch)*

Seit der Foucault'schen »Archäologie des Wissens« ist es nicht mehr angebracht von erkenntnistheoretischen Prämissen eines wissenschaftlichen Aussagesystems, sei es nun eine Theorie, eine Philosophie oder eine wissenschaftliche Methodologie, zu sprechen. Begriff und Vorstellung der Erkenntnistheorie gehen auf das kantische Paradigma einer Letztbegründung zurück, in der in Form der Konstruktion eines transzendentalen Subjekts auf das denkende Subjekt referiert wird. Ortega y Gasset hat deshalb davon gesprochen, dass Kant ausschließlich die »Selbstbezogenheit zum Träger der Weltwirklichkeit« (1996, 431) gemacht hat. Erkenntnistheorie im mentalistischen Paradigma verstand und versteht sich heute noch als logische Klärung der grundlegenden Frage, wie die (objektiven) Bedingungen und Möglichkeiten von Erkenntnis im Bewusstsein gegeben sind. Erst durch diese transzendental logischen Klärungen ist das Verhältnis von erkennendem Subjekt und erkanntem Objekt streng logisch und allgemein geltend begründbar. Die kantische Erkenntnistheorie formuliert eine Bewusstseinseinstellung *zweiter Natur*, die sich von der natürlichen Einstellung zur fraglos hingenommenen Welt der Erscheinungen dadurch unterscheidet, dass das erkennende Bewusstsein sich selbst einer immanenten, d.h. selbstreflexiven Kritik durchs Denken unterzieht. Die Kantische ist nicht mehr die antike Grundfrage: Was oder wie ist das Sein der Welt zu denken? Kant fragt nur noch: Wie ist Erkenntnis überhaupt möglich? An die Stelle der Wirklichkeitsnachfrage rückt das Brennglas, das die erkennende Instanz, die res cogitans, auf die apriorischen Bedingungen analytisch logisch skelettiert, um sie als letzte kategoriale Verstandesstrukturen eines vernunftbestimmten Bewusstseins aufzuweisen.

K. Mannheim benutzt den Terminus Erkenntnistheorie zwar immer dort, wo es um erkenntnistheoretische Argumentationen in seinen Schriften geht, aber seine Argumentationen zeigen, dass er sich nicht mehr im Bannstrahl des kantischen Paradigmas bewegt. Dies wird u.a. in den Anfangspassagen seines Werkes »Ideologie und Utopie« (1985) deutlich, in denen K. Mannheim auf die Geschichte der Erkenntnistheorie rekurriert, um die mit seiner *Denksoziologie* gesetzte paradigmatische Veränderung der Erkenntnistheorie hervorzuheben.

Zunächst fokussiert er die Entstehung der Erkenntnistheorie auf den historischen Prozess »des Zusammenbruchs des vormals einheitlichen Weltbildes, mit dem die Neuzeit sich ankündigte«. Davor – so K. Mannheims geistesgeschichtliche These – war die Erkenntnistheorie nur Teil »einer dogmatisch gelehrten Seinstheorie«, d.h. als bewusstseinsimmanente Kritik des Erkenntnisprozesses gar nicht eigens ausgewiesen. Erst mit dem neuzeitlichen Denken rückt die Erkenntnistheorie als notwendig erachtete Letztbegründungsargumentation ins Zentrum der wissenschaftlichen Erfahrungsreflexion. Erkenntnistheorie ließ sich nunmehr nicht mehr aus einer vorgegebenen Seinstheorie deduzieren, »sondern begann mit einer Analyse des denkenden Subjekts« und war systematisch »orientiert an der Polarität von Objekt und Subjekt« (Ideologie und Utopie, 1985, 13). Das revolutionär Neue, das mit der neuzeitlichen Erkenntnistheorie gesetzt wird, und das im kantischen Paradigma der Erkenntnistheorie seine vollendete Form findet, ist, dass die »Genesis des Denkens« ausschließlich und einzigartig »im Subjekt rekonstruiert« wird (ebd., 14). Gegen dieses erkenntnistheoretische Primat des Subjekts setzt K. Mannheim einen mit der *Denksoziologie* gegebenen neuen erkenntnistheoretischen Ansatz, der – belehrt durch die neueren Ergebnisse der »Denkpsychologie« – sich darauf stützt, »daß das Subjekt keineswegs, wie zuerst angenommen wurde, einen sicheren Ausgangspunkt bildete« (ebd., 15). Aus diesem Grund plädiert K. Mannheim unter den drei grundlegenden neuen Aufgabenstellungen, die er durch die *Denksoziologie* inauguriert sehen möchte, für eine Veränderung der bisherigen Erkenntnistheorie: »[...] und drittens die Tendenz, unsere Erkenntnistheorie, die bisher die gesellschaftliche Natur des Denkens nicht genügend berücksichtigte, zu revidieren« (ebd., 45). Diese Revision, um dies vorweg zu nehmen, dreht nicht etwa in simpler Weise das Begründungsproblem so um, dass nunmehr die Letztbegründungsreferenz einfach vom Subjekt zum Objekt übergeht. Hier unterscheidet sich Mannheims Position radikal vom kruden Materialismus. Vielmehr erscheint die Erkenntnistheorie nicht mehr autochthon als reine und formal begriffliche Begründungstheorie, die, ungetrübt von »der sozial-geistigen Zeitsituation« (ebd., 250), in der Lage wäre, das wissenschaftliche Erfahrungswissen zu fundieren. Ebenso wie jede andere Denkweise auch, ist die Erkenntnistheorie als immanent »standortgebunden« und damit »konstitutiv perspektivisch« (ebd., 255) zu betrachten. Die prinzipielle Pluralität des Denkens, so K. Mannheims These, »enthüllt«, gerade in geistesgeschichtlicher Rekonstruktionssicht, dass auch »die ältere Erkenntnistheorie als Korrelat einer partikularen Wissensart« (ebd., 249) fungiert hat. K. Mannheim anerkennt zwar für die Erkenntnistheorie, dass »ihre fundierenden Überlegungen unentbehrlich« bleiben, aber er schränkt ihre apriorische Geltung ein. Diesbezüglich heißt es deshalb: »Zu jedem faktischen Wissen gehört eben eine es begründende prinzipielle Schicht, die auch die fundierende Dignität in sich enthält«, aber diese »Fundierungsintention« darf nicht als »apriorische Sicherung« verstanden werden, die ein »Ausspielen apriorischer Gewissheiten gegen Einsichten, die aus faktischen Erfahrungen auftauchen«, ermöglicht (ebd., 248/49). Gerade die *denksoziologische* Einsicht, dass die »ältere Erkenntnistheorie als Korrelat einer partikularen Wissensart« auftrat, nur »partikulare Substruktion zu einem Wissenstypus war« (ebd., 249), zeigt nach K. Mannheim das generelle Problem einer Erkenntnistheorie auf, die eine »Geltung-an-sich-Sphäre« beansprucht (ebd., 255). Mit seinen *denksoziologisch* gewonnenen Interpretationsbefunden, dass es nur »*seinsgebundenes Denken*« und damit notwendigerweise »*Sichtpartikularität*« gibt, kündigt K. Mannheim den noch zu seiner Zeit prominenten Begriff der Erkenntnistheorie auf, ohne aber diesen durch einen anderen Begriff ersetzen zu können oder zu wollen.

Dass K. Mannheim, trotz weiterer Benutzung des Begriffs der Erkenntnistheorie, das epistemische Argumentationsfeld der kantischen Erkenntnistheorie längst verworfen hat, geht bereits aus seiner frühen Schrift »Die Strukturanalyse der Erkenntnistheorie« (1964) ansatzweise hervor. Für ihn ist die Frage: »In welchen der in Betracht kommenden logischen Formen das Zentrum der logischen Forschung zu suchen ist?«, so beantwortet, dass der »Primat unter den logischen Formen« nur bei dem Begriff der *Systematisierung* zu suchen ist (Die Strukturanalyse der Erkenntnistheorie, 1964, 168). Die *Systematisierung* – so K. Mannheim – ist »etwas Primäres gegenüber dem Begriff und gegenüber dem Urteil« (ebd., 169). Dass die *Systematisierung* prinzipiell »etwas Primäres« ist, dafür liefert K. Mannheim eine dreifache Begründung:

Erstens steht niemals ein Begriff für sich allein; sein Sinngehalt erfolgt niemals aus einer autochthonen Setzung, aus der dann andere Begriffe ableitbar sind bzw. in der dann die anderen Begriffsinhalte wie in einer aristotelischen Begriffspyramide vom niederen Begriffsgehalt bis zum höchsten aufsteigen. Gegen eine solche hierarchische Taxonomie des Zusammenhangs der Begriffe setzt K. Mannheim »einen kettenförmigen Zusammenhang, der wie bei den korrelativen Begriffen von einem Glied zum anderen führt und die Richtung eines unendlichen Fortschreitens anzudeuten scheint« (ebd., 171). Kettenförmiger Zusammenhang heißt, »daß alle Begriffe mehr oder weniger mit irgendwelchen anderen in einem korrelativen Verhältnis stehen, daß der eine Begriff zur Voraussetzung das Gesetztsein des anderen hat« (ebd., 170). An die Stelle eines Verhältnisses von Subordinationen tritt nunmehr das Verhältnis von Korrelationen, in denen der Gehalt des einen Begriffs »nur in Bezug auf den anderen« (ebd.) sinnvoll ist. Man kann auch sagen, dass anstelle einer Systematisierung im Gestus der autoritär gegliederten Taxonomie, bei der der oberste Begriff den Sinngehalt der subordinierten Begriffe dominiert, bei K. Mannheim eine egalitäre Ordnung vorausgesetzt wird. Innerhalb dieser Ordnung ohne Subordination wird die begriffliche Sinnbildung durch eine *konstellative Systematisierung* erzeugt.

Zweitens ist die *Systematisierung* nicht nur eine logische Form, die *primär* jeder begrifflichen Sinnbildung als Strukturierungsmoment vorausliegt, sondern auch ein genuin lebensweltliches Phänomen, das im alltäglichen Leben ebenso die Begriffsbildung bestimmt wie in der wissenschaftlichen Theorie. Die Mannheim'sche Formulierung, dass die *Systematisierung* »etwas Primäres« ist, enthält auch die Bedeutung, dass die *Systematisierung* als spezifisch bedeutungsdifferenzierendes Verfahren von Begriffsbildungen bereits in der alltäglichen Lebenspraxis *vor* allen theoretischen Systematisierungen *primär* einzustufen ist. *Systematisierung* ist also nicht nur eine logische Form, die in der Erkenntnistheorie ihren ausgezeichneten Platz hat, sondern ist eine lebenspraktische Form des operativen Denkens im Alltag. Erst in den theoretischen Begründungssystemen der Erkenntnistheorie wird sie jedoch zum logischen Klärungsthema. Mit der lebensweltlichen Gebundenheit einer an sich erkenntnistheoretisch logischen Form weist K. Mannheim nach, was auch zum Grundtenor seiner *denksoziologischen* Überzeugung gehört: dass jede Denkform auf das Engste mit den elementaren Seinsweisen des

Menschen in einem korrelativen Zusammenhang steht; insbesondere auch die abstrakteste und logischste Form der theoretischen Sphäre, die Erkenntnistheorie. Auch sie hat eine lebensweltliche Indexikalität, weil »immer wieder zu fragen [ist], ob denn der Begriff des Erkennens ohne die Voraussetzung der Gesamtkonstitution des Menschen überhaupt noch konkret vorstellbar ist und irgendwie für uns sinnvoll auch nur gedacht, geschweige denn vollzogen werden kann« (Ideologie und Utopie, 1985, 255).

Drittens, und dies hebt die primär »konstitutive« Funktion der *Systematisierung* im Erkenntnisprozess hervor, kann ohne die logische Form der *Systematisierung* keine »Tatsache der Erfahrung überhaupt theoretisch erfaßt werden«. Selbst »die einfachste, primitivste Objektivierung eines Elements geschieht dadurch, daß es in eine dieser stets vorausgesetzten Ordnungen eingereiht, hineingestellt wird«, und zwar so, dass »ein Element erst dadurch zu dem wird, was es ist, daß es die Struktur seiner Reihe in sich aufnimmt«. Hierbei ist wichtig, dass das identifizierende Strukturmoment der Reihe durch die »gleich bleibende Struktur gewisser zusammengehöriger Elemente« gegeben ist (ebd., 179). Das unter der Begriffsbildung hervorgehobene Moment des konstellativen Verhältnisses, das erst einen sinnidentifizierenden Zusammenhang stiftet, kehrt auch hier als Argument wieder: Erst eine Konstellation, die aus der wechselseitigen Bezugnahme der die einzelnen Momente trennenden Gegensätzlichkeiten resultiert, schafft jenen Zusammenhang, in dem die sinnidentifizierende Struktureinheit es ermöglicht, »irgendeine Gegebenheit« überhaupt als »Tatsache der Erfahrung« theoretisch zu erfassen (ebd., 179). Weil die *Systematisierung* »eine konstitutive Form ist«, ohne die »ein nicht systematisierter theoretischer Gegenstand gar nicht denkbar ist« (ebd.), unterscheidet sie sich auch fundamental von den anderen Formen wie dem »System« oder der »Architektonik«. Das System ist eine »reflexive, methodologische Form« (ebd.), während die Architektonik »ein bloßes Darstellungsmittel«, ein »völlig sekundäres Gebilde« ist (ebd., 181). Alle drei Formen haben gemeinsam, dass sie logische Mittel sind, um den erkennenden Zugang zur phänomenalen Welt zu ermöglichen. Dabei kommt der *Systematisierung* das ausschließliche Primat zu, denn sie ermöglicht in den Formen der Begriffs- und Kategorienbildung und der methodologischen Systeme, was erst in der nachträglichen, weil »sekundären« Architektonik einer Erkenntnistheorie zur Darstellung kommt.

Diese im ersten Teil der »Strukturanalyse der Erkenntnistheorie« entfalteten Gedanken zur primär konstitutiven Rolle der *Systematisierung* innerhalb der Erkenntnistheorie, stürzen die klassische Erkenntnistheorie noch nicht um; sie weisen aber bereits daraufhin, dass bei aller stringenten Rückführung der Erkenntnistheorie auf immanent logische Begründbarkeiten ihrer Geltungsprinzipien, im erkenntnisförmigen Akt der »*Ursystematisierung*« ein geistiges Gebilde vorliegt, das auch von nichtrationalen Elementen der Lebenspraxis, wie z.B. Wertungen und gemeinsamen Erlebniserfahrungen durchsetzt ist.

Auch wenn K. Mannheim von einer Revision der »älteren Erkenntnistheorie« spricht, so hat er doch keine eigene, alternierende Erkenntnistheorie entwickelt, die in sich konsistent ist und systematisch seine erkenntnistheoretischen Argumente abstützten. Seine erkennt nistheoretischen Argumente stehen immer nur diskret im Hintergrund seiner inhaltlichen Auseinandersetzungen zur Begründung und Entfaltung seiner *Denksoziologie*. Deshalb, und auch weil hier nicht der Raum und die Absicht vorliegt, ist es nicht angebracht, die Differenzen zwischen den Prämissen der kantischen, »älteren« Erkenntnistheorie und denen der von K. Mannheim angemahnten erkenntnistheoretischen Revision herauszuarbeiten und zu vertiefen. Gleichwohl liefert sein Denken aufs Ganze gesehen ein eigenes Dispositiv von zugrunde liegenden Argumenten, welches in seinen zentralen Topoi weder zu den inhaltlichen Grundkategorien (vgl. Kapitel 4) noch im engeren Sinne zu den leitenden Parametern der methodologischen Ausführungen K. Mannheims (vgl. Kapitel 5) zu rechnen ist. Diese Topoi haben, weil sie sowohl das Denken K. Mannheims wie auch sein *denksoziologisches* Aussagensystem bestimmen, d.h. die begriffliche Konstitution wie auch die Begründungslegitimation seiner Theorie insgesamt leiten, eher den Status von epistemologischen Prämissen als etwa den Stellenwert von inhaltlich bestimmten Grundkategorien. Epistemologische Prämissen legen eine für die Theorie argumentationsstrategische Rahmung der letzten logischen Begründungsparameter fest, von denen her die inhaltlichen Basistheoreme oder Grundkategorien legitimierbar sind. Die Epistemologie »ist« – wie Michel Serres sie bestimmt hat – »die Quelle, aus der jede Theorie des Wissens, wie immer sie geartet sein mag, ihre Bedeutungen schöpfen muß« (1991, 81). Von daher betreffen die epistemischen Prämissen die logischen Begründungstopoi von Theorien, insbesondere das von ihnen geklärte Wahrheitsproblem, nicht ihre erkenntnistheoretische Legitimation im Hinblick auf die für diese Theorien beanspruchten Methodologien. Warum man nicht von einem Paradigma im Kuhn'schen Sinne sprechen kann, geht eindeutig aus der zugrunde liegenden Differenz der Begriffe »Episteme« (M. Foucault) und »Paradigma« (T. S. Kuhn) hervor. Mit dem

Begriff der Episteme ist nämlich ein gemeinsames Aussagenfeld von verschiedenen wissenschaftlichen wie nichtwissenschaftlichen Äußerungen gemeint, die ein bestimmtes Wissen erst ermöglichen und dieses um eine bestimmte epistemologische Konfiguration fokussieren. So ist z.B. der »Mensch« eine solche epistemische Konfiguration (man kann auch sagen: Aussagen generierender Erkenntnisdispositiv), auf die hin sich erst ein bestimmtes epistemisches Wissensfeld entwickelt, sich aber auch vom Nichtwissen abgrenzt. Wissenschaftsgeschichtlich heißt dies, dass die historisch wandelbaren Episteme ein jeweiliges noetisches System zur Verfügung stellen, aufgrund dessen Objekte erst zu Denk- und Wissensobjekten werden. In der »Ordnung der Dinge« (1980) hat M. Foucault dies am humanwissenschaftlichen Diskurs verdeutlicht:

»Denn die ganze Konfiguration des Wissens hat sich geändert, und sie [die Humanwissenschaften/Verfasser] sind nur in dem Maße entstanden, in dem mit dem Menschen ein Wesen erschienen ist, das vorher nicht im Feld der *episteme* existierte« (1980, 436).

Der Kuhn'sche Paradigmabegriff evoziert zunächst ein analoges Verständnis, denn das Paradigma ist ein kognitiv anerkanntes »Schema« bzw. »Schulbeispiel« (T. S. Kuhn, 1976, 37), das bestimmte Erkenntnisse erst erscheinen und dann in eine entsprechende Theoriesprache übersetzen lässt. Das Paradigma ist gewissermaßen ein »Framework« (K. Popper), innerhalb dessen bis dahin ungelöste Probleme erst mittels wissenschaftlicher Analysen gelöst werden können. Ebenso wie die Episteme sind Paradigmen diachrone, d.h. historisch wandelbare Muster zur Generierung neuer bzw. veränderter Wissenssysteme. Der Unterschied zwischen beiden Begriffen ist jedoch nicht zu unterschlagen. Paradigmen beziehen sich primär auf kognitive Muster in der Wahrnehmung von wissenschaftlichen Erfahrungen, z.B. in der Erklärung von empirischen Beobachtungsdaten, die sich mit Theorien nicht vereinbaren lassen. Insofern sind Paradigmen, soweit es sich nicht um philosophische handelt, streng disziplinär und an bestehende Erkenntnis- und Wissenschaftstheorien gebundene Erklärungsmuster. Episteme jedoch liegen quer zu mehreren Wissenschaftsdisziplinen; sie konfigurieren die in diesem disziplinären Wissen sedimentierten Grundannahmen im Hinblick auf eine identische Begriffs- und Argumentationssemantik, die erst die Bedeutung der in ihnen geltenden gnoseologischen Zentralkategorien ausweisen. So ist m.E. die Kategorie des Sinns ein gnoseologischer Zentralbegriff, der dem sozialwissenschaftlichen und/oder kulturwissenschaftlichen Theoriediskurs epistemisch vorausliegt, um sinnverstehende Theoriekonstruktionen überhaupt erst generieren bzw. fundieren zu können. So paradox es klingt: Eine bestimmte, jedoch historisch wandelbare und quer zu verschiedenen Sinnwissenschaften gemeinsame Begriffssemantik von Sinn ermöglicht erst die sinnverstehenden Wissenschaften, die sich um die Erkenntnisse faktischer Sinnprozesse kümmern und bemühen. Eine andere Kategorie wäre z.B. das Wahrheitspostulat, das in seiner epistemologischen Reichweite und Begründbarkeit in den sinnverstehenden Sozialwissenschaften einen völlig anderen wissenschaftstheoretischen Status haben muss als etwa in den kausal erklärenden Naturwissenschaften. So sind die naturwissenschaftlichen Wahrheitsfeststellungen völlig unabhängig davon, inwieweit *wir* für sie Geltung beanspruchen oder nicht; ihre Geltung besteht auch ohne unsere Einwilligung oder Akzeptanz. Wahrheitsfeststellungen in den sinnverstehenden Wissenschaften sind aber in ihren Geltungen zustimmungsabhängig; sie müssen selbst wieder als sinnvoll im Hinblick auf Wissensproduktion und -aufklärung anerkannt werden.

Der fundamentale Unterschied zwischen Paradigmen und Epistemen, um es selbst noch in epistemischer Weise auseinander zu halten, ist, dass der Paradigmabegriff einer mentalistischen Begriffsepistemologie folgt, während die Episteme aus einem Begründungsmuster resultieren, das die Theoriesprache auf eine begrifflich semantische Festlegung von in der Form wiederkehrenden und identischen Argumentationstopoi verpflichtet. Kurz gesagt: Episteme sind nicht mentalistischer, sondern begrifflich semantischer Natur.

Wenn es also im Nachfolgenden um epistemologische Prämissen der Mannheim'schen *Denksoziologie* geht, so sind damit genau die noetischen Argumentationstopoi gemeint, die die inhaltlichen Basistheoreme in einer bestimmten Weise semantisieren. Auf die diachrone Sicht, die jede epistemische Klärung mitvollzieht, soll hier verzichtet werden, um den Bogen nicht zu überspannen. Im Rahmen dieser Darstellung der Mannheim'schen *Denksoziologie* ist es auch deshalb angebracht von epistemologischen anstatt von erkenntnistheoretischen Prämissen zu sprechen, weil die Absicht K. Mannheims, die »ältere Erkenntnistheorie« zu revidieren, die alte Epistemologie von der letztbegründenden Referenz auf das denkende Subjekt bereits in Frage stellt; mithin eine andere begrifflich epistemische Modalität des erkennenden Subjekt-Objekt-Bezugs einfordert. Epistemologische Prämissen, dies muss noch gesagt werden, haben mit erkenntnistheoretischen Grundbegriffen oder Begründungstopoi nur eines gemeinsam: Sie sind niemals mit empirischen Begrifflichkeiten von wissenschaftlichen Aussagesystemen gleichzusetzen; sie sind ihrer Natur nach *metaempirisch*, indem sie ontologische, gnoseologische und begriffssemantische Propositionen zum Ausdruck bringen, die die jeweilige Theorie oder Philosophie in ihren Inhalten so und nicht anders bestimmen und festlegen. In diesem Sinne werden zu K. Mannheims Theorie des »*seinsgebundenen Denkens*« folgende epistemologische Prämissen vorgestellt: Wahrheitswert, Relationalität und »konjunktives Erkennen« (K. Mannheim).

3.1. Wahrheitswert

Das Wahrheitspostulat ist in einer zweifachen Hinsicht die Zentralfrage der *Denksoziologie* K. Mannheims: zum einen als historische Relativierung von absoluten Wahrheitsansprüchen, zum anderen als Selbstrelativierung des Wahrheitsanspruchs der eigenen Theorie. Letzteres hat K. Mannheim den wiederholten Vorwurf eingebracht, dass er mit seiner These von der prinzipiellen »*Standortgebundenheit*« und der »*Perspektivität*« des Denkens letztlich in einen performativen Selbstwiderspruch gerät, da sich somit auch für seine Theorie die Wahrheitsgeltung relativieren muss (vgl. hierzu: Alexander von Schelting, 1982, 756 ff.). Wendet man sich dem ersten Gedankengang zu, so hat die Wahrheit zunächst, und dies ist der *denksoziologische* Ansatz K. Mannheims, nur eine gesellschaftlich-historische Funktionalität in Form einer vorübergehenden, dem jeweiligen gesellschaftlichen Sein angepassten Weltinterpretation. Wahrheit oder das Wahre werden in diesem Zusammenhang nicht in ihrer vorgängigen, alltäglichen Bedeutung expliziert, so dass sie als normative Gegenstücke zur Lüge bestimmt werden, sondern als gnoseologische Funktionskategorie verstanden. Die Frage nach der Wahrheit, um die es hier geht, ist die nach der Wahrheit als philosophischer Grundkategorie, wie sie im Durchgang durch die Philosophiegeschichte von ontologischen bis zu heutigen Wahrheitskonzepten des Pragmatismus oder Konsensualismus immer wieder thematisiert wurde. Thematisiert als letzte Gewissheitsbegründung im Hinblick auf die Grundsatzfrage: Was ist Wahrheit an sich und wie ist der Wahrheitsbegriff zu bestimmen? Für K. Mannheim ist diese – letztlich nur philosophisch begründbare und legitimierbare Wahrheit – nur eine funktionale und keine Wesenskategorie; denn als letztes Geltungsmittel hat sie nur eine methodologisch relevante Vergewisserungsfunktion im Erkenntnisakt. Darüber hinaus ist sie nicht mehr als eine lebensweltlich gebundene und von dieser Lebenswelt bestimmte Referenzgröße, um Erkenntnistheorien in ihrer Geltung zeitweilig, d.h. vorübergehend zu legitimieren. Diese Relativierung des Wahrheitspostulats gewinnt K. Mannheim dadurch, dass er Erkenntnistheorien, ebenso wie alle anderen Wissensformen *denksoziologisch* aus ihrem historisch-sozialen Funktionszusammenhang interpretiert. Erst durch diese historisch-soziale Funktionsinterpretation wird deutlich, dass die erkenntnistheoretische Wahrheitsfrage nur eine funktionale Beantwortung erlaubt. K. Mannheim verdeutlich dies an dem Verhältnis von Rechtsphilosophie und positiver Rechtssprechung:

> Die Erkenntnistheorie steht »historisch-faktisch gesehen, in einem ähnlichen Verhältnis zu einer bestimmten Denkweise, wie die Rechtsphilosophie zum je geltenden Recht. Sie gibt sich, als wäre sie absoluter Maßstab, Richterstuhl, Kritik, dabei ist sie de facto Substruktion, Rechtfertigungswissen für eine je schon daseiende Denkweise« (Die Bedeutung der Konkurrenz im Gebiet des Geistigen, 1982, 376).

Erkenntnistheorie und mithin Wahrheit als ihr gnoseologisches Zentrum stehen immer schon – gerade in historischer Sichtweise – im Dienste einer sie erst lebensweltlich fundierenden Denkform. Insofern gibt es auch keine kumulative Entwicklung in der historischen Abfolge von Erkenntnistheorien, so als würde sich die Wahrheit durch eine solche Entwicklung letztlich als ein Absolutum herausschälen. Was es gibt, sind nur je verschiedene Erkenntnistheorien, die unter dem Anspruch von Wahrheit letztlich um ihre jeweilige historisch-gesellschaftliche Legitimität kämpfen; denn *denksoziologisch* gesehen kämpfen Erkenntnistheorien niemals um die Wahrheit

> »[…], sondern je daseiende verschiedene Denkweisen, Paradigmata gegeneinander, die durch die dazugehörenden Erkenntnistheorien erst legitimiert werden sollen. Im historisch-sozialen Zusammenhang sind Erkenntnistheorien nur vorgeschobene Posten im Kampf der Denkstile« (ebd., 368).

Die Wahrheit wird bei K. Mannheim historisch wie gesellschaftlich variabel. Sie wird ein funktionales Moment von historisch wirksamen Denkstilen, die Seinsauslegungen legitimieren. Indem aber die Wahrheit als partikular und wandelbar bestimmt wird, gehört sie – dies ist *denksoziologisch* konsequent – zum »legitimen Gegenstandstandsbereich der Wissenssoziologie« selbst (M. Krüger, 1981, 92).

Wenn die Wahrheit nur eine gesellschaftlich-historische Funktion ausübt, dann muss die Frage gestellt werden, ob dann nicht »das jeweils historisch Brauchbarste zugleich auch das Wahre« ist? (Die

Konkurrenz, a.a.O., 368). Dies ist im Kern die Frage nach einem Wahrheitspragmatismus. Inwieweit aber die alte philosophische Wahrheitsproblematik bei K. Mannheim zugunsten einer pragmatischen Wahrheitsfunktion aufgelöst ist, wird sich im Fortgang der Explikationen zeigen lassen.

Der zweite Gedanke der anfänglich formulierten Sentenz bezog sich auf die Selbstrelativierung des Mannheim'schen Denkens selbst. Diese ist besonders plausibel, wenn man auf die These K. Mannheims von der Historizität des Wahrheitspostulats rekurriert. In seinem Historismus-Aufsatz (1924) führt er den geschichtsphilosophisch begründeten Nachweis an, dass es mit dem »Dynamisch-Werden des (Erkenntnis-)Materials« bzw. mit »der [...] Erkenntnis der Bewegtheit dieses Materials« für die moderne Geisteshaltung zu einer Einsicht in die prinzipielle Geschichtlichkeit von Wahrheit selbst gekommen ist (Historismus, 1964, 303). Wahrheit, so K. Mannheims historistische Grundthese, ist kein Absolutum mehr, ist keine aus der Vernunft formal und a priori deduzierbare Konstante, sondern nur noch in Gestalt bestimmter Denk- und Wissenssysteme vorfindbar, die den Wissenschaften eine »Wahrheit des betreffenden Zeitalters, die sie in diesem Sinne aussprechen«, (ebd., 287) liefert. Damit aber spricht die Wissens- bzw. *Denksoziologie* ebenso nur eine zeitlich bedingte, d.h. in ihrem eigenen Geltungsanspruch relative Wahrheit aus wie die Philosophie des Historismus.

Dies ist K. Mannheim durchweg als Erkenntnisrelativismus ausgelegt worden. Dieser Vorwurf soll im Nachhinein auch hier geprüft werden, aber ganz im Sinne der Argumente, die K. Mannheim gegen diesen Vorwurf selbst gesetzt hat. Vorab nur soviel: Zeitlich bedingte Wahrheit ist nicht gleichzusetzen mit einem Wahrheitsrelativismus, denn sie beinhaltet nur eine Relativierung von absoluten Wahrheitsansprüchen. Diese Bedingtheit löst die Wahrheit nicht substantiell auf, sie ist selbst noch – wie H. G. Gadamer an der geschichtlichen Erkenntnisweise festgemacht hat – ein konstitutives Wahrheitselement: »Bedingtheit ist also nicht eine Beeinträchtigung geschichtlicher Erkenntnis, sondern ein Moment der Wahrheit selbst«; sie anerkennt die eigene Erkenntnissituation als bedingte und dadurch wird »eine vom Standort des Erkennenden abgelöste Wahrheit zerstört« (Tübingen, 1986, 40). Mannheims Wahrheitsbegriff sieht zwar den Weg der Wahrheit nicht als ein Überlieferungsgeschehen, wie dies bei H. G. Gadamer der Fall ist, jedoch in der jeweiligen historischen *Standortgebundenheit* des Erkennens, und damit des Wahrheitsanspruches, geht er hier mit der hermeneutischen Infragestellung absoluter Wahrheit überein.

Mit der historischen Relativierung von absoluten Wahrheitsansprüchen und der Selbstrelativierung des Wahrheitsanspruchs der eigenen Theorie sind nun zwei Gedankengänge skizziert worden, die bereits den veränderten Status des Wahrheitsbegriffs, so wie ihn K. Mannheim vollzieht, aufzeigen. Damit ist aber über die Mannheim'sche Wahrheitskonzeption selbst noch nicht viel gesagt; allenfalls, dass sie Wahrheit als funktionale Kategorie in der jeweiligen historischen Seinsauslegung und damit als eine wandelbare Kategorie bestimmt. Die *denksoziologische* Relativierung des alten Wahrheitsbegriffs bewegt sich ja noch auf der Ebene einer Verflüssigung des alten Wahrheitsbegriffs, die ihre Argumente primär aus dem historischen Wandel von Erkenntnis- und Denkformen ableitet. Diese Ableitung basiert bei K. Mannheim auf dem Credo, das er in seinem Historismus-Aufsatz (1924/1964) formuliert hat, und das ganz im Zeichen einer Ersetzung der statischen durch eine dynamische Vernunftkonzeption steht: Indem man von »einer dynamisch werdenden Totalität des gesamten geistig-seelischen Lebens, als vom letzthinnig Gegebenen ausgeht, tritt an die Stelle der Erkenntnistheorie als Grundwissenschaft die Geschichtsphilosophie als dynamische Metaphysik« (1964, 262). Mit diesem Argument, das an die alten, von der Aufklärungsdoktrin geprägten Erkenntnistheorie der »Überzeitlichkeit«, den »Gedanken von der Identität, der ewigen Selbstgleichheit und Apriorität der formalen Bestimmungen der Vernunft« (ebd., 254) kritisiert, wird nicht nur eine Revision der Erkenntnistheorie prospektiert. Die jeweilige Wahrheit, so K. Mannheim, wird unter dem Blick einer historischen Vernunftkonzeption Teilmoment einer Totalität, die in der Mannheim'schen Theorie *Weltanschauung* heißt. Sie ist eine historisch wirksame *Weltanschauung*, die das jeweilige »Bewußtseinsstadium« nicht etwa nur peripher in seinen alltäglichen Lebensanschauungen prägt, sondern ist als umgreifender »Kristallisationspunkt« (ebd., 247) das »Fundament«, »von dem aus wir die gesellschaftliche Wirklichkeit betrachten« (ebd., 246) – und zwar in toto. In dieser Totalität »beherrscht« sie insbesondere »unser Denken« und Erkennen.

Die Philosophie des Historismus mit ihrem Prinzip des dynamischen »Allwandels« eröffnet K. Mannheim die argumentative Matrix, um seine These von der historischen Relativität der Wahrheit gegen die überzeitliche Wahrheit Kants auszuspielen. So wie Kant von der Überzeitlichkeit der Vernunft ausgeht, muss auch die Wahrheit ein Absolutum sein, das – gebunden an das Erfahrungsmodell der exakten Naturwissenschaften – gegen alle Veränderungen, alle Wandlungen »die ewig gesetzte, ermöglichende Vernunft« (ebd., 256) ausspricht. Will man jedoch die Frage des Wahrheitswerts bei K. Mannheim beantworten, so muss man dessen kritische Auseinandersetzung mit der Erkenntnistheorie Kants heranziehen. Dafür liefert nicht nur der besagte Historismus-Aufsatz mannigfaltige Argumente. Bereits in der Schrift »Seele und Kultur« (1964) wird diese Auseinandersetzung mit dem kantischen Wahrheitsbegriff eröffnet. So wie Kant davon spricht, dass wir die Welt nur phänomenal vermittels der Verstandeskategorien erfahren, niemals aber in ihrer dinglichen Evidenz, so geht K. Mannheim davon aus, dass wir unter »einer doppelten Unbekanntheit« leben, die prinzipiell nicht zu überwinden ist. »Doppelte Unbekanntheit« heißt, dass »nicht nur die umgebende Welt«, mehr noch, »wir selbst nichts als Erscheinung und letztlich unfaßbar (sind), da wir nur den Schein unseres Wesens zu Gesicht bekommen«. Dieser »Zustand der doppelten Unbekanntheit« geht jedoch »mit dem Wunsch der doppelten Erkenntnis« einher (1964, 70 ff.). Kant hat nun diese zweite Form der Unbekanntheit, die man als eine Selbstunbekanntheit des Menschen bezeichnen kann, in der Weise gelöst, dass er – bei prinzipieller Unerkennbarkeit des Gegenstandes »an-sich« – versucht hat, die formal apriorischen Bedingungen des Erkennens prinzipiell festzulegen. Die Form der Selbsterkenntnis im kantischen Schematismus entsagt aber der materialen Seite des Erkennens, also den Erkenntnisinhalten, um zumindest Selbsterkenntnis als apriorische Einheit des Selbstbewusstseins auf der Ebene der Voraussetzungen für synthetische Apperzeptionen zu haben. Dagegen möchte K. Mannheim die Selbsterkenntnis um die Sinngegenständlichkeit der menschlichen Welt ausweiten, da geschichtlich in sie menschliche Wesensauslegungen, mithin menschliche Sinngehalte investiert sind. Anders ausgedrückt: Der menschliche Wunsch nach Selbsterkenntnis findet in der menschlichen Vergegenständlichung der Welt ein Material, das ihm eine Möglichkeit der Selbsterkenntnis über den in Kulturleistungen investierten Geist ermöglicht. Hierzu aber muss die Selbstreflexion des Denkens, so K. Mannheims Einsicht, auf sich selbst erweitert werden, indem die Form der Subjekt-Objekt-Relation des Erkennens selbst noch zum Gegenstand der Sinnnachfrage wird. Im Rückgang auf G. Simmels Kulturtheorie, die eine fortschreitende historische Vermittlung von subjektiver und objektiver Kultur, freilich mit tragischem Ausgang für das Subjekt, vorsieht, sind für K. Mannheim die Subjekt-Objekt-Relationen niemals nur formal oder sachhaltig neutral. In ihnen kommen nämlich die sinntragenden Elemente zur Geltung, die als Kulturleistungen die historisch wirksame existentielle Sinnarbeit des Menschen ausdrücken. Da nun das Denken über die reinen Formen der

Subjekt-Objekt-Relationen, also die Reflexionen über Erkenntnisformen nur dadurch gelingt, dass eine Abschottung der sie mitbestimmenden Inhalte und damit sinntragenden Momente vorgenommen wird, kann bei Kant die Konstruktion einer überzeitlichen, d.h. reinen Vernunftwahrheit vollzogen werden. Die Folge solcher Abschattung ist, und dies ist ein Zentralargument im Historismus-Aufsatz, dass »das erkenntnistheoretische Subjekt herausgelöst (wird) aus allen konkreten Wollungen und der Gesamtkonstellation des historisch bedingten Seelenlebens«. Damit ist mehr gesagt als der Vorwurf, dass das Subjekt in der Subjekt-Objekt-Relation zu einem »Produkt einer weitgehenden Abstraktion« wird (1964, 267). Die Form-Inhalt-Spaltung mit der Verabsolutierung der Erkenntnisreflexion auf den ausschließlichen Pol des Subjekts zeitigt nämlich auch die Ausblendung jeder historischen Veränderung der Subjekt-Objekt-Relation zugunsten eines Konservatismus der Vernunft:

> »Je mehr man sich aber von den Dingwelten entfernt und je mehr man sich dem wirklichen historischen Substrat der seelischen und geistigen Welt nähert, um so problematischer muß ein solcher, den Schein der Überzeitlichkeit vorspiegelnder Spaltungsversuch werden, der alle Veränderungen auf die eine Seite und alles Bleibende auf der anderen Seite konzentriert« (ebd., 255).

Erst wenn die Erkenntnisreflexion nicht mehr im Versuch einer Grundlegung der Apriorität der formalen Bestimmungen stecken bleibt, wenn sie vielmehr als elementar zugehörig zu den historischen Lebenstotalitäten und als deren Ausdrucksform erkannt wird, ist der Bannkreis eines »Ideals einer ewig identischen Vernunft«, die »nichts anderes ist, als der leitende Satz eines (post festum) hinzukonstruierten erkenntnistheoretischen Systems, das seine Erfahrungsgrundlage aus der Analyse der Denkstruktur der exakten Naturwissenschaft« (ebd., 256) hat, gebrochen. Auch die kantische Reflexion des Subjekt-Objekt-Verhältnisses verdankt sich, als idealistische Abstraktion, einer vorherrschenden Denkweise, die als ein historischer Weltanschauungstypus sowohl die philosophische Axiomatik wie auch alle anderen gesellschaftlichen Ausdrucksbereiche (Naturwissenschaft, Religion, Politik usw.) bestimmte. Diese Denkweisen bzw. *Denkstile* sind jedoch Ausdrucksformen eines kulturell-historischen Sinngehalts; in ihm bewegt sich – trotz aller Abstraktion von der konkreten Seinslage – die jeweilige Erkenntnistheorie und damit die sie tragende Wahrheitsgeltung. Die Grundthese K. Mannheims ist, dass, wenn Denk- und Erkenntnisformen historisierbar sind, die Wahrheitsgeltung ebenso historisch relativ zu nehmen ist, denn auch die »allgemeinsten Bestimmungen, die Kategorien der Vernunft machen im Laufe der Geistesgeschichte einen Bedeutungswandel durch« (ebd., 254). Wahrheitsgeltungen von Erkenntnissen haben ebenso Teil am historischen Prozess menschlicher Seinsauslegungen wie alle anderen Sinnbereiche der Gesellschaft auch. Auf diese Weise amalgamiert sich die Wahrheitsfrage von Erkenntnis mit der Sinnfrage von Erkenntnis zur historischen Funktionalität bzw. Wertigkeit von Denkformen überhaupt.

Diese Ausweitung der Erkenntnisreflexion um die Dimension der historischen Sinnfunktionalität von Denkweisen, also den Ausbruch aus dem engen kantischen Begründungsrahmen, kann auch an einer anderen Argumentationsfigur, hier aus der Schrift »Strukturanalyse der Erkenntnistheorie« (1922/1964), nachvollzogen werden. Ähnlich wie Kant unterscheidet Mannheim eine *immanente Erkenntnis*, also eine objektbezogene Erkenntnis von einer *transzendentalen Erkenntnis*. Letztere stellt eine Reflexion der Voraussetzungen von Erkenntnis, eine immanent bewusstseinsförmige Analyse der Subjekt-Objekt-Relation dar. Diese Reflexion, die die apriorischen Voraussetzungen von Erkenntnis feststellt und begründet, ist aber nur eine halbierte Reflexion der Erkenntnis, denn zwei Vernachlässigungen sind ihr anzulasten: Erstens hat Erkenntnis immer mit intentionalen Zuschreibungen, mit vorgängigen »Denkwollungen« (K. Mannheim) zu tun, die – ausgehend von der Objektwelt und ihren historischen Wandlungen – konstitutiv in das Erkennen sinnmotivisch eingehen. Es sind zunächst immer Sinnfragen, die Erkenntnis überhaupt erst in Gang setzen bzw. das Erkennen motivieren. Sinnfragen, wie etwa: Wozu soll erkannt werden? Warum will ich erkennen? usw., verdeutlichen, dass die Erkenntnisfrage generell an vorausgehende Wertsetzungen angebunden bleibt, die sich auch um den Preis einer transzendentalen Selbstreflexion der Erkenntnistheorie nicht eskamotieren lassen. Zweitens sind die beiden Pole der Subjekt-Objekt-Relation niemals zeit- und situationsunabhängig, d.h. sowohl das Subjekt als auch das Objekt sind historisch-situativen Wandlungen unterworfen, die selbst noch die transzendentale Reflexion dieses Verhältnisses nicht unberührt lassen. Allein die Tatsache, »daß man schon bei der Gegenstandkonstitution mit grundverschiedenen Kategorien arbeiten kann« (Die Bedeutung der Konkurrenz, 1982, 358), zeigt nicht nur, dass im Erkenntnisprozess »Denkwollungen« virulent sind; es zeigt auch, dass die Objektseite sich so verändert, sich so wandelt, dass das erkennende Subjekt eben zur Veränderung dieser Kategorien gezwungen wird. Dieser Anpassungsdruck an historische Wandlungen im Erkennen, zeigt nun, dass die Wahrheitsgeltungen von Erkenntnissen letztlich aus einem vorgängigen lebenspragmatischen Sinnhaushalt herrühren und nicht aus den logischen Letztbegründungsversuchen der transzendentalen Reflexion des Bewusstseins. Dieser pragmatische Sinnhaushalt speist sich aus der Zwecksetzung der menschlichen Bewältigung von Lebensproblemen und er bemisst den Wert der Wahrheit von Erkenntnis danach, inwieweit die Wahrheit es erlaubt, mit den aufgedrängten Problemstellungen bestimmter historischer Seinssituationen fertig zu werden.

Wenn aber dem Erkennen prinzipiell ein sinnhafter Wertbezug vorausgeht, dann bleibt das Wahrheitspostulat davon nicht unberührt. *Wahrheit ist bei K. Mannheim durchweg ein Wertbegriff im Sinne des Pragmatismus.* Dass nicht nur das Erkennen, sondern auch und gerade die Wahrheit nicht unmotiviert ist, das hat K. Mannheim nicht nur historistisch begründet. Seine *denksoziologische* Kritik der überzeitlichen Logik, die eine absolute Wahrheit postuliert, bestreitet ja nicht nur, »daß die Wahrheit als solche unbefleckt sei und weder eine Pluralität von Formen noch irgendeine Verbindung mit unbewussten Motiven kenne«, sondern sie insistiert darauf, »daß unser Problem eben nicht die Wahrheit als solche ist, sondern unser Denken, das wir in der sozialen Situation handelnd und in unbewußten Motiven verwurzelt finden« (Ideologie und Utopie, 1985, 38). *Pragmatische Wertbestimmung* und *historisch-gesellschaftliche Funktionalität der Wahrheit* sind zwei Bestimmungen, die man dem Mannheim'schen Wahrheitskonzept zuerkennen muss. Diese Bestimmungen sind primär an der Auseinandersetzung K. Mannheims mit der kantischen Erkenntnistheorie herausgearbeitet worden. Was jetzt noch fehlt, sind die Bestimmungsmerkmale der Wahrheit, die K. Mannheim mit seiner *dynamischen Wahrheitskonzeption* verbindet. Diese Merkmale sind die *Seinsgebundenheit* und der *Perspektivismus* der Wahrheit. Beide Merkmale bedingen und entsprechen sich natürlich. Da diese beiden Merkmale der Mannheim'schen Wahrheitskonzeption auch die inhaltlichen Grundkategorien (siehe Kapitel 4.) der *Denksoziologie* von K. Mannheim prägen, werden sie dort in ganzer argumentativer Breite expliziter. Hier sollen sie nur im Hinblick auf die Wahrheitsfrage thematisiert werden. Die *Seinsgebundenheit* der Wahrheit besagt nicht anderes, als dass »die konstitutiven Kategorien der Gegenstandserfassung« (Historismus, 267) des erkennenden Subjekts mit dem »Fundament, von dem aus wir die gesellschaftliche Wirklichkeit betrachten« verbunden sind (ebd. 246). Dieses Fundament ist die jeweils geltende *Weltanschauung*, die wiederum die Art und Weise darstellt, wie der Mensch seine jeweilige gesellschaftlich-historische Seinssituation interpretiert und beantwortet. Die *Seinsgebundenheit* der Wahrheit entspringt nicht etwa einem Interesse, die Tatsachenerfassung einer subjektiven Weltsicht anzupassen, sondern: Was jeweils als Wahrheit gilt, was als Wahrheitskriterium anerkannt wird, das gehört selbst noch in die historische Totalität einer weltanschaulichen Seinsauslegung, die abhängig ist von einer erzwungenen sozialhistorischen Seinslage. Der Objektbereich, die sozialhistorische Seinslage und ihre geschichtlichen Wandlungen, die aus der eigenen Dynamik der gesellschaftlichen Entwicklungen herrühren, entscheiden letztlich über den Pragmatismus des Wahrheitskriteriums. Aus diesem Grunde ist die *Seinsgebundenheit* der Wahrheit selbst nicht aus dem wissenschaftlichen Erkenntnisgeschehen vindizierbar. Sie ist nur ex-post, also nach dem historischen Ableben eines bestimmten Wissens- und Denktypus, als vorübergehendes historisches Wahrheitsmoment sichtbar, indem die »letzthinnige Verbundenheit der jeweiligen theoretischen Axiomatik mit der Gesamtstruktur der jeweiligen Lebens- und Kulturtotalität« (ebd., 261) aufgezeigt wird. Was die Wahrheit substantiell ist, ist letztlich nicht auszumachen, denn dies würde wieder die Möglichkeit eines transzendentalen Subjekts restituieren, das jenseits aller sozialhistorischen Bindungen einen archimedischen Punkt der Gewissheit einnimmt. Eine solche Restitution ist aber, dies ist durch die Belehrungen seitens des Historismus wie auch seitens der Hegel'schen Dynamisierung des Geistes, zu negieren: »Nur ein über dem Strom stehendes, sich stets gleichbleibendes, mit dem Werdenden nur durch ein Wunder verbindbares Subjekt wird negiert« (ebd., 303). Für K. Mannheim ist die Wahrheit nur eine historisch werdende Wahrheit und innerhalb dieses geschichtlich Werdenden zeigt sie sich immer nur als eine *perspektivische Wahrheit*; als eine die – für eine bestimmte historische Zeit, unter Umständen sogar eine Epoche – eine transitorische Funktion ausübt. Deshalb gilt: Wahrheit ist immer nur bedingte Wahrheit der sozialhistorischen Seinslage einer historischen Zeitspanne.

Perspektivismus der Wahrheit heißt somit konkret *standortgebundene Wahrheit*:

> »Dieses letzte, werdende Substrat hat in seinem Prozeß seine Wahrheit und Perspektivität, da sie sich im Element der Wahrheit konstituiert, ist sie nicht willkürlich, sondern umkreist von bewegten Standorten aus ein bewegtes Objekt [...] und diese perspektivischen Erfassungen haben ihre Wahrheit darin, daß sie jeweils, von einer Konstellation aus, nur ein richtiges Ergebnis zeitigen können« (ebd., 303).

Jedoch, und darin begründet sich das Werdende der Wahrheit in der dynamischen Wahrheitskonzeption K. Mannheims, ist das Werdende kein einfacher progressus infinitum, nach dem sich historische Wahrheiten in einer fortschreitenden Zeit einfach nur bis ins Unendliche wandeln. Jede historische Wahrheit, auch wenn sie die vorangegangene Wahrheit aufhebt oder zur nachfolgenden im Widerspruch steht, bleibt mit der grundsätzlichen Idee der Wahrheit als einer ganzen Wahrheit schwanger. Faktisch ist sie zeitgebunden, ist sie perspektivische Wahrheit einer historischen Seinslage, jedoch als Idee, und nur als Idee, bleibt sie in all ihren historischen Funktionsweisen »in einem umfassenderen Zusammenhange aufbewahrt« (ebd., 305). Man muss darin eine Adaption der historischen Vernunftkonzeption des Historismus sehen, bei der sich die Gestalt der Vernunft durch ihre historischen Teilwahrheiten hindurcharbeitet. Diese geschichtsphilosophische Konzeption der Vernunftwahrheit mag für K. Mannheims Wahrheitskonzeption Pate gestanden haben. Seine These, dass die historische Abfolge der Wahrheitsfunktionen und das Mehr an Selbstaufklärung einer immer »weitsichtigeren Konzeption« (ebd., 305) von Wahrheit Platz macht, spricht dafür. Gleichwohl zeigt die Mannheim'sche Kritik an M. Schelers Wahrheitskonzeption, dass K. Mannheims Utopie einer sich letztlich geschichtlich herstellbaren Totalwahrheit argumentativ brüchig ist. M. Scheler, so K. Mannheim in seiner Schrift »Das Problem einer Soziologie des Wissens« (1931/1964), setzt dem historischen Werden ein präexistentes Wahrheit-an-sich-System voraus, so dass dieses Wahrheitssystem sich in der geschichtlichen Zeit entfaltet. Diese Präexistenz einer Wahrheit-an-sich lässt K. Mannheim nicht gelten, weil sie eine für die geschichtlichen Wahrheiten nicht zwingende Unterstellung beinhaltet. Dafür konzipiert er aber die geschichtliche Utopie, dass durch die geschichtlichen Teilwahrheiten am Ende »eine Totalsynthese von Denken und Sein *ermöglicht*« wird (ebd., 370). Insofern unterstellt er der Wahrheit ein geschichtsimmanentes Telos, das die historischen Teilwahrheiten ideell durchwandert. Nun kann aber kein geschichtliches Telos der Wahrheit angenommen werden, ohne dass dieses nicht in keimhafter oder präexistenter Form vorausgesetzt wird. Wie soll sich in und durch die Geschichte etwas verwirklichen, was sich ohne Ursprung oder Herkunft weiß? Im Hinblick auf die »Utopie eines seinsadäquaten Denkens«, in der die Wahrheit quasi teleologisch zu sich selber kommt, bleibt die Mannheim'sche Wahrheitskonzeption deshalb unentschieden bzw. zwischen historistischer Vernunftkonzeption und Ablehnung derselben changierend. Vielleicht lässt sich aber seine Idee vom wahrheitsutopischen Moment der historischen Teilwahrheiten auch antiteleologisch interpretieren. Zwar sagt er, »[...] daß der Gesamtprozess, aus dem die Denkstandorte emporwachsen, ein sinnvoller ist« und »[...] daß kein Durcheinander der Denkstandorte und der Gehalte vorhanden ist, beruht darauf, daß sie alle Teile eines über sie hinausragenden sinnvollen Werdens sind« (ebd., 368), aber daraus lässt sich m.E. nicht notwendig eine historische Teleologie der Wahrheit folgern. Man kann durchaus das »sinnvolle Werden« mit der partikularen Funktionalität der Wahrheit in Einklang bringen, ohne sich auf die Krücke der utopischen Idee einer am Ende der Geschichte eingelösten »Totalsynthese von Denken und Sein« stützen zu müssen. Wenn es heißt: »Der seinsbezogene Wahrheitsgehalt einer jeder Etappe des Denkens besteht eben darin, daß er eine bestimmtgeartete ›Rationalisierung‹ der sozialen und geistigen Welt vornimmt, und zwar gerade in jener Richtung, in der der nächste Schritt des Werdens es erfordert« (ebd., 368), so ist die Wahrheit zwar »werdend«, sie kann jedoch per se immer approximativ bleiben. Was der Sinn des historischen Werdens ist, ist nämlich nicht die *utopische Erlösung* der Wahrheitsfrage, sondern die historisch *zunehmende Einsicht*, dass die Wahrheit nur die Funktion eines Annäherungswerts an das Sein haben kann, und dass die partiellen Wahrheitsstandpunkte aus eben der prinzipiellen Inadäquatheit von Denken und Sein resultieren. Was K. Mannheim also die immer »weitsichtigere Konzeption« der Wahrheit bzw. eine »Erweiterung des Wahrheitsbegriffs« (Historismus, 1964, 289) nennt, liegt genau im geschichtlichen Aufklärungsprozess des Denkens über sich selbst. Der Sinn des Werdens ist nicht die Erlösung der Wahrheit zu ihrem verborgenen Wesen, sondern die Einlösung ihres prinzipiell ideellen Gehalts *als regulative Idee*. Die Utopie eines seinsadäquaten Denkens ist nicht der endgeschichtliche Vollzug, dass das Sein im Denken aufgeht, so dass sich die Korrespondenztheorie der Wahrheit in der Form der »adaequatio rei et intellectus« (Thomas von Aquin) geschichtlich einstellt. *Seinsadäquates Denken* wäre der endliche Vollzug der spätgeschichtlichen Einsicht, dass die Denkstandorte, die »mit Partialität und Perspektivität behaftet« (ebd., 369) sind, sich ebenso ständig dissipieren, wie sich das Sein geschichtlich dissipiert. Dass Sein und Denken nie ineinander übergehen, davon war K. Mannheim überzeugt, denn »die gewordene Seinstotalität (ist) stets umfassender [...] als die Aufnahmefähigkeit der Standorte, die sie aus sich jeweils herausgestellt hat« (ebd., 370). Zwar konstituiert sich der Denkstandort »im Element des Wahren« (ebd., 371), aber nur soweit, wie das Werden des Sein, die Wahrheit als pragmatische Funktion einer bestimmten »Weltwollung« zulässt. Wahrheit ist bei

K. Mannheim immer *seinsbezogene Wahrheit*, aber diese ist durch den »dynamischen Wechsel der Denkstandorte« (ebd., 368) in sozial-historischer Weise immer funktionalisiert, niemals eine, die sich ontologisch entbirgt. Würden nämlich die Utopie, die endgeschichtliche Einlösung der Totalsynthese von Denken und Sein, und das sinnvolle Werden der Wahrheitssuche der geschichtliche Prozess der endgültigen Wahrheitsfindung sein, so würde dies – um den Gedanken nochmals in Hegel'scher Perspektive aufzunehmen – letztlich die historische Selbstermächtigung des Geistes bedeuten. Das Sein würde sich endgeschichtlich im absoluten Geist auflösen, und die Wahrheit wäre Wahrheit des Geistes. Damit aber würde die erkenntnistheoretische Revision K. Mannheims, dass das Primat der Denkformen und ihrer Wahrheitsgeltungen in den historischen Lebens- bzw. Seinsbedingungen zu allererst zu suchen ist, ad absurdum geführt. Die utopische Idee der Wahrheit kann nur eine *regulative Idee* sein, damit die partikularen Denkstandorte nicht völlig dissoziieren, sondern trotz ihrer agonalen Differenzen gegenseitig aufeinander bezieh- und übersetzbar bleiben. Ohne eine solche regulative Idee wären unterschiedliche Denkstandorte gar nicht miteinander ins Gespräch zu bringen. Diese regulative Funktion der Wahrheit ist vergleichbar mit der regulativen Idee von Rationalität, wie sie Ernst Tugendhat als diskursive Einlösung theoretischer bzw. praktischer Vernunft entworfen hat (vgl. 2003, 17). Danach ist diese Rationalität eine der Verständigung von unterschiedlichen Argumentationspositionen, die sich durch die Fähigkeit des Angebens von divergenten Gründen bzw. Gegengründen auszeichnet, und die bei der Angabe dieser divergenten Gründe regulativ auf etwas ausgerichtet ist, was man als wahr oder gut unterstellt, ohne dass diese Unterstellung in einer irgendwie vorausgesetzten Weise mit einer metaphysischen Wesensbestimmung belastet ist. Der Sinn des Werdens, den K. Mannheim dem Prozess der historischen Teilwahrheiten zugesteht, mag gerade darin liegen, dass sich heute für das philosophische Denken die Einsicht breit macht, dass Wahrheit nur als Teilwahrheit zu haben ist und dass jeder Versuch, Teilwahrheiten absolut zu setzen, nur den politisch bedeutsamen Verlust von regulativem Wahrheitsanspruch und diskursiver Rationalität bedeutet.

Zunächst soll ein Fazit gezogen werden: Rekurriert man auf die begriffliche Semantik, die in das Mannheim'sche Wahrheitskonzept investiert ist, so wird deutlich, dass diese ganz im Zeichen der *Leitsemantik des Modernitätsbegriffs* steht: Wandlung, Dynamik, Pluralismus, Horizontalität anstatt Vertikalität, statische Axiomatik und Absolutismus des Denkstandortes. Epistemisch betrachtet wird also von

K. Mannheim die Leitsemantik des Modernitätsbegriffs in die erkenntnistheoretische Frage nach der Wahrheit transformiert. Insofern spiegelt sich die moderne Seinsweise mit ihrem veränderten Denkstil in der Mannheim'schen Erörterung der Wahrheitsfrage wieder; sie ist selbst noch ein hochreflexiver Ausdruck für die Weltanschauung der Moderne und bewahrheitet in der Weise die Prämisse der Mannheim'schen Weltanschauungstheorie, dass das jeweilige Denken zutiefst gebunden ist an die zeit- und seinsbedingte Situation einer historischen Seinsauslegung.

Die Wahrheitsfrage bei K. Mannheim ist mit dieser Explikation noch nicht ausgeschöpft. Gerade weil die Wahrheit bei K. Mannheim eine eminent pragmatische Bestimmung zu haben scheint, muss dieser Wahrheitspragmatismus noch geklärt werden. Hierbei ist es zunächst hilfreich, auf die pragmatische Wahrheitskonzeption G. Simmels zurückzugreifen. Dies nicht nur, weil Mannheim in Berlin Seminare von G. Simmel besucht hat, sondern auch, weil über den Umweg der Darstellung der pragmatischen Wahrheitskonzeption bei G. Simmel, der Pragmatismus der Mannheim'schen Wahrheitsbestimmung abhebbar wird.

Es finden sich bei G. Simmel eine Reihe von Ausführungen zum Wahrheitsbegriff, die unisono mit den Mannheim'schen Argumenten zusammengehen. Die zentralen Übereinstimmungen finden sich u.a. in G. Simmels Schrift »Ueber eine Beziehung der Selectionslehre zur Erkenntnistheorie« (1992, 62 ff.). Dass die Erkenntnisweise ihren Ursprung in der jeweiligen historischen Lebenspraxis hat und damit die Wahrheitsvorstellungen nur aus den Anforderungen dieser Lebenspraxis hervorgehen, diese »Vermutung [...], daß das menschliche Erkennen aus praktischen Notwendigkeiten der Lebenserhaltung und Lebensfürsorge entsprungen sei«, ist für die damalige epistemologische Situation, aus der heraus G. Simmel die Wahrheitsfrage thematisiert, »längst ausgesprochen« (ebd., 62). Auch er sieht in der Wahrheit nur eine nützliche Vorstellung, die sich durch »natürliche Auslese bezeichnet und erhalten« hat und mit »dem Wort: wahr – nichts anderes anzeigt, als eben diese regelmäßige, praktische Folge des Denkens« (ebd., 64). Wahrheit ist eben, und hier geht er mit der Mannheim'schen Kritik an der apriorischen Wahrheitsbestimmung überein, »nicht mehr eine nach theoretischen Kriterien festzustellende Beschaffenheit der Vorstellungen, welche erst als fertige zur Grundlage des zweckmäßigen Handelns dienten« (ebd., 64). Wenn dies so wäre, hieße dies nämlich immer noch, die Wahrheitsfrage vorrangig durch apriorische Denkformen so beantworten zu können, »daß eine objective Wahrheit besteht, deren Inhalt von den praktischen Interessen des Subjects unbeeinflußt ist« (ebd., 62). Aber es ist anders, denn die »lebenspraktischen Motive des zweckmäßigen, lebensfördernden Handelns« (ebd., 64) erzeugen diejenigen Vorstellungen, die wir als »wahr« benennen. Die Wahrheit als Ursache der Nützlichkeit, so wie sie die herkömmliche Wahrheitstheorie gesehen hat, sitzt einem Irrtum auf, denn sie geht davon aus, dass »das Denken zunächst eine selbstständige Wahrheit haben müsse, damit man den Erfolg des Handelns vorausberechnen könne« (ebd., 64). Damit ist die Nützlichkeit jedoch nur ein der Wahrheitsvorstellung hinzukommendes Kriterium, und nicht mehr der »primäre Factor« [...], der gewisse Handlungsweisen und mit ihnen die psychologischen Grundlagen ihrer züchtet, welche Grundlagen eben dann in theoretischer Hinsicht als das »*wahre*« Erkennen gelten; so dass ursprünglich das Erkennen nicht zuerst wahr und dann nützlich, sondern erst nützlich ist und dann wahr genannt wird (ebd., 71/72). Natürlich steht hier die Philosophie des frühen Evolutionismus gedanklich Pate, aber auch der darwinistische Gedanke einer Selektion unter lebenspraktischen Gesichtspunkten wird hier übernommen: Alles Anleihen, die in der pragmatischen Wahrheitstheorie K. Mannheims nicht gemacht werden. Wichtiger aber als die Frage nach den zeitwie geistesgeschichtlichen Anleihen sind bestimmte Funktionswerte, die G. Simmel seiner pragmatischen Auffassung von Wahrheit zuerkennt, und die diese in die unmittelbare Nähe zur Wahrheitskonzeption von K. Mannheim rücken. Diese Funktionswerte sind im Einzelnen:

- Eine dynamische Konzeption von Wahrheit, die in Einklang mit der Grundthese, dass die Wahrheit ihre letzte Herkunft aus den lebenspraktischen Erfordernissen hat, davon ausgeht, dass sich mit dem Wandel der Lebenssituationen, den Gestaltungserfordernissen der Lebenspraxis zugleich die Vorstellungen von Wahrheit ändern. Wenn G. Simmel schreibt, dass aus der »Variabilität der Wahrheit gemäß der Variierung der Praxis klar wird, daß wohl auch wir keine selbstständige Wahrheit besitzen dürfen«, dann ist »vermittels der Gestaltung unserer physisch-psychischen Organisation das zu bestimmen, was uns Wahrheit heißen soll« (ebd., 69). Wahrheit kann eben nicht mehr zeitlos und apriorisch gelten. Im Gegenteil: Die Wahrheit muss sich evolutionieren, im Prozess von Erkenntniswandlungen selbst noch dynamisieren. So heißt es diesbezüglich bei G. Simmel in seiner Schrift »Das individuelle Gesetz«, dass »jede anerkannte Wahrheit die Bedingungen verändert, auf die hin sie selbst als Wahrheit anerkannt wurde« (2001, 467). Dies ist aber ein Grundgedanke, der die dynamische Wahrheitskonzeption K. Mannheims in gleicher Weise bestimmt und bewegt hat.

- Mit der Variabilität ist – epistemologisch gesehen – die Wahrheit zugleich nur noch eine relative, denn die von Kant noch abstrakt unterstellten Bedingungen der Möglichkeit der Erkenntnis sind de facto Bedingungen der jeweiligen Lebens- bzw. Seinsform, aus der sich die Vorstellung der Wahrheit ergibt. G. Simmel spricht deshalb auch – in der Auseinandersetzung mit dem kantischen Erfahrungsbegriff – davon, dass »hinter dem absoluten Apriori des Intellekts« ein »zweites, innerhalb des Intellekts geltendes und relatives Apriori steht« (vgl. hierzu: 1997, 237 ff. und 1999, 304 ff.). Insofern »gibt es offenbar sehr viele Stufen des Apriori«, die dadurch variieren, dass sie zwar »nur Voraussetzungen sind, die an das Gegebene herangebracht werden«, jedoch letztlich »ihre Sicherheit der praktischen Brauchbarkeit« verdanken (1999, 308). Die setzende Vorstellung einer apriorischen Wahrheit mag aus praktischen Gründen des vorübergehenden Gewissheitshandelns notwendig sein, Wahrheit bleibt jedoch als Vorstellung relativ, weil an die historische wie kulturelle Pluralität von Lebensweisen gebunden. Auch K. Mannheims Wahrheitskonzept enthält eine Relativierung des Wahrheitswerts, obgleich diese Relativität – wie der nachfolgende Abschnitt zeigen wird – eher als *Relationalismus von Wahrheit* anzusehen ist.
- Das Relativitätsmerkmal fällt auch mit dem historischen Funktionswert der Wahrheit zusammen. So schreibt G. Simmel bezüglich der zeitlichen bzw. historischen Relativität von Wahrheitsvorstellungen: »[...] dass uns irgendetwas als Wahrheit gilt, hängt von dem ganzen Komplex der in diesem Augenblick von uns erkannten Prinzipien, Methoden und Erfahrungsinhalten ab, deren Zusammenhang mit der neuen Erkenntnis diese legitimiert« (2001, 467). Von daher ist es auch angebracht nicht mehr von der Wahrheit, sondern von den jeweils historisch oder zeitbedingten Wahrheiten zu sprechen, die ihre Funktion unter historisch veränderlichen Lebensbedingungen zu erfüllen haben. Dieser Gedanke kehrt bei K. Mannheim in der Form wieder, dass die historische Funktion der jeweils geltenden Wahrheit darin liegt, dass sie die jeweils allgemein geltende Seinsauslegung absichert.
- Wenn G. Simmel die Wahrheit als eine nützliche Vorstellung konzipiert, so bricht er damit, dass die Wahrheit gewissermaßen ein repräsentatives Verhältnis von Vorstellungsinhalt und Wirklichkeit sei. Ebenso wie bei K. Mannheim ist für G. Simmel die

> Wahrheit kein Abbildungsmedium der Wirklichkeit, sondern eher ein widerspruchfreies, auf ein relationales Verhältnis abgestimmtes Ganzes von in der Vorstellung gegeben Inhalten. Was wahr oder falsch ist, das dafür geltende Entscheidungskriterium »findet« man nicht in »einem ›metaphysischen Parallelismus‹ mit einer absoluten Objectivität« (1992, 67). Es ergibt sich nur durch die Bezugnahme auf ein »immanentes Verhältnis« der Vorstellungsinhalte untereinander, und zwar so, dass die »innere Übereinstimmung, die Harmonie der einzelnen Vorstellung mit der Gesamtheit des Weltbildes« (ebd., 67) *als Wahrheit empfunden* wird. Man kann dies als eine ästhetische Konzeption der Wahrheit ansehen, entscheidend ist hier jedoch etwas anderes: Die Wahrheit hat nicht nur als letztes Fundament die Lebensformen, aus deren Anforderungen sie hervorgeht, sie bildet auch so etwas wie eine strukturelle Homologie zwischen den Vorstellungen und den bestehenden Weltbildern. Wahrheitsvorstellungen korrelieren also mit »verschiedenen Weltbildern« bzw. gehen aus diesen hervor (ebd., 69). Diese These gilt unisono für die Mannheim'sche Wahrheitskonzeption, bei der historische Wahrheitsvorstellungen zutiefst Ausdruck eines dahinter stehenden Weltanschauungstypus sind.

Auch wenn der Funktionswert der Wahrheit nicht so zentral in der Argumentationsweise G. Simmels platziert ist, so darf er nicht unterschlagen werden. Dass die Wahrheit nichts anderes als eine Nützlichkeitsfunktion ausübt, dies ist das Fazit, mit dem G. Simmels Schrift »Ueber eine Beziehung der Selectionslehre zur Erkenntnistheorie« (1992) schließt. Gegen das kantische Credo »Die *Möglichkeit* des Erkennens erzeuge zugleich für uns die Gegenstände des Erkennens« setzt er: »Die Nützlichkeit des Erkennens erzeugt zugleich für uns die Gegenstände des Erkennens« (1992, 74). Dieses Verhältnis von Wahrheit und Nützlichkeit wäre selbst wiederum zu vordergründig konzipiert, nämlich nur unter dem Gesichtspunkt der »praktischen Notwendigkeit der Lebenserhaltung und Lebensfürsorge«, wenn G. Simmel der Wahrheitsfunktion nicht in qualifizierender Weise selbst das dynamische Moment von »weiterentwickeln oder modifizieren« (2001, 467) zuerkannt hätte. Die Wahrheitsfunktion ist auch darauf ausgerichtet, »dass die Totalitäten der Wahrheiten irgendwie« (ebd. 467) auf »lebensförderndes Handeln« zielen. Der der Wahrheitskonzeption innewohnende biologisch argumentierende Evolutionismus schließt also die Notwendigkeit der »Lebensförderung«, mithin der Lebenssteigerung ein. Mit welchem ideellen

Telos bleibt hier bei G. Simmel unbestimmt, die Quintessenz seiner lebensphilosophischen Kulturtheorie verweist jedoch darauf, dass jedes »Mehr-Leben«, das sich sogar zum »Mehr-als-Leben« steigert, tragisch, d.h. selbstdestruktiv endet. Wahrheiten, geschichtlich versammelt um ein pragmatisches Telos der Lebensförderung bzw. Lebenssteigerung, transportieren deshalb immer auch das Moment mit sich, dass sich das Telos der nützlichen Lebenssteigerung als endgeschichtliche Wahrheit verfehlter Lebensorganisation erweist. K. Mannheims geschichtsphilosophische Konzeption der Totalität von Wahrheit ist hier, wie sich nachfolgend begründen lässt, etwas anders, nämlich gar nicht tragisch gestimmt.

Zunächst sind die Parallelitäten zwischen der Simmel'schen und der Mannheim'schen Wahrheitskonzeption hinsichtlich der pragmatischen Funktion von Wahrheit offenkundig geworden. Die Differenz in der pragmatischen Wahrheitsbestimmung liegt aber nicht allein darin, dass sich K. Mannheims Wahrheitskonzept völlig von evolutions- und selektionstheoretischen Begründungen freihält. Seine Begründung des Wahrheitspragmatismus ist eher rationalitätstheoretisch und in seinem geschichtlichen Telos utopisch-skeptisch konzipiert. Dies zeigt sich wiederum am historisch utopischen Moment der Wahrheit. Die Historizität des Wahrheitspostulats bietet zwar – methodisch gesehen – die *denksoziologische* Arbeitshypothese, um »die in einem Zeitalter vorhandenen Denkstandorte möglichst exakt herauszuarbeiten und ihr historisches Werden aufzudecken« (Das Problem einer Soziologie des Wissens, 1964, 368), aber dies ist nur die rekonstruktive Seite, bei der einerseits die Pluralität von divergenten Denkstandorten, andererseits aber auch deren Genese offen gelegt wird. Der eigentliche Sinngehalt geht – wie bereits aufgezeigt – dahin, ein immanentes »Werden« der jeweiligen *seinsbezogenen Wahrheiten* festzustellen. Wenn K. Mannheim schreibt, dass »der seinsbezogene Wahrheitsgehalt einer jeden Etappe des Denkens eben darin besteht, daß er eine bestimmtgeartete Rationalisierung der sozialen und geistigen Welt vornimmt, und zwar gerade in jener Richtung, in der der nächste Schritt des Werdens es erfordert« (ebd., 368), so ist damit eine geschichtliche Sukzession von Selbstaufklärungsprozessen der Denkweisen im Medium der Wahrheit konzipiert. Diese Sukzession ist aber nicht einfach eine bloße Abfolge von Wahrheitsansprüchen im Denken, die sich kumulativ ablösen, vielmehr ist der »Gesamtprozess, aus dem die Denkstandorte emporwachsen, ein sinnvoller«. Alle Teilwahrheiten sind nämlich »Teile eines über sie hinausragenden sinnvollen Werdens« (ebd., 368). Dieses sinnvolle Werden darf aber nicht, und dies ist bereits expliziert worden, als historische List verstanden werden, die die agonalen Teilwahrheiten zum Zwecke einer eigentlichen, endgeschichtlichen Wahrheitserlösung historisch ins Werk setzt. Eher liegt ein *historischer Pragmatismus* vor. So könnte man die pragmatische Position K. Mannheims bezeichnen. Dieser anerkennt das Werden einer endlichen Wahrheit im Sinne eines historisch utopischen Funktionssinns, der »den eigenen Standort zwar als relativ, aber [dennoch/Verfasser] im Element des Wahren sich konstituieren sieht« (ebd., 370). Der Pragmatismus der Wahrheit geht mit der historisch utopischen Wahrheitsfunktion zusammen, denn die Utopie einer endlich erfüllbaren Wahrheit im Sinne eines geschichtlich einlösbaren seinsadäquaten Denkens, strahlt zurück auf den standortgebundenen Prozess von Wahrheitssuche und -geltung. Allein die Skepsis bei K. Mannheim geht dahin, dass wir dieser utopischen Wahrheitsfunktion pragmatisch bedürfen, um überhaupt Wahrheitsansprüche behaupten zu können. Insofern bleibt das Kriterium der Wahrheit-an-sich letztlich immer »völlig im Status nascendi« (ebd., 369) und kann sich nicht verabsolutieren. Die Utopie der Wahrheit selbst hat die pragmatische Funktion, das Wahrheitsgeschäft historisch so zu entfalten, dass der Prozess des Erkennens der Erkenntnis, des Denkens des Denken auf der Basis agonal verlaufender Rationalisierungsbemühungen fortschreitet. Ein Fortschreiten ohne endgeschichtliche Einlösung, dass das Sein im Denken aufgeht oder dass das Denken sich endlich so transparent würde, dass es sich ohne die Schlacke des Seins völlig selbst bespiegeln könnte.

Der Pragmatismus der Wahrheit ist bei K. Mannheim keiner der reinen Nützlichkeit oder der nützlichen Lebensförderung, sondern einer der Skepsis, die sich gegen totalitäre Wahrheitsansprüche ebenso wehrt, wie sie sich gegen die Vereinnahmung der Erkenntniswahrheit im Sinne endgeschichtlicher Vernunft oder Teleologie sperrt. Für ihn liegt der Wert der Wahrheit darin, dass sie als *sozialregulative Idee* zwei wichtige Funktionen erfüllt: erstens als pragmatisches Medium zu fungieren, in dem sich widerstreitende Überzeugungsparteien durch gegenseitige Argumentationstransparenz über ihre seinsverbundenden, d.h. partikularen Weltsichten klar werden. Zweitens als Entlarvung von illegitimen Wahrheitsautoritäten, die sich der prinzipiellen Partikularität und Standortgebundenheit ihres Denkens entsagen, und solchermaßen zur Ideologie werden, weil sie sich als absolut und zweifelsfrei »wahr« setzen. Die Wahrheit bei K. Mannheim hat keine Grundlage, die sie endgültig verobjektivieren würde; sie hat eine zutiefst ethisch-pragmatische Eigenschaft, weil das zu glauben, was dem jeweiligen Sein entspricht, immer wieder neu so in Frage gestellt wird, dass prinzipiell Dogmatisierungen im Namen einer Seinswirklichkeit oder einer geschichtlichen Vernunftwahrheit durch die wandelbare Idee der Wahrheit aufgebrochen werden können. Wahrheit hat nur die pragmatische Funktion der Fundamentalkritik im Namen eines Offenhaltens für die Zukunft eines unverstellten, wahrhaftigen Sprechens, das sich der Selbsttransparenz und Aufrichtigkeit mehr verpflichtet weiß als der geschichtsobsessiven Idee, das Wesen der Wahrheit ontologisch einlösen zu wollen.

Eine letzte Interpretation soll noch angeschlossen werden. Mit der Idee der Wahrheit als Entlarvung kommt, und dies ist nun wieder die biografische Spur im Denken K. Mannheims, der rigorose Nonkonformismus im Denken zum Ausdruck, wie er dem »Duktus des jüdischen Geistes« entspricht. Die uralte jüdische Tradition eines »unvergessenen Kampfes gegen den Götzendienst«, dem »eine geschärfte Empfindlichkeit gegen Aberglauben« innewohnt (R. Marthe, 1977, 32), ist in der Wahrheitskonzeption K. Mannheims in zweifacher Weise inkorporiert: als fundamentale Kritik gegen eine Mythologisierung von Wahrheit als einer ontologischen, die sich als absolute ins Recht setzt, und als Anerkennung von Wahrheitsansprüchen, die sich durch nonkonforme Denkweisen erzeugen. Das Letztere spiegelt den Geltungsanspruch der assimilierten Juden wieder, die in der Assimilation die Wahrheit ihrer Eigenart gegenüber der allgemein gesetzten Wahrheit sichern wollen.

3.2. Relationales Denken

Mit der Auflösung eines monopolistischen Wahrheitsanspruchs, mit dem *denksoziologischen* Verdacht, dass Wahrheitsansprüche nur lebenspragmatische Übersetzungen innerhalb historisch und gesellschaftlich divergierender Seinslagen sind, hat sich K. Mannheim dem Vorwurf eines Erkenntnisrelativismus ausgesetzt. Insofern geht aus einer Klärung der Wahrheitsfrage das Relativitätsproblem, wie auch seine Lösung, systematisch hervor. Wenn die Mannheim'sche *Denksoziologie* die Partikularität der jeweiligen Denkstandorte aufdeckt und damit die Relativität von Wahrheitsansprüchen offen legt, dann kehrt sich dieses analytische Vorgehen zunächst gegen den eigenen Denkansatz. K. Mannheims Programmatik verstrickt sich nämlich in die Aporie, dass die Wahrheitsrelativierung die eigenen theoretischen Aussagen wie Schlussfolgerungen betrifft. Diese Aporie trifft in erster Linie die gegenstandstheoretischen Aussagen der Mannheim'-

schen *Denksoziologie*, denn sie relativiert den Wahrheitsanspruch der durch die Analysen erhobenen *denksoziologischen* Erkenntnisse. Mehr in grundsätzlicher Richtung, d.h. durch eine philosophiegeschichtliche Markierung, hat E. R. Curtius den Vorwurf des *denksoziologischen* Relativismus als Erkenntnisnihilismus und Idealismusfeindschaft polemisch überhöht (vgl. auch Kapitel 7.1.). Durch die Replik auf Curtius, aber auch durch eine klare begriffliche Abgrenzung des Begriffs »Relativismus« von dem des »Relationalismus« hat sich K. Mannheim dem Relativismusproblem sowie der vordergründigen Aussagenaporie gestellt. Er hat hierzu argumentativ eine dezidierte Klarstellung des eigenen epistemologischen Standpunktes geliefert. Gegen die Vorstellung eines Erkenntnisnihilismus, dem alle Erkenntniswahrheiten zu beliebigen Vorstellungen werden, setzt K. Mannheim seine These von der »Aspektstruktur der Objektivität«. Ausgehend von der durch die Phänomenologie aufgebrachten Einsicht von der »wesensmäßig relationalen Struktur des menschlichen Erkennens« (Ideologie und Utopie, 1985, 258) lassen sich Objektivitätsanspruch und Aspektstruktur der Erkenntnis durchaus so vermitteln, dass »man das Postulat der Objektivität [der theoretischen Aussagen/Verfasser] und die Entscheidbarkeit sachhaltiger Diskussion (nicht) preisgibt oder einem Illusionismus huldigt, wonach alles Schein und nichts entscheidbar ist« (ebd., 258). Was der Relationismus des menschlichen Erkennens behauptet, ist viel bescheidener als das, was jeder Relativismus des Wahrheitsnihilismus in prinzipielle Beliebigkeit übersetzt: Er behauptet nämlich nur, dass jede Aussage relational gültig ist und zwar in den beiden Formulierungsansprüchen von seinsgebundener Reichweite des Aussagengehalts und von jeweiliger Aspekthaftigkeit einer »einheitlichen Begriffs- und Kategorienapparatur« (ebd., 258). Innerhalb dieser Aspekthaftigkeit der Aussagengehalte, die im Grunde nichts anderes ist als eine perspektivische Weltsicht auf die gegebenen Erkenntnistatsachen, gelten weiterhin die Kriterien von Objektivität, von richtig und falsch. Gerade weil die Wissenssysteme, die Systeme der »vorgegebenen Begriffs- und Kategorienapparaturen« nicht einheitlich sind, sondern strukturelle Differenzen von »Sichtmodi« im Erkennen von Tatsachen darstellen, müssen ihre Wahrheitsansprüche nicht zu einem gänzlichen Relativismus totalisiert werden. Vielmehr sind sie als perspektivische Sichtweisen selbst zu relationieren, d.h. einerseits in ihren Objektivitätsansprüchen anzukennen und andererseits als Aspektperspektiven eines *seinsgebundenen Denkens* so zu relationieren, dass sie eben als ein »standortgebundenes Bild« von der Tatsachenwelt interpretierbar werden. Das Kriterium der Objektivität verschwindet also nicht, es wird selbst als ein relational zu begründender Modus innerhalb der »Seinsrelativität bestimmter Erkenntnisse« (Die Bedeutung der Konkurrenz, 1982, 331) eingestuft. Ebenso wie sich die Wahrheit bei K. Mannheim nicht gänzlich in Illusionismus verflüchtet, weil sie konstitutiv in der Weise zur »perspektivischen Erfassung« der Welt gehört, »daß sie jeweils, von einer Konstellation aus, nur ein richtiges Ergebnis zeitigen« kann (Historismus, 1964, 303), so wird auch das Objektivitätskriterium zum Element eines »perspektivischen Sichtindex« (Ideologie und Utopie, 1985, 259). K. Mannheims eigener »wissenssoziologischer Forschungsimpuls«, nämlich die »Entdeckung der Seinsverbundenheit der vorhandenen Einsichten«, also des »seinsverbundenen Denkens«, entschlägt sich nicht »sachhaltig qualitativer Aussagen«, sondern relativiert »eine sich als absolut setzende Sicht« so, dass diese Sichtweise durch die Relationierung zu anderen »neutralisiert« wird (ebd., 258/259). Davon bleibt der Mannheim'sche Denkansatz nicht unberührt, denn seine *denksoziologischen* Aussagen sind ebenso von der Sichtpartikularität eingenommen wie andere Aussagen auch, aber, indem sie die Umsetzung einer Lehre vom partikularen Sichtindex sind, entfaltet dieser Denksatz eine genuin kritische Selbstreflexion des Denkens in denkhistorischer Absicht: Er fundiert nämlich auf die Zukunft des Denkens hin eine immer breitere »Sichtbasis« im Sinne »einer Lehre von der schicksalsmäßigen Selbsterweiterung und Standorterweiterung« in der erkenntnismäßigen Relation von Subjekt und Welt (ebd., 259/60). Der Relativismusvorwurf, dem sich K. Mannheims Denken ausgesetzt sah, unter anderem sogar durch seinen früheren Mentor Alfred Weber (vgl. 1997, 280 ff.), greift nicht nur deshalb daneben, weil K. Mannheim vom *Relationismus* und nicht vom *Relativismus* der Erkenntnis spricht; er greift auch deshalb daneben, weil der Relationismus verschiedener, in sich objektiv begründeter Weltsichten, ein denkgeschichtliches Telos von qualitativer Denkkritik eröffnet: dasjenige, das den Verdacht erhärtet, dass die Bewusstseinsstrukturen und -kategorien prinzipiell *seinsgebunden* sind.

Will man den »Relationalismus« bei K. Mannheim explizieren, muss man die Argumentationsebenen auseinander halten, die mit diesem epistemologischen Begriff gesetzt sind. Danach gibt es eine Begründungsebene, die den Relationalismus aus den Einsichten des *Historismus* ableitet. Dann lässt sich eine Argumentationsebene aufweisen, die sich eher auf die *relationale Struktur der Erkenntnis* beziehen lässt. Letztlich lassen sich auch Argumente reinterpretieren, die das relationale Denken gegen das kausale Denken qualitativ abgrenzen.

Die erste Begründungsebene, die des »Relationalismus« aus historistischer Sicht (man könnte ihn ganz unverfänglich auch als *historischen Relationalismus* bezeichnen), stützt sich weitgehend auf den Historismus-Aufsatz von K. Mannheim. Die Tatsache, dass historisches Erkennen als Interpretationswissen »nicht absolut erfaßbar und formulierbar« ist, bedeutet für K. Mannheim nicht die Eröffnung eines »willkürlich subjektiven« und damit relativen Erkennens. Gerade die relative, weil nur temporäre Geltung des historischen Erkennens, zeigt diesen Erkenntnistypus als einen »perspektivischen«, dessen »innerste Eigenart« es ist, dass sich »nur in bestimmten historisch-sozialen Bewußtseinsstrukturen bestimmte qualitative Eigenheiten am historisch lebendigen Objekt [...] eröffnen« (Die Bedeutung der Konkurrenz, 1982, 331). Diese Einsicht in die jeweilige »Seinsrelativität bestimmter Erkenntnisse« stellt insofern keinen Erkenntnisrelativismus, sondern vielmehr einen Erkenntnisrelationismus dar, weil bestimmte Wahrheiten von Erkenntnisaussagen »gar nicht anders als seinsrelativ erfaßbar und formulierbar sind« (ebd., 331). Konkret heißt dies, dass es im historischen Erkennen immer nur ein relationales Verhältnis von historischer Seinslage und den »historisch und sozial formierten Bewußtseinsstrukturen« gibt. Was also relativ ist, ist der Wahrheitsanspruch der historischen Erkenntnis, weil er nur seinsrelativ und temporär ist. Relational jedoch ist das Verhältnis der erkennenden Bewusstseinsstrukturen (und ihre die Erkenntnis ermöglichenden Kategorien) zu der jeweiligen Seinssituation, aus der heraus die »qualitativen Einsichten« der historischen Erkenntnis formuliert werden. *Jeweilige Bewusstseinsstruktur und soziale Seinssituation stehen in einem für das historische Erkennen relationalen Verhältnis.* Nicht mehr das soziale Sein determiniert das Erkennen, auch nicht die autonom gesetzten Bewusstseinsstrukturen erzeugen die Wahrheit des historischen Wissens, sondern die jeweilige Relationalität, die »geheime Verbindung zwischen Denken und dem Realen« (Historismus, 1964, 271) erlaubt eine deutende Erfassung von historischen Sachverhalten im Medium perspektivischer Wahrheit. Die Konsequenz aus dieser Relationalitätsstruktur des historischen Erkennens ist ihre Aspekthaftigkeit und damit eine prinzipielle Polysemie der qualitativen Aussagen. Nicht mehr wahr und falsch, oder absolut und relativ, sind die Kriterien, sondern die interpretative Stimmigkeit innerhalb einer standortgebundenen Sichtweise auf historische Sachverhalte:

»Und endlich: was dann, wenn sich zeigen läßt, daß der Vorwurf des Relativismus aus einer Philosophie stammt, die eine unvollständige Konzeption von *absolut* und *relativ* hat, die wahr und falsch in einer Alternative gegenüberstellt, wie sie sich wohl im Gebiete der so genannten exakten Wissenschaft auffinden läßt, während das Gebiet der Geschichte uns zeigt, daß es Erkenntnisse über den gleichen Sachverhalt gibt, die nicht wie wahr und falsch, sondern prinzipiell nur als perspektivische, als standortgebundene nebeneinander gestellt werden können« (ebd., 256/7).

Neben die Relation, die das Verhältnis von historisch und sozial formierter Bewusstseinsstruktur bestimmt, tritt nunmehr eine zweite, nicht mehr allein die Erkenntnis strukturierende: diejenige der Relationen von nebeneinander gestellten, weil unterschiedlich perspektivierten Erkenntnis- bzw. Denkstandorten. Will man das relationale Denken, wie K. Mannheim es in seiner Replik auf den Relativismusvorwurf in seinem Historismusaufsatz skizziert hat, auf zwei bedeutende philosophiegeschichtliche Referenzen zurückführen, so lässt sich hier sehr schön eine Notiz von M. Horkheimer heranziehen. In seinen »Nachgelassenen Schriften« (1949-1972) schreibt Max Horkheimer unter dem Stichwort »Der Relativismus des Relativen«:

»Es gibt etwas, was über die Relativierung unserer Erkenntnis hinausgeht [...] Relativierung kann zweierlei bedeuten: erstens was Kant gemeint hat, wenn er sagt, daß alle unsere Aussagen durch unsere Kategorien bedingt sind und sich deshalb nur auf Erscheinungen beziehen; zweitens die Aussage von Marx: Unsere Erkenntnis ist vom Stand der gesellschaftlichen Entwicklung abhängig: Es bleibt nichts übrig als ein Glaube: daß Aussagen von Menschen gemacht werden, deren Gültigkeit durch geschichtliche Faktoren und durch ihr Erkenntnisvermögen beschränkt sind, nicht als das Letzte hingenommen werden müssen« (1988, 370/1).

K. Mannheims Zurückweisung des Relativitätsvorwurfs durch die Einführung des Relationalitätsbegriffs bewegt sich exakt in diesem Rahmen: Das erkennende Bewusstsein ist kategorial vorherbestimmt und diese Bewusstseinskategorien stehen in einer Relationalität zu einer gesellschaftlich-historischen Seinslage, ohne dass diese das Bewusstsein etwa präformiert oder determiniert. Mit dieser Relationalität von Sein und Bewusstsein rückt K. Mannheim auch in deutliche Distanz zum Erkenntnisdeterminismus des Marxismus. Die Philosophie des Historismus erlaubt nämlich keinen Determinismus wie ihn der historische Materialismus entworfen hat, sondern – wie K. Mannheim den Historismus für seine *denksoziologische* Weltanschauungsanalyse reklamiert – nur die Relativierung von Erkenntnisstandpunkten in der Erfassung historischer Wahrheiten. Der Gewinn solcher Relativierung der eigenen »Aussagenform des Denkens« liegt darin, dass »die Selbstvergottung [des historisch partikularen Denkstandortes/Verfasser] immer wieder relativiert [wird], um auf diesem Wege ein *Offensein zur Ergänzung* zu erzwingen« (Ideologie und Utopie, 1985, 76). Gerade der unentwegte Prozess der Relationierung von Denk- und Wissensstandorten arbeitet jeder Erkenntnishermetik entgegen.

Die zweite Begründungsebene des »Relationismus« ist komplexerer Art und betrifft die *relationale Struktur der Erkenntnis* selbst. Zunächst gibt es in der Mannheim'schen Argumentationstopologie die Relationalität der erkenntnistragenden Begriffe und Begrifflichkeiten. In der »Strukturanalyse der Erkenntnistheorie«, darauf wurde bereits am Anfang dieses Kapitels unter dem Stichwort der »*Systematisierung*« hingewiesen, skizziert K. Mannheim für die Frage der begrifflichen Sinnkonstitution ein korrelatives Verhältnis zwischen den Begriffen. Wenn er schreibt, dass »alle Begriffe mehr oder weniger mit irgendwelchen anderen in einem korrelativen Verhältnis stehen, daß der eine Begriff zur Voraussetzung das Gesetzsein des anderen hat« und der jeweilige Sinn des Begriffs sich »nur in Bezug auf den anderen« (1964, 170) ergibt, so hat dies epistemologische Implikationen. K. Mannheims erkenntnistheoretische Prämisse in diesem Zusammenhang ist ja, dass erst durch den korrelativen Zusammenhang der Begriffe »irgendeine Gegebenheit als Tatsache der Erfahrung« theoretisch erfassbar wird (ebd., 179). K. Mannheims These, dass »die *Systematisierung* etwas Primäres gegenüber dem Begriff und gegenüber dem Urteil darstellt« (ebd., 169), kann hier also qualitativ näher bestimmt werden. Der Sinngebung von Erfahrungstatsachen liegt eine *Systematisierung* zugrunde, deren Ordnungsstruktur eine relationale ist. Nur so ist plausibel, dass »der Sinn des einzelnen Begriffs im ganzen Zusammenhang [einer Systematisierung/Verfasser] verankert ist« (ebd., 170). Eine begriffliche Sinnordnung aber, die aus einem primordialen Akt der *Systematisierung* durch Relationen resultiert, stellt eine andere Art und Weise der Systematisierung von phänomenalen Eindrücken dar als eine Systematisierung, die die Begriffe als Identitätszeichen des Realen ansieht. Negativ formuliert heißt dies: Eine Systematisierung im Sinne der (begrifflichen) Relationalität muss jede Begriffsmetaphysik ablehnen, die den Begriff als Repräsentanten einer Erfahrungsgegebenheit ansieht. K. Mannheims Konzept des *relationalen Denkens* folgt hier konsequent den philosophischen Entwicklungen des späten 19. und 20. Jahrhunderts, die das »Problem der Krise der abbildtheoretisch verstandenen Repräsentation unter verschiedenen Namen kennt« und die dem aufkommenden »epistemischen Pluralismus« mit Konzeptbegriffen, wie »Rahmen«, »Sprachspiel« oder – durch E. Cassirer inauguriert – »Relationalität« zum Durchbruch verhalf (vgl. hierzu: H. J. Sandkühler/D. Pätzold (Hg.), 2003, 21/22). Um die begriffliche Relationalität, die sich ja nach den hier unternommenen Explikationsschritten des Mannheim'schen »Relationalismus« noch von einer Subjekt-Objekt-Relation unterscheiden lässt, näher zu kennzeichnen, hilft eine unmittelbare Bezugnahme auf das Relationalitätstheorem E. Cassirers durchaus weiter. Im Zuge einer epistemologischen Ersetzung des klassischen Substanz- zugunsten eines modernen Funktionsbegriffs (vgl. E. Cassirer, 2000) expliziert E. Cassirer die erkenntnisoperative Leistung des Relationsbegriffs. Die Kernaussage ist die, dass – ähnlich wie im mathematischen Denken – die menschliche Erkenntnis nicht eine Abbildung gegenständlicher Welt, nicht etwa repräsentative Aussagen über die substantielle Verfassung von Gegenständlichkeiten ermöglicht. In knapper Form hat Cassirer dies auf den Punkt gebracht: »[...] alle Beschaffenheiten, die wir von ihnen [den Gegenständen der Erkenntnis/Verfasser] aussagen können, fließen einzig und allein aus dem Gesetz ihrer ursprünglichen Konstruktion« (ebd., 6). Die jeweilige Erkenntnisfunktion bestimmt den Erkenntnisgehalt des »Gegenstandes« in seiner zeichenhaften bzw. symbolischen Ausdrucksform. Das, was die »Dinge« sind, wie sie uns als Erkenntnistatsachen erscheinen, geht nicht aus einer Identität von Erkennen und objektivem Inhalt oder Substanz der Sache hervor. Die »adaequatio rei et intellectus« ist selbst immer vermittelt durch die funktionale Anwendung von Zeichen und Symbolen. Zwischen der Welt der Tatsachen und dem erkennenden Bewusstsein fungiert ein symbolisches »Drittes«, ein konstruktiv relationales Zeichen- bzw. Symbolsystem zur Erzeugung von kategorialen Schemata, um Gegebenheiten als Erkenntnisinhalte zu setzen. Nicht die Identifizierung von Begriff und Sache ist das Primordiale, sondern die kategoriale Verknüpfung, die Stiftung einer symbolischen »Rahmung«. H. Putnam hat dieses Dritte, diese Rahmung als »conceptual relativity« bezeichnet (1997, 158). Sie drückt aus, dass das, was wir als »Gegenstand« oder »Eigenschaft« begrifflich beschreiben, zwar als Beschreibung eine Entsprechung in der Wirklichkeit hat, aber diese Beschreibung »nicht bloß eine Kopie der Realität« ist, sondern *eine* begriffskonzeptuelle Beschreibung unter anderen möglichen Beschreibungen darstellt. Solchermaßen wird jeder Erkenntnisakt kontextgebunden und perspektivisch variabel bzw., wie E. Cassirer ausgeführt hat, relativ zu einer diesen Erkenntnisakt vorausliegenden (symbolischen) Formung von Bewusstseinsintentionalität. Dieser epistemologische Pluralismus trifft sich mit K. Mannheims erkenntnistheoretischer Überzeugung, dass die Denkformen und damit auch die Erkenntnisformen wissenskulturellen Bedingungen unterliegen, die sich als paradigmatische Weltbilder bzw. lebensweltliche Weltanschauungsmuster anzeigen. Was E. Cassirer durch die »Philosophie der symbolischen Formen« kulturphilosophisch inauguriert hat, die Abkehr vom abbildtheoretischen Erkenntnismodell zugunsten einer Rückbindung epistemischer Akte in bestimmte Kontexte symbolischer Formen, kehrt bei K. Mannheim *denksoziologisch* wieder: als die Einbettung von divergierenden Erkenntnisformen in weltanschauliche Denk- und Wissenskontexte. Die Schlüsselfunktion nimmt dabei bei beiden, bei E. Cassirer wie bei K. Mannheim, der Relationalitätsbegriff ein. Die Relationalität ist dasjenige, was als operative Erkenntnisfunktion erst den entsprechenden symbolischen bzw. begrifflichen Zusammenhang konstituiert, von dem die Bewusstseinsintentionalität ihre Bewusstseinsinhalte als beschreibbare Sachverhalte der Erkenntnisgewinnung abstraktiv, d.h. begrifflich-theoretisch erfasst. E. Cassirer hat deshalb das Symbol auch nicht als repräsentatives, sondern als relationales Konstituens im Erkenntnisakt gekennzeichnet: »Das Symbol besitzt sein vollgültiges Korrelat nicht in irgendwelchen Bestandteilen der Wahrnehmung selbst, wohl aber in dem gesetzlichen *Zusammenhang*, der zwischen ihren einzelnen Gliedern besteht« (2000, 161).

Es lohnt sich dieses Zitat genau zu interpretieren, denn offensichtlich ist die Relationalität eine zweifache: intern die Relation zwischen sinnlichen Relata, die so eine Einheit bilden, die die Funktion der symbolischen bzw. zeichenhaften Erkenntnis (oder Beschreibung) von Sachverhalten erlaubt und extern die Relation zwischen den einzelnen epistemischen Akten und ihren jeweiligen Kontexten oder »Rahmungen«. Letzteres ist der Zusammenhang, den K. Mannheim zwischen der jeweiligen Denkweise und ihrer weltanschaulichen Bindung aufgrund einer bestimmten Seinssituation gekennzeichnet hat. Die interne Relationalität, also den Zusammenhang zwischen den einzelnen Relata, hat E. Cassirer an der Leistungsfunktion des Begriffes verdeutlich. Der Begriff leistet keine Identifizierung, sondern im Gegenteil eine Verknüpfungsmöglichkeit neben anderen. Er organisiert die Erfahrung, indem er »ein Gesetz der Beziehungen in sich schließt, durch welches ein neuer und eigenartiger Zusammenhang des Mannigfaltigen erst geschaffen wird« (ebd., 380). Oder umfassender formuliert: Die Funktion des Begriffs ist,

»daß er nicht an irgendeine *Gleichartigkeit* der Elemente [Wahrnehmungsrelata/Verfasser], die er verknüpft und zusammenschließt gebunden ist. Was er leistet, ist eine Zuordnung von Bestimmungen, die im Übrigen durch nichts anderes als durch eben das Gesetz der Zuordnung selbst miteinander verbunden sind, die keinerlei *Gleichheit* oder *Ähnlichkeit* miteinander aufzuweisen brauchen« (1993, 119/120).

Das Gesetz der Verknüpfung und der Zuordnung ist nicht durch substantielle Identifikation bestimmt; es ist nur funktional, weil es die Relation von Relata so ermöglicht, dass sich ein Zusammenhang konstituiert, der erst einen operativen »Sinn« für die Beschreibung von Wirklichkeit erlaubt. Die konstituierende Rolle der Relationalität haben beide, E. Cassirer wie auch K. Mannheim, an der Funktion des Sprachsinns verdeutlich. Auf der Grundlage der Sprachphilosophie W. von Humboldts kritisiert E. Cassirer die Vorstellung, dass der Sinn des Wortes »substantiell« an das Wort gebunden ist (vgl. 1988, 280 ff.). Für ihn, wie für Humboldt, gibt es einen »Primat des Satzes vor dem Wort« (ebd., 281), weil der Wortsinn sich erst aus dem Zusammenhang des Satzes ergibt. Dabei ist es so, dass der Wortsinn sich nicht erst – quasi rein äußerlich – aus der Addition der einzelnen Wortsinngehalte innerhalb eines Satzganzen ableiten lässt, vielmehr ist der einzelne Wortsinn nur aus den internen Sinnrelationen des Gesamtsinnes des Satzes zu verstehen: »Jetzt tritt der Beziehungsindex, kraft dessen das einzelne Wort mit der Gesamtheit des Satzes verknüpft wird, nicht mehr äußerlich an das Wort heran, sondern er verschmilzt mit ihm und wird zu einem seiner konstitutiven Elemente« (ebd., 287). Die sprachliche Sinnbildung ist das Modell für die »Ausbildung des rein beziehentlichen Denkens« (ebd., 288), denn in all ihren Erscheinungen tritt deutlich hervor, »wie die Sprache die reine Kategorie der Relation gleichsam nur zögernd ergreift und wie sie ihr nur auf dem Umweg über andere Kategorien [...] gedanklich faßbar wird« (ebd., 291/92).

Nach diesen Ausführungen ist es angebracht, auch weil K. Mannheim vom korrelativen Verhältnis der Begriffe spricht, eine markante Unterscheidung zwischen Relationalität und Korrelation vorzunehmen. Um es pointiert zu sagen: Es ist nicht so, dass die Korrelation der einzelnen Relata (als für-sich-Seiende) erst die relationale Einheit stiftet. Vielmehr ist es die Relationalität selbst, die die Relata (als für-andere-Seiende) bestimmt. Damit ist die Korrelation auch keine der Wechselwirkung zwischen Relata, die als an-sich identische Entitäten in Beziehung treten, sondern sie ist eine der Divergenzen (nicht Gegensätzlichkeiten), der modalen Differenzen in der Einheit.

Damit gewinnt logischerweise die relationalitätserzeugende Einheit die Priorität vor den Elementen, den Teilen. Ähnliches hat L. Séve für die Strukturtotalität hervorgehoben, in der die Totalität die Form einer logischen Vorherrschaft über die Teile einnimmt, weil die Teile selbst nicht außerhalb und nicht ohne ihren (Struktur-)Zusammenhang gedacht werden können (vgl. L. Séve, 1967, 65 ff.). Diese Priorität der Einheit vor ihren Teilmomenten ist von K. Mannheim nicht explizit ausgewiesen worden, auch das logische Verhältnis von Relationalität und Totalität – konkret z.B. einer Weltanschauungstotalität zu ihren weltanschaulichen Elementen – bleibt bei K. Mannheim unklar. Das Einzige, was man im Hinblick auf die Ausführungen K. Mannheims sagen kann, ist, dass die Relationalität nur innerhalb und nur im Hinblick auf ein bestehendes Sinnsystem Gültigkeit und konstituierende Reichweite hat, denn es gilt: »Relationismus bedeutet nur die Bezüglichkeit aller Sinnelemente aufeinander und ihre gegenseitig fundierende Sinnhaftigkeit *in einem System*« (Ideologie und Utopie, 1985, 77). Relationalität, und dies unterscheidet sie von einer invarianten und damit gesetzmäßigen Struktur, ist bei K. Mannheim eine dynamische, weil offene Bezüglichkeit. Aus diesem Grund ist der Zusammenhang, die Einheit, aus der heraus das »Gesetz der Verknüpfungen« nur zu fundieren und zu verstehen ist, jeweils nur eine Totalität neben anderen möglichen und sich historisch ablösenden Totalitäten: »Dieses System [der Sinnbezüglichkeiten/Verfasser] aber ist nur möglich und gültig für ein bestimmtes geartetes historisches Sein, dessen Ausdruck es eine zeitlang ist« (ebd., 77). Relationalität und Einheit bzw. Totalität bedingen einander, jedoch ohne die vorausgesetzte, historisch aber variable Totalität, kann eine relationale Sinnstruktur nicht erfasst werden. Die relationalen Zusammenhänge ergeben von sich aus keine Totalität, eher stiftet ein auf eine bestimmte Totalität (auch wenn diese aspekthaft ist!) ausgerichtetes Verstehensbewusstsein den relationalen Zusammenhang. Nur so ist die folgende Formulierung von K. Mannheim zu verstehen:

> »In der Wissenssoziologie geschieht eigentlich nichts anderes, als daß wir uns auch unsere kritisch gewordene Denklage in Gestalt eines Situationsberichtes uns begegnen lassen und die *Zusammenhänge von einer auf die Totalität ausgerichteten Intention durchdringen*« (ebd., 93).

Damit ist aber die hier anstehende Frage, was den generierenden Modus der internen Relationalität eigentlich ausmacht noch nicht abschließend geklärt. Wenn K. Mannheim sagt, dass der Begriff seinen Sinngehalt »nur im Bezug auf den anderen« gewinnt, dann muss man dieses »*andere*« wörtlich nehmen und jeden Sinngehalt von korrelativer Ähnlichkeit oder identischen Relata ausschließen. »Bezug auf den anderen« meint nämlich eine *interne Relationalität*, die sich durch *Verschiedenheit im Zusammenhang* konstituiert. Der logische Stellenwert des Zusammenhangs ist selbst jedoch nicht expliziert. Die Relationalität ist deshalb auch nur eine der rein funktionalen Entsprechungen zwischen den Teilmomenten, ohne dass diese durch identische Sinnmerkmale der je gegebenen Relata aufgebaut ist. So wie z.B. die Farbbegriffe »grün« und »rot« keine identischen Farbwesenheiten für sich darstellen, die sich über diese zu einer höhergeordenten Farbeinheit korrelieren lassen, so bilden sie doch als gänzlich Verschiedenes eine funktionale Relationalität innerhalb des Zusammenhangs »Farbspektrum«, der erst von sich aus die Unterscheidbarkeit verschiedener Zeichenbegriffen wie »grün« oder »rot« innerhalb der Einsemantischen Einheit »Farbe« gestattet.

Durch konsequent relationales Denken, das auch einem additiven Korrelieren entsagt, wird das trügerische Spiegelbild von autonomen Erkenntnissetzungen, zentristischen Sinnbestimmungen, die immer noch einer Substanz- oder Wesensmetaphysik folgten, zerbrochen. M.E. folgt K. Mannheim einem konsequenten Denken des Relationalismus. Seine Explikationen zum Begriffssinn, auch wenn sie wenig argumentativ verhandelt und eigens untersucht sind, liegen exakt in der von E. Cassirer vorgenommen Bestimmung des »beziehentlichen Denkens«.

Die dritte Begründungsebene ist weniger komplex und betrifft die Relationalität der Subjekt-Objekt-Struktur. Die klassische Subjekt-Objekt-Struktur ist durch einen prinzipiellen Dualismus bestimmt. Das Subjekt schreibt in diesem Dualismus dem Objekt die Objekteigenschaften zu und in dieser Zuschreibung wähnt sich das erkennende Subjekt gegenüber dem Objekt und seinem Zusammenhang zu ihm autonom und souverän. Erst durch ein relationales Denken rückt der Zusammenhang, in dem beide, Subjekt wie Objekt, als ihr beidseitiger Konstitutionshintergrund gegeben sind, in den Vordergrund. Auch wenn K. Mannheim diesen Konstitutionshintergrund mit dem lebensphilosophischen Terminus »Erlebnis« ausweist, so bleibt doch eine andere epistemologische Setzung zum Subjekt-Objekt-Verhältnis:

»Aber ob wir uns mit der Selbsterklärung von Individuen oder Gruppen befassen, eines ist beiden gemeinsam: ihre Struktur. Dieser Struktur ist im

Kern eigentümlich, daß die Welt nicht als ein vom Subjekt abgelöstes Objekt zum Problem wird, sondern als auf das Gewebe der Erlebnisse des Subjekts auftretendes« (ebd., 44).

Was an diesem Zitat hier interessiert, ist nicht seine *denksoziologische* Kontextualisierung im Erlebnisbegriff, sondern die epistemologische These, dass die Erkenntnisstruktur des Subjekt-Objekt-Verhältnisses nicht dualistisch aufgefasst wird, vielmehr relational interpretiert wird. Wenn K. Mannheim in Bezug auf das soziologische Denken davon spricht, dass es »im wesentlichen eben in diesem kohärent sehen-können«, in der »Erfassung jeder scheinbar isolierten Gegebenheit vom sozialen Lebenszusammenhang her« (Die Gegenwartsaufgabe der Soziologie, 1932, 26) besteht, so greift diese zunächst methodische Anweisung als ein prinzipiell relationales Kohärenzprinzip bis in die epistemologische Ebene der Erkenntnisbegriffe hinein; es ist eben nicht einfach nur methodologisch begrenzt. »Kohärent sehen-können« ist nichts anderes als eine Denkweise, die das begriffliche Erkennen auf einen Modus verpflichtet, der einen »neuen und eigenartigen Zusammenhang des Mannigfaltigen so in Beziehung setzt, dass relationale *Entsprechungen*« konstituierbar werden. Entsprechungen, die einen Objektbereich erst als Erkenntnis- und Interpretationsfeld eröffnen. Durch relationales Denken rücken immer erst Tatsachen, Sachverhalte als Objektfeld, als Objekte der Erkenntnis in den Blick, so dass sie in den Deutungshorizont als Erkenntnisobjekte eingestellt sind. Jedoch ist dies nur die eine Seite, denn der Deutungshorizont, die »Erfassung jeder scheinbar isolierten Gegebenheit vom sozialen Lebenszusammenhang her« (Die Gegenwartsaufgaben der Soziologie, 1932, 26) ist selbst relationalisiert auf den sozialen Lebenszusammenhang, auf die faktische Seinslage, die das Subjekt in seinem (Erkenntnis-)Verhältnis zum Objekt bestimmt. Das Erkennen verdankt sich einem vorausgesetzten »situationsgebundenen Wissen«, das aus der »inneren Verklammerung« der Subjekte, insbesondere der erkennenden, »im Lebensprozeß« (Ideologie und Utopie, 1985, 43) herrührt. Sowie die verstehende Deutung vergangene »Interdependenzen der Geschehnisreihen« (Die Gegenwartsaufgaben der Soziologie, 1932, 26) »kohärent-sehen« kann, weil sie die lebensweltlichen Entsprechungen von historischen Seinsbedingungen und subjektiven Ausdruckformen als relational bedingten Erlebnishorizont rekonstruiert, ist auch der Erkenntnishorizont des erkennenden Subjekts, das die Rekonstruktion leistet – trotz aller soziologischen Distanznahme – relational bedingt. Es, das Subjekt, erkennt nur relational, weil sein Denken selbst in Relationalität steht zum eigenen sozialen Lebensprozess und dessen erlebnishaft erfahrbaren Strukturvorgaben.

Freilich ist mit diesem Relativismus noch nicht das relationale der Subjekt-Objekt-Struktur, sondern nur die Relationalität der Erkenntnissituation thematisiert. Um also die Relationalität der Subjekt-Objekt-Struktur in den Griff zu bekommen, kann ein Verweis auf den Begriff des »Relativismus«, so wie ihn G. Simmel als notwendigen Erkenntnisskeptizismus verstanden hat, helfen. Er schreibt diesbezüglich, indem er Gompertz zitiert:

»Die richtige Lehre von der Sinneswahrnehmung mit ihrer Anerkennung des subjektiven Faktors ist ein Folgesatz des Relativismus; daß dasselbe Ding der Außenwelt auf verschiedene Organe, auf verschiedene Individuen oder auch auf verschiedene Zustände desselben Individuums verschieden wirkt« (Gesamtausgabe, Band 1, 1999, 349).

Was G. Simmel intendiert hat, ist die Abhängigkeit des Erkenntnisakts von einer jeweils verschieden vorgegebenen Struktur der Subjektivität von Erfahrungsmöglichkeit. Insofern kommt er dem Mannheim'schen Lebenshintergrund, der in bedingender Relationalität zum Erkennen steht, sehr nahe. Wichtiger als das Moment der Relativität ist jedoch das, was als Wechselwirkungszusammenhang hinter den Simmel'schen Ausführungen steht. Danach stehen auch die Erkenntniselemente in einem die Vorstellung des Objektes fundierenden Wechsel- und Gegenseitigkeitsverhältnis. Dies kann man im Sinne der bereits vorgenannten Explikation als *interne Relationalität* verstehen, aber auch die Subjekt-Objekt-Struktur ist davon zutiefst berührt. Sowie die Erkenntniselemente sich zu einem erfassbaren Erkenntnisobjekt verdichten (durch funktionale Entsprechungen), wird der Erkenntnisakt, die Vorstellung von einem Objekt als Erkenntnisobjekt, erst durch das relationale Verhältnis von subjektiver Intentionalität und objektbezogenem Bewusstseinsinhalt begründet. Dasjenige, was wir als das Objektive auffassen, ist nur das Produkt der wechselwirksamen Relata von Subjekt und Objekt. Die Setzung einer Priorität, entweder des Subjekts oder des Objekts, war für G. Simmel ein Rückfall in ein Substanzdenken. Für K. Mannheim hingegen war es ein Festhalten an einem alten »monopolistischen Denktypus« (Ideologie und Utopie, 11), der der »Verwurzelung des Wissens in der sozialen Textur Rechnung zu tragen« nicht imstande war (ebd., 30).

Mit der letzten Begründungsebene soll die inhaltliche Relationalität der Erkenntnisobjekte und damit auch die Entgegensetzung des Relationalitäts- gegen das Kausalitätsprinzip angesprochen werden.

Ersteres ist schon mit dem Mannheim'schen Diktum des »kohärent-sehen-könnens«, das ja die Qualität des soziologischen Denkens ausmacht, vorgezeichnet worden. »Kohärent-sehen« setzt voraus, dass die Dinge, die »Geschehnisreihen«, die »Objektivationen« nicht aus ihrem sozialen und historischen Kontext zu isolieren sind. Gerade weil die *Denksoziologie* K. Mannheims ein »situationsgebundenes Wissen« deutend rekonstruieren will, ist sie nicht an einer Denkweise interessiert, die »[...] bloß eine objektive Anhäufung von Informationen über Tatsachen und ihrer kausalen Beziehungen darstellt, sondern am Verstehen der inneren Verklammerung im Lebensprozeß« (ebd., 43). Diese innere Verklammerung darf nicht so missverstanden werden, dass die einzelnen Objektivationen in ihren einzelnen Entsprechungen aufzusuchen sind, so als würde z.B. das Kunstprodukt einer bestimmten Epoche eine Analogie zur Religiosität einer bestimmten Angehörigenschicht stehen. Das würde eine zu vordergründige Parallelisierung zweier unterschiedlicher Objektivationen, nämlich Kunst und Religion, bedeuten. Vielmehr liegt ja das soziologische Denkmotiv, sein Grundmodus des relationierenden Denkens darin, dass es zu »einem Inbeziehungsetzen der ökonomisch-sozialen und der geistigen Sphäre« kommt, bei dem sich »das Parallelisieren der Objektivationen der verschiedenen geistigen Gebiete« (Theorie der Weltanschauungs-Interpretation, 1964, 95) als deren systematische Synthetisierung auf einen zugrunde liegenden Weltanschauungstypus darstellt. Die Relationierung bezieht sich also immer auf eine seinsbedingte Einheit dessen, was man als fundierende *Weltanschauung* (der historischen Situation, der jeweiligen Trägerschicht) bezeichnen kann. Insofern bildet die Synthetisierung – epistemologisch betrachtet – eine abschließende Erfassung von relationalen Objektbereichen, um ihre weltanschauliche Typik zu eruieren. Gerade weil die an-sich disparaten Objektbereiche des Sozialen, des Kulturellen, des Ökonomischen usw. nur jeweilige Teilsinnhaftigkeiten aussprechen, muss durch den Akt ihrer Relationierung, ihrer inneren Verknüpfung, der synthetische Sinn, also das, was sich an ihnen »gegenseitig durchdringt«, was sich als funktionale »Idee der Sinnganzheit« in ihnen anzeigt, erfasst werden (vgl. Ideologie und Utopie, 133). Auch hier zeigt sich, wie bereits ausgeführt, dass das Relationalitätsprinzip ohne die Ganzheits- oder Totalitätsannahme nicht auskommt. Dies unterscheidet auch die historisch-soziologisch erkennenden Kulturwissenschaften von den nur analytisch verfahrenden Naturwissenschaften. Da diese »kein wissenschaftliches Interesse mehr daran (haben), die zerlegte Totalität noch einmal innerhalb ihres Gebietes aufzubauen«, können sie sozial-kulturelle

Phänomene »gar nicht vollständig erfassen« (Beiträge zur Weltanschauungs-Interpretation, 1964, 94/95). Ihr Wissen, ihre Denkweise, ja ihre Erkenntnisweise bleiben deshalb in hohem Maße dezisionistisch und der Wahrheit des sozialen Lebensprozesses nur halb geschuldet, weil sie nicht auf dessen (lebensweltliche) Sinntotalitäten eingestellt sind. Dieser Abschattung von synthetischer Erkenntnisfunktion entspricht auch ihre Fixierung auf das Kausalitätsprinzip, das dem Umfassungsvermögen des Relationalitätsprinzips keineswegs nachkommen kann. Zum Kausalitätsprinzip hat sich K. Mannheim nur methodologisch geäußert. Trotzdem lässt sich aus epistemologischer Sicht aus seinen Ausführungen einiges ableiten.

Unter der Fragestellung, wie man die umfassende »Kulturseele« als »innere Einheit« der verschiedenen Ausdrucksgebiete des Menschen »als Teile einer individuellen Totalität, als Dokumente« eben dieses »immanenten Seelenzentrums« erfassen kann, gibt er eine entsprechende Antwort. Er führt aus, dass für das Kulturseelische die grundlegende Kategorie der Kausalität versagt, weil die »spezifische Besonderung« der seelischen Einheit, »die des Ganzen und des Teiles« (Historismus, 1964, 291 ff.) nicht erfasst würde. Zudem sei die Seele überhaupt nicht durch »primäre Erkenntnis«, sondern nur »aus ihrem korrelativen Begriff« zu verstehen. Dieses aber würde jeder Zerlegung in analytische Einheiten widersprechen; denn Einheiten, die nach einem Ursache-Wirkungs-Verhältnis zwischen ihnen fragen, und so deren isolierte Kausalabläufe feststellen, können das Seelische nicht als *Ausdrucksmedium* erfassen. Kausalabläufe können eine Gesetzmäßigkeit, eine Regelhaftigkeit zwischen Einzelelementen sichtbar machen, diese können aber nicht umstandslos als Spezifikum des Zusammenhangs von Kultureinheit und einzelnen Kulturelementen hochgerechnet werden. Eine einzelkausalistisch erhobene Erklärung stellt zwar ein Ursache-Wirkungs-Verhältnis fest, jedoch geschichtlich-kulturelle Geschehnisreihen und die in ihnen historisch geronnenen irrationalen, d.h. erlebnishaften Sinnausdrucksformen können jedoch nicht auf dieses Denkmuster appliziert werden. Gerade weil die kulturellen Objektivationen als Teile des historischen Kulturganzen von dessen Bedingungszusammenhang abhängen, kann – erkenntnistheoretisch begründbar – nicht vom elementaren Kausalzusammenhang dieser Einzelelemente ausgegangen werden. Bei allen erfassbaren Einzelmomenten in der kulturellen Deutung muss davon ausgegangen werden, dass diese Einzelmomente in ihrem Sosein, in ihrer phänomenalen Verfassung, bereits von einer kulturell-historischen Lebensaggregierung vorgeformt und geprägt sind, und zwar in einer Weise, dass sie als Ausdrucksmomente einer Sinngebung dieser jeweiligen Lebensform als Totalität zu gelten haben. Die zu erfassenden Objektivationen stehen nicht in einem Kausalverhältnis zueinander, sondern bereits in einer Form der Relationalität für eine umfassende Lebenstotalität, die bereits als primodale Bedingung der besonderen Erscheinungsweise ihrer einzelnen Ausdrucksmomente (kulturelle Objektivationen) anzunehmen ist. Für die *denksoziologische* Deutung ist nicht die Kategorie der Kausalität bindend, denn sie selbst ist, wie K. Mannheim am historischen Aufkommen des naturwissenschaftlichen »Denkstils« aufzeigt, ein Erkenntnismodus eines »neuen Denkwollen«, das einem bestimmten »Weltbild« entspricht (Strukturen des Denkens, 1980, 168 ff.). An die Stelle der Kausalitätserkenntnis muss die Erkenntnis der soziofunktionalen Bedingung treten. Die epistemologische Frage im Sinne K. Mannheims muss folglich lauten: Wenn ich nach der Sinngenese der soziologischen Funktionalität von kulturell-geistigen Gebilde frage, muss ich dann nicht vorab nach der »ontischen« Sinneinheit, die einer verschiedenen »Seinsart« entspricht (ebd., 177), suchen, die als spezifischer und historischer wandelbarer Lebenszusammenhang das *jeweilige Sosein* dieser Gebilde bedingt? Diese *sinngenetische Frage* ist, weil sie auf die Sinnfunktionalität im Ganzen ausgerichtet ist, mit der Kausalerklärung nicht vereinbar: »Das Funktionalisieren bedeutet zunächst die Aufdeckung aller jener existentiell (seinsmäßig) bedingten Zusammenhänge, die das Auftreten und Einsetzen eines geistigen Gebilde erst ermöglichen« (Ideologische und soziologische Interpretation der geistigen Gebilde, 1964, 391). Da also immer von einer gebenden (Sinn-)Totalität einer historisch-gesellschaftlichen Seinsweise ausgegangen wird, ist der geistig-kulturelle Zusammenhang als Sinneinheit eines umfassenden Lebensseins die conditio sine qua non der relationalen Erkenntnis. Wenn K. Mannheim schreibt, dass man »Geistesgeschichte [...] in der Weise betreiben kann, daß man in der Abfolge, aber auch in der Koexistenz der Elemente mehr als einen Zufall sucht und durch die Erforschung der in der Geschichte werdenden Totalität immer mehr den Stellenwert und die Bedeutung der Elemente zu erfassen sucht«, so skizziert er damit nicht nur eine soziologische Geschichtsinterpretation, die die Geschichte als einen Schauplatz begreift, »an dem sich auch ein wesentliches Werden abspielt« (Ideologie und Utopie, 1985, 81). Es wird damit auch verdeutlicht, dass die Koexistenz der Elemente, ihr relationales Sein bedingt ist von einer je gegebenen Seinstotalität, die das sinnvolle Sosein der Einzelelemente als deren relationalen Funktionswert preisgibt.

Das Relationalitätsprinzip ist epistemologisch betrachtet nie ohne einen Umfassungsbegriff, einen Totalitätsbegriff zu haben. Die Relationalität findet in der Totalität ihre zeitweilig höchste und abschließende Form, die Einheit, die Totalität ist aber nicht die dialektische Synthese der Relationalität. Dies würde auch dem prinzipiellen Perspektivismus der Denkwollungen logisch widersprechen, weil er in der dialektischen Einheit aufgehoben wäre. Wenn K. Mannheim schreibt, dass die »synthetischen Lösungen nur nach einer radikalen Zuspitzung der Antinomien gelingen können«, dann heißt dies nur, dass sie als Antinomien bestehen bleiben, aber »aus ihrer Einseitigkeit herausgehoben werden und sich gegenseitig ergänzen« (Strukturen des Denkens, 1980, 196). Gegensätzlichkeiten ergänzen sich dann, wenn sie die Einheit der Relationalität von Antinomien zulassen und nicht durch die wechselseitige Aufhebung dieser Gegensätze im dialektischen Durchgang eskamotierten. Diesbezüglich ist einsichtig, so die weitergehende Interpretation, dass auf der Ebene der elementarsten Strukturform, die Relationalität die modale Form ist, in der die Sinnkonstitution der Einzelelemente als sinnidentifizierbare Relata erst durch Gegenseitigkeit, durch Differenz innerhalb der Einheit geschieht.

Die Gegenseitigkeit als Konstitutionsgrund geht mit dem Sinngehalt der Wechselseitigkeit, so wie sie G. Simmel für die Relationalität aufgefasst hat, also nicht zusammen. Wechselseitigkeit unterliegt einem relationalen Denken, dass die Selbstheit der Relata als Bedingung der Wechselwirksamkeit voraussetzt. Gegenseitigkeit folgt einem relationalen Denken, dass die Selbstheit der Relata nur als Funktion innerhalb einer relationalen Totalität begreift, die als umfassende und vorausgehende Bedingung das wandelbare Sosein der Relata zur Gestaltung bringt. Zwischen Wechselwirkungs- und Gegenseitigkeitsprinzip liegt die Differenz im Gebrauch des Relationalitätsbegriffs bei G. Simmel und K. Mannheim. Bei G. Simmel gibt es eigentlich keine echte Synthese, da die Wechselwirkung – metaphysisch gesprochen – bereits jede Synthetisierung wieder in die regulative Idee der Wechselwirksamkeit hineinzieht. Aus diesem Grund ist die Synthese eigentlich aus der Antinomie nie entlassen, bleibt sie nur eine formallogische, um das Wechselwirkungsprinzip absolut zu setzen. Dies entspricht auch völlig dem anthropologischen Dualismus des Menschen, der geschichtsphilosophisch die »Tragödie der Kultur« zeitigt, von der G. Simmel überzeugt ist. Insofern hat M. Landmann Recht, wenn er G. Simmels Denken als eine »Dialektik ohne Synthese« (H. Böhringer/K. Gründer, 1976, 13) bezeichnet. Für K. Mannheim gibt es diesen anthropologischen Dualismus nicht, sondern nur die Vielfalt von Sichtindexikalitäten innerhalb einer relationalen Einheit, die sich geschichtlich sinnvoll, weil seinspragmatisch dynamisiert. Insofern ist die Synthese auch die zeitweilige Aufhebung von »schroffen Polarisationen«, weil sie als »Formprinzip des lebendig-historischen Geschehens« das destruktive Moment der Polarisation zugunsten einer pragmatisch orientierten »Weltorientierung aller Parteien« (Die Bedeutung der Konkurrenz, 1982, 363) aussetzt. Diese Synthese ist somit nicht absolut und nicht in ihrer geschichtlichen Wirkung kryptisch eschatologisch, wie die Hegel'sche Geschichtsphilosophie behauptet. K. Mannheims Vorstellung von Synthese ist eine andere, denn die Synthese soll nur eine zeitweilige, vorübergehende Einheit stiften, die selbst ohne ein geschichtliches Abschlusstelos ist. Jede Synthese wird durch den virulenten Prozess von »entsprechenden Gegenbewegungen« [neuer, anderer Synthesen/Verfasser] wieder aufgelöst, ohne dass es irgendwie eine höhere Logik der geschichtlichen Synthese gäbe. Die Synthese ist daher eher zeitweilige Koexistenz im agonalen Prozess verschiedener »Seinsarten«. In diesem Sinne ist das Moment der Gegenseitigkeit, der existentiellen Konkurrenz das treibende Elixier, um die Totalität, die Einheit des relationalen Geschehens im Status nascendi aufrecht zu erhalten. Dieses Wechselspiel von zeitweiliger Aufhebung von existentieller Gegenseitigkeit und ihrer Wiederkehr als agonaler Polarität, das den Kerngehalt der Relationalität ausmacht, erinnert in biografischer Lesart an die jüdische Existenzerfahrung: Assimilation zum Frieden mit den »anderen« und Wiederaufbrechen der existentiellen Gegenseitigkeit zu den »anderen«.

3.3. »Konjunktives Erkennen«

Das »konjunktive Erkennen« (Strukturen des Denkens, 1980, 201/211 ff.) ist eine konsequente Absage an jede »individualistische Konzeption des Wissensproblems«. Im Gegenteil: Es erschließt das »kollektive Denken« und eröffnet damit erst eine »Theorie des Wissens, die [...] versucht, der Verwurzelung des Wissens in der sozialen Textur Rechnung zu tragen« (Ideologie und Utopie, 1985, 27/30). Zunächst steht diese Aussage ganz im Zeichen einer Kritik an einer »individualistischen Interpretation eines Prozesses kollektiven Arbeitens und Handelns«, die »den gesellschaftlichen Charakter des Denkens und Erlebens nicht sah«, und somit als »individualistische Konzeption des Wissensproblems [...] ein falsches Bild vom kollektiven Denken« abgab (ebd., 27/28). Das Individuum, das Subjekt kann für die *denksoziologische* Forschungsprogrammatik niemals der Ausgangspunkt oder die letzte Referenzebene sein, denn »das Wissen« – so K. Mannheim – ist »von Anfang an ein kooperativer Gruppenprozeß [...], in dem jeder sein Wissen im Rahmen eines gemeinsamen Schicksals, eines gemeinsamen Handelns und in der Überwindung gemeinsamer Schwierigkeiten entfaltet« (ebd., 27). Von daher ist auch für eine *sinnverstehende Soziologie* eine »individualistische Erkenntnistheorie«, »wonach das Individuum von der Gruppe, in deren Gefüge es denkt und erlebt, abgelöst zu denken wäre«, eine »Fiktion« (ebd., 26). Wenn aber die soziale Inskription der Denkweisen in den Formen des Wissens das soziologische Erkenntnisobjekt ist, dann bleibt notwendigerweise die epistemologische Grundlegung davon nicht unberührt. Anders formuliert: Wenn es darum geht, die gemeinschaftliche Denkweise, den soziologisch erfassbaren *Denkstil* herauszuarbeiten, dann betrifft dies auch die epistemologische Grundlegung des Erkenntnisbegriffs: Auch er darf nicht mehr subjektzentriert und semantisch an Individualkategorien gebunden sein. Da die gemeinschaftliche Sozialität, der »soziale Raum« und die »soziale Situationsgebundenheit« des »Denkens und Erkennens« (L. Wirth, 1985, XIII) grundlegend ist, muss die Erkenntnistheorie die Gemeinschaftlichkeit von Denken und Erkennen axiomatisch, d.h. begrifflich wie argumentationslogisch in sich aufnehmen, um eine entsprechende *denksoziologische* Theorie auszubilden:

> »Solange unsere Erkenntnistheorie nicht von vornherein den gesellschaftlichen Charakter des Denkens anerkennt und individualisiertes Denken nur als Ausnahme betrachtet, wird es uns nicht gelingen, zu einer adäquaten [...] Theorie des Wissens zu gelangen« (Ideologie und Utopie, 1985, 30).

Jedoch: Mit dem Terminus »gesellschaftlicher Charakter« ist unmittelbar das Soziale sui generis gemeint, und nicht etwa der Niederschlag der ökonomisch-politischen Strukturform, wie sie als gesellschaftlich-institutioneller Unterbau in das faktische Zusammenleben hineinspielt. Um also eher das konstitutive Moment der lebensweltlichen Kollektivität oder Gemeinschaftlichkeit, das im Ursprünglichen des Sozialen immer schon gemeint ist und das in der Lebenstotalität des Einzelnen sinntragend, wie sinnbindend ist, herauszustellen, greift K. Mannheim auf die Begriffe »konjunktives Erkennen« und »Erlebnis« zurück. Mit der Erlebniskategorie schließt K. Mannheim an die Dilthey'sche Lebensphilosophie an. Deren Grundthese besagt im Kerngehalt, dass das Denken niemals hinter das Leben zurückgreifen kann, sondern vielmehr die eigentliche Erfahrungstotalität ist, von der her – in Form basaler Erlebnisqualitäten – die Wirklichkeit als sinnhafte gedeutet und gestaltet wird. Der Dilthey'sche Erlebnisbegriff ist ja eine Erweiterung des kantischen Erfahrungsbegriffs, denn das, was das erlebende Subjekt der physischen Welt in Form von formallogischen Kategorien, wie Raum, Substanz, Kausalität usw., oder der geistigen Welt in Form von Kategorien wie Dauer, Freiheit oder Bedeutung aufzwingt, erfasst nicht den genuinen Strukturzusammenhang des inneren Erlebens von Welt. Insofern plädiert Dilthey für die strikte Trennung von einerseits kognitiven Strukturen und andererseits den Erlebnisstrukturen, die sich prozessual in sinnhaften Ausdrucksformen von Subjektivität ausdrücken. K. Mannheim modifiziert diese Grundannahme *denksoziologisch*, indem er die Erlebniskategorie gerade nicht als subjektzentrierte Quelle der Sinngenese ansieht, vielmehr diese aus dem konjunktiven, d.h. gemeinschaftsspezifischen Erfahrungsraum erfasst. Für ihn ist das Erlebnis die basale Ebene, der soziale Quellpunkt für eine den verschiedenen Individuen gemeinsame Seins- und Sinndefinition. Das Erlebnis ist das Fundament der Wirklichkeitserfahrung schlechthin (vgl. Strukturanalyse der Erkenntnis, 1964, 217). Es fundiert nicht eine subjektive Weltsicht, es konstituiert eher eine gemeinschaftlich geltende Weltsicht aufgrund der konjunktiven Strukturformen, die in kollektiven Gebilden vorherrschend sind. Die Erkenntnis, das Denken das Wissen erzeugt, ist nur ein Derivat einer vorgängigen gemeinschaftlichen Erlebnisstruktur, die K. Mannheim – bezeichnenderweise – als »Gewebe« kennzeichnet: »Dieser Struktur ist im Kern eigentümlich, daß die Welt nicht als ein vom Subjekt abgelöstes Objekt zum Problem wird, sondern als auf das Gewebe der Erlebnisse des Subjekts auftreffendes« (ebd., 44). »Gewebe« meint aber nichts anderes als diese Gemeinschaftlichkeit oder »Kontagion« zwischen Individuen, die als »existentielle Beziehung« die gemeinschaftlichen Erlebnisverschränkungen zu kollektivem Denken und Erkennen umformt (Strukturen des Denkens, 1980, 207 ff.). Mit dem für die Mannheim'sche Epistemologie zentralen Begriff des »konjunktiven Erkennens« wird dann auch die Dilthey'sche Erlebniskategorie von ihrer subjektzentrierten und lebensphilosophischen Fundierung gelöst, um sie *denksoziologisch* als basale gemeinschaftliche Sinngebungsquelle für das konjunktive Erkennen und Denken vorauszusetzen.

Wodurch zeichnet sich nun die besondere und auf die ursprüngliche Sozialitätserfahrung zentrierte Erkenntnis- und Denkweise aus? Worin unterscheidet sie sich qualitativ von Erkenntnisweisen, die dem Denktypus der Subjekt-Objekt-Spaltung bzw. des Subjektzentrismus unterliegen? Was heißt es – epistemologisch gesehen –

wenn K. Mannheim mit Blick auf das *denksoziologische* Forschungsfeld fordert: »Will man allein in das Geheimnis eindringen, wie wir im alltäglichen Leben erfahren, wieso wir dort ungeheuer evidentes, robustes Wissen über Dinge und Menschen haben, so wird uns nur *ein erweiterter Erkenntnisbegriff [...]* helfen« (ebd., 206). Und was heißt es, wenn dieser erweiterte Erkenntnisbegriff von »einer Art der existentiellen Bezogenheit« (ebd., 209) geprägt ist?

Die Begründung des Begriffs »konjunktives Erkennen« gewinnt K. Mannheim aus einem kurzen geistesgeschichtlichen Rekurs auf die für das quantitative und qualitative Denken vorherrschenden Erkenntnistypen: dem *naturwissenschaftlichen* und dem *historischen Erkenntnistypus.* Während der Erstere »im Quantifizieren alles Qualitativen« und somit eine »Entanthropomorphisierung des Erkenntnisresultats« zeitigt (ebd., 201), setzt die historische Erkenntnisart auf ein Verstehen des Individuellen und Einmaligen, um das Qualitative im historischen Lebensvollzug festzuhalten. Diese Gegenüberstellung zweier Erkenntnisarten ist seit W. Diltheys Grundlegung der Geisteswissenschaften nicht neu. Indem K. Mannheim diese Erkenntnisarten aber nochmals »im historisch-soziologischen Werdegang skizziert« (ebd., 200), sie also als wirksam gewordene Denkweisen auf disparate »geistige Strömungen« historisiert, kann er an ihnen – ontologisch argumentierend – prinzipiell divergente »Einstellungen den Dingen gegenüber« (ebd., 200) festmachen. Vordergründig ist die Dualität von naturwissenschaftlichem und historischem Denken gebunden an die weltanschaulichen Strömungen der Geistesgeschichte, wie dem bürgerlichen Rationalismus und seiner »geistigen Gegenbewegung der konservativen Romantik« (ebd., 201/202). Im Geist des bürgerlichen Rationalismus methodisiert sich »die spezifische Art der Gegenstandserfassung, die im *rechnerischen Erfahren* des Gegenübers vorliegt« zum generellen »Muster eines jeden Erkennens«. Der ontische Grundzug dieser Erkenntnisweise ist jedoch, dass sie nicht allein »eine Entpersönlichung und Entmenschlichung des Erkennens« vornimmt, sondern dass sie bei dem Gegenüber, dem Erkenntnisobjekt bereits eine gänzliche »Fremdheit« voraussetzt. Dies entspricht zwar einem bestimmten gesellschaftlich-historischen Weltwollen, der kapitalistischen Umformung der Welt, stellt aber eine völlige Negation jeder im Erkenntnisakt bereits vorliegenden »existentielle Beziehungsweise« des Menschen dar. Eher kommt eine Verkehrung dieser »existentiellen Beziehungsweise« zum Ausdruck: Indem das quantitative Denken, seine im bürgerlichen Rationalismus ausgedrückte Weltanschauung total wird, wird die existentielle Beziehungsweise der Menschen untereinander davon elementar bestimmt: Praktizierte Erkenntnisart und Formung der sozialen Lebensweise kommen so zur Entsprechung, dass es zu Beziehungsabstraktionen von den lebendigen konjunktiven Erfahrungen der Subjekte kommt.

Von der Kritik an der ontischen Ausrichtung des naturwissenschaftlichen Denktypus ausgehend, entfaltet K. Mannheim den alternierenden Denktypus »konjunktives Erkennen«. Er orientiert sich zwar an der ganz anderen Methodologie des historischen Denktypus, seiner am qualitativen Erkennen ausgerichteten »Theorie der Interpretation« (ebd., 204), er schert jedoch – epistemologisch gesehen – mit seiner Denkfigur der »*Kontagion*« aus dem geisteswissenschaftlichen Fahrwasser des Individualitätsverstehens der Dilthey'schen Erkenntnistheorie aus. Als Erkenntnistypus folgt das »*konjunktive Erkennen*« einem ganz anderen ontischen und gnoseologischen Muster als dem der tradierten Subjekt-Objekt-Beziehung, bei der sich erkennendes Ich und das Erkanntsein des Gegenübers als synthetische Einheit eines subjektiven Geistes vermitteln. Der von K. Mannheim eingeführte Begriff der »*Kontagion*«, der zunächst nur die existentielle Bezogenheit des Menschen im Erkennen anzeigen soll, setzt die Referenz auf den subjektiven Geist außer Kraft. Wenn K. Mannheim zum »konjunktiven Erkennen« schreibt, dass es »eine jegliche existentielle Aufnahme des Gegenübers in das Bewußtsein« (ebd., 207) meint, so ist damit keine nachträgliche Reflexion des Erkenntnisaktes im Hinblick auf seine existentiellen Auswirkungen gemeint. Die »*Kontagion*«, die das begriffliche Herzstück des *konjunktiven Denktypus* ausmacht, ist mehr und anderes zugleich. Sie ist zunächst dadurch gekennzeichnet, dass sie der erkennenden Subjekt-Objekt-Beziehung vorausgeht bzw. primordial zugrunde liegt; folglich dem Muster der Dualität von Subjekt und Objekt gar nicht folgt. Das heißt nicht, dass die »*Kontagion*«, die K. Mannheim am Tast-, am Berührungssinn aber auch am »Sehen des Gegenübers« (vgl. ebd., 207/208) exemplarisch konkretisiert, einfach nur prälogisch sei, so als würde das theoretische Erkennen rationalistisch auf einer einfachen, natürlichen Gefühltheit der Objektwelt aufsitzen. Was mit der »*Kontagion*« gemeint ist, ist eine »seelische Affizierung«, die nicht einfach nur numinos, sondern erfahrungsstrukturierend für das erkennende Bewusstsein ist, weil das Sinnliche in seiner unmittelbaren Berührungsqualität eine existentielle Bezogenheit »in unseren Selbstkreis« konstituiert. Die Bewusstseinsaufnahme steht immer schon in einem Modus der existentiellen Bezogenheit auf ein »Gegenüber« (ebd., 208), der den Erkenntnisakten vorausliegt. Dasjenige, was in der Subjekt-Objekt-Beziehung als Dualität erscheint, ist Nachträglichkeit oder Begleitmoment zum Zwecke der Distanzierung, denn in der fundierenden Kontagion bildet das Subjekt mit dem Objekt »eine Einheit mit ihm, die sich dann sofort oder zugleich in eine Zweiheit des Ichs und des Gegenübers spaltet« (ebd., 207). Der begriffliche Erkenntnisakt ist also nicht das primär welterfahrende Konstituens, sondern bereits immer schon abgeleitet aus einer vorgängigen existentiellen Beziehungsweise, die Subjekt und Objekt gleichermaßen bindet und überspannt: »Jeder Erkenntnisakt ist nur ein unselbstständiger Teil einer existentiellen Beziehung zwischen Subjekt und Objekt, einer existentiellen Beziehung, die jeweils eine anders geartete Gemeinsamkeit und eine stets spezifische Einheit zwischen diesen beiden stiftet« (ebd., 206).

Nun kann man die »*Kontagion*« als »Verschmelzung [...] mit unserem Selbst«, als vorgängigen Einfühlungsakt missverstehen, und dies liegt bei den Ausführungen K. Mannheims durchaus nahe. Auch das Moment der bloßen Rezeptivität scheint angezeigt zu sein, wenn von »ein[em] Aufnehmen ihrer [der Objekte/Verfasser] in unseren existentiellen Bestand« (ebd., 208) die Rede ist. Dies verkennt aber völlig die anders geartete Natur des *konjunktiven Denktypus*, denn es geht nicht um eine rezeptive Passivität des Bewusstseins, das erst aufgrund seiner Einbildungskraft den reinen Sinnesdaten erfahrungsrelevante Gestalt und Form gibt. Ebenso wenig geht es um die intuitive Einfühlung eines Objekts, eines Gegenübers, die nur in projektiver Einstellung das Objekt mit Gefühlseigenschaften überströmt. Wenn K. Mannheim schreibt, dass die »*Kontagion*« »eine *allgemeine Form* der Subjekt-Objekt-Beziehung in der Sphäre des Sinnlichen [...] spezifiziert« (ebd., 209), so ist die allgemeine Form eben nicht der Niederschlag subjektiven Intuitionalismus' oder eine rezeptive Affektion des Bewusstseins durch Sinnesdaten, die dann durch Verstandeskategorien geordnet werden sollen. Das epistemologische Argument von der Gemeinsamkeit zwischen Subjekt und Objekt, von dem konjunktiven Beziehungsverhältnis geht über diese beiden Modi der Erfahrungskonstitution hinaus.

Möglicherweise liegt es in der Reichweite dessen, was E. Husserl in seinen Ausführungen zur »Transzendentalen Intersubjektivität« als konstitutives Erfahrungsmoment des »Originalbewusstseins« beschrieben hat, nämlich: »Eine gewisse Mittelbarkeit der Intentionalität«, die »hier vorliegen muss, und zwar von der jeweils beständig zugrunde liegenden Unterschicht der *primordialen Welt* auslaufend, die ein *Mit-da* vorstellig macht, das doch nicht selbst da ist, nie ein Selbst-da werden kann. Es handelt sich also um eine Art des Mitgegenwärtig-machens, eine Art *Appräsentation*« (1999, 151). Nun deckt zwar die Notwendigkeit der Appräsentation, des Mitgegenwärtig-machens im Erkenntnisakt auf, dass alle Erkenntnis niemals bloß reine Sinnesrezeptivität ist, sondern einem primordialen Akt von Intentionalität folgt. Die Appräsentation, die die Objekte durch »analogisierende Übertragung« einem »gegenständlichen Sinne« erst zuführt (ebd., 153), ist jedoch für die Husserl'sche »Stufenbildung« der Erfahrungskonstitution nachrangig. Was sich nämlich in der transzendentalen Konstitution als Fremdes, also als zugängliche Welt ergibt, das baut sich durch den »zunächst« gegebenen »Gesamtzusammenhang derjenigen Intentionalität, der aktuellen und potentiellen« auf, »in der sich das Ego in seiner Eigenheit konstituiert und in der es von ihr unabtrennbare, also selbst ihrer Eigenheit zuzurechnende synthetische Einheiten konstituiert« (ebd., 143). Dasjenige, was E. Husserl an der Welterfahrung als durch »Fremdes sinnmitbestimmend« bezeichnet, also der »Charakter der Umweltlichkeit für jedermann, das Für-jedermann-da- und -zugänglich-Sein«, ist im Sinne einer transzendentalen Reduktion »abstraktiv auszuschließen« (ebd., 145). In der Stufenfolge bei E. Husserl bildet also die Einheit (»psychophysisches Ich«) des transzendentalen Egos die primordiale Grundlage, von der in »erster Stufe das Fremde« als »Nicht-Ich«, als »alter ego« abzutrennen ist (ebd., 148). Auf dieser Ebene, innerhalb dieser »zusammenhängenden Schicht seiner eigenheitlich reduzierten Welterfahrung« konstituiert sich für das Ego erst der »Seinssinn objektiver Welt« (ebd., 148/49). Auf dieser Ebene, der Stufe »transzendentaler Intersubjektivität« liegt bereits eine Vergemeinschaftung in vorgängiger Weise vor, weil das Moment einer »transzendentalen Wir-Subjektivität« als »intersubjektive Eigenheitssphäre« gegeben ist. Insofern ist das Faktum »einer intersubjektiv vergemeinschafteten Erfahrung« (ebd., 150) in die Weltintentionalität des Ichs eingelassen, niemals jedoch in Form einer primordialen Gegebenheit. Das Fremde, der Andere, die objektive Welt tritt in der Sinnkonstitution für das Ego immer nur als »intentionale Modifikation meines erst objektivierten Ich, meiner primordialen Welt auf: der Andere phänomenologisch als Modifikation meines Selbst« (ebd., 155). Konsequent betrachtet E. Husserl deshalb auch »die erste Stufe der Vergemeinschaftung« allein unter dem Gesichtspunkt der »ursprünglichen Paarung« von Ego und Alter Ego und platziert das »Wechselseitig-füreinander-Sein«, also die »Menschengemeinschaft« (ebd., 154/157) in die nachrangigen »Stufenbildungen« der transzendentalen Intersubjektivität. Entsprechend dieser transzendentalen Nachrangigkeit erkennt E. Husserl zwar an, dass die »Menschenwelt [...] wesensnotwendig [...] mehr oder minder vollkommen innerseelisch konstituiert

[...]« ist, aber sie bleibt für ihn nur ein offener, nicht weiter bestimmbarer Horizont, in dem »Subjekte möglicher Wechselgemeinschaft« sich in »offener Mannigfaltigkeit« und im »unendlichen Raume« verteilen.

Die Husserl'sche Konstruktion der Transzendentalen Intersubjektivität trifft nicht den epistemologischen Gehalt des »*konjunktiven Erkennens*«. Dies wird nicht nur daran deutlich, dass die transzendentale Einheit des Egos für E. Husserl die primordiale Grundlage aller intentionaler Akte ist und das sinnkonstitutive Moment des »Wechselseitig-für-einander-Seins« nur als ein nachträgliches, weil appräsentatives »Mitgegenwärtig-bewußt-Machens« aufgefasst wird. Die apperzeptive Übertragung, die »analogisierende Vergleichung« des Egos mit der Welt, mit dem Fremd-Ich, ist deshalb mit dem Sinngehalt des Mannheim'schen Kontagionsbegriffs auch nicht annähernd auf eine Stufe zu stellen. In der *Kontagion*, im »*konjunktiven Erkennen*« ist ja gerade jede egologische Transzendentalität aufgebrochen. Wenn K. Mannheim sagt, dass »die Kontagion eine Art der existentiellen Bezogenheit ist« und diese letztlich eine »Seinsrelation zu dem anderen stiftet, die zur Grundlage einer jeden späteren Kommunikation und Erfahrung des Gegenübers werden wird« (Strukturen des Denkens, 1980, 209/210), dann ist die *seinsförmige Konjunktivität* das Primordiale, von dem her Erkennen und damit Subjekt-Objekt-Beziehungen ihren existentiellen Sinn erhalten. Diese Primordialität des »*konjunktiven Erkennens*« wird auch dort ersichtlich, wo K. Mannheim die Unterscheidung von »*konjunktiver*« und »*kommunikativer* Erfahrung« vornimmt (vgl. ebd., 287 ff.). Der konjunktive Erfahrungsraum ist das ursprüngliche und damit vorsprachliches Fundament, das aufgrund »seelischer Kontagionen« mit Dingen und Anderen ausgebildet ist. Erst aufgrund dieses konjunktiv gebildeten Erfahrungsraumes, beginnt die kommunikative Beziehungsstrukturierung, in der die »abstrakte Ebene der kommunikativen Begriffsbedeutung«, das »System festgelegter Begriffe«, den »konjunktiv bedingten Erfahrungsraum« verlässt (ebd., 289). Innerhalb dieses kommunikativen Erfahrungsraumes hat das reflexive Denken zwar seinen Platz und seine Funktion, es ist jedoch weiterhin an den ursprünglichen konjunktiven Erfahrungsraum »genetisch gebunden« (ebd., 289). Weil dem so ist, kann K. Mannheim etwas schlussfolgern, was an den Zusammenhang von Sprachspiel und Lebensform erinnert, so wie er vom späten Wittgenstein in seiner Sprachspieltheorie logisch ausgewiesen wurde. In Mannheim'scher Diktion wird dieser Zusammenhang so ausgedrückt: »Kein Wort ist verstehbar, ohne dass das dazugehörige Leben, die dazugehörigen existentiellen

Akte mitvollzogen wären, kein Lebensvollzug ausdrückbar und mitteilbar, sofern er nicht in den Bahnen der Lebensvollzüge der betreffenden Lebensgemeinschaft verläuft« (ebd., 227). Unsere primordiale Welterfahrung ist immer schon durch einen gemeinschaftlichen Lebens- und Erfahrungsraum vorgegeben. Nicht ohne Hintersinn führt K. Mannheim deshalb in der Begründung der existentiellen Natur der Konjunktivität den Terminus »Teilhabe« ein (vgl. ebd., 211), der über den bloßen Sinngehalt der Intersubjektivität hinausweist. Teilhabe ist keine Verknüpfung verschränkter Intentionalitäten, und sie ist auch keine Beziehungsform, in der Subjekt und Objekt sich auf ein synthetisches Drittes als ihr wechselseitig Allgemeines vermitteln. Sie ist *konjunktive Relationalität,* in der sich eine existentielle Verbundenheit als gemeinsam erlebte existentielle Situationsgebundenheit erfahrbar macht. Biografisch gesehen spielt hier ohne weiteres das jüdische Gemeinschaftsethos in die Mannheim'sche Argumentation hinein. Er selbst spricht von Teilhabe als »konjunktiver Erfahrungsgemeinschaft«, in der die jeweilige und nur perspektivisch gegebene Seinserfahrung eines Kollektivs, einer Gemeinschaft mit einer geschichtlich bedingten Seinssituation zum Ausdruck kommt. Sie bildet den ontologisch nicht hintergehbaren Bedingungszusammenhang, von dem aus das »*konjunktive Erkennen*« seinen Ausgang nimmt, um die existentiellen Relationen zum Sein als gemeinsame bewusstseinsförmige Weltanschauungen in Szene setzen.

Will man das »*konjunktive Erkennen*« in Beziehung zum relationalen Denktopos setzen, wie er im vorherigen Abschnitt (siehe 3.2.) expliziert wurde, so lässt sich formelhaft und abschließend Folgendes verdichten: Im »*konjunktiven Erkennen*« kommt bei K. Mannheim das Prinzip der Relationalität in *ontologischer* und im relationalen Denktypus in *erkenntnistheoretischer* Argumentationsweise zum Ausdruck. Die Relationalität ist – auch für den Mannheim'schen Wahrheitsbegriff (siehe 3.1.) – das grundlegende epistemologische Muster im Denken K. Mannheims, das ihm zum radikalen Bruch mit der ganzen, noch kantisch vorherrschenden Erkenntnis- und Denkhaltung dient.

4. Grundkategorien

> *»Dass eine jede Art des Erkennens eine besondere Art der existentiellen Beziehung überhaupt bedeutet.«*
> *(K. Mannheim)*

Im vorigen Kapitel wurde bereits die – nur formal gekennzeichnete – Differenz benannt, die die epistemologischen Prämissen von den Grundkategorien trennen. Es ist deutlich geworden, dass z.B. die Darstellung des *Wahrheitswertes* deshalb nicht zu den inhaltlichen Grundkategorien des Mannheim'schen Theoriegebäude zählt, weil sie völlig unabhängig von den Grundkategorien die epistemologische Grundsatzfrage nach dem *Wahrheitswert* von wissenschaftlicher Erkenntnis thematisiert. Auch die Frage nach der relationalen Denkweise gehört nicht in den Darstellungsbereich der inhaltlichen Grundkategorien, weil das Relationalitätsprinzip zur epistemologischen Fundierung der Mannheim'schen Erkenntnistheorie gehört und nicht zu den zentralen Argumentationstopoi der *Denksoziologie* K. Mannheims.

Zum Verfahren der Darstellung ist zu sagen, dass zwar die wichtigsten Grundkategorien der Mannheim'schen *Denksoziologie* getrennt voneinander dargestellt und expliziert werden, jedoch dürfen sie innerhalb des Argumentationsmusters K. Mannheims nicht isoliert betrachtet werden. Zur vollen Geltung kommen sie erst, wenn sie im Gesamtzusammenhang der Mannheim'schen Begründungen interpretiert werden. Wenn sie nunmehr aus darstellungstechnischen Gründen aus einem in sich konsistenten Begründungszusammenhang herausgelöst werden, bedeutet dies nur, dass diese inhaltlichen Grundkategorien verschiedene Zugänge zur *Denksoziologie* K. Mannheims bilden.

Die inhaltlichen Grundkategorien, die hier herausgestellt und interpretiert werden, sind: das *seinsgebundene Denken*, die *Weltanschauung* und die *Ideologie*. Diese Trias enthält eine bestimmte argumentatorische Ordnungsstruktur, die sich geometrisch als eine Dreiecksform darstellen lässt. Danach ist das *seinsgebundene Denken* die Basis, über die sich die beiden Dreiecksschenkel, d.h. die Kategorien der *Weltanschauung* und der *Ideologie* erheben. Warum sich diese grundkategoriale Trias so anordnen lässt, und was ihre inhaltlichen Differenzen, aber auch ihren Zusammenhang als Triade ausmacht, wird sich am Ende der Rekonstruktion ausführen lassen.

4.1. Seinsgebundenes Denken

Die zentralste Grundkategorie des Mannheim'schen Denkens, sein eigentlicher Nukleus ist die Kategorie des *seinsgebundenen Denkens*. Prosaisch, d.h. in Form der astronomischen Metaphorik, könnte man von einer Sternenkonstellation sprechen: Danach ist die Grundkategorie des *seinsgebundenen Denkens* der Zentralstern, von dem aus alles Licht auf die weiteren soziologischen Kategorien des Mannheim'schen Denkens wie auf benachbarte, jedoch kleinere Sterne fällt. Bevor jedoch das *seinsgebundene Denken* näher bestimmt wird, lohnt es sich den geistesgeschichtlichen Argumentationszusammenhang kurz zu skizzieren, gegen den sich diese Mannheim'sche Grundkategorie absetzt. Noch A. Weber hegte den Verdacht, dass mit der basalen Kategorie des *seinsgebundenen Denkens* K. Mannheims Denken sich im Fahrwasser des Marx'schen Denkens bewegte. In der anschließenden Diskussion zu seinem Referat »Die Bedeutung der Konkurrenz im Gebiete des Geistigen«, das er auf dem 6. Deutschen Soziologentag in Zürich hielt, soll A. Weber den Vorwurf erhoben haben, so resümierte jedenfalls W. Sombart, dass K. Mannheims Theorie »im Grunde doch nur eine verkappte materialistische Geschichtsauffassung sei [...]« (1982, 377). Dieser Vorwurf A. Webers, der im Grunde ja nur eine Vermutung kolportiert, wurde später von seinem Schüler E. Faul argumentativ präzisiert und zugleich etwas relativiert. In seiner kurzen Darstellung zu den »Querschnittssoziologien«, die die »Kultursphäre« soziologisch thematisieren, spricht zwar E. Faul davon, dass »Mannheim nicht der reinen ökonomischen Geschichtslehre Marxens anhing, sondern das für ihn wesentliche geschichtliche Sein in der geistig geprägten Gruppenlage erblickte«. Gleichwohl reformuliert er den Vorwurf A. Webers, dass »in den Grundkategorien – dem seinsbezogenen und dynamischen Geschichtsverständnis – für ihn [K. Mannheim/Verfasser] zweifelsohne der Marx'sche Einfluss gewichtiger gewesen« sei. Diese Einschätzung passt jedoch exakt in Rezeptionshorizont der geistigen Lage der Weimarer Zeit, die jede »gesellschaftliche und geschichtliche Relativierung des Geistigen« (1997, 280) deshalb auf einen geschichtlichen Seinsbegriff als Adaption der materialistischen Seinskategorie verstehen musste, weil die Marxismusrezeption en vogue war. Natürlich gibt es Aussagen im Werk K. Mannheims, die eine geistige Nähe zum Marxismus und seinen materialistischen Kategorien nahe legen. So zeigt K. Mannheim z.B. in einem Vergleich der Denkweisen von »verschiedenen sozialen und politischen Strömungen des 19. und 20. Jahrhunderts«, die theoretische Ergiebigkeit des marxistischen Denkens auf. Gerade weil es in rationaler, d.h. in analytischer Weise in der Lage ist, »die ideologische Struktur«, also »die Ideenwelten, die die Menschen jeweils beherrschen, in ihrem inneren Aufbau durchleuchtbar und erkennbar« zu machen, kann es die »Verbindung und Verflechtung [...] der ökonomischen, der sozialen und der ideologischen Problematik« als »strukturelle Totalität« rekonstruieren (Ideologie und Utopie, 1985, 113). Dass die marxistische Denkweise eine »neue Rationalisierung« des Irrationalen vornimmt, nämlich der Ideenwelten und deren politische Handlungsintentionen, ist die Anerkennung, die K. Mannheim ausdrücklich dem Marxismus zollt. Darüber hinaus eröffnet das marxistische Denken eine soziologische Sichtweise, die den historischen Zusammenhang von bestimmten Denkweisen und ökonomischen Trägerschaften, d.h. sozialen Klassen aufzeigt. Die Nachfrage nämlich, »aus welchem historisch-sozialen Dasein und welcher Lage diese eigentümliche Denkweise, die der Marxismus repräsentiert, aufgestiegen ist« (ebd., 113/114), zeigt nicht nur den Bewusstwerdungsprozess der »aufstrebenden Klasse«, des Proletariats. Diese Denkweise offenbart auch, dass »eine verwandte Lagerung im sozialen Raum« zu einem gemeinsamen, hier »theoretischen«, d.h. »rationalistisch« begründetem Weltbild veranlasst (ebd., 114). Die Analysen der marxistischen Denkweise machen für K. Mannheim also evident, dass – hier noch unter dem Stichwort des politischen Wissens und Denkens – das Denken einerseits von einer historisch sozialen Lage und andererseits durch eine gemeinschaftliche *Weltanschauung* geprägt ist. Diese, durch den Marxismus gewonnen Einsichten führt K. Mannheim aber nicht dazu, seine basalen Theoriekategorien selbst marxistisch bzw. materialistisch zu untermauern. Dies wird schon daran deutlich, dass das Marx'sche Kollektivsubjekt, das Proletariat für K. Mannheim niemals die privilegierte Klasse ist, sowohl in erkenntnistheoretischer wie auch geschichtsphilosophischer Hinsicht. Erkenntnistheoretisch ist das Proletariat, auch wenn es im materialistischen Weltbild historisch zu einer ihm gemäßen Denkweise findet, niemals privilegiert, weil es – so jedenfalls K. Mannheims Überzeugung – als Teilmoment einer gesellschaftlichen Totalität nur einen Denkstandort neben anderen vertreten kann. Geschichtsphilosophisch ist das Proletariat ebenfalls nicht privilegiert, weil es keinen geschichtstranszendenten Standort inne hat, von dem aus es die geschichtliche Dynamik überblicken und mit seinen »Weltwollungen« bestimmen kann. K. Mannheims radikale These von der *Standortgebundenheit des Denkens,* den er selbst noch am Aufkommen der marxistischen Denkweise herausarbeiten kann, bringt ihn deshalb deutlich in Distanz zum Marxismus – trotz gelegentlicher Anerkennungsbekundungen. Erst später, in seiner Londoner Exilzeit, kehren bei ihm Argumente wieder, die eine Nähe oder Sympathie zum Marxismus vermuten lassen. So schreibt er z.B. in »Freiheit und geplante Demokratie«:

> »Wenn man heutzutage sagt, man wünsche ein sinnerfülltes Leben zu führen, die wirtschaftliche Produktion solle echte Bedürfnisse befriedigen und der Profit dürfe nicht der einzige ausschlaggebende Maßstab sein, formuliert man den Tatbestand lediglich ein wenig einfacher, den Marx die Aufhebung der Selbstentfremdung im Kapitalismus mit dem Ziel der Befreiung des Menschen von seiner tief greifenden Entartung genannt hat« (1970, 185).

Diese Äußerung ist aber nicht als späte Aufkündigung seiner sozialen Grundhaltung zu verstehen, die sich politisch als liberal und erkenntnistheoretisch als skeptisch in seinem Werk, wie auch in seiner Biografie darstellt. Die Sympathie für die marxistische Weltsicht hängt einerseits eindeutig mit den Erfahrungen des Faschismus, andererseits mit seinem humanistischen Ethos zusammen, das sich in der Linie der Aufklärungskritik weiß. Trotz dieser sympathisierenden Haltung zur marxistischen Analyse des Politischen, blieb ihm der ökonomische Monismus dieser Theorie jedoch fremd, da sie im Kern die soziologische Erkenntnis der Denkweisen aus den ökonomischen Strukturbedingungen der gesellschaftlichen Produktionsverhältnisse herleitet und damit epistemologisch eingrenzt. Auch was der Marxismus aus der Hegel'schen Geschichtsphilosophie an dynamisch-monistischer Erklärung der gesamthistorischen Entwicklung beibehält, ist bei K. Mannheim aufgegeben: An ihre Stelle tritt »eine polyphone Erklärung des historischen Prozesses« (Strukturen des Denkens, 1980, 146), die einer übergreifenden Gesamtlogik der geschichtlichen Seinsentwicklung nicht mehr folgt.

Diese Skepsis an der marxistischen Epistemologie wird u.a. auch an der Mannheim'schen Grundkategorie *»seinsgebundenes Denken«* deutlich, die sich eben nicht mit der Marx'schen Seinsauffassung deckt. K. Mannheim hat dafür triftige Argumente angeführt. An der grundlegenden Differenz des Begriffspaares »*Interessiertheit*« und »*Engagiertheit*« zeigt K. Mannheim sehr klar, was ihn auch begrifflich vom Marxismus trennt. Gerade der historische Blick, also die geschichtlichen Rekonstruktionen in Bezug auf die in der Geschichte vorherrschenden und sehr komplex wirkenden Weltanschauungstotalitäten, die die Denkweisen und Wissensformen der Menschen zeitweilig geprägt haben, gestatten keine einfachen Verknüpfungen zwischen ökonomischen Bedingungen und ideellen, d.h. kulturellen Gehalten. In der marxistischen Gleichsetzung von herrschender Denkweise und Klassenstandort sieht K. Mannheim ein *naturalistisches Denken*, das mit kausalen Zuordnungen bzw. Entsprechungen arbeitet. Für K. Mannheim ist der jeweilige Denkstandort, von dem her die Wirklichkeit in toto erfasst wird, »nicht ohne weiteres mit einer soziologischen Schicht bzw. Klasse gleichzusetzen« bzw. »in Deckung zu bringen« (Das Problem einer Soziologie des Wissens, 1964, 376). Diese Parallelisierung »zwischen dem sozialen Sein und den Ideengehalten« ist nur an eine »einzige Verknüpfungskategorie« gebunden: »die des *Interessiertseins*« (ebd.). Das soziale Sein ist zwar »in der Form der Interessenbezogenheit« wahrnehmbar, weil damit der Zusammenhang von ökonomischer Lage und politischem Ideenhaushalt evident wird, aber »diese interessenmäßige Beziehung ist nicht die einzige Beziehung des sozialen Trägers zu seinen geistigen Gehalten« (ebd.). Rekurriert man nämlich auf historisch vorhandene *Denkstile* und kulturelle Ausdrucksformen, so wird deutlich, dass der Begriff der »*Interessiertheit*« einen zu »engen Funktionalitätsbezug« zwischen soziologisch-historischer Trägerschaft und einer bestimmten Art und Weise des geistigen Bezugs auf das soziale Sein unterstellt. K. Mannheim führt deshalb als korrektiven Begriff das »*Engagiertsein*« ein, weil dieser eine »mittelbare Verknüpfung« zwischen »geistigen Gehalten und sozialem Sein« gestattet (ebd., 378). Das unmittelbare Verknüpftsein mit Interessen, das in den historischen Wirtschaftsformen ausgedrückt wird, nennt er »*Interessiertheit*«. Die nur »mittelbare Verbundenheit des individuellen und sozialen Subjekts mit den geistigen Gehalten«, die in den standortgebundenen »*Denkstilen*« zum Ausdruck kommt, wird von ihm hingegen als »*Engagiertheit*« bezeichnet (ebd., 377/8). Der Verdacht liegt nahe, dass K. Mannheim die beiden elementaren Funktionalitätsbezüge zum sozialen Sein, die »*Interessiertheit*« und das »*Engagiertsein*«, nur deshalb unterscheidet, um sie in ein notwendiges Ergänzungsverhältnis zu setzen. Gewissermaßen so, dass zu der primären, auf Interessen bezogenen Verknüpfung von materiellem und ideellem Sein, eine besondere, sekundäre Funktionalität von sozialem Sein und ihnen zuschreibbaren Denk- und Wissensformen hinzugedacht werden muss. An den materialistischen Determinismus, auch in seiner historisch-dialektischen Gestalt, hat aber K. Mannheim nie geglaubt. Von daher lag K. Mannheim nichts an einer kategorialen Kompensation der ökonomisch argumentierenden und materialistisch ausgerichteten Ideologieforschung. Dies geht u.a. daraus hervor, dass K. Mannheim das »mittelbare *Engagiertsein* an bestimmte geistige Gehalte« als »die umfassendste Kategorie der Funktionalitätsbeziehungen zwischen geistigen Gehalten und sozialem Sein« (ebd., 378) bezeichnet. Das heißt aber, dass das »unmittelbare Verknüpftsein mit Interessen«, also die Verbindung von ökonomischer und ideeller Sphäre, selbst noch einer primären, übergreifenden Funktionalitätsbeziehung von geistigen Gehalten und sozialem Sein zugehört. Die *Interessiertheit* des menschlichen Weltverhältnisses, die sich als eine ökonomische Intention ausdrückt, ist von daher nur ein Teilmoment des menschlichen Weltverhältnisses, das sich der Intention des Engagiertseins des Menschen hinzufügt. Insofern ist das *Engagiertsein*, also die mittelbare Verbundenheit des sozialen Subjekts mit den geistigen Gehalten, d.h. den Denk- und Wissensformen der Wirklichkeitsinterpretationen, allgemeiner, während die interessenmäßige Bezogenheit des Menschen nur partieller Natur ist. Unabhängig davon aber, sind *Interessiertheit* und *Engagiertsein* nach K. Mannheim zwei Weisen von historisch divergenten »Weltwollungen«, die letztlich auf ein primordiales, voluntaristisches Verhältnis des Menschen zur Welt verweisen. Mit dem Funktionalitätsbegriff »*Engagiertheit*« tritt K. Mannheim der marxistischen Verabsolutierung des »*Interessengedankens*«, der sich einseitig auf »das Konstruktionsgebilde des homo oeconomicus« stützt, entgegen (ebd., 378). Belehrt durch den geschichtlichen Blick auf die Denk- und Wissensformen zeigt sich, dass die einfache Zuordnung von sozialen Schichten und ihrer politischen Interessen zu kurz greift. Was sich nämlich an den geschichtlichen Ausdrucksformen der geistigen Gehalte zeigt, ist eine prinzipielle Agonalität von »verschiedenen Weltwollungen«, die jeweils um eine entsprechende soziale Seinsbestimmung »kämpfen«. Gerade die Geschichte der geistigen Auseinandersetzungen zeigt, dass nicht nur soziale Interessen sich gegenüberstehen, »sondern Welten kämpfen gegen Welten«. »*Interessiertheit*« und »*Engagiertheit*« sind in bestimmten Formen historischer

»Weltwollungen« so synthetisiert, dass sie zusammen geistig als eine *Weltanschauungstotalität* fungieren. Insofern gehen – historisch gesehen – eine bestimmte Wirtschaftsform und eine bestimmte Denk- wie Wissensform innerhalb einer Weltanschauungsweise systematisch zusammen. Als ein klassisches Beispiel führt K. Mannheim das »Welt- und Denkwollen« des aufstrebenden Bürgertums an. Hier wird deutlich, wie der »*Denkstil*« des bürgerlichen Rationalismus mit der ökonomischen »*Interessiertheit*« dieser sozialen Schicht so gekoppelt ist, dass diese soziale Schicht ihre Seinsbestimmung zur historisch wirksamen Seinsauslegung machen konnte. Gerade die historische Entstehung von verbindlichen Weltanschauungssystemen, mit den in ihnen verschränkten Funktionsweisen der »*Interessiertheit*« und des »*Engagiertseins*«, zeigt, dass das Sein nicht nur als Strukturantagonismus von sozialen Schichten oder Klassen zu verstehen ist, sondern »durchsetzt ist« von einem agonalen »Gesamtprozess von verschiedenen Weltwollungen und Intentionen« (ebd., 380). Das Sein ist bei K. Mannheim nicht als dichotome Architektur gedacht, in der sich zwei ökonomisch unterschiedlich privilegierte Klassen gegenüberstehen. Das Sein bei K. Mannheim ist sozial differenziert nach »geistigen Schichten«, die im historischen Prozess jeweils um die adäquate Seinsauslegung, d.h. wirklichkeitsbestimmende *Weltanschauungstotalität* kämpfen. Dass diese »geistigen Schichten«, die eine bestimmte *Weltanschauung* repräsentieren, zugleich bestimmten »sozialen Schichten« entsprechen, hängt damit zusammen, dass in ihren »Weltwollungen« die ökonomische »*Interessiertheit*« zugleich Ausdruck eines grundlegenden »*Engagiertseins*« dieser geistigen Schichten im Hinblick auf eine nur von ihnen erfahrbaren historischen Seinslage ist: »Unter geistiger Schicht wollen wir aber jene Menschengruppe verstehen, die in ihrem Weltwollen [...] verbunden sind, die an einer bestimmten Wirtschaft und an einem bestimmten *Denkstil* in einem gegebenen Zeitabschnitt innerhalb einer Gesellschaftseinheit ›*engagiert*‹ sind« (ebd., 381). Der agonale Prozess der jeweiligen Seinsauslegungen durch geistige Schichten setzt die historisch disparaten Ideologien und Weltbilder so ins Recht, dass von ihnen her einsichtig wird, wieso geistige Totalitäten und gesellschaftliche Seinsweisen eine historisch funktionale Relation eingehen. Gegen die Marx'sche Formel, dass das Sein das Bewusstsein bestimmt, behauptet K. Mannheim, dass die historisch-soziale Seinsweise in funktionaler Entsprechung zur weltanschaulichen Deutung von geistig-sozialen Schichten bzw. Kollektiven steht. Die Marx'sche Formel anonymisiert weitgehend den Seinsprozess für das menschliche Bewusstsein, denn das Sein als ein produzierendes und produziertes bringt nur das jeweils zu diesem produzierten Sein erforderliche Bewusstsein hervor. Mit dem Mannheim'schen Begriff des kollektiven »*Weltwollens*« wird das soziale Sein aber für ein bewusstseinsförmiges »*Engagiertsein*« des Menschen, seine geistigen Intentionalitäten geöffnet. Für K. Mannheim ist das Sein nicht anonym, denn man muss bei seinem Begriff von »einer dynamisch, werdenden Totalität des gesamten geistig-seelischen Lebens, als vom letzthinnig Gegebenen ausgehen«; mithin von der »Gesamtstruktur der jeweiligen Lebens- und Kulturtotalität« (Historismus, 1964, 261/62), also den in dieser Gesamtstruktur intendierten geistigen Weisen des gemeinschaftlich deutenden Seinsengagements. Die Seinskategorie bei K. Mannheim lässt sich in keiner Weise mit der marxistischen Seinskonzeption in Beziehung oder in ein Analogieverhältnis setzen.

Wenn die Mannheim'sche Seinskategorie nicht von der marxistischen Seinskategorie her zu fundieren und zu begründen ist, wo ließe er sich dann verorten? Etwa im Argumentationskontext von Max Scheler? Dieser Gedanke liegt insofern nahe, als M. Schelers Grundlegung einer »Soziologie des Wissens«, die »den vielleicht wichtigsten Teil« seiner Kultursoziologie (1980, 53) bildete, bereits vor K. Mannheim den basalen Zusammenhang zwischen elementaren Wissensformen und den gesellschaftlichen Seinsverhältnissen thematisierte. M. Scheler unterscheidet drei prinzipielle Wissensformen: das Herrschafts- oder Leistungswissen, das Bildungs- oder Wesenswissen und das Erlösungswissen (ebd., 58 ff.). Diese drei elementaren Wissensformen sind nun in ihrer gesellschaftlichen Wertigkeit wie auch Verbindlichkeit in der Geschichte unterschiedlich präsent, was nichts anderes heißt, als dass diese Wissensformen jeweils ein anderes (kollektives) Seinsverhältnis des Menschen ausdrücken. Die entscheidende Differenz jedoch, die zu K. Mannheim zu ziehen ist, liegt in der Scheler'schen Hypostasierung des Wertes als Ideatum, das als präexistente Wertsphäre des Menschen verewigt wird – auch gegen jeden geschichtlichen Wandel. Was M. Scheler als gesellschaftlichen Unterbau, d.h. die rein naturalen Triebe des Menschen (Fortpflanzungs-, Nahrungs-, Machttrieb usw.) von der Wertsphäre der geistigen Gehalte trennt, um naturales von geistigem Sein zu differenzieren, wird bei K. Mannheim bereits als relationales Verhältnis von »Realfaktoren« und »Idealfaktoren« (M. Scheler) einer gestalteten »geistig und seelischen Gesamtkonstellation« in der Geschichte aufgefasst (Das Problem einer Soziologie des Wissens, 1964, 365). K. Mannheim kritisiert an der Scheler'schen Konzeption »die Dualität zwischen Sein und Sinn«, die für ihn »nur eine phänomenologische und nicht eine letzthinnige« (ebd., 363) ist. Das Sein als sinnfreie Ebene von naturalen Realfaktoren, die sich allenfalls psychologisch (etwa als Triebenergien) erfassen lassen, und den Sinn als die Ebene von überzeitlichen Werten, die der ideellen Wesensnatur der Menschen Ausdruck verleihen, zu überhöhen: Dies war für K. Mannheim ein »idealistischer Dualismus«, der eine »platonisierende Auffassung« vom Sein des Menschen phänomenlogisch reformuliert.

Das Fazit der Exkursionen zur Marx'schen und Scheler'schen Seinsauffassung ist: K. Mannheim setzt seine Seinsauffassung dazwischen; er positioniert sie zwischen marxistischer Verkürzung des Seins auf die Sphäre der Ökonomie und Scheler'scher Dualität von »überzeitlicher Geist- und Trieblehre« (ebd., 367), indem er das Sein konsequent von der relationalen Durchdringung von Realem und Geistigem her bestimmt. Nur da, wo sich »Realfaktoren in Geistiges umsetzen [...] an uns selbst erfahren, sind wir imstande, auf jenen Punkt zu rekurrieren, wo sich beide Sphären berühren« – nämlich in der sozialen Existenz der Menschen (ebd., 345). Die Seinskategorie bei K. Mannheim wird nicht von unten, vom materiellen Substrat wie bei K. Marx, auch nicht von oben, von der Absolutheit der Wertideale wie bei M. Scheler, gedacht. Mit dem lebensweltlichen Prinzip des sozialen Existierens bringt K. Mannheim eher das Intermediäre ins Spiel: die jeweils gemeinschaftliche geistige Sinngebung »existenziell (seinsmäßig) bedingter Lebenszusammenhänge« (Ideologische und soziologische Interpretationen der geistigen Gebilde, 1964, 391). Eine lebenspraktisch geforderte, aber je nach Stellung im sozialen Raum unterschiedliche Funktion der deutenden Übersetzung von erlebbaren Seinsweisen ins Denken und Wissen.

Bisher wurde, um die Grundkategorie des *seinsgebundenen Denkens* bei K. Mannheim zu erfassen, die Mannheim'sche Seinskategorie nur mittels relevanter Abgrenzungsdefinitionen zu den Marx'schen und Scheler'schen Seinsauffassungen bestimmt. Die Frage ist nun, inwieweit die Mannheim'sche Seinskategorie originär, d.h. aus dem Argumentationszusammenhang zum *seinsgebundenen Denken* heraus erfassbar ist. M.E. kann man die Seinskategorie bei K. Mannheim nach drei zentralen Bedeutungsimplikationen auslegen:

Zunächst nach dem Bedeutungsgehalt der Totalitätskategorie. Von Totalität spricht K. Mannheim immer dann, wenn ein sozialer und historischer Lebenszusammenhang gemeint ist, auf den sich der »Denkwille« als eine spezifische »Weltwollung« bezieht. Dass mit der Totalität eine lebensweltliche gemeint ist und keine abstrakte, die in philosophischer Absicht das Wesen der Geschichte oder der Vernunft auf den Begriff bringen will, wird u.a. deutlich, wenn K. Mannheim die Besonderheit des soziologischen Denkens herausstellt. Der Gegensatz zur isolierenden, auf Einzeltatsachen beruhenden Empirie liegt gerade darin, dass das soziologische Denken die »Interdependenz der Geschehnisreihen« aufsucht, und zwar so, wie diese als soziale Situationen für Menschen gemeinschaftlich erlebt wurden. Totalität meint eben den sozialen Lebenszusammenhang, und auf diese lebensweltliche Totalität hat sich das soziologische Denken in ureigenster Weise einzustellen: »Das soziologische Denken besteht in diesem Kohärent-sehen-können, in dieser Erfassung jeder scheinbar isolierten Gegebenheit vom sozialen Lebenszusammenhang« (Gegenwartsaufgaben der Soziologie, 1932, 25/26). Sozialer Lebenszusammenhang ist aber nicht gleichzusetzen mit dem Sinngehalt des Begriffs der gesellschaftlichen Totalität, wie er in der soziologischen Gesellschaftstheorie benutzt wird. Dieser Begriff meint ja die Struktureinheit der Gesellschaft, die für alle Schichten, für alle Individuen gleich ist, während der soziale Lebenszusammenhang immer eine erlebbare soziale Totalität für unterschiedliche Gruppierungen bzw. Kollektive ist. Insofern fällt hier die erlebbare Totalität als Zusammenhang »des gesamten geistig-seelischen Lebens« (Historismus, 1964, 262) mit der *Standortgebundenheit des Denkens* »geistiger Schichten« innerhalb des sozialen Raumes zusammen. Von dieser erlebbaren Totalität, man müsste eher von lebensweltlicher Totalitätsansicht sprechen, ist abhebbar die Seinstotalität, wie sie von K. Mannheim als historisch-dynamische bestimmt wird. Diese Seinstotalität ist mehr oder weniger unbestimmt, denn sie entzieht sich dem Denken weitestgehend. Ähnlich wie Karl Jaspers ist auch für K. Mannheim die »Ganzheitsbetrachtung, die Meinung, wissen zu können, was das Ganze, geschichtlich und gegenwärtig sei […]«, ein Grundirrtum; denn letztlich »begreife ich keinen letzten Ursprung des Ganzen, sondern eine mögliche Perspektive der Orientierung in ihm« (K. Jaspers, 1932, 28). Was man nur nachträglich im Sinne einer historischen Reflexion, und diese auch wiederum nur unter der Sichtweise von »partikularen Perspektiven und Konstellationen, aus denen rückwärts ein Ganzes gesucht wird« (ebd., 28), erfassen kann, ist »eine dynamisch, werdende Totalität des gesamten geistig-seelischen Lebens«, als »dem letzthinnig Gegebenen« (Historismus, 1964, 262). Aber diese Erfassung ist jedoch auch nur eine perspektivische Seinsdeutung, weil sie das Ganze aus den Konstellationen historisch »veränderter Lebenslagen« als einen geschichtlichen Wandlungsprozess aufzuzeigen vermag (ebd., 260); also die Seinstotalität als eine zeitlich gerichtete interpretiert. K. Mannheim hat *die prinzipielle Inkommensurabilität von Sein und Denken* gesehen. Zwar ist es so, sagt er, dass »das Denken stets danach strebt, die totale Seinslage zu verarbeiten«, aber »die gewordene Seinstotalität (ist) stets umfassender [...] als die Aufnahmefähigkeit der (Denk-)Standorte« (ebd.). Und ähnlich wie der situationsgebundene Wissensperspektivismus K. Jaspers' (1932, 28), nur eben *denksoziologisch* gefasst, spricht K. Mannheim davon, dass es in der Erfassung und Deutung der Seinslage den notwendigen Zerfall »in mehrere (Denk)-Standorte« (Das Problem einer Soziologie des Wissens, 1964, 370) gibt. Diese partikularen Denkstandorte befinden sich nun, und dies ist für K. Mannheim ein untrügliches Kennzeichen des modernen Denkens, immer und unablässig in einer notwendigen Konkurrenz oder Agonalität um die adäquate Seinsauslegung. Gleichwohl kommt darin ein tieferer Sinn des Seins als dynamische Totalität zum Ausdruck, denn durch die Polarisationen der seinsgebundenen Denkweisen, »der Konkurrenz um die adäquate Seinsauslegung« (Die Bedeutung der Konkurrenz, 1982, 361), wird »offenbar dasjenige, was für die lebendige Weltorientierung aller Parteien in einer Epoche das Unerlässliche, also das Brauchbarste ist«, zeitweilig als verbindliche Seinsweise definiert. Die historisch-dynamische Seinstotalität, von K. Mannheim nur mit dem einzigen und unbestimmten Merkmal des historischen Wandels qualifiziert, ist darüber hinaus von einer lebenspragmatischen Funktion bestimmt: dem unentwegten Aussieben dessen, was sich dem geschichtlichen Sein fügt oder nicht fügt. Insofern obwaltet in den lebensweltlich gebundenen Seinstotalitäten, in ihren partikularen Seinsauslegungen ein Funktionssinn, der einzig nur der übergreifenden Seinstotalität zukommt: »Der Geschichtsstrom siebt also auf Dauer das Brauchbarste an Erfahrungsgehalten, an Erfahrungsparadigmata, an Erfahrungseinstellungen usw. aus« (ebd., 366). Diese *seinspragmatische Funktion* ist jedoch nicht zugleich das Moment eines geschichtlich-ontologischen Telos, wonach das historisch Brauchbarste zugleich das Moment eines ontologischen Sinns von Geschichte ist. Für K. Mannheim gibt es *keine absolute Synthese*, die sich als endgeschichtlicher Sinn aus den historischen Seinsauslegungen mit Notwendigkeit herausschält. Nur im Nachhinein wird deutlich, wie im »Geschichtsstrom« seinsadäquate Seinsauslegungen für bestimmte Zeiten auftauchen und dominieren, um dann von konkurrierenden verdrängt bzw. abgelöst zu werden. Der geschichtliche Sinn ist eben dieser agonale Prozess von Seinsauslegungen, die den sozialen Lebenswelten Existenzorientierungen und seinsbezogene Handlungsmuster vorgeben – nicht mehr und nicht weniger.

Im Sinne eines Fazits kann man sagen, dass in der Mannheim'-

schen Seinskategorie unter dem Gesichtspunkt der Totalität ein doppelter Bedeutungsgehalt impliziert ist. Einerseits gibt es die Seinstotalität, die eine weitgehend unbestimmte Totalität des geschichtlichen Werdens ist und die innerhalb des Werdens nur die pragmatische Funktion des »Aussiebens« von inadäquaten Seinsauslegungen hat. Andererseits gibt es die Pluralität von lebensweltlich gebundenen Seinstotalitäten, die sich je nach den »geistigen Schichten« im sozialen Raum als unterschiedliche Totalitätsdeutungen der historisch gegebenen Seinssituation ausdifferenzieren. Letztlich ist die lebensweltlich gebundene Seinsdeutung entscheidend, denn sie greift als ein bewusstseinsintentionales Handlungsgeschehen in das Werden der geschichtlichen Seinsdynamik in Form eines »seinsadäquaten« oder aber auch seinsinadäquaten »Weltwollens« ein. Indem K. Mannheim den Totalitätsgehalt der Seinskategorie primär an die lebensweltlich ausdifferenzierten Partikularitäten des Denkens des »Gesamtzusammenhanges« (ebd., 361) zurückbindet und diesen historisch in den lebenspragmatischen Seinsfunktionalitäten aufgehen lässt, erhält die Seinstotalität eine besondere Qualität. Sie ist weniger ontologisch als vielmehr soziologisch bestimmt.

Neben dem Bedeutungsgehalt der Totalität – in ihrer soziologisch-lebensweltlichen Fassbarkeit – gibt es einen weiteren zentralen Bedeutungsaspekt, der die Mannheim'schen Seinskategorie bestimmt: Es ist der Begriff der sozialen oder historischen *Situation*, den K. Mannheim häufig zur näheren Bezeichnung von »Seinslagen« verwendet. *Situation* meint dabei weniger die reale gesellschaftliche Lage, also die institutionelle und ökonomische Seinslage, als vielmehr die soziale Situation bzw. die jeweils historisch gegebene Totalität des Ineinandergreifens von sozialen Erlebniserfahrungen aufgrund materieller Existenzbedingungen und der reflexiven Verarbeitung von Erlebniserfahrungen im Medium gemeinschaftlichen Denkens und Wissens. Das geistig dokumentarische Substrat desselben ist – dies sei hier vorgegriffen – die *Weltanschauung*.

Die Kategorie der *Situation* betont das Moment des existenziell-geistigen Bezuges auf eine historisch erlebbare und zu deutende Seinslage. Historische oder aktuelle *Situationen* müssen nach K. Mannheim durch eine bestimmte gemeinschaftliche bzw. kollektive Denkweise beantwortet und damit verarbeitet werden. Es ist ein lebenspraktisches Erfordernis, dass das Denken möglichst adäquat mit der Seinslage in Deckung zu bringen ist. Insofern beinhaltet die *Situation* – strukturell gesehen – zwei Merkmale: Einerseits die existenzielle *Situation* als Erlebnishintergrund, also die *Situation* als gemeinschaftlich-sozialer Erlebniszusammenhang und andererseits die

Situation als geistige Bewusstseinslage, »als Sichtbarkeitseinstellung« (Strukturen des Denkens, 1980, 98), die diesen Erlebniszusammenhang in eine soziale Seinsdeutung übersetzt.

Dass die Seinskategorie mit der Kategorie der *Situation* bei K. Mannheim oftmals äquivalent verwendet wird, geht aus einigen markanten Textstellen hervor. So spricht er z.B. in »Ideologie und Utopie« davon, dass »bestimmte Gruppen, [...] einen spezifischen Denkstil in einer Reihe von Reaktionen auf typische, für ihre gemeinsame Position charakteristische Situationen entwickelt haben« (1985, 5). Und im Hinblick auf die seinsgebundene Übernahme von Denkweisen für den Einzelnen heißt es, dass das denkende Individuum »in einem zweifachen Sinne prädeterminiert [ist]: Es findet eine fertige *Situation* vor und in dieser *Situation* findet es vorgeformte Denk- und Verhaltensmodelle« (ebd.). An einer anderen Stelle in »Ideologie und Utopie«, dort wo es um die kollektive Sinnbedeutung für die Seinsweise der Menschen innerhalb einer historischen Zeitspanne geht, expliziert K. Mannheim die Situationsdefinition als notwendige Ausgangsbedingung von Sinnbedeutung überhaupt:

> »Wir sehen immer klarer, daß die Sinnbedeutung, woher sie immer stammt und ob sie wahr oder falsch sein mag, eine bestimmte sozialpsychologische Funktion ausübt: Sie hat die Aufmerksamkeit derjenigen zu fixieren, die aufgrund einer bestimmten ›*Definition der Situation*‹ etwas gemeinsam unternehmen wollen. Eine *Situation* wird zur *Situation*, wenn sie für die Mitglieder einer Gruppe in gleicher Weise definiert ist« (ebd., 20).

Der Begriff der *Situation* wird also grundlegend gebraucht; er soll auf das rekurrieren, was durch die Mannheim'sche Idee des *seinsgebundenen Denkens* zu allererst angesprochen werden soll: die Rückbeziehung des Denkens und Wissens auf die *soziale Situation*, auf die existenziellen Bedingungen, unter denen Denken und Wissen als sinnkonstituierende Weisen des Weltverhältnisses des Menschen ihre Funktionen haben. Obwohl die *Situationskategorie* bei K. Mannheim stark an den Dilthey'schen Terminus des ursprünglichen Lebenszusammenhangs erinnert, also lebensphilosophische Assoziationen weckt, scheint sie mir eher eine soziologische Umformung der *existenzphilosophischen Situationskategorie* darzustellen. Nicht umsonst dient ja die sozialethische Aufklärungsabsicht der *Denksoziologie* als Weltanschauungsanalyse dazu, eine Existenzerhellung des Menschen in geschichtlicher Absicht vorzunehmen. Da die Soziologie »seit ihrem Auftreten« [...] »ein Organon der Selbstbesinnung und Selbsterweiterung« ist, antwortet sie in existenzieller Weise auf die Fragen:

»Wer sind wir in dieser Welt? Wo stehen wir in der historischen Zeit, wie ist in ihr unser Geist- und Seelenort bestimmbar?« (Zur Problematik der Soziologie in Deutschland, 1964, 614).

Die soziologische Umformung der *existenzphilosophischen Situationskategorie* durch K. Mannheim wird deutlich, wenn man auf den Sinngehalt dieser Kategorie bei K. Jaspers zurückgeht. Die Jasper'-sche *Situationskategorie* ist durch drei wesentliche, sie auszeichnende Merkmale gekennzeichnet: Erstens ist die *existenzielle Situation* grundsätzlich singulär gedacht: »Letztlich ist nur der Einzelne in einer Situation«. »Von daher« sind aufs Kollektiv bezogene Situationen, also »die Situationen von Gruppen, Staaten, der Menschheit« nur »übertragend zu denken« (K. Jaspers, 1932, 23). Zweiten hat die *Situation* immer einen unbedingten und damit weitgehend determinierenden Charakter, d.h. sie stellt eine seinsbestimmende Herausforderung dar, die den Menschen dazu zwingt, die *Situation* im Sinne der menschlichen »Möglichkeiten und Grenzen« anzunehmen und gestaltend zu lösen. Man kann mit Nicolas Hartmann sagen, dass in der *Situation* der Mensch ein unbedingtes »Dass« erfährt, welches nach einer Entscheidung im Sinne eines sinnhaften »Wofür« ruft. Bei Karl Jaspers heißt dies: »Eine *Situation* zu erblicken, ist der Beginn, ihrer Herr zu werden; sie ins Auge zu fassen, schon der Wille, der um ein Sein ringt«, und zwar um ein »Menschsein« zu ermöglichen (ebd., 24). Drittens ist die *Situation* als existenzielle Daseinsform des Menschen grundlegend, d.h. menschliches Dasein ist immer ein Sein in *Situationen*. Damit wird ausgedrückt, dass es niemals ein Heraustreten aus einer *Situation* gibt, ohne in eine andere einzutreten. Es gibt wohl einen Wechsel von *existenziellen Situationen*, doch nie ein Dasein ohne *Situationen*.

Mit dem letzten Merkmal wird die geschlossene Einheitlichkeit, die die klassische Idee des Seins als ein in sich ruhendes und letztlich unveränderliches Sein verflüssigt. Zwar ist die *existenzielle Situation* ebenso unbedingt wie das einheitlich gedachte Sein, diese Unbedingtheit jedoch stellt sich niemals als eine zu jeder Zeit identische und unausweichliche dar. Die existenziellen Variationen der *Situation* gehen auch nicht mit den historischen Formen des geschichtlichen Seins überein, denn als bewusst zu machende *Existenzsituationen* versinken sie nicht in die Anonymität eines Seinsgeschehens, dem der Mensch bewusst- und machtlos gegenübersteht. Gerade weil der Mensch »durch die Erhellung der faktisch ergriffenen *Situation* in seinem Dasein« (ebd., 24) sein Menschsein denkend zu verwirklichen sucht, wird das Unbedingte, das in der traditionellen Idee der Seinskategorie aufbewahrt ist, durch das Denken in existentiellen

Situationen aufgelockert. Die *Existenzsituation* ist unbedingt, aber nur als ein existenzielles Verhaftetsein, das als ein ins Bewusstsein Gehobenes zur *Situationsdeutung* und -bewältigung ermächtigt. Darum heißt es bei K. Jaspers:

»Die *Situation* als bewußt gemachte ruft auf zu einem Verhalten. Durch sie geschieht nicht automatisch ein Unausweichliches, sondern sie bedeutet Möglichkeiten und Grenzen der Möglichkeiten: was in ihr wird, hängt auch von dem ab, der in ihr steht, und davon, wie er sie erkennt« (ebd., 23).

Dieses Erkennen, diese Existenzerhellung im Wissen und Denken, kann daneben gehen, was ein Scheitern in der *Existenzsituation* bedeutet. Aber gerade dieses Scheitern zeigt die Differenz zur klassischen Seinskategorie: Denn vor dem Sein, seinem geschichtlichen Wirken, das die klassische Seinskategorie supponiert, gibt es eigentlich kein Scheitern, sondern nur den mehr oder weniger bewusstlosen Vollzug.

Die vorgenommene Explikation zur Jasper'schen *Situationskategorie* macht deutlich, welche Bezüge, welche Affinitäten zur Mannheim'schen *Situationskategorie* bestehen. Wie bei K. Mannheim, so auch bei K. Jaspers, ist die *existenzielle Situation* nicht nur einfach ein bewusstloser Standort in der Geschichte, deren Ziel und Zweck undurchschaubar sind, sondern sie ist die bedingende Möglichkeit sich bewusst zu ihr zu verhalten. Obwohl das Ganze, der Seinsprozess in seiner Totalität nicht gewusst werden kann, so ist doch die *Situation* in Form ihrer gemeinschaftlichen Erleb- und Gestaltbarkeit von diesem objektiven Ganzen, seiner Anonymität suspendiert. Zwar bildet dieses »objektive Ganze« einen nichthintergehbaren »Hintergrund«, aber er ist eben nur »der Hintergrund, auf dem ich meiner *Situation* in ihrer Zwangsläufigkeit, Besonderheit und Wandelbarkeit mich vergewissere« (ebd., 26). Dieses Vergewissern nun, ist kein bloßes Feststellen, kein Wissen, um meine geschichtlich-existenzielle *Situation* als soziologisch zu erklärende Lage zu beschreiben. Dies würde dem Sinngehalt der »Existenzerhellung« nicht entsprechen, der ja das Bewusstmachen der *Situation* emphatisch an einem menschlichen Selbstsein, an einem exitentiell-ethischen Menschsein ausrichtet. Was die Unbedingtheit der *existenziellen Situation* ausmacht, ist eben auch die Unbedingtheit der existenziellen Einsicht, dass die Möglichkeiten wie auch die Grenzen des Menschseins ins Bewusstsein gehoben werden können. Das bewusstseinsmäßige Verhalten zur *existenziellen Situation* ist kein Wissen und Denken, das sich auf diese *Situation* nur reaktiv einlassen kann. Es ist vielmehr ein reflexives Ausrichten in dieser *Situation*, um in ihr zu ermessen, was als Perspektive des Menschseins durch sie eröffnet oder auch verhindert ist. Für K. Jaspers heißt letzteres, dass das situative Wissen überschritten wird hin auf ein Daseinsverstehen, welches das Dasein selbst als Chiffre der Transzendenz begreift. Insofern ist das situative Wissen, dass »eine mögliche Perspektive der Orientierung in ihm«, dem objektiven Ganzen eröffnet (ebd., 28), nur die notwendige Voraussetzung, um das Wesentliche, nämlich die Existenz des Menschen als besondere Chiffre der Transzendenz zu entziffern.

An dieser existenzphilosophischen Überhöhung der *Situationskategorie* trennen sich eindeutig die Jasper'schen und Mannheim'schen Sinngehalte. Für K. Mannheim gibt es keine Daseinstranszendenz, die hinter den geschichtlichen Seinssituationen zu dechiffrieren wäre. Wo aber die Mannheim'sche und die Jasper'sche Situationskategorien im Sinngehalt konvergieren, geht es um die Situation als denkperspektivischem Standort der Selbstvergewisserung des Menschseins in den geschichtlich-sozialen Seinslagen. Danach ist die *existenzielle Situation* der jeweils gegenwärtige Standort im »Geschichtsverlauf der Menschheitstotalität«, der die jeweilige Frage nach dem Wesen des Menschseins allein von diesem Standort – und nur von diesem aus – beantwortet: »Mein Ort ist gleichsam durch Koordinaten bestimmt: was ich bin, ist die Funktion dieses Ortes; das Sein ist das Ganze, ich bin eine Folge oder Modifikation oder Glied. Mein Wesen ist die historische Epoche wie die soziologische Lage im ganzen« (ebd., 27). Beide Sinngehalte, die historische Bestimmung der *Standortgebundenheit* wie auch die *existenzielle Situationserhellung* als Selbstvergewisserung des Menschen in seinem wandelbaren Menschsein, sind in der Kategorie der »*sozialen Situation*« bei K. Mannheim denkmotivisch eingelassen.

Eine weitere sinnkategoriale Konkordanz liegt vor, wo K. Jaspers die *existenzielle Situation* in der Weise von der Seinstotalität abhebt, dass nur durch die *Situation* »eine mögliche Perspektive der Orientierung in ihm [dem Ganzen/Verfasser]« (ebd., 26) gewährleistet ist. Diese Orientierungsperspektive ist »ein Kennen meiner Welt«, und zwar nicht nur »um zunächst im Bewusstsein die Weite des Möglichen zu gewinnen«, sondern vor allem um »im Dasein zu rechtem Planen und wirklichen Entschlüssen zu kommen« (ebd., 28). Genau dieses »Kennen meiner Welt«, um die aus der historisch-sozialen Existenzsituation gegebenen Erfordernisse mit Handlungswissen zu beantworten, liegt bei K. Mannheim da vor, wo er das Denken und damit das Wissen als Funktion einer seinsadäquaten Sinndeutung der historischen und soziologischen Seinslage als Ganze qualifiziert.

Letztlich sprechen beide, K. Jaspers wie auch K. Mannheim, davon, dass, weil eben die Seinstotalität als Ganze niemals gewusst werden kann, die Sichtweisen des Kennens von Welt notwendig »partikulare Perspektiven und Konstellationen« bleiben. Ebenso wie K. Mannheim spricht K. Jaspers davon, dass es nur »Wissensperspektiven« gibt, deren »Relativität« (ebd., 28) aber dem tieferen Sinn einer Dogmatisierung von Seinsauffassung zuwider laufen. Ganz sowie K. Jaspers sieht auch K. Mannheim im Denk- und Wissensperspektivismus, im Partikularismus der Weltorientierung nicht bloß einen Dezisionismus von Denkstandorten. Zwar spricht K. Mannheim von der Heterogenität unterschiedlicher »Weltwollungen«, die sich im sozialen Raum als divergente Denkweisen bzw. *Denkstile* ausnehmen, diese resultieren jedoch nicht aus einem dezisionistischen Partikularismus, der aus sich heraus agonalen Charakter hätte. Vielmehr entwickeln sich die partikularen Sichtweisen ganz so, wie es K. Jaspers zusammengefasst hat:

»Auf dem wahren Weg entwickelt sich also die Antinomie, daß der ursprüngliche Impuls, *das Ganze* zu erfassen, scheitern muß im unvermeidlichen Zerstäuben des Ganzen zu partikularen Perspektiven und Konstellationen, aus denen rückwärts ein Ganzes gesucht wird« (ebd., 28).

Auch K. Mannheims These von der prinzipiellen Partikularität des *seinsgebundenen Denkens* schleppt diesen Gedanken mit: dass das Denken seins-, d.h. ganzheitsbezogen ausgerichtet ist, jedoch durch das Bewusstsein seines existenziellen Verwiesenseins an eine historisch-soziale Situationslage eben nur mögliche situative Perspektive auf ein übergreifendes Sein bleibt. Insofern unterscheidet sich auch das seinsbezogene Denken vom bloßen Meinen und Wissen, das standortgebunden und von K. Mannheim nicht *seinsgebunden*, sondern *seinsverbunden* genannt wird. Letzteres ist eben nicht so auf das Sein ausgerichtet, dass das Denken in den historisch-sozial gegebenen Situationen auf ein mögliches Menschsein eingestellt ist.

Diese Übereinstimmungen zur Jasper'schen *Situationskategorie* dürfen aber nicht dazu führen, die *Situationskategorie* bei K. Mannheim gänzlich existenzphilosophisch auszulegen. Trotz einiger argumentativer Parallelen und begrifflicher Analogien, die den *Situationsbegriff* in seinen Seinsbestimmungen verdeutlicht haben, bleibt eine elementare Differenz: *Es ist die der historisch-soziologischen zur existenzphilosophischen Situationskategorie.* Bei K. Jaspers ist die *existenzielle Situationskategorie* egologisch gefasst, da die *Situation* immer eine ist, die die Existenz des Einzelnen betrifft. Soziologisch-historische Seinslagen, also die materiellen und weltanschaulichen Bedingungen und Rahmungen sind in der Jasper'schen *Situationskategorie* letztlich suspendiert; sie sind zugunsten einer singulären, auf philosophische Bewusstseinserhellung ausgehende Existenzreflexion vernachlässigt bzw. marginalisiert. Bei K. Mannheim ist die Situationserfahrung einer historischen Seinslage immer gemeinschaftlich, immer *konjunktiv* gegeben; sie ist Seinserfahrung von faktischen historischen Seinssituationen, die sozial-konjunktiv erlebt werden und auf die historisch-situativ geantwortet wird, im Sinne einer kollektiv-vebindlichen Seinsauslegung. Die historische *Situation* als Seinssituation wird nicht in der Weise transzendiert, dass das existenzielle Selbstsein des Einzelnen zur Beantwortung seiner singulären Existenzsituation auffordert. Die *Situation* im Mannheim'schen Sinne ist die je gegebene soziale Existenzweise, die das historische Sein materiell wie geistig, d.h. kulturell entwickelt hat. Sie ist unter erkenntnistheoretischen Gesichtspunkten jenes unhintergehbare qualitative Substrat, das nach J. Dewey »die Termini des Denkens kontrolliert« und notwendigweise »als selbstverständlich vorausgesetzt« werden muss, weil es »in aller propositionalen Symbolisierung implizit enthalten« ist (2003, 98). Als historisch-soziales Substrat ist sie das, »auf das sich letztlich Existenzaussagen« (ebd., 97) als Denk- und Wissensformationen beziehen, damit Denken und soziales Sein einen lebenspraktischen Zusammenhalt behalten. Diese Situationskategorie, die Denken und soziale Existenzweise als impliziten lebenspragmatischen Verweisungszusammenhang verbindet, bestimmt die *Seinskategorie* K. Mannheims. Sein gibt es für K. Mannheim nicht als metaphysische Abstraktion, sondern nur als *existenzielle Sozialität,* die sich lebenspragmatisch in den lebensweltlichen Existenzweisen der Menschen mit ihren entsprechenden Denk- und Wissensformen historisch-situativ variabel auslegt. Solchermaßen ist die Seinskategorie primär soziologisch, weil sie die gemeinschaftlichen Lebens- wie Sinngebungsformen in historisch-gesellschaftlichen Existenzsituationen zusammenfasst.

Die Explikation der Mannheim'schen *Seinskategorie,* die ja notwendig ist, um seine Grundkategorie des *seinsgebundenen Denkens* vollends in ihrem semantischen Gehalt auszuloten, wurde bis jetzt unter den Bedeutungsgehalten des *Totalitäts-* und des *Situationsbegriffs* vorgenommen. Damit ist aber der volle Sinngehalt der Mannheim'schen *Seinskategorie* noch nicht ausgeschöpft. Was noch hinzukommt, ist – so jedenfalls der Grundgedanke dieser Interpretation – dass die Mannheim'sche *Seinskategorie* mit der der Sozialität bedeutungshomolog ist. In seiner Unterscheidung der verschiedenen Arten der Soziologie, – der »geschichtsphilosophischen«, der »allgemeinen« und der – »reinen Soziologie« –, unternimmt es K. Mannheim »das Grundphänomen des Sozialen« –, wie es »das Grundthema dieser drei wesentlichen Richtungen der Soziologie« ist, zu bestimmen (Strukturen des Denkens, 1980, 112 ff.). Entscheidend ist an dieser Bestimmung des Sozialen, dass das Soziale eigentlich, obwohl es das Grundphänomen der Soziologie darstellt, definitorisch nicht einzuholen bzw. festzulegen ist. Das Soziale lässt sich nicht substantialistisch definieren, auch nicht mit der Summe interaktiver Prozesse festlegen. Zwar liegt dem Begriff des Sozialen immer eine »Mehrpersonalität« zugrunde, diese trennt ihn epistemologisch vom Begriff des Individuellen, das Soziale erschöpft sich jedoch niemals in der »Mehrpersonalität«; diese ist nur ihre formale Vorbedingung:

»Das Eigentümliche ist, daß das Soziale einen Mehrgehalt gegenüber Mehrpersonalität aufweist; Mehrpersonalität ist Vorbedingung, daß das Soziale überhaupt zustande kommt, aber enthält noch nicht das Soziale, denn 1. es bedeutet die bloße Existenz, auch die räumliche und zeitliche Koexistenz von Individuen, nicht unbedingt stets Sozietät, und 2. es nimmt nicht jedes Beisammensein derselben Mehrzahl von Personen dieselbe Form der Sozietät an« (ebd., 113).

Weil eben das Soziale nicht identisch ist mit der Mehrpersonalität, bleibt »das Soziale […] ein Novum gegenüber dem Substrat und ist nicht aus den einzelnen vorhandenen Qualitäten und Quantitäten der Individuen ohne Sprung ableitbar« (ebd.). Ebenso kann das Soziale nicht aus der »bloßen Wechselwirkung zwischen den Individuen« konstruiert werden, da dies das Soziale mit der »bloßen Addierung der Wirkungen zwischen Einzelindividuen der Gruppe untereinander« gleichsetzt (ebd.). Diese Bestimmung des Sozialen, die K. Mannheim an der »Simmel'schen Richtung der reinen Soziologie« festmacht, die die »allgemeinsten konstitutiven Momente des Sozialen aus den elementarsten Bestandteilen« (ebd., 119), also den Wechselwirkungsprozessen, erfassen will, kommt der Eigenart des Sozialen als gemeinschaftlich-existenzielle Beziehungsform der Menschen nicht näher. Das Soziale ist für K. Mannheim eine existenzielle Gemeinschaftlichkeit bzw. Kollektivität der Menschen, die sich in seinem Begriff der »Kontagion« nur unzureichend fassen lässt, die sich aber in den vielfältigen Zusammenhangsformen verschiedener Gruppierungen, Milieus, Kollektive usw. faktisch zeigt. Im Sozialen kommt, historisch höchst variabel, die existenzielle *Sozietät* des Menschen zum Ausdruck. *Das Soziale ist eine Lebenstotalität sui generis.* Es ist den elementarsten Bestandteilen, wie sie in den interaktiven Wechselprozessen gegeben sind, immer schon voraus, weil das Soziale als etwas Primordiales den Bezug, der die Wechselwirkungen erst ermöglicht, stiftet. Die *konjunktive* Seinsart des Menschen geht den Ausdrucksformen der Wechselwirkungsprozesse voraus – nicht zeitlich, aber logisch.

Wie diese Seinsart sich historisch entwickelt und entfaltet hat, sich in welchen Formen von Beziehungs- und Wechselwirkungsverhältnissen ausgestaltet, dies ist die Aufgabe der geschichtsphilosophischen Soziologie, die die innere geschichtliche Dynamik der verschiedenen Formen menschlichen Zusammenlebens und -wirkens soziologisch herauszufinden versucht. In diesen historischen Formen des Sozialen drückt sich der Wandel der existenziellen Beziehungsweisen der Menschen aus, die Art und Weise wie die historischen Seinssituationen gemeinschaftlich geistig verarbeitet und gelöst werden. Das Soziale in seinen historischen Erscheinungen geht jedoch nicht gänzlich in diesen auf, sondern stellt sich als ein »zeitfreier Bestand« dar, der nur mittels einer Abstraktion von diesen historischen Gemeinschaftsformen des Sozialen gewonnen werden kann. Erst durch eine phänomenologische Reduktion der vielfältigen und höchst unterschiedlichen Erscheinungsweisen des Sozialen, die sich im konkreten historischen Material zeigen, wird die primordiale Seinsart des Sozialen als elementare »Beziehung des Menschen zueinander und der Menschen zu den Dingen« erkennbar. Gilt es, »das sui generis Soziale zu erfassen« (Die Bedeutung der Konkurrenz im Gebiet des Geistigen, 1982, 333), so geht es darum die »innere Verknüpftheit von Denken und Existenz« (Strukturen des Denkens, 1980, 179) aufzuweisen. Anders formuliert heißt dies: In den existenziellen Denkweisen der Menschen zeigen sich nicht nur die divergenten Arten von gemeinschaftlichen Seinsdeutungen als historische Situationserhellungen; es zeigt sich in ihnen auch das konvergente Beziehungsmoment der menschlichen Seinsart: die fundamentale *Sozialität.*

Fasst man diese – freilich etwas extensiv geratenen – Explikationen zum Bedeutungsgehalt der Mannheim'schen *Seinskategorie* zusammen, so lässt sich die Grundkategorie *seinsgebundenes Denken* näher präzisieren. Was *Seinsgebundenheit* heißt, wird nämlich durch eine dreifache Explikation der Seinskategorie überaus deutlich:

1. Das Denken ist immer eingebunden in eine lebensweltliche Totalität, die als ein gemeinschaftlicher Erlebnis- und Erfahrungshintergrund das Denken, seine Formen, seine leitenden Begrifflich-

keiten, ja die Gesamtheit der lexikalischen Semantiken, von denen her Erfahrungen in Wissen und Erkenntnisse lebenspraktisch umgesetzt werden, bestimmt.

2. Das Denken ist immer (historisch) situativ-existenziell gebunden; kann also niemals über die gegebene Existenzsituation hinausgreifen und sich von dieser in Akten reiner Kontemplation und begrifflicher Reflexion lösen. Selbst dort, wo dies unternommen wird, ist die Art und Weise vermeintlich singulären Denkens Ausdruck einer historisch gegebenen und entwickelten Seinslage als Existenzsituation. Die Unabdingbarkeit dieser Existenzsituation zeigt sich darin, dass das Denken weder gänzlich vor die Historizität zurückgehen noch über die Gegenwärtigkeit dieser Existenzsituation hinausgehen kann. Kurz gesagt: Es kann zu der geschichtlichen Zeitlichkeit dieser Existenzsituation keinen Abstand nehmen.
3. Das Denken ist wesentlich ein Ausdruck der *Sozialität* des Menschen, d.h. im Denken, in den herrschenden *Denkstilen* drückt sich eine Seinsauslegung als *Weltanschauung* aus, die die Normen und Werte für das organisierte und institutionalisierte soziale Miteinander, also der Art und Weise der lebensweltlichen *Sozialität* wiedergibt. Anders formuliert: Das anthropologische Strukturmoment der *Sozialität* findet sich als Rudiment in den geistig-kulturellen Überformungen der historisch-gesellschaftlich geltenden Beziehungsgestaltungen wieder.

Mit dem letzteren Argument kehrt wieder, was K. Mannheim als fundamentale Prämisse mit seiner *Denksoziologie* von Anfang an verfolgte: Die Rehabilitierung des von dem subjektzentrierten Denken verdeckten Grundgedankens, dass das menschliche Denken wesentlich sozialer Natur ist. *Seinsgebundenheit des Denkens* heißt im Kerngehalt, dass das Denken an die soziale Seinsweise des Menschen elementar gebunden ist. Dort, wo es um den Abhub des *seinsgebundenen Denkens* geht, wo es also um die Differenzen, Disparitäten, aber auch Konvergenzen von Denk- und Wissensformen je nach Gruppierungen oder Milieus geht, spricht K. Mannheim eben nicht mehr vom *seinsgebundenen*, sondern vom *seinsverbundenen Denken*. Diese Unterscheidung ist insofern wichtig, weil die nachfolgend interpretierten Grundkategorien, die *Weltanschauung* und die *Ideologie*, ohne diese Differenzierung begrifflich nicht hinreichend explizierbar sind. Die *Seinsgebundenheit* ist gewissermaßen die basale Gebundenheit des Denkens; sie stellt eine – nur analytisch – zu rekonstruierende Funktionsverbindung zwischen der sozial-historischen Existenzlage, also der *Seinssituation*, und den Denkformen dar, die sich als Seinsauslegungen in Form von gemeinschaftlichen *Weltanschauungen* jeweils historisch anzeigen. Die *Seinsverbundenheit* stellt die jeweils gegebene gemeinschaftliche Identität dar, mit der die Weltinterpretationen von Gruppierungen oder Milieus um die gesellschaftliche Geltung ihrer Seinsauslegung streiten bzw. kämpfen. Die *Seinsgebundenheit* ist eine objektiv gegebene Funktionsrelation von sozial-historischer Seinssituation und den darauf reflektierenden Denkweisen. In ihr kommt ein unhintergehbarer Bedingungszusammenhang für das Denken überhaupt zum Ausdruck. Die *Seinsverbundenheit* verweist hingegen mehr darauf, dass es im gemeinschaftlichen Denken je spezifische geistige Identitätsmuster gibt, die je nach Gruppierungen oder Milieus differenzieren und daher manifeste Partikularansichten von der Welt konstituieren. Die *Seinsverbundenheit* zeigt eine strukturelle wie topologische *Familienähnlichkeit* in den kollektiven Denkweisen. Der Begriff »*Denkstil*«, den K. Mannheim für gruppen- und milieuspezifische, aber auch für epochale *Weltanschauungen* benutzt, ist eher der *Seinsverbundenheit* als der *Seinsgebundenheit* des Denkens zuzuordnen. Für beide Begriffe aber gilt, dass sie keine korrelative Kausalität von Denken und Seinsweise behaupten, sondern nur eine funktionale Relation. Im Falle der *Seinsgebundenheit* die funktionale Relation zwischen sozialer Seinssituation und dem Denken von Welt. Im Falle der *Seinsverbundenheit* die funktionale Relation von gruppenspezifischen oder milieuspezifischen Weltanschauungen und den in ihnen praktizierten Denkformen bzw. -stilen. Die letztere Relation ist höchst variabel, weil als subjektiv erscheinende Ausdrucksform von kollektiven oder gruppenspezifischen Weltanschauungen einzig abhängig von der sozialen und zeitlichen Konsistenz von Gemeinschaften oder Milieus. Kurz gesagt: Die *Seinsgebundenheit* ist prinzipieller Natur, während die *Seinsverbundenheit*, insbesondere in der prosperierenden Meinungsvielfalt der Moderne, eher kontingent und höchst wandelbar ist.

Die Abschlussfrage ist nun, inwieweit K. Mannheim mit der Kategorie des *seinsgebundenen Denkens* einer Denkbewegung des ausgehenden 19. Jahrhundert folgt, die sukzessive eine Abkehr vom idealistischen Primat des Bewusstseins vollzog. Bereits Schopenhauers und Nietzsches Rückwendung des Erkennens auf den Willen bzw. die Macht lassen ja diese Abkehr vom idealistischen Bewusstseinsparadigma erkennen. Andererseits ist mit der Husserl'schen Phänomenologie das Bewusstsein als ein intentionales rehabilitiert, ohne dass es in die völlige Immanenz der reinen Bewusstseinsreflexion des Idealismus zurückgezogen wäre. Gerade mit der Umschreibung des Bewusstseins als ein immer schon durch intentionale Akte bedeutungsstiftendes Bewusstsein, wird die verhängnisvolle Dualität von Innen und Außen, von Immanenz und Transzendenz aufgelockert. Das Bewusstsein als ein sinnhaft intentionales wird mit Husserl ein welterschließendes und daher lebensweltlich gebundenes, d.h. perspektivisches Bewusstsein. Im Gegensatz zu Husserl, der ein mundanes Ich an den Grund dieses welterschließenden Bewusstseins setzt, zieht K. Mannheim das welterschließende Bewusstsein in die soziologische Funktionalität von Denkweisen und mundaner *Wir-Intentionalität* zurück. In der Frage zwischen Seins- oder Bewusstseinsprimat sucht K. Mannheim eine Vermittlung, indem er die Funktionalisierung von Denken und Erkennen in Richtung der gemeinschaftlichen Bewusstseinsstruktur von sozialer Erlebenstotalität auslegt. Deren letzter Bedingungsgrund ist nicht ein transzendentales Bewusstsein oder ein materielles Sein mit seinen historischen Gesetzmäßigkeiten, sondern die Historizität von wandelnden *Seinssituationen* und den kollektiven Versuchen, diese in Form von Weltdeutungen handhabbar und orientierbar zu machen.

Mit der Grundkategorie des *seinsgebundenen Denkens* vollzieht K. Mannheim eine doppelte Denkbewegung: Er nimmt an der philosophischen Destruktion des idealistischen Bewusstseinsprimats teil, und er restituiert den im 19. Jahrhundert aufkommenden Gedanken der Existenzphilosophie, dass das Denken adäquat nur durch eine Bezugnahme auf die reale Existenzsituation zu fundieren ist. Beides unternimmt er im Medium *denksoziologischer* Theoriebildung.

4.2. Weltanschauung

Eine wichtige definitorische Grundlegung der *Weltanschauungskategorie* liefert K. Mannheim innerhalb seines Entwurfes zur Grundlegung der Kultursoziologie, und zwar dort, wo es um den »inneren Aufbau kultursoziologischer Erkenntnis« geht. Dies geschieht nicht ohne Bedacht, denn die Kategorie der *Weltanschauung* gehört nicht zur Begrifflichkeit der »reinen Soziologie«. In der Soziologie als Lehre vom strukturellen Aufbau und vom Wandel der Gesellschaft wird die ökonomisch-soziale Realität als gesellschaftlicher Strukturzusammenhang analytisch auf den Begriff gebracht, nicht aber die erlebnismäßige Verarbeitung dieses Strukturzusammenhangs in den psychisch-geistigen Ausdrucksformen. Die soziologische Ebene, auf der man diese Ausdrucksformen in Betracht zieht, d.h. begrifflich-analytisch adäquat erfasst, ist die kultursoziologische Erkenntnisweise. In ihr geht es um die Analyse von historisch herausgebildeten Kulturformen, in denen sich das Soziale und das Geistige zu einer verselbständigten *Weltanschauungsform* verdichtet haben. Die Kategorie der *Weltanschauung* gehört damit genuin zur Grundbegrifflichkeit der kultursoziologischen Erkenntnis, die unter »historisch-soziologischen Feststellungen« Kulturgebilde auf ihre jeweils vorliegende gesellschaftlich-historische Funktionalität hin analysiert (Strukturen des Denkens, 1980, 94 ff.).

Wie die *Weltanschauungskategorie* als eine »mittlere Ebene« zwischen dem Sozialen und dem Geistigen konkret zu verstehen ist, hat K. Mannheim exemplarisch am Terminus »Bürgerlichkeit« klar gemacht:

»Spricht man von Bürgerlichkeit, so meint man nicht mehr nur die Rolle einer Klasse im Produktions- und Verteilungsprozess des Sozialproduktes, sondern Erlebniszusammenhänge, die sich [...] ökonomisch, sozial und historisch näher ergeben. Die erwähnten sozialen Kategorien bedeuten nicht Menschengruppen oder konkrete Einzelindividuen, sondern wiederum Erlebniszusammenhänge, die einer durch den betreffenden Terminus näher bestimmten ›sozialen Beziehung zugeordnet werden können‹« (ebd., 101).

Die kultursoziologische Kategorie, die diese Erlebniszusammenhänge auf den Begriff bringt, ist die *Weltanschauung*. Das historische Phänomen der »Bürgerlichkeit« ist also nicht mehr nur der Ausdruck der wirtschaftlichen Prosperität des dritten Standes. Auch ist es nicht mehr in sehr einseitiger Lesart nur der sittliche Normenkodex dieses ökonomisch-sozialen Standes. Vielmehr erfasst die *Weltanschauungskategorie* den »gemeinsamen Nenner«, der so »verschiedenen Faktoren wie das Geistige und Soziale« dieser ökonomisch, sozial und historisch die Moderne bestimmenden Trägerschicht. Entscheidend ist nun, dass die historisch-gesellschaftliche Totalität niemals nur durch *eine Weltanschauung* repräsentiert wird, sondern, dass *Weltanschauungen*, ganz gleich ob sie ein Zeitalter nun maßgeblich prägen oder nicht, immer nur in Konkurrenz zu anderen *Weltanschauungen* stehen und damit nur Teilausschnitte der historischen Wirklichkeit wiedergeben. Die *Weltanschauungskategorie* ist im Gegensatz zur Kategorie des *Seins* bei K. Mannheim, die ja, wie bereits ausgeführt, eine »dynamische, werdende Totalität des gesamten geistig-seelischen Lebens« (Historismus, 1964, 262) meint, eine Kategorie, die eine genau umgrenzte und kulturell bindende Sinnpartikularität dieser Seinstotalität aufweist, und zwar als ein identisches, auf ganzheitlichen Weltbezug ausgerichtetes Strukturmuster für kollektive Sinngebungen von gemeinschaftlichen Erlebniszusammenhängen. Solchermaßen ist auch die Definition der Weltanschauungskategorie bei K. Mannheim gemeint: »*Weltanschauung*« (eines Zeitalters, einer Gruppe usw.) ist eine strukturell verbundene Reihe von Erlebniszusammenhängen, die zugleich für eine Vielheit von Individuen die gemeinsame Basis ihrer Lebenserfahrung und Lebensdurchdringung bildet. Die *Weltanschauung* ist also weder die Totalität der in einem Zeitalter vorhandenen geistigen Gebilde noch die Gesamtheit der in einem Zeitalter vorhandenen Individuen, sondern die Gesamtheit jener strukturell zusammenhängenden Erlebnisreihen, die sowohl von Seiten der Gebilde wie auch von Seiten der sozialen Gruppierungen bestimmt werden können (Strukturen des Denkens, 1980, 101). Um einem Irrtum vorzubeugen: Eine *Weltanschauung* ist nicht die strukturell zusammenhängende Erlebnisreihe; sie geht nur aus dieser hervor als ein gemeinsames, in sich kohärentes, auf kollektive Ganzheit abgestimmtes Sinngebungsmuster dieser Erlebnisreihen. Zwar schreibt K. Mannheim, dass »die *Weltanschauung* [...] ein System unter sich kohärenter Erlebnisse« (ebd., 102) ist. Die *Weltanschauung* ist jedoch, so wie sie in einer »Mehrzahl der verschiedensten Objektsphären«, d.h. in der »Kunst, Religion, Politik, wirtschaftlicher Aufbau usw.« sich manifestiert, niemals der Erlebniszusammenhang selbst. Die *Weltanschauung* ist der »Geist«, die »dahinterstehende Identität des erlebnismäßigen Fonds«, die sich »in verschiedenen Kulturobjektivationen ausspricht« (ebd.). Sie ist – wie K. Mannheim in seiner frühen Schrift »Die Grundprobleme der Kulturphilosophie« (1985) ausgeführt hat – »eine erste Objektivierung grundlegender subjektiver Erlebniskategorien«. Zwar ist das psychische Erleben das »gemeinsame subjektive Urfundament« (Strukturen des Denkens, 1980, 228) in der die *Weltanschauung* ihren noch indifferenten, weil affektiven und voluntativen Ursprung hat, aber erst als Objektivierung wird sie, was sie zum Gegenstand einer theoretischen Ausdrucksanalyse macht: Eine für eine geschichtliche *Situation* unabdingbare und auf lebensweltliche Totalitätssicht hin angelegte Formung der gemeinsamen Wirklichkeitsdeutung. Man kann nun fragen, wenn die Weltanschauung ihr »Urfundament« im subjektiven Erleben hat, wieso sie dann nicht durch psychologische Kategorien, die sich unmittelbar erklärend auf dieses subjektive Erleben beziehen, adäquat bestimmt werden kann? In der vorgenannten Schrift »Grundprobleme der Kulturphilosophie« (1985) liefert er eine entsprechend klare Antwort: Die *Weltanschauung* ist keine einfach psychische Erscheinung, sondern kulturell objektivierte Formung von Erlebnissen. Das Erleben, das Erlebnis in seiner individuellen Genese oder in seiner subjektiven psychischen Erscheinungsweise, erklärt noch keine *Weltanschauung*; es verweist nur in individueller Erscheinungsform auf etwas, was im geschichtlichen Wesen der Kultur grundlegend ist: Das Seelische als das gemeinsam subjektive Urfundament in der Formung dessen, was sich als Geist von Kulturgebilden auszudrücken vermag. Von daher unterscheidet K. Mannheim analytisch-begrifflich eine »psychologische Seele« von einer »kulturphilosophischen Seele«, um die entscheidende Differenz zur Psychologie des Erlebens aufzuzeigen: »Die Psychologie behandelt die psychischen Erscheinungen nur, insofern sie intentionale Akte sind«; und nur durch die Rekonstruktion dieser »intentionalen Akte« kann der Begriff »psychologische Seele« aufgefüllt und bestimmt werden. »Beim kulturphilosophischen Seelebegriff« jedoch »fallen die intentionellen Akte weg« (ebd., 222 ff.). Der »kulturphilosophische Seelebegriff« bezieht sich auf das Ingenium, das jeder Kultur wesensartig zugehörig ist: die schöpferisch-geistige Umformung bzw. Gestaltung konjunktiv erwirkter Seinserfahrung. Wenn also gesagt wird, dass die *Weltanschauung* so etwas ist wie der identische »Geist« einer Kulturepoche oder Kulturerscheinung, dann komplementieren sich in der *Weltanschauung* Geist und Seele gleichermaßen. Die (Kultur-)Seele verweist auf das in jeder *Weltanschauung* inhärente Ausdrucksvermögen des seelischen Erlebens und der (Kultur-)Geist auf die manifeste, weil verobjektivierte Ausdrucksform der bedeutungshaften Sinngebung eines kollektiven Seinserlebnishintergrunds. Prononcierter ausgedrückt heißt dies: Der Geist drückt in weltanschaulichen Sinngebungsformen das aus, was »das Seelenleben durch Erlebnisformen« an noch völlig indifferenten Erlebnisqualitäten bereits »vereinigt« (ebd., 229): die Gesamtheit der durch die menschlichen Sinne ermöglichten Sinngebungsakte zu einer Totalansicht von Welt bzw. Leben.

Eine weitere definitorische Grundlegung der *Weltanschauungskategorie*, jetzt aber mehr in einem historistischen Begründungskontext, liefert K. Mannheim in seiner Schrift »Beiträge zur Theorie der Weltanschauungs-Interpretation« (1964, 91 ff.). K. Mannheim betont zwar, dass es in diesen »Beiträgen« nicht um »eine inhaltliche Definition des *Weltanschauungsbegriffs*« geht, sondern nur um »die methodologische Struktur und den logischen Ort des *Weltanschauungsbegriffs*«. Aber auch die Analyse der »Begriffsbildung [...] vom Gesichtspunkt des Methodologen« aus liefert essentielle Bestimmungen zum Verständnis dieser Grundkategorie. Es lassen sich aus dieser

Schrift drei markante Merkmale interpretatorisch erschließen, die ein weiteres Verständnis der Mannheim'schen *Weltanschauungskategorie* ermöglichen:

Erstens das Abgrenzungsmerkmal, dass eine *Weltanschauung* niemals identisch ist mit einem bestimmten religiösen oder philosophischen System, das in einer historischen Epoche bzw. Zeitspanne das jeweilige Denken dominiert. So ist z.B. die kantische Philosophie zwar leitend für das Aufklärungsdenken, aber sie deckt damit noch nicht das *Weltanschauungsmuster* der Aufklärungsepoche insgesamt ab. Die *Weltanschauung* einer Epoche oder einer gewissen historischen Zeitspanne basiert eben auf einer umfassenden, letztlich aus der gelebten (historischen) Seinserfahrung resultierenden Weltdeutung, wie sie »in vortheoretischer Weise das Zeitalter« insgesamt bestimmt hat (1964, 91).

Zweitens, und dies hängt unmittelbar mit ihrer vortheoretischen Abstammung zusammen, stellt eine *Weltanschauung* immer eine *atheoretische Einheit* bzw. Totalität der historisch gegebenen und wirksamen Wirklichkeitsdeutung dar. Auf diese totalitätsgebundene Weise umfasst sie nicht nur »sämtliche Gebiete der Kultur«, sondern gibt auch »allen Kulturobjektivationen«, gleich welcher Art diese auch sein mögen, eine identische Prägung. Insofern ist »auch die Philosophie selbst nur eine der Trägerinnen jener Einheit [...], die vor allen Kulturobjektivationen angesetzt werden muß und als deren Ausstrahlungen man sämtliche Kulturobjektivationen zu betrachten hat« (ebd., 97). In der *Weltanschauungskategorie* konvergierten also Teilidentität der einzelnen Kulturobjektivationen mit der Gesamtidentität aller Kulturobjektivationen. Ermöglicht wird deren Erfassung jedoch nicht durch die Addition der Wesensbestimmungen der einzelnen Kulturobjektivationen, sondern allein durch eine »synoptische Betrachtung der Geschichte« (ebd.), in der sich eine Einheit von identischen Ausdrucksformen in allen Kulturobjektivationen anzeigt. Nicht in den inhaltlichen Differenzen der verschiedenen Kulturbereische und Kulturobjektivationen zeigt sich dieses einheitliche Identitätsmuster, sondern allein in der Vergleichbarkeit der Sinnformen. Konsequent spricht K. Mannheim deshalb im Rahmen seiner *Weltanschauungsanalyse* auch von einer Stilanalyse, die den jeweiligen Ausdrucksstil der jeweiligen historischen Wirklichkeits- bzw. Seinsdeutungen rekonstruiert.

Drittens ist die *Weltanschauung* die Einheit oder Totalität eines bestimmten Stil des Denkens, Handelns und Erlebens einer Epoche, einer historischen Zeitspanne und einer entsprechenden Trägerschicht, die diese Weltanschauung repräsentiert. Damit ist sie selbst niemals eine Kulturobjektivation. Dies geht aus eindeutig aus zwei Sätzen K. Mannheims hervor, die die Kategorie der *Weltanschauung* zunächst nebulös erscheinen lassen: So heißt es zunächst in paradox gehaltener Diktion, dass die *Weltanschauung* einerseits »in allen« theoretischen wie atheoretischen Sinngebilden der Kulturobjektivationen zugleich vorliegt, andererseits aber »gerade deshalb vollständig und restlos in keiner von ihnen erfassbar ist«. Begründet wird dies dann damit, dass die *Weltanschauung* einen »neuen objektjenseitigen Zusammenhang« bildet, der selbst keine eigenständige Kulturobjektivation darstellt:

»Die Weltanschauungseinheit und Totalität meint etwas, das uns nicht nur hinter das Theoretische, sondern auch hinter sämtliche Kulturobjektivationen zu greifen auffordert. Jede Kulturobjektivation und auch jeder selbstständige und unselbstständige Teil aus ihr erscheint unter diesem Aspekt als ein Bruchstück, ein für eine Ergänzung offen stehender Teil, dessen Ganzes gar nicht in der Ebene der Objektivation liegt« (ebd., 101/102).

Damit bleibt aber die Frage, was die *Weltanschauung* eigentlich ist, bzw. wie sie inhaltlich von K. Mannheim bestimmt werden kann, vollkommen offen. Unter methodologischen Gesichtspunkten, ist die Offenheit jedoch schnell zu schließen. In Analogie zu den Weber'schen Idealtypen, ist die *Weltanschauung* nichts anderes als eine methodologische Konstruktionskategorie in geistesgeschichtlicher Absicht. Mit dieser Kategorie ist es möglich, eine historische Kulturtotalität so zu rekonstruieren, dass die »existenziellen Beziehungen zwischen den geistigen Realitäten eines Zeitalters und den reflexiven, konjunktiven Erfahrungen über sie« (Strukturen des Denkens, 1980, 253) in der Weise sichtbar werden, dass die in »einer Epoche vorhandene Weltwollung« (Das Problem einer Soziologie des Wissens, 1964, 385) aufdeckbar wird. Damit wird die *Weltanschauung* zu einer geistigen Funktionalitätsform für das in einer historischen Seinslage vorfindliche, sozial-existenzielle »*Engagiertsein*« einer bestimmten Trägerschicht. Gleichwohl bleibt die *Weltanschauungskategorie* primär eine methodologische Deutungskonstruktion, um den seelisch-geistigen Totalitätsbezug einer historischen Seinssituation adäquat zu erfassen. Sie ist, obwohl sie eine soziologische Funktionalität des seelisch-geistigen Weltbezugs beschreibt, niemals die Wiedergabe einer sozialen Entität, die ontisch zu substantialisieren wäre. Obwohl sich diese Kategorie ableitet aus dem sozialen »Fond des Lebens« (Das Problem der Generationen, 1964, 538) bzw. aus dem »Lebens- und Erfahrungsraum einer Gemeinschaft« (Strukturen des Denkens,

1980, 253), bleibt sie eine Kategorie, die den »Geist der Gemeinschaft« nach der in ihr herrschenden »Denktendenz« oder der in ihr lebenspraktisch operierenden »Denkstil«-Praxis (ebd.) historisch auslegt. Mit der letztbegründeten Verortung der *Weltanschauungskategorie* in die begriffliche Unspezifik von Leben, Gemeinschaft und seelischem Erleben, rückt diese Grundkategorie semantisch in die Nähe der durch die Lebensphilosophie diskreditierten Kategorie der Lebensanschauung – nur eben bei K. Mannheim *denksoziologisch* methodologisiert, wenn man sich nur auf die Interpretationsfolie der Schrift »Beiträge zur Theorie der Weltanschauungs-Interpretation« (1964, 91 ff.) bezieht.

Die semantische Nähe der Mannheim'schen *Weltanschauungskategorie* zur Kategorie der Lebensanschauung wird deutlich, wenn K. Mannheim die *Weltanschauung* als epochale Kategorie begründet. Prototyp einer solchen epochalen Weltanschauung ist für ihn z.B. der Historismus, und zwar nicht etwa als Form einer Geschichtsschreibung, sondern als »die *Weltanschauung* [...] in unserem Bewusstseinsstadium«, das zentral »unser Denken beherrscht«, und das »das Fundament ist, von dem aus wir die gesellschaftliche Wirklichkeit betrachten« (Historismus, 1964, 246/248). Als eine Form der Wirklichkeitsdeutung des modernen Lebens, unterscheidet sich diese *Weltanschauung* etwa deutlich von einem religiös gebundenen Weltbild des Mittelalters, bei dem das Prinzip der weltlichen Statik sowohl die Denk- wie Lebensweise gleichermaßen bestimmte. In der *Weltanschauung* des Historismus wird dagegen das Prinzip der Moderne, also der Gesichtspunkt des Wandels, der unentwegten Dynamik und Entwicklung zum »Kristallisationspunkt« dieser »neuen Lebensanschauung« (ebd., 247).

Unter dieser generellen, d.h., epochal-geschichtlichen Prämisse ist die *Weltanschauungskategorie* das idealtypische Instrument der Wiedergabe einer historisch zu isolierenden »Weltanschauungstotalität«, in der »die Einheit der verschiedenen Ausdrucksgebiete« des menschlichen Geistes (ebd., 282) für eine bestimmte Geschichtsepoche nachweisbar ist. In dieser kategorialen Grundlegung dominiert der *historische Totalitätsaspekt*, weil diese Totalität die historische Seinslage, den geschichtlich gegebenen Stand des Zivilisationsprozesses mit der seelisch-kulturellen Ausdrucksgestaltung, dem geistigen Bewusstseinsfundament synthetisiert. Neben dieser epochalen Bestimmung der *Weltanschauungskategorie*, die eine diachrone Betrachtungsweise eröffnet, existiert bei K. Mannheim eine weitere Bestimmung, die mehr die kollektiven Bewusstseinslagen von Gemeinschaften rekonstruiert. In dieser zweiten Bestimmung der *Weltan-*

schauungskategorie dominiert eindeutig ein *lebensweltlicher Totalitätsaspekt* mit einer synchronen Sichtweise. Modellfälle solcher lebensweltlichen *Weltanschauungen* sind bei K. Mannheim z.B. die Herausbildung einer *konservativen Weltanschauung* im frühen 19. Jahrhundert als politische Reaktion auf konkurrierende Weltanschauungssysteme, wie etwa den Liberalismus oder den Sozialismus (vgl. Die Bedeutung der Konkurrenz im Gebiete des Geistigen, 1982, 355 ff.) oder auch die prinzipielle Differenz von *Weltanschauungen* zwischen den Generationen (vgl. Das Problem der Generationen, 1964, 538 ff.). In beiden Fällen geht es um das, was K. Mannheim seiner Konservatismusstudie zugrunde gelegt hat: Die Darstellung »jenes vortheoretisch erlebnismäßigen Elements«, die (identische) »Grundintention« als »Stileinheit« zu erfassen, die den »konservativen *Denkstil* veranschaulicht« (Konservatismus, 1984, 110). Im konservativen, wie auch im generationsspezifischen *Denkstil*, sind, unabhängig von ihren verschiedenen Inhalten, jeweils identische »Grundintentionen« virulent, die einen Zusammenhang von dokumentiertem *Weltanschauungsmuster* und gruppen- bzw. milieuspezifischer Existenzsituation erkennen lassen. Der logisch-konsequente Umkehrschluss bei K. Mannheim ist nun, dass das Individualbewusstsein nur ein notwendiges und persönliches Residuum einer *Weltanschauungskonstitution* ist, die wiederum abhängig ist von einer lebensweltlichen Totalität, die sich nach den qualitativen Unterschieden jeweiliger gruppen- bzw. milieuspezifischer Existenzlagen aufspreizt. Auf diese Weise ist die Gesellschaft, ihr sozialer Raum – was die Existenz von *Weltanschauungstotalitäten* angeht – niemals einheitlich oder eindimensional strukturiert. Dies könnte man höchstens für den sozialen Raum der mittelalterlichen Gesellschaft unterstellen, aber nicht für die moderne Gesellschaft mit ihrer auf Dislozierung ausgerichteten Strukturdynamik.

Auf dieser Ebene der Bestimmung der *Weltanschauungskategorie*, wo die epochale Synopse der Geschichtsbetrachtung verblasst und die Disparitäten von vorübergehenden *Denkstilmustern* die synchrone Bedeutung der *Weltanschauungskategorie* mehr oder weniger auffüllen, geht diese Kategorie mit der »Aspektstruktur« des Denkens zusammen, wie sie in dem Mannheim'schen Begriff des *standortgebundenen Denkens* zum Ausdruck kommt. Dieser prominente Begriff in der Mannheim-Rezeption wird oftmals mit dem Begriff des *seinsgebundenen Denkens* gleichgesetzt oder sinngleich benutzt. Dies liegt u.a. auch daran, dass in K. Mannheims Schriften der Begriff des *standortgebundenen Denkens* in seiner Bedeutung changiert zwischen dem, was K. Mannheim eher als *seinsverbundenes Denken* begreift, nämlich den nur relativ geltenden, an manifesten Interessen orientierten Denkweisen von sozialen Gruppierungen und der prinzipiellen, weltanschaulichen Bindung von Denken und Erkennen aufgrund ihrer immer schon vorausgehenden *Seinsgebundenheit*. In dieser Interpretationsstudie wird die letztere Bedeutungszuweisung eher der Grundkategorie *Weltanschauung* zugerechnet und das *standortgebundene Denken* der inhaltlichen Grundkategorie der *Ideologie* zugeordnet. Gleichwohl ist Folgendes festzuhalten: Wie bereits ausgeführt und begründet ist das *seinsgebundene Denken* primär von der Spezifik des Mannheim'schen Seinsbegriff, der konjunktiven Verfassung sozialer Existenzsituation bestimmt, und die *Weltanschauung* stellt dazu nur eine, auf totale Weltdeutung ausgerichtete, geistig-seelische Ausdrucksform dar. Als eben eine primär methodologische Grundkategorie erfasst sie letztlich nur die in vorhandenden Stilmustern von Denken und Erleben repräsentierten Ausdruckstotalitäten. Von daher ist – wenn man taxonomisch denkt – die *Weltanschauungskategorie* der Kategorie des *seinsgebundenen Denkens* nachzuordnen, da sie deren auf totale Weltinterpretation ausgerichtete Ausdrucksformen bündelt. Die *Weltanschauung* baut systematisch als einheitliches Denkstilmuster auf dem konjunktiven Seinserfahrungsfundament des *seinsgebundenen Denkens* auf, ist aber nicht identisch mit ihm. Die *Weltanschauung* ist ebenso bindend wie das *seinsgebundene Denken*, bezieht sich ebenso immer auf eine Seinstotalität, hat aber nicht dessen Charakteristik der Einheitlichkeit. Zwar wird das Sein für K. Mannheim plural gedacht wird, aber diese Pluralität ist eine der verschiedenen Seinslagen, die sich durch die Geschichte des Menschen wandeln. Zu einer historischen Zeit gibt es also jeweils nur immer eine *Seinssituation*, zu der sich das weltanschauliche Denken als kollektiv und historisch variablen Totalitätsauffassungen ausdifferenzieren kann. Insofern gibt es zu einer historisch einheitlichen *Seinssituation* immer auch die Möglichkeit divergenter Weltanschauungsbildungen. Inhaltlich ist jede *Weltanschauung* für sich identisch, d.h. einheitlich, aber bezogen auf die jeweilige historische *Seinssituation* ist jede *Weltanschauung* perspektivische Seinssicht. Sie ist für eine jeweilige historische Zeitphase und für ein Kollektiv nur eine bestimmte, aspekthafte Weltsicht, die eine vorübergehend geltende Indexikalität von kollektiven Sichtweisen auf die *Seinssituation* hervorhebt.

Die Kategorie der *Weltanschauung* charakterisiert nicht so sehr die Standortgebundenheit des Denkens, sondern mehr seine grundsätzliche Aspektstruktur: »Aspektstruktur bezeichnet die Art, wie einer die Sache sieht, was er an ihr erfasst und wie er sich einen Sachverhalt im Denken konstruiert« (Ideologie und Utopie, 1985, 234). Die Weltanschauungskategorie hat es mit der noetischen Einheitsstruktur in den kollektiven Denkweisen zu tun. Die *Seinssituation* hat es dagegen mit der faktischen Einheitlichkeit einer historischen Seinslage zu tun, die sich nur im Geschichtsprozess der Seinsentwicklung wandelt. Von der *Weltanschauung* ist davon aber noch abzuheben das *standortgebundene Denken*, das eher auf die, in den kollektiven Denkweisen eingelagerten und interessegebundenen, Kollektivwertungen abhebt.

Auch wenn hier eine Differenz ausgewiesen wird, so steht die Weltanschauung als primär noetische Matrix von Weltvorstellungen nicht in einem prinzipiellen Gegensatz zum *standortgebundenen Denken*. K. Mannheim schreibt in Ideologie und Utopie:

> »Man könnte überall aufweisen, wie nicht nur die letzten Stellungnahmen, Wertungen, Inhalte, sondern auch die Problemstellungen, die Art und Weise der Betrachtung und sogar die Kategorien, in die man Erfahrung einfängt, sammelt und ordnet, je nach dem Standort verschieden sind« (1985, 128).

In diesem Zitat ist also beides angesprochen: Zum einen das *standortgebundene Denken* als die Verschiedenheit der Denk- und Erkenntnisweisen aufgrund divergenter sozialer Standorte. Zum anderen die kategoriale Umformung von Erfahrung im Sinne von letzter Stellungsnahme, von letzter Wertung – was nichts anderes heißt als die Synthetisierung von Erfahrungen zu einer lebensweltlich gebundenen Totalsicht als *Weltanschauung*. Insofern könnte man auch von einer *standortgebundenen Weltanschauung* sprechen, so dass die noetische Grundstruktur der *Weltanschauung* mit den *standortgebundenen Denkweisen* zusammenfällt. Auf diese Weise sind eben die ausmachbaren Differenzen von verschiedenen *Weltanschauungen* (einer historischen Seinslage) nicht nur Differenzen in den Totalansichten von Welt, sondern auch Differenzen, die mit den verschiedenen *Denkstandorten* im sozialen Raum koinzidieren.

Vorerst kann folglich festgehalten werden: Der Begriff des *standortgebundenen Denkens* betont mehr als die *Weltanschauungskategorie* die soziale Interessenlage von geistigen Trägerschichten, die eine Weltanschauung gegen andere Gruppierungen vertreten. Diesen Zusammenhang hat K. Mannheim primär an der Existenz politischer Weltanschauungsmuster verdeutlicht, weil in ihnen – mehr als in den historischen *Weltanschauungen* – nicht nur eine jeweilige »Sichtpartikularität« (ebd., 259) offenkundig wird, sondern auch, weil in ihnen, den insbesondere politisch motivierten Denkweisen, am klarsten der funktionelle Zusammenhang von konkurrierenden geistigen Strömungen und »analogen Strukturlagen im sozialen Raum« (Die Bedeutung der Konkurrenz im Gebiete des Geistigen, 1982, 348) nachweisbar ist. Gleichwohl ist es aber so, dass seine *denksoziologische* Programmatik den Anspruch der Erforschung des *faktischen* Denkens im Menschen (Zur Problematik der Soziologie in Deutschland, 1964, 619) erhebt, »das Unvermeidliche des weltanschaulichen Elements« als »strukturelle Bestimmung eines Denkbezirks« (ebd., 617) generell herauszuarbeiten. Von daher ist das *standortgebundene Denken* kein Spezifikum des politischen Denkens allein, sondern trifft sich terminologisch mit der generellen »Aspektstruktur«, die auf allen Weisen der kategorial formalen Erfassung von Welt als lebensweltliche Totalitätserfahrung lastet. Der generelle Perspektivismus, für die *Weltanschauung* veranschlagt wird, kehrt im Terminus des *standortgebundenen Denkens* in der Weise wieder, dass in ihm dieser Perspektivismus nur als gruppenspezifisches Interesse eines ideologisch vertretenen *Denkstandortes* ausgedrückt wird. Anders und formelhafter formuliert: Die *Weltanschauung* betont die prinzipielle Aspektstruktur des Denkens, weil sie argumentativ mit dem Wahrheitsperspektivismus verbunden ist. Das *standortgebundene Denken* reformuliert die Standpunktvariationen, die der Aspektstruktur des Denkens semantisch beigegeben sind, um sie als sozial heterogene Interessenstandorte von Kollektiven zu qualifizieren.

Der Bestimmung der Mannheim'schen *Weltanschauungskategorie* kann man sich auch nähern, wenn man sie im geistesgeschichtlichen Kontext situiert, aus dem sie sich intertextuell mitbestimmt. Obwohl die Kategorie der *Weltanschauung* ihre Konjunktur im Übergang vom 19. zum 20. Jahrhundert hatte, was ohne weiteres ein verspätetes Resultat des Zerfalls der großen Denksysteme ist, geht die erste kategoriale Begriffsbildung noch auf I. Kant zurück. In seiner »Kritik der Urteilskraft«, speziell der »Kritik der ästhetischen Urteilskraft« (1998, 279 ff.), benutzt I. Kant die Kategorie der *Weltanschauung* erstmalig und wohl auch einmalig. Nicht ohne Grund hat I. Kant die *Weltanschauungskategorie* in der Kritik der Urteilskraft eingeführt, denn dort geht es weniger um das logische Vermögen des Verstandes, sondern um die Analytik des Schönen und Erhabenen, wie sie durch die Kräfte des Gemüts, insbesondere durch die Einbildungskraft zum Anschauungsurteil kommen. In der ästhetischen Urteilskraft geht es um Urteile, die ihren letztlichen Bestimmungsort im Gefühl, in der empfindenden Anschauung haben: »Das Urteil heißt eben darum ästhetisch, weil der Bestimmungsgrund desselben kein Begriff, sondern das Gefühl (des inneren Sinnes) jener Einhelligkeit im Spiele der Gemütskräfte ist, sofern sie nur empfunden werden kann« (ebd., 309). Der Weltanschauungsgrund liegt also jenseits kognitiven Vermögens; er geht als ein ästhetisches Urteil einzig aus dem »Gefühl des Subjekts« hervor (ebd., 313), und zwar so, dass in ihm ein Quantum im Vermögen der Anschaulichkeit nicht als »Auffassung (apprehension)«, sondern als Überschreitung bloßer »Zusammenfassung (comprehension aesthetica)« (ebd., 339) zur Darstellung kommt. I. Kant führt die *Weltanschauungskategorie* genau an der Stelle ein, wo es um dasjenige geht, was über die logisch-mathematische Größenbestimmung hinausreicht. Kantisch gesprochen heißt das, was über »die Zusammenfassung des Vielen in eine Anschauung, bis zur Grenze des Vermögens der Einbildungskraft« (ebd., 340) hinausgeht, das ist die Fähigkeit, das Unendliche ohne Widerspruch zur Vorstellung denken zu können. Dort wo die Erfassung des Ganzen, der Totalität durch das reine Erkenntnisvermögen scheitert, weil durch Zahlenbegriffe nicht abbildbar, springt das Gemüt mit der Stimme der Vernunft ein:

»Nun aber hört das Gemüt in sich auf die Stimme der Vernunft, welche zu allen gegebenen Größen, selbst denen, die zwar niemals ganz aufgefasst werden können, gleichwohl aber (in der sinnlichen Vorstellung) als ganz gegeben beurteilt werden, Totalität fordert, mithin Zusammenfassung in eine Anschauung, und für alle jene Glieder einer fortschreitend wachsenden Zahlreihe *Darstellung* verlangt, und selbst das Unendliche (Raum und verflossene Zeit) von dieser Forderung nicht ausnimmt, vielmehr es unvermeidlich macht, sich *dasselbe* (in dem Urteile der gemeinen Vernunft) als ganz (seiner Totalität nach) gegeben zu denken«.

Weiterhin heißt es: »Aber, was das Vornehmste ist, es als ein *Ganzes* auch nur denken zu können, zeigt ein Vermögen des Gemüts an, welches allen Maßstab der Sinne übertrifft. Denn dazu würde eine Zusammenfassung erfordert werden, welche einen Maßstab als Einheit lieferte, der zum Unendlichen ein bestimmtes, in Zahlen angebliches Verhältnis hätte, welches unmöglich ist. Das *gegebene* Unendliche, aber dennoch ohne Widerspruch *auch nur denken zu können,* dazu wird ein Vermögen, das selbst übersinnlich ist, im menschlichen Gemüte erfordert. Denn nur durch dieses und dessen Idee eines Noumenons, welches selbst keine Anschauung verstattet, aber durch die Weltanschauung, als bloßer Erscheinung, zum Substrat unterlegt wird, wird das Unendliche der Sinnenwelt, in der reinen intellektuellen Größenschätzung, unter einem Begriffe *ganz* zusammengefasst [...]« (ebd., 340/341).

In der kantischen *Weltanschauungskategorie* kommen Kennzeichnungen zur Sprache, die auch in der *Weltanschauungskategorie* K. Mannheims vorfindlich sind. Wie auch bei I. Kant hat die *Weltanschauung* bei K. Mannheim ihren Bestimmungsgrund im seelischen Erlebnishaushalt. Auch die Kennzeichnung, dass die *Weltanschauung* eine unsinnliche Vereinheitlichung des sinnlichen Zugangs zur Welt ist, die subjektiven Erfahrungen auf eine auf Totalitätsanschauung abzielende Sichtweise bündelt, ist bei K. Mannheim ebenso gegeben. Letztlich, und dies trifft bei K. Mannheims *Weltanschauungskategorie* in besonderer Weise zu, denn sie ist bei ihm mit dem Stilbegriff identisch, ist die *Weltanschauung* eine ästhetisch-begriffliche Darstellungsform, die *der Idee der Welt als Ganzheit* folgt; also über die bloße quantitative Zusammenfassung hinausgeht. Gleichwohl gibt es eine zentrale Differenz im »Bestimmungsgrund« der Weltanschauungskategorie, die trotz gleicher Merkmalsbeschreibungen einen fundamentalen Unterschied ausmacht. Bei I. Kant hat die *Weltanschauung* einen universalen Charakter, der sich damit begründet, dass ja die Idee von Welt letztlich aus der Vernünftigkeit der Gemütskräfte des Subjekts selbst resultiert. Der Universalität der Vernunft entspricht der universale Charakter der Weltanschauungsbildung als ein ästhetisch-begriffliches Vermögen, die Welt als sinnvolle Ganzheit aufzufassen. Die *Weltanschauung* ist als Idee absolut und als vernunftgebotenes Konstrukt eine gleichbleibende Form subjektiver Welterfahrung. Dagegen ist die *Weltanschauungskategorie* bei K. Mannheim durch eine Heterogenität von disparaten Totalitätsauffassungen gekennzeichnet, die jede für sich die Sicht der Welt als sinnadäquate Ganzheit zwar behauptet, in ihrer jeweiligen Formensprache jedoch von anderen Totalsichten des Weltbezugs divergiert. Anstatt die *Weltanschauung* als bloß *formal ästhetische Kategorie* der ideenhaften und vernunftgebotenen Vereinheitlichung von subjektiven Welterfahrungen zu fassen, insistiert K. Mannheim auf die Disparität des sinnstiftenden Prinzips, die Welt als Totalität unter dem Gesichtspunkt eines perspektivischen Horizontausschnitts zu sehen. Diese Begrenztheit der Weltsicht ist für diejenigen, die dieser *Weltanschauung* folgen, nicht erfahrbar, denn jeder steht unter dem Diktat einer Gesamtauffassung von Welt. Aber aufgrund verschiedener »Seinslagen« im zeitlichen und sozialen Raum, die zu divergenten Kollektiverfahrungen führen, kommt es zu strukturell verschiedenen

Weltanschauungen, deren Charakteristik sich als plural und transitorisch anzeigt. Die *Weltanschauung* ist die begrifflich-ästhetische Ausdrucksform für die prinzipielle Heterogenität der Ideen von der Welt als Sinntotalität, die verschiedene Gemeinschaften oder Kollektive haben können.

Es gibt darüber hinaus einen weiteren grundsätzlichen Unterschied zwischen der *Weltanschauungskategorie* von I. Kant und der von K. Mannheim, wenn man auf die letztbegründete Bestimmung zurückgeht. Die *Weltanschauungskategorie* bei I. Kant ist vom Primat der Vernunft durchtränkt, während diejenige bei K. Mannheim vom seelischen Erlebnis her fundiert ist; also einer lebensphilosophischen Fundamentalkategorie, bei der sich vernunftgeleitete Zwecke von irrationalen Empfindungen und Motiven erst nachträglich und reflexiv abheben.

Was sich als erhebliche Differenz zwischen der *Weltanschauungskategorie* I. Kants und K. Mannheims ausmachen lässt, verschwindet nahezu, wenn man vergleichend auf die *Weltanschauungskategorie* W. Diltheys rekurriert. In seiner »Weltanschauungslehre« (Gesamtausgabe, Band VIII, 1977) sind *Weltanschauungen* geschichtlich wirksame Selbstdeutungen des Menschen, in denen sich der voluntative, der kognitive und der emotionale Weltbezug in Form einer geistigen Totalitätsauffassung der Wirklichkeit verobjektiviert und verselbstständigt hat. Die *Weltanschauung* ist eine in sich kohärente Deutung der Wirklichkeit im Sinne einer dreifachen Funktionsleistung für die Selbstdeutung des Menschen: Erstens ermöglicht sie eine kognitive Stimmung aller sinnlichen Erfahrungen, zweitens verschafft sie dem Menschen eine emotional befriedigende Weltbewertung und drittens gibt sie dem praktischen Handeln eine in sich konsistente Handlungsorientierung. In dieser dreifachen Funktionsleistung liegt nicht nur die geschichtliche Wirksamkeit der *Weltanschauung*, sondern auch ihre anthropologische Notwendigkeit im Sinne eines stabilisierenden Weltbezugs des Menschen. Diese anthropologische Funktion ist aber von W. Dilthey nicht eigens hervorgehoben worden, da es ihm primär um die hermeneutische Rückübersetzung »der Verselbstständigung des Weltbildes [...] in den [ursprünglichen/Verfasser] Bezug zu der Lebendigkeit des Selbst« (ebd., 8) ging. Diese anthropologische Funktionszuschreibung liegt aber logisch auf der Hand, denn letztlich ist der Zusammenhang von Affektivität, Kognitivität und Wille ein für den menschlichen Lebensprozess elementar praktischer, der auf anthropologische Notwendigkeiten des Menschen zurückweist. Gleichwohl ist die *Weltanschauung* niemals die schlichte Repräsentation eines fühlenden, eines handelnden und eines erkennenden Lebensprozesses des Menschen. Obwohl sie aus dieser Gesamtheit des Lebensprozesses ihren Ursprung nimmt, aus ihm als geistige Objektivierung hervorgeht, setzt sie sich als eigenständiges Sinn- und Bedeutungsobjekt über diese basale Lebensbezogenheit ab. Sie ist eine ideelle Überhöhung seitens der Subjekte, die in ihrem fühlenden, wollenden und erkennenden Bezug zur Wirklichkeit, diesen in einer Weise vergegenständlichen, dass sich darin die Sinndimension der Selbstdeutung als Weltdeutung totalisiert. Da diese Selbstdeutung als Weltdeutung in ihren Ausdrucksformen, W. Dilthey nennt maßgeblich die Kunst, die Religion und die Philosophie, erheblich divergiert, kommen der *Weltanschauung* zwei Charakteristika zu, die sie auszeichnen: Sie ist historisch variabel und sie ist wahrheitsrelativ. Das Erste besagt, dass die *Weltanschauung* jeweils Ausdruck einer gegebenen geschichtlichen Situation ist. D.h. sie ist die Art und Weise, wie die Menschen innerhalb dieser geschichtlichen Situation fühlend, denkend und handelnd den Lebensprozess in eine geistige Form der sinnhaften Selbstdeutung uminterpretiert haben. Das Zweite besagt, was mit der Historizität von *Weltanschauungen* natürlich zusammenhängt. Dass mit der *Weltanschauung* keine epistemologischen Wahrheitsgeltungen zu verbinden sind. *Weltanschauungen* unterliegen den bedeutungs- und sinngebenden Akten des Menschen; sie sind also symbolische Totalinterpretationen und keine Abbildungen des realen Weltbezugs. Was die geschichtliche Situation realiter ist bzw. war sagen nicht die *Weltanschauungen* aus. Sie dokumentieren nur, wie die geschichtlichen Subjekte die historische Situation im Zusammenhang ihres Fühlens, Wollens und Denkens in ein kohärentes Sinnbild von Welt umgedeutet haben. Da diese zugleich als Wirklichkeitsdeutungen fungieren, müssen sie eine lebenspragmatische Funktion erfüllen, die darüber entscheidet, inwieweit die gebildete *Weltanschauung* in der jeweiligen geschichtlichen Situation handlungs- und orientierungsfähig oder nicht ist.

Vergleicht man diese Ausführungen zur Weltanschauungskategorie W. Diltheys, so wird deutlich wie viel argumentative Übereinstimmungen zur Mannheim'schen *Weltanschauungskategorie* bestehen. Wahrheitsrelativismus der Weltanschauung, Fundierung der Weltanschauung in der Trias von Affektivität, Wille und Kognitivität und lebenspragmatische Funktionalität sind zentrale Merkmalsbestimmungen, die auch die Mannheim'sche Weltanschauungskategorie prägen. Die lebenspragmatische Funktionalität der *Weltanschauung* hebt K. Mannheim z.B. in der Aufgabenstellung seiner *Denksoziologie* explizit hervor: »Gerade diese Funktionalität jedes sozialen, *seinsverbundenen Denkens* auf verschiedenen Stufen des Seins herauszustellen, ist die weitere Aufgabe der Erkenntnissoziologie« (Das Problem einer Soziologie des Wissens, 1964, 368). Noch präziser hat dies R. Blomert herausgestellt, wenn er davon spricht, dass K. Mannheim die »Unterscheidung zwischen dem richtigen und dem falschen durch das adäquate Bewusstsein« eingeführt hat, um in historischer Absicht zu zeigen, dass »ein Bewusstsein sich in Bezug auf einen Standort oder eine historische Situation als adäquat oder nicht adäquat erweisen kann« (R. Blomert, 1999, 141/42). Man könnte nun folgern, dass K. Mannheim die *Weltanschauungskategorie* W. Diltheys vollständig adaptiert hat, auch und gerade durch die gemeinsame, lebensphilosophische Fundierung dieser Kategorie, speziell in dem begrifflichen Zusammenhang von Erleben, Ausdruck und Verstehen. Gleichwohl bleiben Differenzen, die aufzeigen, dass K. Mannheim die Dilthey'sche Weltanschauungskategorie nicht bloß einfach übernommen, sondern produktiv für seine *denksoziologische* Fragestellung umgewandelt hat. Welches sind im Kern die Differenzen?

Zunächst ist es bedeutsam, dass W. Dilthey von einer »psychologischen Grundlegung der Weltanschauungslehre« (Gesammelte Schriften, Band VIII, 1977) spricht. Damit ist das, was konstitutiv den *Weltanschauungen* zugrunde liegt, also die kognitiven Wahrnehmungsoperationen, die elementaren Empfindungen und die elementaren Willensintentionen, nur mittels psychologischen Verstehens zu erfassen. Anders ausgedrückt: Der innerliche Zusammenhang, W. Dilthey nennt sie die »primäre Weltvorstellung« (ebd., 18), weil sie die »Einheit des Blickes und des auffassenden Subjekts in einer Einheit äußerlich zusammengeordnet und zunehmend innerlich verbunden« (ebd., 19) weiß, konstituiert sich aus einer Bedürftigkeit des Subjekts selbst: Die »primäre Weltvorstellung« ist mithin an psychische Konstitutionselemente des Subjekts gebunden, die ausschließlich psychologischer Natur sind. Zwar bauen die *Weltanschauungen* als geschichtlich wirksame Bewusstseinseinstellungen organisch auf diese primären, subjektiven Weltvorstellungen auf, aber Diltheys Warnung, den Weltbegriff metaphysisch vom »Selbst« zu lösen und als »ein Unabhängiges begreifbar zu machen« (ebd., 24), setzt die subjektbestimmte Weltvorstellung als genetischen Urgrund von *Weltanschauungen* ins Recht. Ebenso wie in K. Jaspers »Psychologie der Weltanschauungen« (1960) ist die *Weltanschauung* für Dilthey primär ein individuelles Vorstellungskonstrukt, »ein individuelles Gehäuse« (K. Jaspers, 1960, 143), mit dem das Subjekt sich in der Wirklichkeit umfassend orientiert. Dagegen ist für K. Mannheim die *konjunktive Erfahrungsbasis* bereits das Fundament der primären

Weltvorstellung, die sich dann als verbindlich geltende Totalform einer geschichtlich wirksamen Seinsauslegung zur *Weltanschauung* verobjektiviert. *Die Weltanschauungskategorie* bei K. Mannheim und bei W. Dilthey differiert bereits in der Begründung des Konstitutionsprozesses von Weltanschauungen. An die Stelle eines psychologischen Verstehens des subjektiven Entstehungszusammenhangs von *Weltanschauungen,* tritt bei K. Mannheim die soziologische Interpretation ihrer konjunktiven, d.h. der sozialen Konstitutionsprozesse.

Eine weitere Differenz ergibt sich, wenn man die historische Abfolge, also den sukzessiven Prozess der geschichtlich wirksamen *Weltanschauungen* in den Blick nimmt. Bei Dilthey ist es so, dass die Funktionsfähigkeit einer historischen *Weltanschauung* daran gekoppelt ist, inwieweit sie sozial praktisch die Wirklichkeitsdeutung mit der historischen Situation in Einklang bringt. Von daher gibt es bei Dilthey ebenso ein konkurrierendes Moment zwischen Weltanschauungen, wie dies K. Mannheim für das *standortgebundene Denken* angesehen hat. Gleichwohl schlägt Dilthey dem unentwegten Prozess von konkurrierenden *Weltanschauungen* eine hintergründige Teleologie des Geistes der historischen Vernunft zu. Die geschichtlichen *Weltanschauungen* als große Bewusstseinseinstellungen des Menschen folgen nämlich nicht nur einfach dem Diktat von adäquaten Seinsauslegungen der jeweiligen geschichtlichen Situationen. Vielmehr ist es so, dass sich im Fortgang einer geschichtlichen Teleologie zunehmender Selbstdeutungen des Menschen etwas entbirgt, was sich mit geschichtlich Vernunft fortschreibt: die Vernunftgestalt des objektiven Geistes. Gegen diese Hegel'sche Imprägnation der *Weltanschauungskonzeption* bei W. Dilthey setzt K. Mannheim die agonale Struktur der Konkurrenz von Weltanschauungen als eine absolute und prinzipielle. Er kann dies, weil seine soziologische Herangehensweise ihm letztlich aufzeigt, wie die Weltanschauungen in geistiger Form den agonalen Standorten und Positionen im sozialen Raum *entsprechen.* In seiner Schrift »Die Bedeutung der Konkurrenz im Gebiete des Geistigen« geht das Fazit der Konzentration von größeren geistigen Strömungen dahin, »dass diese konzentrierten geistigen Strömungen so eindeutig funktionell strukturiert sind, dass sie analogen Strukturlagen im sozialen Raum entsprechen« (1982, 348).

Der letzte Unterschied ist minimaler Natur, aber trotzdem gewichtig. Bei Dilthey ruht die *Weltanschauung* als objektivierte Bewusstseinseinstellung auf dem komplexen Zusammenspiel von Willen, Gefühl und Denken. Letztlich jedoch überwiegen die affektive Bewertungshaltung und die voluntative Orientierungsausrichtung, die sich in der Ausdrucksform der *Weltanschauung* verobjektivieren. Der kognitive Teil, der das reflexive Denken fundiert, ist bei Dilthey eher gering, weil die *Weltanschauung* selbst bereits eine nachträgliche Form der durch das Denken erzeugten primären Welteinstellung ist. Der kognitive Anteil ergibt sich also erst auf der Ebene einer synthetisierten Denkleistung, also dort wo die subjektiv primäre Welteinstellung die vorgängigen und elementaren Elemente wie Empfindungen und Willensintentionen bereits intellektuell überformt haben. Aus diesem Grunde ist auch der Begriff des Erlebens und nicht der Begriff des Denkens für W. Dilthey die Grundkategorie seiner lebensphilosophischen Hermeneutik des objektiven Geistes. Dagegen setzt K. Mannheim seine *Weltanschauungskategorie*, die von den faktischen Denkweisen ausgeht. Zwar ist auch bei K. Mannheim der letzte Bestimmungsgrund der *Weltanschauung* im konjunktiven Erleben zu suchen, als dessen verobjektivierte Denkform jedoch ist die *Weltanschauung* keine Totalisierung des innerpsychischen Zusammenhangs des subjektiven Lebensprozesses. Sie ist eher eine Totalisierung von kollektiven Denkhaltungen, die auf die objektiv erzwungenen Seinsformationen mit kognitiv-reflexiven Deutungsmustern so reagieren, dass sie den sozial-historischen Existenzsituationen möglichst adäquat entsprechen können. Bei W. Dilthey ist die *Weltanschauungskategorie* stark hergeleitet aus der Binnenperspektive des erlebenden Subjekts, bei K. Mannheim aus der Außenperspektive von Gemeinschaft, in der die Form von *Welt*anschauung als der *kooperative Prozess gemeinschaftlichen Denkens und Deutens* vorfindlich ist.

Mit dem Begriff der Gemeinschaft, den K. Mannheim immer dann benutzt, wenn er von der »sozialen Struktur des Bewußtseins« (Strukturen des Denkens, 1980, 79 ff.) als »gemeinschaftliche(n) Erlebnisstrom« in »sozialen Gruppenbildungen«, (ebd., 1980, 101) spricht, nimmt er implizit die kategoriale Unterscheidung von Gesellschaft und Gemeinschaft auf, die F. Tönnies in seinen »Grundbegriffen der reinen Soziologie« (1887/1991) entwickelt hat – freilich bezogen auf seine Weltanschauungskategorie mit verändertem Sinngehalt. Grundsätzlich – so F. Tönnies – beruhen alle sozialen Gebilde auf dem Prinzip der »Verbindung«. In heutiger Diktion heißt dies: auf dem Prinzip der sozialen Beziehung. Nach diesem Prinzip lassen sich Gesellschaft und Gemeinschaft vorerst noch gar nicht auseinander halten. Was sie jedoch trennt, ist der graduelle Zusammenhalt. Gemeinschaften haben einen hohen Grad des Zusammenhalts, weil sie »Verhältnisse gegenseitiger Bejahung« (ebd., 3) sind, und zwar aufgrund einer »vollkommenen Einheit menschlicher Willen als einem ursprünglichen oder natürlichen Zustande« (ebd., 7). Das »Wesen der Gemeinschaft«, ihr Verbindungsverhältnis geht aus dem

»realen und organischen Leben« (ebd.) hervor. Was die Gemeinschaft gegenüber der Gesellschaft auszeichnet, ist ein Verbindungsgefüge aus Gewohnheiten und lebenspraktischen Verpflichtungen, die vegetativ wie voluntativ fundiert sind. Unter dem Begriff der Gesellschaft, die sich auch dem Verbindungsprinzip verdankt, ist das Verbindungsverhältnis jedoch rein äußerlich bzw. rein ideell gedacht. Das »Wesen der Gesellschaft« beruht auf einer »ideellen und mechanischen Bildung« (ebd., 3). In der Gesellschaft ist »ein bloßes Nebeneinander voneinander unabhängiger Personen« gegeben (ebd., 4), also eine gegenseitige Wirkung, die sich in rational konstruierten Gebilden, wie z.B. Institutionen, Verträgen, Ordnungsregeln usw. ausdrückt. In der Gemeinschaft findet sich ein »Zusammenleben« des »Vertrauten, Heimlichen« wieder, deren »Teilhaftigkeit« primär »seelisch empfunden« wird. Die Gesellschaft jedoch ist die »Öffentlichkeit, ist die Welt« (ebd.), in der das gemeinschaftliche Zusammenleben sekundärer, die Regelung der Austauschverhältnisse jedoch primärer Zweck ist.

Man muss sich nun fragen, wie auf der Grundlage der von F. Tönnies vorgenommenen Differenz von Gemeinschaft und Gesellschaft, die *Weltanschauungskategorie* K. Mannheims zu verorten ist. In ihrer Konstitutionsgenese geht die *Weltanschauung* ja auf das seelische Moment der *konjunktiven Erfahrung*, der gemeinschaftlichen Erlebensidentität zurück, in ihrer ideellen Bildung und Ausdrucksform jedoch steht sie über dem »realen und organischen Leben« der Gemeinschaft (F. Tönnies, 1991, 4). Insofern ist die *Weltanschauung* auch nicht etwas, was dem »vegetativen Leben« der Gemeinschaft zugehörig ist. Sie ist eine im *konjunktiven Erkennen und Denken* erzeugte Form, die ihren gemeinschaftlichen Seelenhaushalt nicht nur vergessen, sondern auch geistig-reflexiv zur Eigenmacht umgestaltet hat. Zwischen gemeinschaftlich seelischem Erlebnisursprung und historisch gesellschaftlicher Wirkungsform stehend, ist die *Weltanschauung* ein intermediäres Artefakt auf Zeit, um die Ganzheit von seelischem und geistigem Wir-Bewusstsein in einer denkförmigen Totalansicht des Lebens auszudrücken. Der wahre Ort des Entstehungs- und Verwendungszusammenhangs der sinnhaften Totalitätsstiftung liegt nicht bei den Subjekten; er liegt in den kovariierenden Sinnprozeduren von sozialen Gruppen. Sinnprozeduren, die sich zu Weltanschauungssystemen totalisiert haben: »Wir gehören zu einer Gruppe [...] hauptsächlich, weil wir die Welt und bestimmte Dinge in der Welt so wie sie sehen, d.h. durch die Sinndeutungen der fraglichen Gruppe hindurch. In jedem Begriff, in jeder konkreten Sinngebung haben sich die Erfahrungen einer Gruppe kristallisiert« (Ideologie und Utopie, 1985, 20/21). *Weltanschauungen* sind die verfestigte Form der konjunktiven Erfahrungen einer Gruppe zu einem ideellen Totalsinn ihres lebenspraktischen Weltbezugs. Der Weltsinn ist das, was wir – innerhalb standortgebundener Seinslagen – vorübergehend alle denken.

Bisher ist die Mannheim'sche *Weltanschauungskategorie* durchgehend auf der Folie seines geistesgeschichtlichen Kontextes expliziert und geklärt worden. Was aber fehlt, das ist seine terminologische Abgrenzung zu Begriffen, die in seinem semantischen Umfeld stehen, gleichwohl aber gegenwärtig sozialwissenschaftlich prominenter sind: Kategorien wie das Sprachspiel, die Lebenswelt, der Diskurs und die Mentalität. Die Abgrenzungen zu diesen Kategorien können hier nur zugespitzt und auf die essentiellen Divergenzen formuliert werden, da eine ausgefeilte komparative Darstellung solcher kategorialen Divergenzen im Verhältnis zur *Weltanschauungskategorie* zu weit führen würde.

Zunächst also zur Kategorie des Sprachspiels. In den »Philosophischen Untersuchungen« hat L. Wittgenstein einen Grundgedanken seiner sprachanalytischen Theorie entworfen, der mit der basalen Kategorie »Sprachspiel« die enge Verknüpfung von gesellschaftlicher Lebens- und Sprachpraxis auf den Begriff bringt. Entscheidend an dieser Kategorie ist nun zweierlei: Zum einen ist das Sprachspiel Ausdruck einer sprachlich-gesellschaftlichen Tätigkeit und nicht etwa eine nur sprachimmanente Reglementierung, wie sie etwa von Grammatiken vorgeschrieben wird. Zum anderen ist das Sprachspiel nicht einfach eine bloße Form, die durch ein vorgängiges Denken erst konkretisiert wird, so als sei die Denkweise zuerst vorhanden und das Sprachspiel deren Ausdrucksform. Dass das Sprachspiel gesellschaftliche Tätigkeitspraxis ist, kann durch zwei prominente Formulierungen Wittgensteins belegt werden: »Ich werde auch das Ganze der Sprache und der Tätigkeiten, mit denen sie verwoben ist, das ›Sprachspiel‹ nennen«, und weiterhin: »Das Wort ›Sprachspiel‹ soll hier hervorheben, dass das Sprechen der Sprache ein Teil ist einer Tätigkeit, oder einer Lebensform« (Philosophische Untersuchungen, Aph. 7 und 23, 1967). Das erste Zitat behauptet im Grunde zweierlei: erstens, dass sprachliche Äußerung und faktisches Handeln verschränkt bzw. »verwoben« sind; zweitens, dass jede sprachliche Handlung ebenso praktisches Handeln ist, wie umgekehrt jede praktische Handlung ein sprachliches Handeln darstellt. Das zweite Zitat führt also Sprach- und Lebenspraxis zusammen: Da die Sprache praktisch-gesellschaftlicher Zeichengebrauch ist, ist ihre Anwendung ein elementarer Teil der gesellschaftlichen Lebenspraxis. Nun kann man daraus folgern, dass die Sprachpraxis als ein Teil der Lebensform, deren symbolische oder zeichenhafte Ausdrucksform ist. In der Tat hat L. Wittgenstein hierfür einen aphoristischen Beleg geliefert, indem er lapidar behauptet: »Und eine Sprache vorstellen heißt, sich eine Lebensform vorstellen« (1967, Aph. 19). Offensichtlich ist damit ein Implikationsverhältnis angesprochen, so dass die Lebensform durch das jeweilige Sprachspiel isomorph abgebildet wird. Dass dem aber nicht so ist, zeigt die Beantwortung der Frage nach dem Ursprung oder der Genese des Sprachspiels: »Der Ursprung und die primitive Form des Sprachspiels ist eine Reaktion; erst auf dieser können die komplizierten Formen wachsen. Die Sprache – will ich sagen – ist eine Verfeinerung, *im Anfang war die Tat«* (Vermischte Bemerkungen, 1984, 493). Die Reaktion oder das primäre instinktive Verhalten gehen der Sprache voraus; sie sind das, was als vorsprachliche Verhaltensweise dem Sprachspiel ein lebenspraktisches Unterpfand gibt, ohne dass es damit im Sprachspiel gänzlich abgebildet wäre. Sprachspiele legen einzig die je spezifisch gesellschaftlichen Bedeutungen von Sätzen und Wörtern fest, mit denen wir praktische Lebenserfahrungen belegen – sie sind nicht diese sozialen Lebenserfahrungen selbst. Deutlich wird dies, wenn L. Wittgenstein konkretisiert, was er als vorsprachliche Verhaltensweise oder »Reaktion« meint:

> »Sicher sein, dass der Andere Schmerzen hat, zweifeln, ob er sie hat, usf., sind so viele natürliche instinktive Arten des Verhaltens zu den anderen Menschen, und unsre Sprache ist nur ein Hilfsmittel und weiterer Ausbau des primitiven Benehmens (Denn unser Sprachspiel ist Benehmen), (Instinkt).« (Zettel, 1984, 545).

Das Unterpfand des Sprachspiels (auf das das Sprachspiel selbstverständlich als »Verfeinerung« aufbaut), das natürlich soziale Wechselverhältnis der Menschen, das sich aus diesem Bezugsverhältnis ergebende Erfahrungswissen, das das Verhalten oder Nichtverhalten zum anderen realisiert, ist also das Primordiale. Das Sprachspiel, und so viel gibt der Exkurs zu seiner Ursprungsfrage her, liefert das Gewissheitswissen, was die Dinge und Sachverhalte in der sozialen Erfahrungswelt für mich und den anderen verlässlich bedeuten: »Ich will eigentlich sagen, daß ein Sprachspiel nur möglich ist, wenn man sich auf etwas verlässt« (Über Gewißheit, 1984, 509).

Rekurriert man nach diesen Ausführungen zur Kategorie des Sprachspiels nochmals auf die Mannheim'sche *Weltanschauungskategorie*, so werden sowohl gewisse Konvergenzen als auch Divergenzen sehr deutlich. Natürlich muss man bei diesem kategorialen Vergleich von der unterschiedlich verwendeten Terminologie abstrahieren, denn Begriffe wie »Erlebnisreihen« oder »Seelisches« sind im Duktus der Wittgenstein'schen Sprachphilosophie nicht vorfindlich.

Wenden wir uns zunächst den offensichtlichen Konvergenzen zu: Sprachspiel wie *Weltanschauung* sind beides Kategorien, die nicht nur überindividuell sind, sondern die auch als gemeinschaftliche Deutungs- und Sinngebungsinstanzen mit der sozialen Lebenspraxis einen engen, ja interdependenten Zusammenhang bilden. *Weltanschauung* wie Sprachspiel sind nicht einfach aus der gesellschaftlichen Lebenspraxis direkt ableitbar, auch nicht eine Widerspiegelung derselben, vielmehr bilden sie ein über der gesellschaftlichen Lebenspraxis schwebendes eigenständiges Bedeutungsuniversum, das aber gleichwohl das gesellschaftliche Leben in seiner Formenvielfalt unmittelbar prägt und bestimmt. Sprachspiel wie auch *Weltanschauung* werden solchermaßen mit einer nicht mehr hintergehbaren, weil atheoretischen Ebene verbunden, die gleichermaßen als basaler Hintergrund ihres Hervorgehens wie ihrer Funktionsbestimmung angenommen werden: das gesellschaftliche Mit- wie Gegeneinanderleben.

Eine zweite Konvergenz ist mehr methodologischer Art. Die Kategorie des Sprachspiels berührt ja auch unmittelbar eine sprachkritische Intention des späten Wittgenstein. Mit dem Sprachspielkonzept ist ein vergleichendes Instrument geschaffen, um den unterschiedlichen Gebrauch der Sprache als jeweilige Sinngebungsstrategien von entsprechenden Lebensformen durchsichtig zu machen. Das Sprachspielkonzept – so L. Wittgenstein – dient dazu, aufzuzeigen, wie die Sprache in der sozialen Welt »arbeitet« (Philosophische Untersuchungen, 1984, 132). Ebenso ist das *Weltanschauungskonzept* – methodologisch gesehen – ein Vergleichsinstrument, um verschiedene, konjunktiv gegebene Seinserfahrungen abzugrenzen, wie auch inhaltlich von einander abzuheben.

Im Gegensatz zu den Konvergenzen, die mehr formaler Natur sind, sind die Divergenzen mehr inhaltlicher Art. Der *Weltanschauung* liegt eine konjunktive, erlebnismäßige Erfahrungsverarbeitung der gesellschaftlichen Lebenspraxis zugrunde. Sie ist eine geistige Überformung der Vereinheitlichung von existenziellen Sozialerfahrungen im gesellschaftlich-geschichtlichen Raum. Das Sprachspiel dagegen ist die sprachliche Formgebung einer vorsprachlichen Verhaltensweise, die ganz rudimentär und basal aus den anthropologischen Bedingungen der Lebenspraxis resultiert. Das Sprachspiel beruht nicht auf einem Wissen: »Warum soll denn das Sprachspiel auf einem Wissen ruhen?« (Über Gewißheit, 477), denn das Wissen ist bereits Teil des Sprachspiels, unterliegt als Denkweise den Sprachformungen durch das Sprachspiel. Bei K. Mannheim hingegen ist die *Weltanschauung* eine aus dem gemeinschaftlichen Sozialbewusstsein bereits exkludierte und weltvereinheitlichende Formgebung, die erst Sprache, faktisches Wissen, aktuelle Denkweisen und Handlungsformen präfiguriert. Die *Weltanschauung* liegt gewissermaßen dem jeweiligen Sprachspiel noch voraus, weil sie die vorsprachlichen Verhaltensweisen, die Wittgenstein dem Sprachspiel als Lebensform voraussetzt, bereits als divergent sozial strukturierte Welterfahrungshorizonte zusammenführt. Zwar spricht Wittgenstein davon, dass es eine »unsägliche Verschiedenheit aller der täglichen Sprachspiele« (Philosophische Untersuchungen, 570) gibt, weil sie der Vielfalt des praktischen Verhaltens im gesellschaftlichen Leben entsprechen, jedoch lässt sich jenseits der hier konstatierten Heterogenität kein einheitliches Maß finden, die Sprachspiele zu einer in sich konsistenten *Weltanschauung*, und sei es nur eine zeitlang, zusammenzubinden. Die Pluralität der Sprachspiele entspricht der Pluralität von unterschiedlichen physischen Praxisformen als Reaktionen auf die Welt. Die Sprachspiele sind nur ihre sprachlich verfeinerten Sinngebungsformen. Von daher gibt es ein gewisses Analogon zwischen der Faktizität der Sprachspiele und den praktischen Lebenserfordernissen. Eine dritte Ebene, wie sie das Mannheim'sche *Weltanschauungskonzept* inauguriert, bei der zwischen der sozialen Lebensweise und den faktischen Ausdrucksformen, wie z.B. Sprache, Wissen, Denken und Handeln, eine intermediäre symbolische Einheitsform diese Ausdrucksformen historisch-gesellschaftlich plural vorherbestimmt, ist im Wittgenstein'schen Sprachspielkonzept nicht denkbar. Der Grund liegt einfach darin, dass für den Sprachtheoretiker Wittgenstein Sprach- und Lebensform so untrennbar sind, dass jede Annahme einer dritten Ebene oder Zwischenform undenkbar ist. Für K. Mannheim jedoch, und dies weist ihn als Bewusstseinstheoretiker aus, existiert neben Sprach- und Lebensform noch die eigenständige Bewusstseins- bzw. Denkform. Nicht als individuelle, aber als Konstrukt einer kollektiv disparaten, gleichwohl vereinheitlichten Ansicht von Welt.

Eine weitere Kategorie, die zum Vergleich ansteht, ist die Lebenswelt. Diese Kategorie ist sehr vorbelastet, da sie durch einen gängigen bildungssprachlichen Missbrauch an präzisen Konturen und Bestimmungen verloren hat, die ursprünglich von E. Husserl intendiert waren. Es gilt heute noch das kritische Diktum, dass der Lebensweltbegriff bei E. Husserl inzwischen »genau die entgegengesetzte Funktion (habe), die ihm im allgemeinen Bewußtsein zugeschrieben wird« (Paul Janssen, 1970, 130). Nicht nur wegen der reichhaltigen konnotativen Sinnverschiebungen, die dieser Husserl'schen Kategorie widerfahren sind, verbietet sich eine exegetische Rückführung auf den ursprünglichen Sinngebrauch bei E. Husserl. Auch die Komplexität des phänomenologisch-transzendentalphilosophischen Hintergrunds, mit dem diese Kategorie bei E. Husserl behaftet ist, verhindert eine ausführlich begriffliche Rekonstruktion. Beides würde hier nämlich den Rahmen des Vergleichs mit der Mannheim'schen *Weltanschauungskategorie* sprengen. Gleichwohl lässt sich aber in aller Kürze ein argumentativer Kerngehalt zu dieser Husserl'schen Leitkategorie destillieren, der einen terminologischen Vergleich gestattet.

Die Kategorie Lebenswelt hat E. Husserl bekanntlich erst in seinem letzten großen, aber fragmentarisch gebliebenen Werk, »Die Krisis der europäischen Wissenschaften und die transzendentale Phänomenologie« (1936/1962), eingeführt. In diesem Werk, das die geistige Situation von Wissenschaft und Philosophie im 20. Jahrhundert im Brennspiegel der Geschichte des Denkens kritisch analysiert, wird der Lebensweltbegriff zur argumentativen Fundamentalkategorie, um dem positivistischen Wissenschaftsideal ein für ihr Objektivitätsstreben unverzichtbares Vorurteil nachzuweisen. Um das Ziel einer objektiven Wahrheit einzulösen, d.h. die Tatsachen der Welt in ihrem objektiven An-sich-Sein auf den Begriff zu bringen, muss das objektive Denken von den lebensweltlichen Erfahrungen der Menschen abstrahieren; es folgt allein einer »Methodik des ausmessenden und überhaupt messenden Bestimmens« (1962, 24). Diese methodische Idealisierung von Erfahrungswahrheit bestimmt das gesamte Fundament des objektiven Wissens, obwohl doch der pragmatische Sinngehalt des »messenden Bestimmens« ursprünglich aus den subjektiven Erfahrungsproblemen seinen Ausgang genommen hat. Das Vergessen des vortheoretischen Zusammenhangs, des lebensweltlichen Hintergrunds, der erst die Sinnintentionalität der wissenschaftlichen Objektivierung eröffnet, führt – so E. Husserls Diagnose – zur Krisis des objektiven Wissens: Objektiv logische Weltbeschreibung und subjektiv anschauliche Erfahrungswelt klaffen auseinander, bilden einen Hiatus, in dem sich begriffliche Idealisierung von Welterkenntnis an-sich und sinnliche Welterfahrung als konkrete »Lebensbedeutsamkeit« für-sich (ebd., 3) nicht mehr vermitteln lassen. Die Welt der subjektiv anschaulichen Sinngebung von basalen Erfahrungen nennt E. Husserl »Lebenswelt«; sie ist eine »vorwissenschaftliche Welt«: »Die Welt ist vorwissenschaftlich in der alltäglichen sinnlichen Erfahrung subjekt-relativ gegeben. Jeder von uns hat seine Erscheinungen, und jedem gelten sie als das wirklich Seiende« (ebd., 20). Es wäre nun falsch anzunehmen, dass mit der Kategorie der »Lebenswelt« eine Rehabilitierung der idealistischen Subjektkategorie einhergeht, die die subjektive Erfahrung als das Produkt einer selbstimmanenten Bewusstseinsreflexion beschreibt. Auch das kantische Primat einer transzendentalen Subjektivität, die als Apriori jeder Erfahrung von Welt zugrunde liegt, ist in der Lebensweltkategorie nicht phänomenologisch umgeschrieben worden. Dagegen steht nämlich, dass die vortheoretische Schicht der anschaulich-subjektiven Welterfahrung immer eine Bewusstseinsschicht ist, in der die Subjektivität hervorgegangen ist aus einer vorgängigen Ko-Subjektivität: »Die urgenerative Entwicklung des Menschen, in der er zum ersten Selbstbewußtsein und Umgebungsbewußtsein [kommt/Verfasser], ergibt dieses Ich schon als Ich eines Wir und die Umwelt als gemeinsame dieses Wir« (1973, 182). Zwar schlägt E. Husserl diese basale *Wir-Erfahrung* terminologisch dem Begriff Umwelt zu: »Umwelt ist alles, was [...] intersubjektiv thematisch werden kann« (1973, 322), die Umwelt ist jedoch nichts anderes als die gemeinschaftliche Sinnwelt einer mundan gefassten Lebenswelt, die sich »als Welt von der Umwelt scheidet« (1973, 214). Die Lebenswelt ist die gesamte »vorgegebene Welt der sinnlichen Erfahrung« (1962, 77). In ihr sind nicht nur die gemeinschaftlichen Erfahrungen in Form einer »Umwelt« sedimentiert, weit mehr ist sie die Totalität einer natürlichen Hintergrunderfahrung. Als Welt für uns alle »[...] ist (sie) die raumzeitliche Welt der Dinge, so wie wir sie in unserem vor- und außerwissenschaftlichen Leben erfahren und über die erfahrenen hinaus als erfahrbar wissen« (ebd., 141). Als aller Erfahrung von Welt vorgegeben, ist die Lebenswelt so etwas wie der gemeinsame Nenner aller Umwelten der historisch durch Traditionen überlieferten, wie auch der Umwelten, die je nach »ihren [divergenten/Verfasser] sozialsubjektiven Bedeutsamkeiten« (ebd., 230) variieren und auseinander fallen. Die Lebenswelt ist eine Kategorie, die die Evidenz vorprädikativer Erfahrungsweise meint. Dies unterscheidet sie prinzipiell von der *Weltanschauungskategorie*, die prädikative Erfahrungen auf Totalität hin synthetisiert. Deshalb ist die Lebenswelt keine Kategorie, die ein prädikatives Wissen einschließt. Man könnte auch sagen, dass die Lebenswelt als eine phänomenologische Gegebenheit das Residuum von (subjektiven) Anschauungsevidenzen ist, mit denen primordial Tatsachen der Welt zu »Lebensbedeutsamkeit« verdichtet werden. Eine Verdichtung, die die Tatsachen der Welt nicht in Gänze erfasst, sondern nur unter der Perspektive ihres horizontalen Ausschnitts als lebensweltliche Welt.

Rekurriert man nochmals auf die Mannheim'sche *Weltanschauungskategorie*, stellen sich Parallelen aber auch Abgrenzungen her. Auch die *Weltanschauung* hat ein vor- bzw.- atheoretisches Erfahrungsfundament, aus dem sie sich als geistiges Gebilde der Totalsynthese ablöst. Die Lebenswelt jedoch bleibt immer der anschaulich konkrete Hintergrund, vor dem sich geistige Ausdrucksformen mit Bezug auf ihn aufbauen. Die *Weltanschauung* ist – wenn man eine formale Abfolge annimmt – immer etwas sekundäres zur Lebenspraxis; sie liegt nicht, wie die Lebenswelt in der Dimension der anschaulichen Sinnlichkeit, sondern in den geistigen Formen begrifflicher Bewusstseinssynthesen. Man kann sogar sagen, dass die Lebenswelt die existenzielle Voraussetzung, den sozialen lebenspraktischen Urgrund bildet, aus dem die *Weltanschauungen* als deren geistige Ableitungen erst ihren Weg und ihre Gestaltungen nehmen. Konkret gefasst heißt dies, dass z.B. die rationalistische *Weltanschauung* des Bürgertums nicht ohne eine entsprechende soziale Lebenswelt denkbar ist bzw. nur aus dieser ihre typischen Konstitutionsmerkmale gewinnt.

Jenseits der formalen Verortung dieser beiden analytischen Kategorien ergibt sich noch ein prinzipieller, weil inhaltlicher Unterschied. Die Husserl'sche Lebensweltkategorie meint die Welt als konkrete Anschauungsfülle, über der sich die abstrakten Idealisierungen in Form objektiv logischer Abstraktionen als Loslösungen aufbauen. Die Lebenswelt ist allgemeine Konkretheit, die anschaulich subjektive Welt des Lebens, wie sie »jedem als das wirklich Seiende« erscheint (1962, 20). Die Lebenswelt garantiert die praktische Geltung unserer allgemeinen sinnlichen Erfahrung von Welt; sie ist von daher das letzte Unterpfand der subjektiven Anschauungsweise. In ihr geht es immer um sinnliche Evidenz, nicht um intersubjektive Geltung von Weltsicht. Dieser Bereich, wo die Geltung der Auffassungen vom Seienden intersubjektiv thematisiert wird und sich als geistige Form verselbstständigt, wird von E. Husserl nicht mehr Lebenswelt, sondern Umwelt genannt: »Umwelt ist alles, was [...] intersubjektiv thematisch werden kann« (1973, 322); und weiter: »Unsere Umwelt ist ein geistiges Gebilde in uns und unserem historischen Leben« (1962, 317). Die Husserl'sche Umwelt-, nicht aber die Lebensweltkategorie hat Ähnlichkeit zur Mannheim'schen *Weltanschauungskategorie*, denn dort, wo die Umwelterfahrung als gemeinschaftlicher Erlebnisgrund zu einer einheitlichen Weltauffassung synthetisiert wird, die sich historisch wie auch nach der sozialen Trägerschaft aufweisen und abgrenzen lässt, nimmt erst die Mannheim'sche *Weltanschauungskategorie* ihren eigentlichen Sinngehalt auf.

Nach der Lebensweltkategorie steht die Diskurskategorie zum Vergleich an. Der inzwischen inflationäre Gebrauch dieses Terminus quer durch die verschiedenen Wissenschaftsbereiche erschwert natürlich einen derartigen Vergleich. Es steht hier auch nicht der Habermas'sche Diskursbegriff zur Debatte, sondern die Diskurskategorie, die von M. Foucault in seiner Inauguralvorlesung von 1970 am Collége de France zugrunde gelegt wurde, um historische Aussagesysteme und deren zeitweilige Machtgeltungen von Wissensausgrenzungen wie -eingrenzungen zu rekonstruieren.

Die Diskurskategorie ist besonders geeignet den Vergleich mit Mannheims *Weltanschauungskategorie* einzugehen, weil mit der Diskurskategorie M. Foucaults Machtstrategien des Wissens im sozialen Raum thematisiert werden, die möglicherweise der Prämisse K. Mannheims folgen, dass *Weltanschauungen* letztlich »um die adäquate Seinsauslegung« konkurrieren (Die Bedeutung der Konkurrenz im Gebiete des Geistigen, 1982, 361). Konkurrenz bedeutet, Geltungsmacht für eine bestimmte Wissens- und Denkform zu beanspruchen. Wir werden aber sehen, dass die gemeinschaftliche Intentionalität, die als »Weltwollung« (K. Mannheim) die Existenz von *Weltanschauungen* hervorbringt, ganz und gar nicht mit der Diskurskategorie M. Foucaults einhergeht.

Die Diskurskategorie ist bei M. Foucault ein reiner Analysebegriff der archäologischen Rekonstruktion dessen, was zu einem (diskursiven) Objekt bzw. Objektbereich eine Zeit lang innerhalb eines gesellschaftlichen Raumes ausgesagt werden kann. »Der Diskurs ist eine Gesamtheit von Ordnungsprinzipien, von spezifischen Regeln, [...] gemäß denen Objekte, Äußerungen, Begriffe, theoretische Optionen gebildet worden sind [...]« (M. Foucault, 1973, 105). Die Diskurskategorie bzw. der Begriff der »diskursiven Formationen« bezieht sich immer auf eine Menge von bereits gemachte Aussagen, die einen Objektbereich des Wissens für eine historische Zeitspanne erscheinen und somit erfassen lassen. Das Entscheidende ist nun, dass mit dem Begriff Aussage oder Aussagesystem niemals Sprechakte, Kommunikationsinhalte oder die Propositionen von Äußerungen gemeint sind. Überhaupt ist der Begriff der Aussage, der die Kategorie des Diskurses fundiert (ebd., 116), niemals mit der Sprache identisch, denn: »Sprache und Aussage stehen nicht auf der gleichen Existenzstufe«; wohl aber bleibt, dass »die Sprache [...] als Konstruktionssystem für mögliche Aussagen existiert« (ebd., 124). Die Aussage wird bei Foucault rein in ihrer referentiellen Funktion, nicht aber auf ein mögliches Signifikat hin verstanden; sie ist eine in sprachliche Zeichen oder Zeichensystemen auftretende Existenzanzeige, die jede Erfahrungsweise epistemisch fundiert, indem sie diese mit einem Wahrheitsanspruch belegt. Von der Existenz der Aussage ausgehend kann erst entschieden werden, was als Sinn sich konstituiert und was sich im Prädikationsbezug als Sinntatsache bzw. Wissensobjekt der Welt herausstellen lässt:

»Sie [die Aussage/Verfasser] ist eine Existenzfunktion, die den Zeichen eigen ist und von der ausgehend man dann durch die Analyse oder die Anschauung entscheiden kann, ob sie einen ›Sinn ergeben‹ oder nicht, gemäß welcher Regel sie aufeinander folgen und nebeneinander stehen, wovon sie ein Zeichen sind und welcher Art von Akt sich durch ihre (mündliche oder schriftliche) Formulierung bewirkt findet« (ebd. 126).

Der Diskurs oder die diskursive Formation umfasst – und da bildet er das logische Pendant zur Aussage – »[...] schließlich (die) regulierte Praxis, die von einer bestimmten Zahl von Aussagen berichtet« (ebd., 116). Aussagen und Diskurs sind formal-analytische Instrumente, die es M. Foucault aufzuzeigen erlauben, wie und durch welche formalen Beziehungsregeln (der Aussagen untereinander) sich erst ein Wissensfeld von bestimmten Objekten als Erfahrungsfeld konstituiert hat. Die Diskursanalyse, obwohl sie auf die Geschichte des Wissens ausgerichtet ist, verfolgt keine sinngenetische Rekonstruktion, keinen hermeneutischen Spiegel, in dem vergangener Sinngehalt des Denkens und Wissens mit dem gegenwärtigen Denken und Wissen sinnhaft koinzidiert. Sie versucht auch nicht »die einfachen Inschriften« (ebd., 659), die den Objektwissenschaften eingeschrieben sind, in denkgeschichtlicher Absicht nachzubuchstabieren, um deren teleologische Wahrheitsgehalte festzuhalten. Nicht mehr die eigentliche Sinnarbeit des Denkens und des Wissens steht im Vordergrund der Analyse, so als seien in Wissenssystemen und Denkweisen Spuren menschlichen Sinns enthalten, denn diese »Analyse des Denkens ist stets allegorisch im Verhältnis zu dem Diskurs, den sie benutzt« (ebd., 43).

Man kann nun prinzipiell fragen, welchen Sinn hat eine Analyse, die nur das formale Spiel von historisch diskontinuierlichen Diskursformationen aufzeigt. Erschöpft sich eine solche »Beschreibung des Diskurses« nur darin, »sich in den Gegensatz zur Geschichte des Denkens (zu) stellen«, weil sie allegorisch ist (ebd., 42)? Damit würde aber die Intention der Diskursanalyse M. Foucaults zu kurz greifen.

Das Unternehmen will mehr und anderes am System des historischen Wissens und Denkens aufzeigen. Der strategische Nutzen der Diskursanalyse liegt deshalb auch nicht allein im Aufzeigen des anonymen Funktionierens des Diskurses; weit mehr soll das, was der Diskurs – weil er der dem Zusammenspiel von Macht und Wahrheit verpflichtet ist – zutage fördert, zugleich als Machtstrategie von Inklusions- und Exklusionssystemen dechiffriert werden:

> »Man setzt so voraus, daß alles, was der Diskurs formuliert, sich bereits in diesem Halbschweigen artikuliert findet, das ihm vorausgeht, das ihm hartnäckig unterhalb seiner selbst folgt, das er aber bedeckt und zum Schweigen bringt. Der manifeste Diskurs wäre schließlich und endlich nur die repressive Präsenz dessen, was er nicht sagt (...)« (ebd., 39).

Der Diskurs, indem er etwas nicht zur Aussage kommen lässt, praktiziert »Prozeduren der Ausschließung« (1974, 7), die nicht »den Gegensatz zwischen dem Wahren und dem Falschen« (ebd., 10) benutzt, sondern die einzig dem »(Macht-)Willen zum Wissen« folgen (ebd., 11). Die diskursive Ausschließung erfolgt immer im Namen einer dem Wissen vorausgehenden, jedoch verdeckten Referenz: der Wahrheit als Wille zur Macht. Formal betrachtet, so M. Foucault, mag der Diskurs »dem Anschein nach fast ein Nichts sein«, aber die »Verbote«, die Ausschließungen »[...] offenbaren nur allzu bald seine Verbindung mit dem Begehren und der Macht« (ebd., 8). Auf dieser Ebene, die über die formale Analyse hinausgeht, gewinnt die Produktion des Diskurses, mit dem »zugleich kontrolliert, selektiert, organisiert und kanalisiert wird« (ebd.) politisch-soziologische Relevanz. Auf dieser Ebene, wo die Diskurskategorie um die »Mikrophysik der Macht« erweitert ist, kommt er der Mannheim'schen Idee von den unentwegten Kämpfen und der Konkurrenz zwischen den Denkorientierungen argumentativ nahe: »[...] Er [der Diskurs/Verfasser] ist dasjenige, worum und womit man kämpft; er ist die Macht, deren man sich zu bemächtigen sucht« (ebd.).

Trotz dieser augenscheinlichen Argumentationsnähe, bleiben doch die grundsätzlichen Divergenzen von Foucault'scher Diskurskategorie und Mannheim'scher *Weltanschauungskategorie* erheblich. Summarisch lässt sich dazu Folgendes anführen:

- Diskurse sind anonyme Macht-Wissen-Komplexe, die Wissensaussagen formieren. Die Ordnung dieser Diskurse referiert nicht auf Personen oder Kollektive, geht auch nicht aus den Erfahrungen von Subjekten hervor; sie ist völlig antisubjektiv und soziologisch nicht mit sozialen Gruppierungen oder sozialen Trägerschichten identifizierbar, wie dies mit der *Weltanschauungskategorie* K. Mannheims möglich ist. Weltanschauungstypen sind zwar abstrakt, aber nicht anonyme Ordnungssysteme.

- Diskurse sind zwar historisch wirksame Formationen von epistemischen Zugängen, jedoch sind sie nicht mit den historischen Epochenkennzeichnungen zu vergleichen. Für K. Mannheim gibt es eine mittelalterliche *Weltanschauung*, die bestimmte Merkmale aufweist, die wir für diese Epochenbezeichnung als typisch ansehen. Diskurse hingegen tauchen durch die Analyse des geschichtlichen Aussagenmaterials erst auf und sind nicht mit Geschichtszeiten, so wie wir sie klassifizieren, identisch. Die Diskurse erstrecken sich über Zeiträume, in denen sie einen bestimmten Aussagenkanon zu einem Wissens-Objektbereich fixieren. Insofern gehören manifeste *Weltanschauungen* oder Weltbildkonstruktionen mit zum Aussagenmaterial, die einen Diskurs konstituieren. Sie gehören als kulturelle Texte mit zu den Diskursen »[...] die am Ursprung anderer Sprechakte stehen, die sie wieder aufnehmen, transformieren oder besprechen – also jenen Diskursen, die über ihr Ausgesprochenwerden hinaus *gesagt sind*, gesagt bleiben, und noch zu sagen sind« (ebd. 16).
- Die Diskursanalyse folgt keiner Hermeneutik des historischen Sinns, die das Gesagte nach einem verborgenen, aber sich teleologisch aufbauenden Geschichtssinn absucht. Der Diskurs folgt nur einem anonymen Willen zur Macht, der nicht mit der Mannheim'schen Formel der »Weltwollung« identisch ist. Die *Weltanschauung* dient dazu, einem anonymen Sein bestimmte, aber doch notwenig perspektivische Seinsauslegungen anzudienen, um damit eine sinnvolle Welt zu wollen. Der Wille zur *Weltanschauung* beruht nicht auf Bemächtigung, sondern auf kollektiver Sinngebung existenziell-geschichtlicher Situationen. Die *Weltanschauung* resultiert aus der Notwendigkeit, die disparaten Seinserfahrungen im Sinne einer gemeinschaftlichen Signatur von Welt ideell zu synthetisieren. In der *Weltanschauung* steht, »die Frage nach dem Sinn der Welt, nach deren Grund, Zweck und Ziel« im Vordergrund, was sie u.a. vom »Weltbild« abgrenzt (vgl. G. Abel, 2004, 120). Darum folgt eine Weltanschauungsanalyse auch immer der Destruktion von Ideengeschichte, der es um ideelle Weltbilder geht. Die Diskursanalyse grenzt sich von *Weltanschauungen* ab, weil sie diese nur als kulturelle Kommentare innerhalb der Diachronie von historischen Diskursformationen ansieht.

Das Fazit muss also lauten: Die Diskurskategorie lässt sich mit der *Weltanschauungskategorie* nicht vereinbaren. Man kann Letztere, die nur der Sinnanalyse des Denkens (und damit m.E. einer allegorischen Analyse!) folgt, nur als Zusatzkommentar innerhalb des Aussagenbereichs eines diskursiven Feldes betrachten. Innerhalb der Diskursanalyse hat sie selbst aber keinen analytischen Gehalt, der den Diskurs überschreitet, ihn unterminiert oder gar als eigenständiges Aussagenfeld paraphrasiert.

Mit der Mentalitätskategorie wird der letzte Vergleichsterminus herangezogen. Beide, Mentalität wie *Weltanschauung* sind Kategorien, die sich ausschließlich auf Kollektive beziehen. Die grundlegende Definition der Mentalitätskategorie weist sie als eine historisch-soziologische Kategorie aus, die die epochalen, affektiv gebundenen, geistigen Vorstellungen von Kollektiven kennzeichnet. Sie beschreibt ein lang anhaltendes »Ensemble der Weisen und Inhalte des Denkens und Empfindens [...], das für ein bestimmtes Kollektiv in einer bestimmten Zeit prägend ist« (P. Dinzelbacher, 1993, XXII). Mit dieser Bestimmung kommt die Mentalitätskategorie der historischen *Weltanschauungskategorie* K. Mannheims sehr nahe, das affektive Moment steht jedoch in der Mentalitätskategorie mehr im Vordergrund als die geistige Totalitätskonstruktion, die für die Weltanschauungskategorie gilt.

Am konkreten Beispiel der mittelalterlichen Mentalität lässt sich die Differenz zur *Weltanschauungskategorie* festmachen. Die mittelalterliche Mentalität ist das, was die »matrices eigenständiger Reden und Praktiken« (ebd. 12) aller mittelalterlichen Menschen affektiv bestimmt; diese Gefühlsdisposition bestimmt die mentale Auffassung der mittelalterlichen Tatsachen insgesamt. Hingegen ist die *Weltanschauung* die geistige Hintergrundkonstruktion, mit der bestimmte Gruppen oder Kollektive auf der Basis der mittelalterlichen Mentalität die Welt nicht in ihren sozialen Tatsachen aber als Totalansicht interpretieren. So lässt sich z.B. für die mittelalterliche Mentalität eine klerikale von einer bäuerlichen *Weltanschauung* unterscheiden, obwohl beide mittelalterlichen Gruppierungen bzw. Trägerschichten ein und derselben Mentalität unterliegen. Die Mentalitätskategorie ist eine epochale Grundkategorie, während die *Weltanschauung* eine historische Kategorie für die Heterogenität von Weltvorstellungen ist, die von verschiedenen Trägerschichten oder Kollektiven innerhalb eines historisch gesellschaftlichen Sozialraumes zur Geltung gebracht wird. Mentalitäten haben es zwar mit dem psychisch-geistigen Habitus von Kollektiven zu tun, jedoch drücken sie nicht deren sinndeutende Totalansicht von Welt aus; dies bleibt den kollektiven *Welt-*

anschauungen überlassen. *Weltanschauungen* liegen in der Dimension kollektiv-repäsentativer Weltbilder, Mentalitäten in der Dimension des psychisch-geistigen Habitus, der das Denken und Handeln im Alltag von Kollektiven bestimmt.

Mit diesen grundkategorialen Vergleichen ist die umfangreiche Explikation der Mannheim'schen *Weltanschauungskategorie* abgeschlossen. Die Kategorie des *seinsgebundenen Denkens* wie auch die *Weltanschauungskategorie* sind deshalb so extensiv expliziert und interpretiert worden, weil diese beiden Grundkategorien in den Schriften K. Mannheims in ihrer Bedeutung nicht systematisch definiert und ausgewiesen sind; sie erscheinen in den Texten eher in polysemer Bedeutungsgestalt. So erscheint z.B. die *Weltanschauungskategorie* bei K. Mannheim einmal als historisch-epochale Kategorie, dann wieder nur als Weltbildkategorie für eine bestimmte soziale Schicht, die ideell einer politischen Strömung Ausdruck verleiht (vgl. z.B. die systematische Weltanschauungsanalyse des deutschen Konservatismus in: »Konservatismus, Ein Beitrag zur Soziologie des Wissens«, 1984). Die nachfolgende Grundkategorie Ideologie bedarf keiner so großen begrifflichen Ausweitung, weil sie von K. Mannheim eindeutiger und daher grundlegender ausgewiesen wurde.

4.3. Ideologie

Die Bestimmung der Mannheim'schen Grundkategorie *Ideologie* wird sich nicht darauf einlassen, diese Kategorie in kritischer Anlehnung oder gar in Abgrenzung zur Marx'schen Ideologiekategorie zu explizieren. Dies haben M. Horkheimer (1982) und K. Lenk (1986) zur Genüge getan, die beide an der Mannheim'schen *Ideologiekate*gorie moniert haben, dass sie nicht wie die Marx'sche Ideologiekategorie auf das konkrete, sozio-ökonomische Substrat bezogen ist, sondern als eine »besondere Form des Geistigen« in der allgemeinen Seinsweise der Menschen dargestellt wird (K. Lenk, 1986, 263). Man muss diese Verhandlung zum Marx'schen Ideologiekategorie nicht noch einmal führen, denn dafür steht die *denksoziologische Ideologiekategorie* bei K. Mannheim, wie K. Lenk richtigerweise ausgeführt hat, zu sehr in der Tradition des historistischen Denkens, das den Nachweis der prinzipiell geschichtlichen Bedingtheit von Erkenntnis- und Denkweisen geführt hat (vgl. K. Lenk, 1984, 41 ff.). Für K. Mannheim ist die Ideologiehaftigkeit des Denkens eine »wissenssoziologische Grundeinsicht in die *Seinsgebundenheit* des menschlichen Denkens überhaupt«, deren »prinzipielle Gestalt eigentlich schon längst (vom

Marxismus) hätte formuliert werden können« (Ideologie und Utopie, 1985, 237/8). Da also die *Ideologie* gleichermaßen zur menschlichen Denkstruktur gehört wie die *Weltanschauung*, soll hier die Explikation der Mannheim'schen *Ideologiekategorie* in steter Differenzierung zu seiner *Weltanschauungskategorie* erfolgen. Dabei lässt sich mitunter eine gewisse Begriffssophistik nicht vermeiden.

Grundsätzlich ist das kategoriale Pendant zur *Weltanschauungskategorie* bei K. Mannheim die Kategorie der *Ideologie*. Man könnte versucht sein zu glauben, dass mit beiden Grundkategorien ein und derselbe Sachverhalt gemeint ist; insbesondere wenn K. Mannheim am historischen Beispiel des neuzeitlichen Vernunftprimats, also der rationalistischen *Weltanschauung*, aufzeigt, dass »die letzthinnige Verbundenheit der jeweiligen theoretischen Axiomatik mit der Gesamtstruktur der jeweiligen Lebens- und Kulturtotalität« (Historismus, 1964, 261) die jeweils herrschende Denkform bestimmt. Geht diese Kennzeichnung nicht konform mit der *denksoziologischen* Hauptthese in K. Mannheims prominenter Schrift »Ideologie und Utopie« (1985): »[...], daß es Denkweisen gibt, die solange nicht adäquat verstanden werden können, als ihr gesellschaftlicher Ursprung im Dunkel bleibt« (1985, 4)? Wenn aber *Weltanschauungs-* und *Ideologiekategorie* nicht ein und denselben Sachverhalt meinen, sondern jeweils Kategorien sind, die für die prinzipielle *Seinsgebundenheit des Denkens* und Erkennens unterschiedliche Ebenen wie Akzentuierungen der »Kollektivwollungen« thematisieren, so muss dies im Kontext der Mannheim'schen Argumentationen herauszulesen sein. Die begriffliche Differenzierung von *Ideologie*-und *Weltanschauungskategorie* ist deshalb höchst produktiv, weil sie die von K. Mannheim vorgelegte Unterscheidung von »partikularer« und »totaler Ideologie« interpretativ übersteigt, indem sie diese Unterscheidung erheblich ausdifferenziert. Man muss, insbesondere mit Blick auf den historistischen Bedeutungsgehalt der *Weltanschauungskategorie*, über den manifesten Textrahmen von »Ideologie und Utopie« (1985) hinaussehen, um die kategoriale Differenzierung von *Weltanschauung* und *Ideologie* bei K. Mannheim begrifflich gehaltvoller herauszuarbeiten.

Geht man zunächst auf die in »Ideologie und Utopie« (1985) vorgegebene Bestimmung der *Weltanschauungskategorie* ein, dann erscheint diese Kategorie mit der der »totalen Ideologie« synonym, denn »der totale Ideologiebegriff (stellt) die gesamte *Weltanschauung* des Gegners (einschließlich der kategorialen Apparatur) in Frage und will auch diese Kategorien vom Kollektivsubjekt her verstehen« (Ideologie und Utopie, 1985, 54). Davon zu unterscheiden ist der »partikulare Ideologiebegriff«, der nicht auf die *Weltanschauung*, das noetische Weltbild eines Kollektivsubjekts zielt, sondern »nur einen Teil der Behauptungen des Gegners – und auch diese nur auf ihre Inhaltlichkeit hin – als *Ideologien* ansprechen will« (ebd., 54). Beide, totale wie partikulare *Ideologiekategorie*, beziehen sich auf die Funktionalisierung von »Ideen«, die von sozialen Trägergruppen aufgrund ihrer je »konkreten Lage im sozialen Raum« (ebd.) vertreten und mit kollektiver »*Interessiertheit*« verfolgt werden. Bezogen auf die *Weltanschauungskategorie* ist also auch die *Ideologie* eine Kategorie, die eine spezifisch soziale Entität von verbindlichen Ideen beschreibt, die nur und ausschließlich für Gruppierungen, für Kollektive gilt; und die einen bestimmten Funktionssinn innerhalb des sozialen Gesellschaftsraumes bezeichnet. Dies sind die beiden einzigen gemeinsamen Bedeutungsmerkmale beider Grundkategorien. Darüber hinaus ergeben sich aber doch Unterscheidungen kategorialen Gehalts.

Zunächst ist es so, dass *Weltanschauung* und *Ideologie* systematisch zusammenhängen bzw. zwei Ausdrucksformen ein und desselben Zusammenhangs von *Seinsgebundenheit* und kollektiver Denk- und Erfahrungsweise sind. Dies besagt jedenfalls die *denksoziologische Weltanschauungsanalyse*, denn »das enthüllende Transzendieren« (der *denksoziologischen* Ideologiekritik) hat ja als »Ursprungsintention, die ganze *Weltanschauung* einer herrschenden Schicht zu zersetzen«, und zwar »bezüglich bestimmter Ideen«, um die spezifische »Interessengebundenheit« jener Ideen aufzudecken. Dabei gilt es »nicht einzelne Ideen in ihrer seinsmäßigen Bestimmtheit, sondern die Totalität eines Weltanschauungssystems« in seiner »Abhängigkeit von Sein aufzuweisen« (Das Problem einer Soziologie des Wissens, 1964, 319). Gleichwohl bietet schon diese Ausführung eine kategoriale Differenzierung von *Weltanschauung* und *Ideologie* an. Die Ideologie ist danach der konkrete Ideenhaushalt, der in seiner »Interessengebundenheit« ein manifest gewordenes, gemeinschaftliches »Weltwollen« von gesellschaftlichen Gruppierungen ausdrückt. Sie ist die von sozialen Gruppierungen gegen andere Gruppierungen willentlich und explizit gemachte Denk- und Handlungsweise, um eine bestimmte Seinsordnung im Namen eines eigenen Interesses zu fordern und durchzusetzen. Die *Weltanschauung* ist zwar davon nicht zu lösen, denn sie liefert den erforderlichen noetischen Rahmen, aber sie fungiert mehr als implizit geistig-seelische Hintergrundtotalität von manifesten Gruppenideologien, um den konjunktiven Erfahrungen ein reflexives Interpretament der jeweiligen Seinstotalität zu liefern. Als geistig-seelische Totalisierung von kollektiven Seinserlebnissen ist die *Weltanschauung* nicht so sehr eine interessengebundene »Weltwollung« von verschiedenen gesellschaftlichen Gruppierungen, die von ihren sozialen Standorten aus um eine ihrer Denkweise entsprechende Seinsordnung konkurrieren. Gerade als jeweils historisch wandelbare Matrix der noetischen Aneignung von Welt liegt die *Weltanschauung* noch hinter den *standortgebundenen Denkweisen* der *Ideologien*. Formelhaft könnte man sagen, dass *Weltanschauungen* prinzipiell noetischer Natur sind, während *Ideologien* auf der Basis einer noetischen Grundausrichtung mehr kommunikativer und voluntativer Natur sind. Am Beispiel des utopischen Denkens hat K. Mannheim z.B. die noetische Hintergrundwirkung von historischen *Weltanschauungen* exemplarisch verdeutlicht. An einem utopischen Gedankenkonzept, das ja immer »seinstranszendent« ist, weil es der faktischen Seinsweise nicht entspricht, könnte man – so K. Mannheim – schon »[...] zeigen, wie sehr eine Definition im historischen Denken bereits perspektivisch« ist, denn »allein die Tatsache, wie man einen Begriff und in welcher Bedeutungsnuance man ihn verwertet, enthält bereits bis zu einem bestimmten Grade eine Vorentscheidung über den Ausgang des auf ihn aufgebauten Gedankenganges« (Ideologie und Utopie, 1985, 173, Anm. 1). Die kommunikative »Verwertung« von Begriffen ist Sache der *Ideologie*, ihre noetische Referenz auf die Welttatsachen als Einheit bleibt jedoch Sache der jeweils historisch wirksamen Sichtperspektiven von *Weltanschauungen*.

Diese Binnendifferenzierung von *Weltanschauung* und Ideologie geht m.E. mit einer terminologischen Unterscheidung einher, die K. Mannheim in seiner »soziologischen Theorie der Kultur und ihrer Erkennbarkeit« (vgl. Strukturen des Denkens, 1980, 155) eingeführt hat. Dort unterscheidet er ein Denken, das auf konjunktiver Erfahrung gründet und ein Denken, das auf diesem Denken aufbaut und im gesellschaftlichen Handlungsprozess als kommunikative Denkweise in Erscheinung tritt. In der konjunktiven Erfahrung baut sich eine lebenswichtige, den kollektiven Erfahrungszusammenhang synthetisierende Interpretation von Welt als notwendige Totalorientierung zum Sein auf. Das *konjunktive Denken* bildet den Geist, die kollektive Noesis in der Erfahrung von Welt als Ganzheit. Das diesem basalen Denken nachgebildete *kommunikative Denken* hingegen existiert »in einer relativen Unabhängigkeit vom konkreten Erfahrungsraum« (Strukturen des Denkens, 1980, 289); es fungiert als »kommunikabel übertragbare und angesammelte Gemeinschaftserfahrung« in »fremden Gemeinschaftsgruppen«. Das heißt nichts anderes als ein »überkonjunktives« Denken im Raume von sozialen Interessengemeinschaften. Auf dieser Ebene aber existieren konjunktiv erzeugte *Weltanschauungen* einzig als *Ideologien*.

Noch ein anderer Gesichtspunkt der Binnendifferenz kann angeführt werden, wenn man *Ideologie* und *Weltanschauung* unter dem Aspekt der »Seinstranszendenz« sieht. Die *Ideologie* ist »seinstranszendent« in dem Sinne, dass sie de facto unwirklich ist (vgl. Ideologie und Utopie, 1985, 171). Aus einer voluntativen »*Interessengebundenheit*« heraus verhüllt sie die Inadäquatheit des Bewusstseins zur sozialen Seinslage. Die *Ideologie,* auch die »totale Ideologie«, die als kollektive *Weltanschauung* auftritt, erfüllt die Funktion der Täuschung und Selbsttäuschung »über die wirkliche Lage der Gesellschaft« (ebd., 36); sie betreibt eine interessengebundene Fiktionalisierung von Seinsvorstellungen. *Denksoziologische* Ideologiekritik versucht diese aufzulösen. Aber, darauf hat K. Mannheim ausdrücklich hingewiesen, sie ist keine »Lügenenthüllung«, die sich nur auf eine persönlich-ethische Normverletzung bezieht. Sie ist hingegen »Ideologieenthüllung«, die [...]

»in ihrer reinen Gestalt [...] eine unbewußt wirkende sozialgeistige Vitalsphäre angreift, einen Prozeß im [kollektiven/Verfasser] Unterbewußtsein aufweisen will [...] um durch diese Enthüllung der Funktionalität bestimmter Ideen in ihrer sozialen Wirksamkeit aufzulösen« (Das Problem einer Soziologie des Wissens, 1964, 316).

Dagegen ist die *Weltanschauung* in ganz anderer Weise »seinstranszendent«: Sie verhüllt Interessen, indem sie diese als Seinsvorstellungen im Sinne einer Funktion der kollektiven Totalorientierung ideell *überhöht.* Da in ihr die geistig-seelische Verarbeitung konjunktiver Elementarerfahrungen sedimentiert sind, vollzieht sie weniger eine manifeste Fiktionalisierung von sozialen Seinslagen, sondern eher eine metaphysisch zu nennende Seinstranszendierung aufgrund der funktionalen Notwendigkeit eine basale Weltorientierung im Ganzen zu haben. Dies hat sie mit der *Utopie,* die ja auch eine historisch-perspektivische Totalitätsvorstellung ist, gemeinsam: »Nur jene wirklichkeitstranszendente Orientierung soll uns als eine utopische angesprochen werden, die, in das Handeln übergehend, die jeweilige Seinsordnung zugleich teilweise oder ganz sprengt« (ebd. 169). Die *Utopie* jedoch interpretiert die Totalität der Seinsordnung auf ihre faktische Überschreitung hin, weil es ihr »gelingt« (aufgrund einer als ungenügend empfundenen Seinsordnung) »die bestehende historische Seinswirklichkeit durch Gegenwirkung in die Richtung der eigenen Vorstellung zu transformieren« (ebd., 172). Die *Weltanschauung* dagegen enthält keine vorausschauende Transformationsvorstellung des Seins; sie enthält keine »seinstranszendenten Faktoren« auf die Zukunft hin, sondern nur solche auf die eigene Gegenwart hin. Ihre Seinstranszendenz bezieht sich allein auf eine ideelle Repräsentation der bestehenden Seinsordnung in der Hier- und Jetztzeit, indem sie die Wirklichkeitsdeutung als fixierte Totalvorstellung von Sein für eine bestimmte historische Seinsweise der Menschen ausdrückt. Dass beide, *Ideologie* und *Weltanschauung, seinsinkongruent* sind, versteht sich, denn bei beiden liegen ideelle Funktionalisierungen des Bewusstseins vor: bei der *Ideologie* eine verhüllende Fiktionalisierung, bei der *Weltanschauung* eine metaphysische Seinstranszendierung zugunsten einer Totalisierung ideeller Weltorientierung. Wertend formuliert heißt dies, dass in der *Weltanschauung* eine positive Sozialfunktion von Ideen zum Ausdruck kommt, wie sie A. von Martin kritisch gegenüber den »bloßen Ideologien« rehabilitiert hat: »Die soziale Funktion von Ideen besteht darin, daß sie dem Menschen inneren Halt verleihen, daß sie ihm ein Orientierungsmittel und damit eine Hilfe sind« (A. von Martin, 1948, 12). Kollektiv weltanschauliche Orientierungs- und Selbstvergewisserungsfunktion ist aber etwas anderes als ideologische Interessenfunktionen, auch wenn sie als Totalideologie in die interessengebundenen Auseinandersetzungen von Kollektiven und sozialen Gruppierungen hineinwirkt.

Man kann die vorgenannte Differenzierung auch auf eine formelhafte Aussage bringen: Wenn beide, *Weltanschauung* und *Ideologie*, seinstranszendente Funktionalisierungen sind, so beinhaltet die *Ideologie* eine *Als-ob-* und die *Weltanschauung* eine *So-ist-es-Vorstellung* vom Sein. Diese Unterscheidung spielt in die subtile Differenzierung hinein, die L. Goldmann zwischen *Ideologie* und Weltanschauung vorgenommen hat (vgl. 1978, V ff.). Für L. Goldmann kommt die *Weltanschauung* (vision du monde) nur in den großen Werken der Philosophie, der Theologie und der Literatur vor, die *Ideologie* hingegen im Alltag, in den täglichen Interessenkämpfen. Beide enthalten eine strukturelle Kohärenz, während jedoch die eine in der sozialen Wirklichkeit des Alltags, ist die andere als Totalkohärenz der Wirklichkeitsinterpretation in den großen Kulturerzeugnissen zu finden. L. Goldmanns Differenzierung weist zwar beiden Termini unterschiedliche Erscheinungsorte zu – hier der Alltag, dort die großen Werke – er klärt jedoch nicht, inwieweit sie jeweils unterschiedliche funktionale Vorstellungsqualitäten implizieren: die Ideologie also eine strukturelle Kohärenz aufgrund gemeinsamer *Interessengebundenheit* und die *Weltanschauung* eine strukturelle Kohärenz aufgrund kollektiv-historischer Selbstvergewisserung von totaler Seinserfahrung aufweist.

Berücksichtigt man die geistesgeschichtliche Herkunft beider Grundkategorien, so lässt sich auch auf dieser Ebene eine entscheidende Differenz festmachen. Die *Ideologiekategorie*, obwohl terminologisch bis auf Bacons Idolenlehre zurückgehend, hat ihre bis heute geltende Begriffs- und Bedeutungskontur in den politischen Klassenkämpfen des 19. Jahrhunderts gewonnen. Sie war und ist bis heute eine Kategorie des politischen Auseinandersetzungsdiskurses zwischen politisch Handelnden wie denkenden Akteuren von divergenten Interessengruppen. Von daher ist sie eine operationale Kategorie, die die Frage der intentionalen Verschleierung von Problemen der sozialen Gerechtigkeit, der gesellschaftlichen Machtverhältnisse zwischen gesellschaftlichen Gruppen aufwirft und klärt. Mit Blick auf diesen Zusammenhang kann K. Mannheim folgern, dass »die Ideologie aus der Oppositionswissenschaft entstanden« ist (Das Problem einer Soziologie des Wissens, 1964, 321); also aus den Sozialtheorien, die für das 19. Jahrhundert mehr und mehr die »soziale Frage« thematisch aufgegriffen haben. Die *Weltanschauungskategorie* hat keine solche begriffsgeschichtliche Herkunft. Sie hatte zwar im Übergang vom 19. und 20. Jahrhundert ihre geistesgeschichtliche Konjunktur, sie war jedoch nicht sehr mit der »sozialen Frage«, d.h. mit den Klassenauseinandersetzungen terminologisch verbunden. Ihre begriffsgeschichtliche Herkunft gründet eher in dem Zerplatzen des einheitlichen Weltbildes des Idealismus, um im historischen Denken des Historismus als epochale aber geschichtlich dynamische Weltbildkonstruktion weiter zu existieren. Gewissermaßen hat sie als ein geschichtsphilosophisches Residuum des alten idealistischen Totalitätsdenkens in den so genannten Weltanschauungsphilosophien des späten 19. und des frühen 20. Jahrhunderts überwintert. In ihr ist also nicht, wie bei der *Ideologiekategorie,* der Interessenkonflikt verschiedener sozialer Kollektivmilieus thematisch geronnen, sondern der Erkenntnisrelativismus des Historismus. Im systematischen Zusammendenken des Verflechtungsgeschehens von sozialem Sein und den in den Denkweisen sedimentierten Ideengehalten hat K. Mannheim nur beide Denkweisen synthetisiert, um über die beiden Leitkategorien *Weltanschauung* und *Ideologie* unterschiedliche, aber zusammenhängende Funktionalitäten des Denkens von sozialen und historischen Seinsweisen beschreibbar zu machen.

Mit dem letztgenannten Argument ist zugleich eine Ausdifferenzierung beider Grundkategorien angesprochen, die ihre je gemeinte historische Zeitlichkeit angeht. Den historisch wirksamen *Weltanschauungen* ist nach K. Mannheim ja nicht nur ein prinzipieller Perspektivismus eingeschrieben, der die Aspektstruktur des *seinsgebunde-*

nen Denkens anzeigt. Jede *denksoziologische Weltanschauungsanalyse*, wenn sie über die *standortgebundenen Weltanschauungen* von Denkmilieus zugunsten einer historischen Analyse hinausgeht, zeigt an »dem historischen Wandel der Sinnelemente« nicht nur die in ihnen »wichtigen weltanschaulich-metaphysischen Entscheidungen« (Ideologie und Utopie, 1985, 80/81). Dies wäre nur ein Konstatieren von *Weltanschauungstypen*, aber nicht mehr. Der tiefere Sinn liegt nämlich darin, dass die Geschichte dieses Wandels zugleich ein »Schauplatz« ist, »an dem sich ein wesentliches Werden abspielt« (ebd., 81). Dieses Werden ist nun nicht ein anonymes, ein dumpf evolutionäres, sondern eines, das sich teleologisch am Wesensvollzug des Menschen orientiert:

> »Dieses Werden des Wesens ›*Mensch*‹ vollzieht sich auch und wird erfaßbar im Wandel der Normen, der Gestaltungen und der Werke, im Wandel der Institutionen und Kollektivwollungen, im Wandel der Ansatzpunkte und Standorte, von denen aus das jeweilige historische und soziale Subjekt sich selbst und seine Geschichte sieht« (ebd.).

Dies ist im Kerngehalt das, was den historischen Weltanschauungen als Seinsdeutungen des Kollektivsubjekts zugleich als eine geschichtlich teleologische Spur eingeschrieben ist. Der weltanschauliche Perspektivismus ist immer einer, bei dem die kollektive Seinsdeutung einem übergreifenden teleologischen Selbstinteresse folgt. Im Grunde gibt es nur eine vorübergehende Agonalität von historisch wirksamen Weltanschauungsperspektiven, denn hinter dieser Agonalität wirkt eine geschichtliche Entfaltung, deren Telos auf eine werdende Totalität zielt, in der sich das Kollektivsubjekt endgeschichtlich mit seiner Seinsauslegung identifiziert. Dieses der Historizität von Weltanschauungstypen inhärente Wandlungsprinzip ist der Mannheim'schen *Ideologiekategorie* nicht beigegeben. Diese Kategorie kennt keinen historischen Wandel im Sinne eines wesentlichen Werdens des Kollektivsubjekts. In ihr ist die Agonalität des *standortgebundenen Denkens*, die im Denkstil sedimentierte Positionierung im sozialen Raum mit seiner interessengebundenen Perspektivität vorherrschend. Für die Historizität von *Weltanschauungen* sind *Ideologien* eher transitorisch, denn ihre historische Zeitlichkeit ist nicht auf ein Werden ausgerichtet, sondern darauf aus, eine zeitlang im kommunikativen Haushalt einer Gesellschaft die öffentlich geltende Seinsauslegung zu bestimmen. Abhängig von sozial-positionellen Strukturierungen im gesellschaftlichen Raum, sind sie elementar an die geschichtlichen Strukturveränderungen wie Positionsverschiebungen innerhalb des gesellschaftlichen Sozialraumes gebunden. *Ideologien* kennen kein geschichtliches Werden, keine geschichtliche Teleologie des Kollektivsubjekts wie die historischen *Weltanschauungen;* sie kommen und gehen mit den dynamischen Strukturverschiebungen innerhalb einer Gesellschaft und stehen ganz in der Funktionalität kollektiver Auseinandersetzungen um das Primat, das eigene Gruppeninteresse als absolutes Weltbild für die eigene Geschichtszeit zu verankern.

Im letztgenannten Sinne kann eine weitere Binnendifferenzierung zwischen der *Ideologie-* und der *Weltanschauungskategorie* vorgenommen werden, indem diese beiden Grundkategorien des Mannheim'schen Denkens nochmals auf das basale Begriffspaar: *seinsgebundenes* versus *seinsverbundenes Denken* bezogen werden. Wie bereits ausgeführt, kann man die *Weltanschauungskategorie* der Grundkategorie *seinsgebundenes Denken* zuordnen. So wie das *seinsgebundene Denken* prinzipieller Natur ist, weil im Denken die jeweils geschichtliche Seinsweise ideell aufgehoben ist, so ist die *Weltanschauung* in der Weise prinzipiell, als sie als jeweilige Sinngebungsform von geschichtlich-gesellschaftlichen Seinsweisen deren geistig-seelische Totalansichten wiedergibt. Um die prinzipielle Natur der *Weltanschauung* hervorzuheben, kann man sagen, dass man sich Gesellschaften ohne Weltanschauungen nicht denken kann, weil diese das historische Sinngebungsverhältnis von Gesellschaften zu sich selbst ausmachen. Gleichwohl kann man sich aber Gesellschaften ohne Ideologien vorstellen, weil aufgrund einer weitgehenden Egalität der Sozialstrukturen die positionellen Gegnerschaften von sozialen Gruppierungen wegfallen würden. Insofern muss auch die *Ideologiekategorie* mit dem Mannheim'schen Terminus des *seinsverbundenen Denkens* zusammengedacht werden, da im *seinsverbundenen Denken* die »*Interessiertheit*« des Denkens im Hinblick auf die Konkurrenz und den Widerstreit mit anderen Gruppierungen vollkommen im Vordergrund steht. Die »*kollektive Weltwollung*« ist nicht mehr allgemein, sondern sie fungiert unter der Interessenmaxime, das eigene Weltbild als verbindliches *Weltanschauungsmuster* absolut zu setzen. »Der Ideologiebegriff steht« deshalb, wie S. Marck treffend formuliert hat, ganz »im Dienste der Entwertung einer gegnerischen Position« (1982, 440). Aus diesem Grunde ist die Analyse des *seinsverbundenen Denkens* eher eine *Ideologiekritik* als eine *Weltanschauungsanalyse,* weil sie eben die Enthüllung einer agonalen Bewusstseinskonkurrenz betreibt, die den sozialstrukturellen Unterschieden im Gesellschaftsraum nachgebildet ist. Will man also das *seinsverbundene Denken* analysieren, so muss man, wie K. Mannheim ausführt, »Denkstile,

Denkstandorte« so »zum sozialen Sein in Beziehung setzen«, dass primär »die Kategorie des interessenmäßigen Verbundenseins mit geistigen Gehalten eben nur dort« zu finden ist, »wo Interessiertsein faktisch vorhanden ist« (Das Problem einer Soziologie des Wissens, 1964, 378). Da jedoch in der *Weltanschauung* nicht so sehr die »*Interessiertheit*«, sondern das generelle »*Engagiertsein*« vorherrschend ist, muss – wie bereits früher schon ausgeführt – die Grundkategorie *Ideologie* für das *seinsverbundene* und die Grundkategorie *Weltanschauung* für das *seinsgebundene Denken* reklamiert werden.

Trotz dieser subtilen Ausdifferenzierung gibt es einen, wenn auch nur forschungsstrategisch formulierten Zusammenhang von *Weltanschauungs-* und *Ideologiekategorie* wie dem Begriffspaar *seinsgebundenes* bzw. *seinsverbundenes Denken*. Dieser wird deutlich, wenn K. Mannheim programmatisch den eigentlichen Forschungsimpuls seiner *denksoziologischen* Rekonstruktionsanalyse auf den Punkt bringt:

»Der wissenssoziologische Forschungsimpuls kann so geleitet werden, daß er nicht zur Verabsolutierung der *Seinsverbundenheit* führt, sondern daß gerade in der Entdeckung der *Seinsverbundenheit* der vorhandenen Einsichten ein erster Schritt zur Lösung von der Seinsgebundenheit gesehen wird. Indem ich den Sichtindex zu einer als absolut nehmenden Sicht hinzufüge, neutralisiere ich in einem bestimmten Sinne schon die Sichtpartikularität« (Ideologie und Utopie, 1985, 259).

Die *Seinsverbundenheit* der vorhandenen Einsichten liegt auf der Ebene des ideologischen Charakters des Denkens. Die Verabsolutierung des Sichtindex liegt auf der Ebene der *Weltanschauung*, die entweder, wenn sie an eine partikuläre »Interessengebundenheit« geknüpft ist, *weltanschauliche Ideologie* ist, oder aber, wenn sie an ein historisch-kollektives Engagiertsein gebunden ist, eine historisch wirksame *Weltanschauung* darstellt. Erst wenn der Zusammenhang von *Weltanschauung* als totalisierender Seinsauslegung und jeweilig geschichtlicher Seinssituation aufgedeckt ist, wird die prinzipielle *Seinsgebundenheit* des Denkens und Erkennens überhaupt durchschaubar. Inwieweit die Einsicht in diesen Zusammenhang eine »Loslösung« von der *Seinsgebundenheit* des Denkens bedeuten kann, dies war für K. Mannheim eine utopisch geschichtliche Hoffnung. Allein die Ideologien seiner Zeit, maßgeblich die großen geistigen Strömungen im Übergang vom 19. zum 20. Jahrhundert, der Konservatismus, Liberalismus und Sozialismus, waren für ihn *seinsverbundene Denkweisen* einer in der Moderne aufgespreizten *Weltan-*

schauung, deren »kollektive Weltwollung« in einer pragmatischen Synthese von Rationalismus und Ökonomismus lag bzw. immer noch liegt. Diese geistige Synthese ist das, was als metaphysischer Hintergrund die *Weltanschauung* der Moderne bestimmt. Davon ausgehend sind in ihr ideologische Bewusstseinsformen entwickelt worden bzw. sind in ihr immer noch wirksam, die – verteilt über unterschiedliche Gruppierungen und deren sozialstrukturellen Stellungen im sozialen Raum – als Ideologien, d.h. als *seinsverbundene Denkstile* fungieren, um ihre jeweilige Aspektstruktur des modernen Weltanschauungsmusters gegen andere absolut zu setzen.

Ein letzter, aber recht wesentlicher Gesichtspunkt zur Klärung der *Ideologiekategorie* muss noch herangezogen werden: Es ist der der Interessengebundenheit der *Ideologie*. Die Frage ist ja, welcher Begriff des Interesses die Mannheim'sche *Ideologiekategorie* fundiert und in welcher Weise er sich in seinem Bedeutungsgehalt spezifiziert? Zunächst ist durch die Abgrenzung zur Marx'schen Ideologiekategorie eindeutig, dass mit der Interessengebundenheit der *Ideologie* nicht das gemeint ist, was K. Marx/F. Engels in der »Deutschen Ideologie« im weitesten Sinne als materielle Interessen gekennzeichnet haben: »Auch die Nebelbildungen im Gehirn der Menschen sind notwendige Sublimate ihres materiellen, empirisch konstatierbaren und an materielle Voraussetzungen geknüpften Lebensprozesses« (1969, 26). Hier ist der Konnex von materieller Lage eines Kollektivs und ihrer entsprechenden *Ideologie* als Funktion der Erhaltung und Sicherung dieser materiellen Lage sehr eindeutig. Gewissermaßen liegt hier das vor, was T. W. Adorno unverwechselbar knapp und treffend gegenüber der bürgerlichen Kultur so formuliert hat: »Denn *Ideologie* ist Rechtfertigung« (1976, 278). In der Marx'schen wie in der Ideologiekategorie der Kritischen Theorie ist also *Ideologie* eine geistige Rechtfertigung aufgrund eines materiellen Interesses. Damit ist aber der Terminus Interesse auf einen rein sozialökonomischen Bedeutungsinhalt, so wie er seit seiner lateinischen Umformung in die deutsche Rechts- und Handelssprache (vgl. A. Eßer, 1973, 738) Eingang gefunden hat, reduziert: Interesse heißt dann nichts anderes als Vorteilnahme und Eigennutz. Interessengebundene *Ideologie* wäre mit diesen Bedeutungsgehalten konnotiert. K. Mannheims *Ideologiekategorie* nimmt zwar den Rechtfertigungsgedanken auf, indem soziale Gruppierungen um die kommunikative Anerkennung und die Durchsetzung ihrer gemeinschaftlichen Seinsauslegung gegen andere konkurrieren, aber das Materielle ist zugunsten des ideellen Herrschaftsmoments eher vernachlässigt. Auf der Ebene der partikularen Ideologie wird dies insbesondere deutlich, weil es hier um die ideologische Rechtfertigung von geistiger Trägerschaft aufgrund gruppenspezifischer Stellungen im sozialen Raum geht. Die Interessengebundenheit liegt immer in der Rechtfertigung von geistigen Herrschaftsansprüchen, selbst wenn – wie die Frühphase des Bürgertums dies gezeigt hat – andere soziale Gruppierungen, z.B. die Aristokratie, faktisch die ökonomische Macht besessen haben. Der Rechtfertigungsaspekt ist also im partikularen *Ideologiebegriff* immer einer, der sich an der Erhaltung der geistigen Hoheit in der gesellschaftlichen Seinsauslegung ausrichtet: »Herrschende Gruppen können so intensiv mit ihren Interessen an eine Situation gebunden sein, daß sie schließlich die Fähigkeit verlieren, bestimmte Tatsachen zu sehen, die sie in ihrem Herrschaftsbewusstsein stören könnten« (Ideologie und Utopie, 1985, 36). Gruppenspezifische Interessengebundenheit und ideologische Rechtfertigung um die geistige Hoheit über gesellschaftlich geltende Seinsauslegungen gehen in der Kategorie der partikularen Ideologie unter der Vernachlässigung sozioökonomischer Ableitungen konform.

Wie ist es aber mit der Interessengebundenheit im totalen *Ideologiebegriff*, bei der das gesamte weltanschauliche System einer historischen Seinssituation zur *Ideologie* gerinnt? Anders gefragt: Welche kollektive Interessengebundenheit steckt in einer *Ideologie*, die als *Weltanschauungssystem* die Wirklichkeitsinterpretation einer historische Seinssituation bestimmt? Man kann grundsätzlich diese Frage nach zwei Seiten beantworten. Zunächst im Hinblick auf den Innenaspekt der Interessengebundenheit, bei der das kollektive Interesse darin besteht, die Einheitlichkeit des Gemeinschaftsgeistes aufgrund identischer konjunktiver Erfahrungen in Form einer weltanschaulichen Bindung zu bestätigen und zu stabilisieren. Die in der *Weltanschauungskategorie* noch neutral vorliegende, weil nur formal bestimmte Einheit der Totalperspektive auf die Welt, wird auf der Ebene der totalen Ideologie zum affektiv gemeinschaftlichen Interesse, den gemeinschaftlichen Geist als basale Weltorientierung für alle Kollektivteilnehmer stabil und verbindlich zu halten. Die Interessengebundenheit liegt also nicht so sehr in einer Entsprechung gemeinsamer materieller Existenzbedingungen als vielmehr in einer fortwährenden Konsistenz des Gemeinschaftsgeistes in Entsprechung zu ihren konjunktiven Prozessen. Auf diese Weise können innerhalb einer weltanschaulichen *Ideologie* auch Mitglieder einer sozialen Gruppierung kooperieren, die aus unterschiedlichen sozialen Positionierungen im gesellschaftlichen Raum kommen. Der Außenaspekt ergibt sich, wenn man nochmals auf die bereits ausgeführte Differenz von *Weltanschauungs-* und *Ideologiekategorie* im Hinblick darauf, dass die *Weltanschauung* eine notwendige Funktionalität der »wirklichkeitstranszendenten Orientierung« in der Totalauslegung der situativen Seinsweise hat, rekurriert. Bei der *Weltanschauung* wurde, in der Differenz zur *Ideologie*, gesagt, dass diese Orientierung eine positive Funktionalität hat, weil sie eine Sinngebung der Welttatsachen auf symbolische Einheitlichkeit darstellt. Was ist aber, wenn diese »wirklichkeitstranzendente Orientierungsfunktion« zur totalen *Ideologie* wird? Hier ist dann das Interesse, wie beim partikularen *Ideologiebegriff*, nicht mehr eine Rechtfertigung von geistiger Herrschaft vor und gegen andere, sondern kollektiv unbewusste Leugnung, dass die faktische Seinsentwicklung die eigene wirklichkeitstranszendente Orientierung längst zur veränderten Seinsordnung völlig inkongruent ist. Das Interesse ist nicht so sehr Rechtfertigung dessen, was nicht mehr zu rechtfertigen ist, sondern kollektive Leugnung: Die *weltanschauliche Ideologie* wird zum Hirngespinst, zur Mystifikation des Gemeinschaftsgeistes gegen die veränderte Seinswirklichkeit. Es geht hier nicht um das, was K. Mannheim die »Seinsadäquanz« oder »Seinsinadäquanz« des Bewusstseins zur Seinssituation bezeichnet, sondern qualitativ um mehr: um die systematische Leugnung einer historisch veränderten Seinsordnung aus dem gemeinschaftlichen Interesse heraus, eine längst wirkungslos gewordene Bewusstseinsform zu tradieren bzw. zu fixieren. Die totale *Ideologie* ist in diesem Sinne keine seinstranszendente Vorstellung, »die de facto niemals zur Verwirklichung des in ihnen vorgestellten Gehaltes gelangte« (ebd., 1985, 171). Vielmehr ist sie eine seinsresistente Vorstellung, die historische Veränderungen von Seinsordnungen und damit eine Dynamik der geschichtlichen Seinsentwicklungen per se nicht wahrhaben will. An der *weltanschaulichen Ideologie* des Konservatismus hat K. Mannheim exemplarisch die kollektive »Grundintention« des unentwegten Vergangenheitsbezugs herausgearbeitet (vgl. Konservatismus, 1984).

Rekurriert man nochmals auf die Ausgangsfrage nach dem Bedeutungsgehalt, der im Terminus »Interessengebundenheit« eingelassen ist, so ist sehr deutlich geworden, dass der Interessenbegriff keiner ist, der allein aus objektiven Bedingungen sozialökonomischer Art ableitbar ist. Vielmehr ist der Terminus Interesse, den K. Mannheim mit der *Ideologiekategorie* verknüpft, eher ein konstellativer Begriff und keiner der Kausaladäquanz. Im Begriff der Interessengebundenheit sind gleichermaßen subjektive wie objektive Bedingungen konstellativ verbunden. So sind die subjektiven Bedingungen auf der Seite der kollektiven Wertungen, Präferenzen und voluntativen Akte zu suchen, während die objektiven Bedingungen auf der Seite der seinsgebundenen Handlungszwänge, Handlungserfordernisse und normativen Handlungsmaximen liegen, die durch soziale Stellungen von Kollektiven im historisch-gesellschaflichen Raum notwendig sind. *Konstellative Begriffe* zu entfalten und zu benutzen, gibt aber eine Eigenart des Denkgestus K. Mannheims wieder: Nicht nur die zu behandelnden Sachverhalte sind zu relationieren, sondern auch die theoretischen Begriffe, die sich auf die Sachverhalte beziehen.

Die Mannheim'schen Grundkategorien: *Seinsgebundenes Denken, Weltanschauung* und *Ideologie* sind ausführlich expliziert, interpretiert und kommentiert worden. Was noch zum Schluss dieses Kapitels fehlt, ist die kurze Klärung wie diese Kategorien zueinander stehen, in welchem Relationsverhältnis sie sich zueinander befinden. Das *seinsgebundene Denken* ist die Basiskategorie der Mannheim'schen *Denksoziologie.* Sie hat hat den logischen Begründungswert einer epistemischen Kategorie. *Weltanschauungs-* und *Ideologiekategorie* sind für das *seinsgebundene* Denken kategoriale Begründungssupplemente, um die beiden unterschiedlichen Dimensionen von Total- und Partialperspektivismus im kollektiven Denken differenzieren zu können und damit *denksoziologisch* beschreibbar zu machen. Zwischen der *Weltanschauungs-* und der *Ideologiekategorie* besteht dann nur noch der graduelle Unterschied, dass die *Weltanschauung* von einer stärkeren historischen Persistenz und Dauer ist als die *Ideologie,* die stärker temporären Strukturwandlungen in den gemeinschaftlichen Milieus und sozialen Gruppierungen unterworfen ist.

Von diesen hier ausführlich explizierten Grundkategorien ausgehend, sind auch die nachfolgenden Rekonstruktionsbegriffe bestimmt, mit denen die *denksoziologischen* Analysen der faktischen Denkformen vollzogen werden und die die Rekonstruktionsmethode der soziologischen Interpretation inhaltlich fundieren.

5. Grundbegriffe und Methode der soziologischen Interpretation

»Die ganze Kultursoziologie beruht auf dem Zurechnungsproblem.« (K. Mannheim)

Die Art und Weise des Denkens, seine soziostrukturelle Bindung, nicht etwa der Inhalt oder die logische Struktur des Denkens, ist das Ziel der Mannheim'schen *Denksoziologie*. Der internen Systematik nach, die K. Mannheim für die Soziologie bestimmt, gehört die *Denksoziologie* deshalb nicht in die »reine Soziologie«, der es um eine »empiriefreie«, gewissermaßen apriorische Klärung des Sozialen in seiner Wesensbestimmung geht (vgl. Strukturen des Denkens, 1980, 114 ff.). Sie gehört auch nicht zur allgemeinen Soziologie, die sich um die »induktive« Erfassung der »vorhandenen faktischen Typen sozialer Formationen« bemüht (ebd., 127/128) – und auch nicht zu einer historisierenden Soziologie, die die sozialen Gebilde aus ihrer geschichtsdynamischen Typisierung erklärt (ebd., 128 ff.). Denken als manifester Ausdruck einer kollektiven Bewusstseinsstruktur gehört aber zu jener bevorzugten soziologischen Disziplin, die K. Mannheim als Kultursoziologie oder als »soziologische Theorie der Kultur« ausgewiesen hat. Denken sedimentiert sich in einem Kulturgebilde, wie dieses auch das Denken zugleich in seiner kollektiven Formung hervorbringt. Nur aus dieser Wechselseitigkeit ergibt sich die zentrale Fragestellung für die Denksoziologie:

»Es ist also ein Zurückgreifen in die konstitutive Bewußtseinsstruktur, die hier erfordert wird: Indem man die Akte erforscht, in denen das menschliche Bewußtsein Kultur-Sozietät-Geschichte bildet, entdeckt man zugleich auch umgekehrt die sozial-kulturelle und historische Bedingtheit des Bewußtseins« (ebd., 137).

Ein solches »Zurückgreifen« auf das Denken als Kulturgebilde versucht die *Denksoziologie* K. Mannheims. Hierzu benutzt sie bestimmte Grundbegriffe, die nicht nur die Inhaltlichkeit der soziologischen Interpretation fundieren, sondern auch die Methodologie wie Methode dieser *denksoziologischen* Interpretation abstützen. Dabei ist es so, dass diese Grundbegriffe nicht nur in begründungslogischer Entsprechung zur *denksoziologischen* Interpretation stehen, sondern auch diese Interpretation in ihrer originären Art und Weise erst ermöglichen.

5.1. Grundbegriffe der soziologischen Interpretation

Die Grundbegriffe der soziologischen Interpretation, die hier gemeint sind, sind der *Denkstil*, die *Funktionalität* und der *Sinn*. Sie sind zwar auch inhaltliche Begrifflichkeiten der Mannheim'schen *Denksoziologie*, aber sie sind zugleich auch diejenigen Begriffe, die erst eine soziologische Erfassbarkeit von geistigen Gebilden erlauben. Insofern sind sie nicht nur inhaltliche Begriffe der *Denksoziologie*, sondern vielmehr eben auch reine Erfassbarkeitsbegriffe, die man als konzeptionelle Instrumente der *denksoziologischen* Betrachtungsweise K. Mannheims kennzeichnen kann. Während die im vorigen Kapitel explizierten Grundkategorien weitestgehend das kategoriale Konzept der Mannheim'schen *Denksoziologie* in toto rahmen und grundieren, sind die hier aufgeführten Grundbegriffe eher operative Begriffe, die eine gegenstandskonstituierende Funktion haben. Sie legen für die Interpretationsmethode vorab fest, was an den geistigen Gebilden, den kulturellen Objekten eigentlich erfassbar bzw. rekonstruierbar werden soll. Was also K. Mannheim generell meint für die Kultursoziologie reklamieren zu müssen, nämlich dass sie »als eine spezifische Art der Interpretation der Kulturgebilde [zu] betrachten« ist (ebd., 60), gilt umstandslos für das gesamte *denksoziologische* Anliegen K. Mannheims. Da das Denken, die Art und Weise seiner im Wissen manifestierten Form, ebenso ein Kulturgebilde wie alle anderen kulturellen Ausdrucksformen ist, kann es neben seiner Inhaltlichkeit auch nach seinen typologisch-stilistischen Charakteristika erfasst werden. Die »spezifische Art der Interpretation« ist nun die, dass sie nicht einfach nur – methodologisch gesprochen – im Modus des intuitiven Sinnverstehens anzusiedeln ist, sondern dass dieses

Sinnverstehen sich nach der je gegebenen Voreinstellung auf die sinnhafte Erfassbarkeit zu beziehen hat; denn: »Dieses Verstehen kann von verschiedenen Einstellungen her vollzogen werden, und die Eigenart der Einstellungen wird im Resultat des Verstehens, in der logischen Formulierung des Verstandenen ihren Ausdruck finden« (ebd., 56). Die besondere Eigenart der verstehenden Einstellung liegt – pointiert gesagt – in der rein »soziologischen Betrachtung« eines Kulturphänomens und nicht mehr in seiner immanent kulturellen Sinndeutung – wie immer diese auch aussehen mag. Nun ist es so, dass diese rein »soziologische Betrachtung« sich nicht einfach dadurch ergibt, dass man die Kulturphänomene bloß »soziologisch« auffassen will oder sie bereits einem Tableau bestehender soziologischer Begriffe zuschlägt. Dies würde einer Verrechnung von Kulturphänomenen auf soziologische Begriffe, wie sie in der reinen Soziologie zugrunde gelegt sind und dort ihren erkenntnistheoretischen Begründungszusammenhang haben, gleichkommen. Vielmehr ergibt sich die »soziologische Betrachtung« eines Kulturphänomens daraus, dass man zwar durch soziologische Begriffe auf das »gesellschaftliche Konstitutiv« in den Kulturphänomenen *eingestellt* ist, diese soziologischen Begriffe aber als genuin kultursoziologische zu gelten haben. Diese Geltung erfahren sie dadurch, dass sie eben nicht äußerlich an das Kulturphänomen herangetragen werden, sondern dass am betreffenden Kulturphänomen begriffssoziologisch beides synthetisch zugleich im Blick bleibt: Das Soziale und das Kulturelle als ein sich relational Bedingendes und in der Ausdrucksform phänomenal Zusammengehöriges. Dies wird sehr deutlich, wenn man sich K. Mannheims These von der phänomenologischen Doppelstruktur der kultursoziologischen Erfassbarkeit unter dem Gesichtspunkt der soziologischen Betrachtungsweise ansieht. Danach kann jeder (kultursoziologische) Gegenstand prinzipiell in zweifacher Weise gegeben sein: zum einen unvermittelt, als »ein unmittelbares Sichtdarbieten« und zum anderen, »als ein für anderes Vermittelndes«. Dies heißt nun, dass jedes Kulturgebilde »unter folgenden Bedingungen voll verstanden werden (kann)«: Man muss es zunächst als ein »Es selbst« erfasst haben, »ohne es in seiner Mittlerrolle zu nehmen, dann aber seinen vermittelnden Charakter« ermitteln (Beiträge zur Theorie der Weltanschauungs-Interpretation, 1964, 103). Die soziologische Voreinstellung, die »soziologische Betrachtung« nimmt das Kulturgebilde, seine immanente kulturelle Sinneinheit in der Art einer zweiten Interpretationsschleife nochmals als Vermittelndes für Anderes, d.h. für das Soziale wahr. Dies heißt aber, dass nur die analytischen und damit verfahrenstechnisch getrennten Rekonstruktionsebenen es gestatten die »soziologische Betrachtung«, was als das jeweils Soziale in den kulturell vorfindlichen Denkweisen erfassbar ist, von einer rein kulturellen Betrachtungsweise abzulösen. Diese vorgenommene Voreinstellung, die die Denkphänomene ausschließlich »von der soziologischen Begriffsebene aus betrachtet« (Strukturen des Denkens, 1980, 64), bedarf hierfür aber eigener Begrifflichkeiten, um diesem Vermittlungszusammenhang von Kulturellem und Sozialem epistemisch gerecht zu werden. In seiner Schrift »Ideologische und soziologische Interpretation der geistigen Gebilde« (1964, 389 ff.) spricht K. Mannheim deshalb davon, dass es durch diese neue Betrachtungsweise, d.h. der »soziologischen Außenbetrachtung«, notwendigerweise zu anderen Begrifflichkeiten kommen muss, die nicht mehr der kulturell immanenten Betrachtungsweise folgen. Gewissermaßen muss sich mit dem Einstellungswechsel auf eine soziologische Betrachtungsweise eine neue, völlig anders geartete Begrifflichkeit herausbilden und zwar aufgrund »einer neuartigen Verhaltensweise« bzw. »Einstellung des phänomenologischen Gesamtsubjekts zu seinem Objekt (dem geistigen Gehalt)« (ebd., 391). Natürlich hat die »soziologische Betrachtung« keine höhere Erkenntnisdignität als andere Betrachtungsweisen, denn dies würde der These K. Mannheims von der aspektbezogenen Sichtweise, auch hier auf der Ebene der methodologisch relevanten Begrifflichkeiten, widersprechen. Diese aspektbezogene Erfassbarkeit koinzidiert mit einer bestimmten qualitativen Reichweite, die die soziologische Betrachtung an der ganzen phänomenologischen Komplexität von Denkgebilden vornehmen kann, denn: »Die soziologische Betrachtung dieses Phänomens aber reicht nur so weit, als das gesellschaftliche Konstitutiv hineinragt und ein Kulturgebilde als gesellschaftliches betrachtet werden kann« (Strukturen des Denkens, 1980, 60). Soziologische Begriffe dieser Art, dieses phänomenologischen Zuschnitts, sind die Begriffe *Denkstil*, *Funktionalität* und *Sinn*. Sie sollen gewährleisten, dass man Kulturphänomene, wie z.B. die kollektiven Denkformen neben ihren immanenten Kulturgehalten zugleich auch als Funktionsgehalte von gesellschaftlichen Sozialwelten interpretativ rekonstruieren kann.

5.1.1. Denkstil

Die Bestimmung des Mannheim'schen Begriffs des *Denkstils* muss sich der Frage stellen, inwieweit dieser Begriff nicht von der Totalitätskategorie *Weltanschauung* schon systematisch abgedeckt wird, bzw. wenn nicht, in welchem Zuordnungsverhältnis der *Denkstilbegriff* zum *Weltanschauungsbegriff* steht.

In seiner Schrift »Das Problem einer Soziologie des Wissens« (1964, 385 ff.) hat K. Mannheim beide Termini derart argumentativ verschränkt, dass sie wie zwei differenzlose Begriffsinstrumente ein und derselben Sache erscheinen, nämlich als umfassende »soziologische Aufgabe einer Analyse von konkurrierenden Denkstandorten« im historisch sozialen Raum:

»Das Hauptziel [einer Soziologie des Denkens/Verfasser] besteht darin, in einem jeweiligen Querschnitt der Geschichte die geistig-systematischen Standorte herauszuarbeiten, aus welchen heraus gedacht wurde. Es gilt aber dann, diese nicht als rein theoretische Gegenspieler zu betrachten, sondern ihrer lebendigen Verwurzelung nachzugehen, in dem man zunächst jene metaphysischen Voraussetzungen herausstellt, in die diese systematisch gestalteten Standorte verankert sind. Hat man diesbezüglich Klarheit erlangt, so muß man sich fragen (gerade mithilfe dieses metaphysischen Hintergrundes), zu welchen innerhalb derselben vorhandenen Weltwollungen dieser oder jener ›*Denkstil*‹ zurechenbar ist. Hat man auch diese Entsprechungen gefunden, so hat man auch die geistigen Schichten, die einander jeweils bekämpfen« (1964, 385).

Besieht man sich diese Ausführungen genauer, so ergeben sich doch subtile Unterscheidungsmöglichkeiten, um den *Weltanschauungsbegriff* vom *Denkstilbegriff* zu differenzieren. So ist es offensichtlich, dass die metaphysischen Voraussetzungen von historisch vorfindlichen geistig-systematischen Standorten als *Weltanschauungen* zu gelten haben. In ihnen stecken »Weltwollungen«, also kollektiv voluntative Ausrichtungen, die sich ideell auf die Interpretation der jeweiligen Seinslage auslegen. *Denkstile* gehen aber aus diesen *Weltanschauungen* erst hervor, bilden gewissermaßen das intellektuelle Kondensat derselben, sind aber nicht deckungsgleich und daher begrifflich synonym mit den *Weltanschauungen* anzusehen. In exemplarischer Weise hat K. Mannheim in seiner Konservatismusstudie (1984) den inneren Zusammenhang von konservativer Weltanschauung und romantischem Denkstil herausgearbeitet, in dem »die Romantik [...] eher eine immanente, ideologische als eine sozial und politisch unmittelbar bedingte Gegenbewegung gegen die Denkweise der Aufklärung« (1984, 143) bildete. Danach konnte der romantische *Denkstil* zum Element innerhalb der konservativen *Weltanschauung* des Bürgertums des 19. Jahrhunderts werden. Das Verhältnis von *Denkstil* und *Weltanschauung* kann wie folgt veranschaulicht werden: Sowie man bei einem Bild den Hintergrund von der Konfiguration dargestellter Bildelemente abheben kann, so kann man die *Denkstile* als die manifesten Denkweisen von dem metaphysischen Hintergrund, dem letzten ideellen Totalitätsbezug ablösen. Die *Weltanschauung* ist ja fixiert an eine seinsgebundene Sichtweise, die sich einer ideellen Totaldeutung der jeweiligen *Seinssituation* verdankt. In ihr drückt sich eben nicht nur eine kognitive Schicht von kollektiven Seinsdeutungen in Form von ideellen Totalitätskonstruktionen aus, sondern gleichermaßen auch voluntative und emotive Schichten. Dagegen bildet der *Denkstil* »eine Hemisphäre des globus intellectualis« ab, der ein »*seinsverbundenes* Phänomen par excellence« ist (ebd., 67). Der *Denkstil* ist damit eine gesonderte »Hemisphäre« einer historisch analysierbaren *Weltanschauung*; er expliziert in intellektuellen Ausdrucksformen, was die *Weltanschauung* als Hintergrundmetaphysik, als Ideenhaushalt impliziert: »Jenes vortheoretische und erlebnismäßige Element, jene Grundintention [...], aus der heraus der *Denkstil* erwächst« (ebd., 110). Der *Weltanschauungsbegriff* hat also als *denksoziologische* Thematisierungsebene eine viel weitere Reichweite als der *Denkstil*. Dies hat – methodologisch gesehen – Konsequenzen, denn *Weltanschauung* und *Denkstil* stehen zueinander, wie das Teilelement zum Ganzen und das Ganze zum Teilelement. Was nichts anderes heißt, als dass sie hermeneutisch zu relationieren sind, und zwar so, dass das Teilelement (der *Denkstil*) zugleich die Grundintention des Ganzen (der *Weltanschauung*) ausdrückt, wie das Ganze, die ideelle Grundintention, das Teilmoment in seiner konkreten Manifestation wiederum bestimmt. Das erstgenannte Moment, die totalitätsbezogene Repräsentationsfunktion des *Denkstils* wurde von K. Mannheim als ihre synthetische Leistung gekennzeichnet: nämlich, dass sie »von Anfang an den Impuls haben, die jeweilig mögliche Totalität in sich zu Worte kommen zu lassen« (Ideologie und Utopie, 1985, 133). Das strukturelle Zusammenspiel der beiden Analyseebenen, von *Weltanschauungstotalität* und *repräsentativem Denkstil*, hat K. Mannheim beispielhaft an den historischen *Weltanschauungen*, wie sie sich in den geistig-politischen Strömungen des Konservatismus und des Sozialismus im 19. Jahrhundert herauskristallisiert haben, verdeutlich. Die Gegensätzlichkeit beider Strömungen zeigt sich eben nicht nur in der je eigenen Bestimmung und Deutung von Leitbegriffen wie Natur und Geschichte, vielmehr ist es so, dass: »[...] der Gegensatz von Natur und Geschichte sich als ein vorgeschobener Posten eines noch radikaleren Gegensatzes zweier grundverschiedener Denkweisen (enthüllte), die in zwei grundverschiedenen *Weltan-*

schauungen verankert waren« (ebd., 51). Damit ist klar, dass – methodisch betrachtet – der *Denkstil* die manifeste, weil materialiter gegebene Ausgangslage ist, von der her der Einstieg jeder *denksoziologischen* Interpretationsanalyse vorzunehmen ist. Erst von der *Denkstilanalyse* her, die die faktischen Denkweisen, Denkmethoden und Denkbegriffe in ihren konkreten Manifestationen als einen eigenständigen und abgrenzbaren »Denkkosmos« analysiert, gelingt der interpretatorische Überstieg zur soziologischen *Weltanschauungsanalyse*, die letztlich eine geistige Widerspiegelung des realen Strukturzusammenhangs von existenzieller Seinslage und Totalsynthese kollektiver Wirklichkeitsdeutung darstellt. Die *Denkstilanalyse* muss nach K. Mannheim deshalb systematisch zwingend in eine *Weltanschauungsanalyse* übergehen, weil erst sie die vollständige Einheit oder Totalität »uns zu greifen auffordert«, die »hinter sämtlichen Kulturobjektivationen«, also auch hinter den Denkweisen liegt (Beiträge zur Theorie der Weltanschauungsinterpretation, 1964, 101). Zudem ist es nach den methodologischen Anweisungen K. Mannheims so, dass mit der Interpretationsebene der *Weltanschauungsanalyse* erst die eigentliche »soziologische Aufgabe« beginnt:

> »Erst nach dieser immanenten *Weltanschauungsanalyse* beginnt die eigentliche soziologische Aufgabe: Wenn man fragt, welche sozialen Schichten jeweils hinter den geistigen Schichten stehen. Denn allein aus der Rolle dieser Schichten im Gesamtprozess und aus der Verschiedenheit ihres Engagiertseins am werdenden Neuen sind jene grundlegenden, in einem Zeitpunkt vorhandenen verschiedenen Willensrichtungen, Weltwollungen erfaßbar, in die bereits vorhandene Gedanken und Methoden überhaupt aufgenommen werden können und von denen aus ein Funktionswandel [...] einsetzen kann« (Das Problem einer Soziologie des Wissens, 1964, 385).

Nicht die Immanenz der *Denkstilanalyse* zeigt die soziologische Entsprechung zu den sozialen Trägerschaften und den kollektiv-geistigen Formen ihrer faktischen Weisen des Engagiertseins im jeweiligen historisch-sozialen Gesellschaftsraum, sondern die *Weltanschauungsanalyse*, zu der die *Denkstilanalyse* das manifeste Material liefert.

Nun muss man sich fragen, was K. Mannheim unter dem *Denkstil* versteht. Ist dies ein Begriff, der die faktischen Denkinhalte meint oder ist damit die Methode des jeweiligen Denkens angesprochen? Man nähert sich der Beantwortung, wenn nochmals auf die leitende Fragestellung rekurriert wird, die die *Denkstilanalyse* eröffnet:

»Hierbei ist [...] für die Wissenssoziologie das leitende Problem herauszubekommen: wie und in welcher Gestalt alle jene Denkmethoden, Denkstandorte, Begriffsbedeutungen, Denkkategorien zustandegekommen sind, die den gegenwärtigen Zustand unseres Wissens und unsere *Weltanschauungstotalität* ausmachen« (Konservatismus, 1984, 66).

Zwei Gesichtspunkte sind es also, die die *Denkstilanalyse* leiten: die Genese der Herausbildung eines einheitlichen *Denkstils* und sein interner Strukturzusammenhang. Letzteres heißt so viel, als dass man eben nicht auf die einzelnen Inhalte eines *Denkstils*, also auf die Denkgehalte eingestellt ist, sondern auf die »Gestalt«, auf den einheitlichen »Stil« des Denkens, der sich über verschiedene Inhalte in gleicher Formgebung anzeigt.

Was dies konkret bedeutet, hat K. Mannheim wiederum exemplarisch in seiner Konservatismusstudie vorgezeichnet:

»Der Weg zu einem solchen Aufweis besteht darin, daß man, wo möglich, alle jene Grundbegriffe, die dieses Denken charakterisieren, bei den verschiedenen Autoren herausarbeitet, gleichzeitig aber auch die Auswirkung der Grundintentionen dieses Denkstils in ihnen beobachtet und aufweist. Verfolgt man nämlich diese Grundbegriffe, auf denen dieses Denken beruht, im einzelnen, so erweist es sich, daß es sich hier um allmähliches Sich-Ausgestalten einer spezifischen ›*Logik*‹ handelt, die innerlich dermaßen konsequent ist, daß sie sogar Begriffe, die von anderswoher übernommen sind, in die eigene Richtung einzubiegen bestrebt ist« (ebd., 53).

In einer konkreten Analyse des Konservatismus kann dies z.B. bedeuten, dass der Freiheitsbegriff, der semantisch aus der geistigen Strömung des Aufklärungsdenkens bestimmt ist, vom konservativen Denkstil nur als bedingtes Freiheitspostulat eines an und für sich nicht zur Freiheit disponierten Menschen umgedeutet wird. Der *Denkstil* ist die stilistische Einheit von charakteristischen Grundbegriffen, die durch bestimmte geistige Träger repräsentiert werden. Was K. Mannheim hier als »spezifische Logik« des *Denkstils* bezeichnet, ist aber nicht das Kriterium der logischen Konsistenz von Argumenten, also die analytisch formale Logik der Verknüpfung von Gedanken. Unter »Logik« ist hier bei K. Mannheim mehr die strukturelle und topologische Kohärenz im Bedeutungs- und Sinngehalt verschiedener Denkinhalte gemeint. Im *Denkstil* ist eben identisch, was auf der Ebene der Denkinhalte sich different bzw. widersprüchlich ausnimmt. Dies gilt auch für die epistemische Ebene von Erkenntnisprozessen und nicht nur für die Ebene, der durch den Denkstil repräsentierten Grundbegriffe: »[...] daß man schon bei der Stoffbearbeitung, schon bei der Gegenstandkonstitution mit grundverschiedenen Ordnungsprinzipien und grundverschiedenen Kategorien arbeiten kann« (Die Bedeutung der Konkurrenz im Gebiete des Geistigen, 1982, 358). Im *Denkstil* sind im Prinzip drei interdependente Teilmomente des Denkens vereinigt bzw. synthetisiert: seine immanente Formung, ersichtlich durch die Argumentationsstrukturen, seine epistemische Grundbestimmung, erkenntlich durch die vorhandenen Topoi der Wissens- und Erkenntniskonstitution und seine semantische Einheitlichkeit, angezeigt durch Bedeutungsäquivalenzen in den verwendeten Grundbegriffen.

Diese hier vorgenommene Ausdifferenzierung des *Denkstils* ist in den Schriften K. Mannheims so nicht anzutreffen. Sie lässt sich aber interpretatorisch zwingend aus den Mannheim'schen Ausführungen zum *Denkstil* folgern, wenn man sie auf mögliche Differenzierungen hin weiterdenkt.

Eine andere *Denkstilbestimmung* liegt vor, wenn man auf K. Mannheims kultursoziologische Grundlegung dieses Begriffs zurückgreift. Innerhalb des kulturhistorischen Kontextes expliziert K. Mannheim den *Denkstil* als epochale, also als historisch-kulturell verbindliche Denkform, die die Denkweisen als Ausdrucksformen kollektiver Erlebniszusammenhänge während einer bestimmten geschichtlichen Zeitspanne synthetisiert. Die *Denkstilkategorie* wird in diesem kultursoziologischen Kontext nicht mehr ausschließlich als *synchrone* Einheit gesehen, die als kollektives Denkmuster von bestimmten »geistigen Trägerschichten« in scharfer Konkurrenz zu anderen »geistig-systematischen Standorten« tritt, um die Hoheit der Seinsauslegung zu beanspruchen. Für das *diachrone* Verständnis des *Denkstilbegriffs*, also seine epochal-historische Fassung, steht auch nicht so sehr die Synthese der einzelnen Teilmomente als Ausdruck einer spezifisch einheitlichen Logik des Denkens und Wissens im Vordergrund. Die Synthese bezieht sich nicht auf die vorgenannten Einzelmomente der logischen Binnenstruktur des *Denkstils*, sondern vielmehr auf die Einheitlichkeit einer Denkweise quer zu den heterogenen Ausdrucksformen, die den geistigen Standort einer Epoche oder einer historischen Kulturform repräsentieren. Diese heterogenen Ausdrucksformen einer geschichtlichen Kulturform sind z.B. die Kunst, das Recht, die faktischen Lebensanschauungen und anderes mehr. Ihnen allen – so die Grundthese K. Mannheims – liegt ein gemeinsamer Stil des Denkens zugrunde, der in der Außenperspektive die Einheitlichkeit dieser an sich unterschiedlichen Ausdrucksformen aufzeigt und in der Binnenperspektive das kollektiv »Seelische«, den »Erlebniszusammenhang« aus dem diese Ausdrucksformen produziert sind, verdeutlicht. Der *Denkstil* ist hier nicht so sehr milieu- oder schichtbezogen, ein »geistig-systematischer Standort«, der zu einer historischen Zeit neben andere tritt; er ist eben verbindlich und einheitlich für diesen umfassenden historischen Zeitraum als dessen ganzes weltanschauliches Ausdrucksmoment.

An diesem kultursoziologisch bestimmten *Denkstilbegriff* kann auch verdeutlich werden, warum K. Mannheim »die Kategorie des Stils«, die ja primär eine »ästhetische« ist, zugleich als eine »soziologische Kategorie« ausweitet. Dies ist u.a. deshalb von Belang, weil durch die Erweiterung des Stilbegriffs zwei wichtige Folgerungen gegeben sind: zum einen eine methodologische und zum anderen eine soziologische. Beide Folgerungen hängen unmittelbar zusammen und können sehr überzeugend an dem von K. Mannheim herangezogenen Beispiel der Betrachtung eines Kunstwerks konkretisiert werden.

Ausgehend vom Stilbegriff, der in den Kunstwerken »ein in vielen, derselben Richtung angehörigen Werken vorkommendes und wiederkehrendes kompositionelles Moment« (Strukturen des Denkens, 1980, 95) bezeichnet, kann von allen Kulturgebilden gesagt werden, dass sie als Ausdrucksformen betrachtet ebenso »normgebend« sind »wie der ästhetische Formbegriff überhaupt« (ebd., 95). Gewissermaßen liegt allen kulturellen Ausdrucksformen einer kultur-historischen Zeitspanne ein und derselbe kompositionelle Stil des Denkens zugrunde, der es gestattet ihre »formalen Momente« als identisch für eben dieses Denken dieser oder jener Epoche anzusehen. Ist man auf die immanente Formengleichheit eingestellt, und dies ist die besagte methodologische Folgerung zum kultursoziologischen *Denkstilbegriff*, so verfährt man strikt immanent, weil man – in Analogie zur Kunstwerkbetrachtung – nur die Einheit des Stils analysiert. Konkret: An den heterogenen Ausdrucksformen der Gotik, also von der Kunst bis zum Recht usw. erkennt man nur die Immanenz eines gemeinsamen Stils des Denkens, der die gotischen Ausdrucksformen insgesamt *fundiert* und geprägt hat. In diesem konkreten Sinne sprechen wir auch vom »gotischen Geist« oder »gotischen Prinzip« dieser Epoche, um damit den vorherrschenden *Denkstil* zu meinen. Nun ist dies aber nur die erste Schicht, die nur die formalen, weil immanenten Merkmale des jeweiligen historischen *Denkstils* erfasst. Auf dieser Ebene, so K. Mannheim, würde man in der Tat nur Stilgeschichte des Denkens betreiben und nicht zur soziologischen Ebene, nämlich einer »funktionalgenetischen Betrachtung« (ebd., 97) fortschreiten. Wie ist dies zu verstehen, in welcher Weise wird der Stilgehalt durch eine funktionalgenetische Betrachtung erweitert? Wiederum verdeutlich dies K. Mannheim am Beispiel des epochalen Kunststils »gotisches Prinzip«: »Man überführt allmählich die rein formale Charakteristik des gotischen Stils in das dahinterstehende ›*gotische Prinzip*‹, man greift bis zu jenem typischen Erlebniszusammenhang zurück, dessen Folge es ist, daß bezüglich der Formgebung ganze Generationen aus derselben Sichtbarkeits- und Darstellungsproblematik heraus schaffen können«. Man verlässt also »die Ebene dieser Formbeziehungen«, um den im Stil eingebundenen »*Funktionalitätsbezug*« (ebd., 96), den das Kulturgebilde insgesamt für den sozialen Erlebniszusammenhang, d.h. für den kollektiven Wirklichkeitsbezug eingenommen hat, aufzudecken. Der »*Funktionalitätsbezug*« ist deshalb evident, weil die Resultate, die Kulturgebilde insgesamt das Ergebnis einer geistigen Umformung von den dazugehörigen seelischen Erlebniszusammenhängen sind, die dadurch gemeinschaftlich erfahren und in dieser Form geistig ausgedrückt werden. In den Werken ist folglich mehr investiert als die formalen Stilcharakteristiken und der manifeste Sinngehalt, der den Kulturgebilden als kulturelle Erzeugnisse zugeschrieben wird:

»Daß es auch möglich ist, durch den objektiven Sinngehalt eindeutig das funktionelle Moment zu erfassen, ist dadurch garantiert, daß das Gebilde nicht nur Sinn, sondern auch Resultat ist und, sofern es verstanden wird, das Sinnverständnis mit dem dazugehörigen Resultatsverständnis Hand in Hand geht« (ebd., 97).

Das funktionelle Moment ist, so K. Mannheim, dasjenige, was das Soziale, das als »Resultat eines gemeinschaftlichen Erlebniszusammenhanges ›im Werk, im Kulturgebilde‹ einzeln »aufgespeichert« ist, ausmacht. Das Rekurrieren auf die *Funktionalitätsebene* des Stils heißt also, die »immanente Betrachtung« des Kulturgebildes zu verlassen, um dasselbe Phänomen von der »soziologischen Begriffsebene« (ebd., 99) her zu interpretieren. Dasjenige, was dann der Wechsel zur *denksoziologischen* Begriffsebene eröffnet, ist zunächst eine bestimmte einheitliche »Sichtbarkeitseinstellung« zur Welt. Materialiter wird dies angezeigt in der Art und Weise einer bestimmten Denkform, eines bestimmten gemeinschaftlichen Stils des gemeinsamen Denkens. Ausgehend von der *Funktionalität* eines jeden Kulturgebildes gelingt die soziologische Erklärung des Kulturobjekts erst, indem der »spezifisch-soziale Charakter des betreffenden Erlebniszusammenhangs« – der hinter diesem Kulturobjekt – steht, »herausgearbeitet« wird (ebd., 98). Die Analyse des kulturhistorischen Denkstils verlangt eigentlich die systematische Verknüpfung dreier Analyseebenen: Zum Ersten die immanente *Denkstilanalyse* des einzelnen Kulturgebildes, um dessen immanent objektiven Sinngehalt zu eruieren. Dies heißt methodologisch, dass eine Sinninterpretation auf der Grundlage einer Bedeutungsanalyse des einzelnen Kulturgebildes erfolgt. Zum Zweiten die soziologische *Funktionsanalyse*, die das einzelne Kulturgebilde als Ausdrucksform eines in ihr geronnenen sozialen Erlebniszusammenhangs gemeinschaftlicher Natur herausarbeitet. Dies ist die Ebene der soziogenetischen Rückführung mittels genuin soziologischer Begriffe, bei der das »vornehmliche Soziale [...] und [...] ihm (dem Kulturobjekt) zugehörige(r) Erlebniszusammenhang« deshalb aufscheint, weil es funktional entsprechend zu der »sich ergebenden ökonomisch, sozial und historisch näher bestimmbaren Lage« (ebd., 101) in Beziehung zu setzen ist. Zum Dritten die soziologisch-komparative Rekonstruktion, die eben nicht bei einem Kulturgebilde bleibt, sondern »nach der Herausarbeitung der inhaltlichen Sphären (wie Recht, Wirtschaft, Religion, Ethik usw.« [ebd., 99] den gemeinsamen, gleichsam epochalen *Denkstil* ermittelt. Dieser ist dann als das zu fassen, was ihn historisch-funktional kennzeichnet: prägender *Denkstil* einer historisch wirksamen *Weltanschauung* gewesen zu sein. Was hier noch als ein methodisches Nacheinander formuliert ist, bleibt in Wahrheit ein sich wechselseitig ergänzendes wie auch gegenseitig in den hypothetischen Lesarten verwerfendes Interpretieren, um die im Kulturgebilde phänomenal gegebenen Ebenen von immanentem Bedeutungssinn, von sozialem *Funktionssinn* und *weltanschaulichem Totalitätssinn* nur analytisch auseinander halten zu können. Der *kulturhistorische Denkstil*, dies ist die einzige Differenz zum *sozialstrukturellen Denkstil*, wie er in der synchronen Betrachtungsanalyse gebraucht wird, ist erheblich weiter gefasst. In ihm kommt nicht so sehr die *soziale Funktionalität* des Denkens für bestimmte Gruppierungen oder »geistige Schichten« zum Ausdruck, vielmehr aber die *historische Funktionalität* eines *Denkstils* als Element einer für eine historische Zeitphase geltende *Weltanschauung*. In diesem *historischen Denkstil* koinzidieren die einzelnen *standortgebundenen* und *gruppenspezifischen Denkstile* einer bestimmten historischen Zeit zu einem einheitlichen *Gesamtdenkstil*, weil sie – so soll es die »soziologisch-stilgeschichtliche Analyse des Denkens zeigen« – sich als einzelne *Denkstile* »ununterbrochen mischen und gegenseitig durchdringen«, um »die in der Zeit überhaupt erreichbare umfassendste Sicht vom Ganzen« (Ideologie und Utopie, 1985, 132/133) zu repräsentieren. Als einen solchen *Gesamtdenkstil* bzw. *kulturhistorischen Denkstil* für eine historisch abgrenzbare Zeitepoche wird von K. Mannheim beispielhaft der *bürgerliche Denkstil* angeführt. Jedoch ein solcher – nur synthetisch erschlossener – *kulturhistorischer Denkstil*, der einen epochalen Denkstandort dokumentiert, kommt der Kategorie des *seinsgebundenen Denkens* sehr nahe, obwohl doch der *Denkstil* – wie K. Mannheim ihn ausgewiesen hat – primär ein *seinsverbundenes Phänomen* sein soll. Dass der *kulturhistorische Denkstilbegriff* an den Sinngehalt des *seinsgebundenen Denkens* herankommt, liegt aber daran, dass immer »mit bestimmten weltanschaulichen Grundintentionen auch besondere Denkintentionen gegeben sind« (Konservatismus, 1984, 73). Da der *Denkstilbegriff* systematisch auf diese Denkintentionen und die mit ihnen gegebenen *sozialen Funktionalitäten* eingestellt ist, und nicht auf die weltanschaulichen Grundintentionen, bleibt er – methodologisch gesprochen – näher an der Sache dran: »dem Problem, wie Menschen wirklich denken« (Ideologie und Utopie, 1985, 3) – und zwar historisch, wie sie gedacht haben, und für die jeweilige Gegenwart, wie sie für den Zeitpunkt der *Denkstilanalyse* denken.

Die abschließende Frage muss lauten, inwieweit das, was K. Mannheim unter dem *Denkstilbegriff* soziologisch zu erfassen glaubte, nicht durch andere Autoren mit dem gleichen oder einem anderen Terminus gleichermaßen thematisiert wurde. Konkreter gefragt: Deckt sich der Mannheim'sche *Denkstilbegriff* mit dem des Medizinhistorikers L. Fleck? Liegt dem *Denkstilbegriff* möglicherweise nicht die Idee zugrunde, die T. S. Kuhn für die nichtkumulative Wissenschaftsgeschichte mit dem *Paradigmabegriff* reklamiert hat? Und schließlich: Was unterscheidet den *Denkstilbegriff* von dem textsoziologischen Terminus des »ideologischen Soziolekts« (vgl. Peter Zima, 1989, 2004), der das Denken von Gruppen oder Kollektiven primär von der Praxis ideologischer Gruppensprachen erfassen soll? Es versteht sich, dass im Rahmen dieser Ausführungen und Interpretationen zum Mannheim'schen *Denkstilbegriff* die Beantwortung der vorgenannten Fragen nur vergleichend, d.h. bezogen auf die konzeptionelle Rahmung des betreffenden Terminus, abgestellt sein kann.

Die Theorie des *Denkstilbegriffs* von L. Fleck (vgl. 1980) ist wissenschaftskritischer Natur. Sie liefert eine Kritik am Tatsachenbegriff der medizinischen Forschung. Die medizinischen Tatsachenfeststellungen sind für L. Fleck hochgradig abhängig vom »ärztlichen Denken«, das sich wiederum eng an den Standards und Orientierungen der jeweiligen medizinischen Forschergemeinschaft orientiert. Dabei untersucht L. Fleck nicht so sehr den engen Zusammenhang von individuellem ärztlichem Denken und einer schulmedizinischen Sichtweise, denn seine Analyse der medizinischen Tatsachenerkenntnis ist elementarer. Was nämlich als eine medizinische Tatsache zu gelten hat, ist niemals neutral, gehorcht nicht einfach einer wissenschaftlichen Logik. Eine medizinische Tatsachenfeststellung beruht eher auf impliziten Vorannahmen, die durch externe Faktoren der Tatsachenerkenntnis bestimmt sind und selber in der Tatsachenfeststellung explizierbar sind. Diese Faktoren sind sozialer Natur und lassen sich als *Denkstil* eines Denkkollektivs zusammenfassen. Medizinisches Wissen ergibt sich also keineswegs nur aus theorieförmigen Erkenntnissen, es beruht auf denkmäßigen Voraussetzungen, die L. Fleck *Denkstil* nennt: »Alle Wege einer positiven fruchtbaren Erkenntnistheorie mündet im Begriff des *Denkstils*« (1980, 129). Mit diesem Begriff drückt L. Fleck aus, dass das medizinische Denken eine soziale Tätigkeit ist, d.h., dass es impliziten Regeln und Zwecksetzungen unterliegt und folgt, die primär aus dem sozialen Zusammenhang des medizinischen Handelns kommen und letztlich für diesen gelten. Das medizinische Denken, seine abstrahierenden Aussagen müssen letztlich auf den konkreten Krankheitsfall applizierbar und auf die Pragmatik von Heilung oder Nichtheilung eingestellt sein. Von daher untersteht das medizinische Denken umstandslos einem geregelten »Denkzwang«, der niemals, wie in anderen naturwissenschaftlichen Denksystemen, nur hypothetisch und neutral beschreibend bleiben kann. Dieser geregelte Denkzwang wird von L. Fleck *Denkstil* genannt; er konstituiert erst, was sich in der medizinischen Wahrnehmung als wahrgenommene Tatsache zeigt: »Wir können also *Denkstil* als gerichtetes Wahrnehmen, mit entsprechendem gedanklichem und sachlichem Verarbeiten des Wahrgenommenen, definieren« (ebd., 130). Nun kann man noch meinen, dass die Tatsachenfeststellung Produkt eines einzelnen *Denkstils* sei, und die Medizingeschichte als die Geschichte der großen Männer medizinischer Entdeckungen würde dafür sprechen. L. Fleck sieht jedoch, dass der *Denkstil*, auch wenn er von einem einzelnen medizinischen Forscher repräsentiert werden kann, »an eine Denkgemeinschaft« gebunden sein muss und »keineswegs innerhalb der Grenzen des Individuums vollständig lokalisiert werden kann« (ebd.). Was nämlich als implizite Regel des Denkzwangs wirkt, ist nicht die wissenschaftliche Gemeinschaft der medizinischen Forscher, ihre expliziten gruppenspezifischen Standards und disziplinären Bindungen allein. Im *Denkstil* ist weit mehr sedimentiert als dieses, denn in *Denkstil* sind zudem die »gemeinsamen Merkmale der Probleme, die ein Denkkollektiv interessieren; der Urteile, die es als evident betrachtet; der Methoden, die es als Erkenntnismittel anwendet« insgesamt vorgegeben. Von diesem kollektiven Denkzwang, der »bestimmt, was nicht anders gedacht werden kann« (ebd.), wird die »freie Willkürlichkeit des Denkens« eingegrenzt. Was dadurch als Tatsache, als Tatsachenfeststellung erscheint, ist durch drei elementare Beziehungsmodalitäten zum Denkkollektiv bestimmt:

»1. Jede Tatsache muß auf der Linie des geistigen Interesses ihres Denkkollektivs liegen [...]. 2. Der Widerstand muß im Gruppenkollektiv als solcher wirken und jedem Teilnehmer als Denkzwang und weiter als unmittelbar zu erlebende Gestalt werden [...]. 3. Die Tatsache muß im Stil des Denkkollektivs ausgedrückt werden« (ebd., 132/133).

Alle drei Beziehungsmodalitäten begründen das medizinische Wissen als Wissen eines »*kollektiven Denkstil*«. Das Denkkollektiv ist nur »der gemeinschaftliche Träger« desselben (ebd., 135). Mit diesem Begriff ist aber nicht »eine fixe Gruppe oder Gesellschaftsklasse« im sozialstrukturellen Sinn gemeint, etwa Berufsgruppen oder Gesellschaftsschichten. Der Begriff des Denkkollektivs ist »mehr ein funktioneller als ein substanzieller Begriff« (ebd.), um Gemeinschaften jenseits ihrer offiziellen oder formellen Organisationsweise zu bezeichnen. Was jeweils als Denkkollektiv einzustufen ist, ergibt sich durch die Isolierung eines »intrakollektiven Denkverkehrs«, der sich u.U. quer zu disziplinär strukturierten Forschergemeinschaften herausbildet, weil eben durch die Identität eines gemeinsamen *Denkstils* geprägt bzw. durch eine »gedankliche Solidarität Gleichgestellter, die im Dienste derselben Idee stehen« (ebd., 140).

L. Fleck und K. Mannheim benutzen identische Termini. Handelt es sich aber bei dem Gebrauch der Begriffe »*Denkstil*« und »Denkkollektiv« um äquivalente Vorstellungen oder liegt nur eine Äquivokation im Wortgebrauch bei inhaltlicher Sachverschiedenheit vor? Resümiert man die wichtigsten Merkmale der Bestimmungen von »*Denkstil*« und »Denkkollektiv«, so ergeben sich ganz offensichtlich Parallelen: Auch bei K. Mannheim ist der *Denkstil*, obwohl er ihn Sehindex bzw. »Sichtbarkeitseinstellung« nennt, im Grunde ein »gerichtetes Wahrnehmen mit entsprechendem gedanklichem und sachlichem Verarbeiten des Wahrgenommenen«. Auch bei ihm ist der *Denkstil* an eine Denkgemeinschaft gebunden, die spezifische Interessen und identische Ideen verfolgt und vertritt. Und auch bei Fleck wie bei K. Mannheim gibt es die prinzipielle Disparität denkkollektiver Überzeugungen, die sich zwar annähern und befruchten können, jedoch prinzipiell in agonaler Haltung zueinander stehen. Trotz dieser Übereinstimmungen gibt es aber zwei markante Unterschiede: L. Flecks Intentionen gingen auf eine Soziologie des Wissens von Forschergemeinschaften. Sein Begriff des Denkkollektivs ist mehr eine funktionelle Beschreibungskategorie, um kommunikative Gemeinschaften innerhalb der »community science« analytisch zu isolieren, die durch eine gemeinsame Denkhaltung und Wissenschaftsidee gekennzeichnet sind. Das Denkkollektiv ist primär eine Denkgemeinschaft innerhalb der epistemologischen Auseinandersetzungskämpfe im Bereich der Grundlagenwissenschaften. Es ist mehr ein erkenntnissoziologisches als ein *seinsverbundenes Phänomen* von Denkgemeinschaften. Von daher liegt der Begriff des Denkkollektivs bei L. Fleck ganz auf der Linie des Kuhn'schen Paradigmabegriffs. Bei K. Mannheim ist das Denkkollektiv allgemeiner begründet, d.h. es bezeichnet geistige Trägerschichten im sozialen und historischen Raum, die um die Hoheit der jeweiligen Seinsdeutung kämpfen. Der Begriff Denkkollektiv hat bei K. Mannheim eine substantielle Entsprechung zu geistigen Trägerschichten, die einerseits unterschiedliche Positionierungen im sozialen Raum einnehmen, und deshalb andererseits auch konkurrierende Geltungsrelevanzen für die Art ihres gesellschaftlichen *Engagiertseins* haben.

Es wurde schon angeführt, dass die Fleck'sche Terminologie ganz in der Linie der Paradigmatheorie von T. S. Kuhn liegt, wie er sie in seinem Buch »Die Struktur wissenschaftlicher Revolutionen« (1967) entwickelt hat. Das *Paradigma* ist ein beispielhaft wirkendes Erklärungsmuster, das die Normalität wissenschaftlichen Erkennens, Denkens und Forschens bestimmt. Dieses festgelegte Erklärungsmuster für wissenschaftliche Frage- und Problemstellungen fungiert wie ein Denkzwang, wie ein vorgegebenes Kognitionsraster, das die jeweilige Wissenschaftlergemeinschaft eine zeitlang auf die Fortentwicklung einer bestimmten Deutung von wissenschaftlichen Phänomenen und den darauf aufbauenden Theorien festlegt. Dieses Kognitionsraster ist solange nicht explizit zu machen oder in seiner Beschränkung wahrnehmbar, wie kein alternatives *Paradigma* zur Verfügung steht. Entscheidend ist nun, dass sowohl das *Paradigma* als auch der Paradigmawechsel nicht aus einem rational begründeten Prozess kontinuierlichen Erkenntnisfortschritts resultiert, sondern – so das Ergebnis der wissenschaftsgeschichtlichen Analyse T. S. Kuhns – auf irrationalen, d.h. schöpferischen Eingebungen einzelner Entdecker beruht. Das tradierte Erklärungsmuster, die grundlegenden noematischen Kategorien der Erkenntnis von Wissenschaftsphänomenen werden aufgeben und die Wissenschaftstatsachen erscheinen somit in einem neuen Licht wissenschaftlicher Erklärbarkeit. Was T. S. Kuhn mit seiner Theorie des Paradigmawechsels auch zeigt, ist, dass der Wissensprozess in der »community science« durch Gruppen-, Glaubens- und Generationskämpfe um die Erklärungshoheit im Wissenschaftsbereich gekennzeichnet ist. In dieser Hinsicht ist der *Paradigmabegriff* semantisch deckungsgleich mit dem *Denkstilbegriff* von L. Fleck, wie er auch in gleicher Weise different zum Mannheim'schen *Denkstilbegriff* ist. Der einzige Unterschied zwischen dem Fleck'schen *Denkstilbegriff* und dem Kuhn'schen *Paradigmabegriff* liegt darin, dass T. S. Kuhn neben einem *Paradigmabegriff*, der mehr auf die Soziologie der »community science« anspielt, also die kleinen wissenschaftsdisziplinären *Paradigmen* meint, auch einen großen, *historischen Paradigmabegriff* in seine Theorie implementiert hat. Immer dann, wenn er von den Wechseln der großen naturwissenschaftlichen Weltbilder spricht, z.B. dem *Paradigma* des kopernikanischen Weltbildes oder dem Newton'schen Weltbild, wird dieser *Paradigmabegriff* zum Synonym eines *Denkstils*, der sich dem *historischen Weltanschauungsbegriff* K. Mannheims annähert. Gleichwohl stellt aber für die kultursoziologische *Weltanschauungsanalyse* K. Mannheims das jeweilige naturwissenschaftliche Weltbild oder *Paradigma* nur ein einzelnes Element eines historisch umfassenden *Denkstils* dar. Der Kuhn'sche *Paradigmabegriff*, der die elementaren naturwissenschaftlichen Weltbilder von historischen Zeiten aufzeigt, ergänzt nur die Mannheim'sche Sichtweise auf die Existenz von historisch heterogenen *Denkstilen*, die sich im geschichtlichen Prozess von *Weltanschauungen* als totale Seinsauslegungen herausgebildet haben und weiterhin herausbilden werden. Für K. Mannheim gehört eben das naturwissenschaftliche Denksystem, d.h. sein jeweils geltende *Paradigma*, ebenso zu den kulturellen Gebilden, wie die anderen Denksysteme, etwa des Rechts, der Kunst, der Ökonomie usw.

Eine letzte Bezugnahme zum Mannheim'schen *Denkstilbegriff* fehlt noch. Es ist die Bezugnahme zum Begriff des »*ideologischen Soziolekts*«. Der Begriff des *Soziolekts* meint im Gegensatz zum Idiolekt die Realisierung von Gruppensprachen innerhalb einer gesellschaftlichen Diskurspraxis. *Soziolekte* können »nicht schlicht mit Berufssprachen« (z.B. der Rechtssprechung oder der Wissenschaftlersprache), also Fachsprachen »identifiziert werden, sondern müssen als Ausdrucksformen kollektiver Interessen« angesehen werden (Peter V. Zima, 2004, 7). Woraus setzt sich – seiner Binnenstruktur nach – ein *Soziolekt* zusammen? Was sind seine internen Bestimmungsstücke?

Nach P. Zima sind es

»drei Dimensionen: 1. das lexikalische Repertoire (das für eine oder mehrere Gruppen charakteristisch ist); 2. der Kode als semantische Grundlage des *Soziolekts* (als dessen Taxonomie) und 3. die diskursiven Strukturen [...], die ein individuelles und/oder kollektives Subjekt im Rahmen eines bestimmten Soziolekts verwirklicht« (ebd., 7).

Will man also jede gesellschaftliche Gemeinschaft, jede an der gesellschaftlichen Diskurspraxis beteiligte Gruppierung hinsichtlich ihrer je spezifischen Gruppensprache identifizieren, muss man das besondere Vokabular, das diese Gruppierung oder gesellschaftliche Gemeinschaft benutzt, unter Bezugnahme auf diese drei Dimensionen analysieren, um den jeweiligen *Soziolekt* zu erfassen. Nur aufgrund des je vorfindlichen *Soziolekts* lassen sich die Gruppierungen, die jeweiligen gesellschaftlichen Kollektive bzw. Gemeinschaften abgrenzen und von ihren Gruppensprachen gegeneinander abheben (vgl. P. Zima, 1989, 248). Nun ist aber diese Erfassung der *Soziolekte* noch neutral, denn die jeweilige Gruppensprache wird nur auf ihre formalen Merkmale von lexikalischen, semantischen und diskursiven Bestimmungen hin aufgelöst. Um die jeweiligen gemeinschaftlichen Interessen, d.h. die je spezifische Wertbeziehung dieser Gruppensprache mit in den Blick zu bekommen, muss »die Ideologie als sprachliches Konstrukt« innerhalb der Gruppensprache mitbedacht werden; also die Tatsache, dass Gruppen (wie auch Einzelne) »bestimmte Werturteile fällen, sich mit bestimmten sozialen Werten identifizieren«, was natürlich notwendigerweise einschließt, dass »sie sich zugleich mit bestehenden Strukturen identifizieren« (P. Zima, 2004, 12). Aus diesem Grund müssen die wertneutralen und formal gehaltenen Dimensionen des *Soziolekts* erweitert werden: 1. Die lexikalische Dimension, das besondere Vokabular der Gruppierung bestimmt sich nunmehr nach den immer wiederkehrenden und »symptomatischen Vokabeln«, die den *Soziolekt* dominieren und von anderen *Soziolekten* deutlich abgrenzen. 2. Die semantische Grundlage stellt sich nunmehr als »ein komplexer, anhand von bestimmten Relevanzkriterien erstellter Kode dar«, der das lexikalische Repertoire des *Soziolekts* nach Bedeutungshierarchien, Bedeutungsgegensätzen und internen Bedeutungsklassifikationen strukturiert. Mit dem semantischen Kode wird u.a. deutlich, was innerhalb eines *Soziolekt* eine Zeit lang hohe oder niedere Bedeutungszuschreibung hatte bzw. was auch in einem *Soziolekt* historisch bedeutungslos geworden ist (vgl. ebd., 15). 3. Die diskursive Dimension stellt die narrative Struktur des *Soziolekts* dar, also die partikulare Erzählweise der Gruppensprache, um eine je zu artikulierende Wirklichkeitssicht homogen und plausibel zu halten. Gewissermaßen ist der gruppenspezifische Diskurs die Art und Weise der sprachlichen Konstruktion von Wirklichkeitsauffassung in der Bedeutungsdimension des Gruppeninteresses. Narrativ ist der *Soziolekt* insofern, als seine anderen beiden Komponenten bzw. Dimensionen, also das symptomatische Vokabular und die Relevanzkriterien des semantischen Kodes auf eine diskursive Erzählstruktur vereinigt werden können. Konkret: Das »symptomatische« Vokabular eines politisch agierenden proletarischen Kollektivs kodiert den Begriff der »Arbeit« nach ganz anderen Bedeutungskriterien als z.B. das Vokabular der Unternehmergruppierung, weil die narrative Struktur des proletarischen Diskurses den Begriff der Arbeit mit der Erzählung von Entfremdung, sozialer Abhängigkeit wie auch deren potenzieller Aufhebung systematisch verknüpft. Insofern ist der kollektive Interessenhorizont auf dieser Ebene des »*ideologischen Soziolekts*« in seiner narrativen Bedeutungsstruktur angesiedelt.

Eine Entsprechung zum Konzept des *Denkstilbegriffs* scheint kaum möglich. Man muss sich jedoch von zwei Hintergrundargumentationen trennen, um eine gegenseitige Übersetzbarkeit von *Denkstil* und *ideologischen Soziolekt* festhalten zu können: Zum einen ist dies die geistesgeschichtliche Hintergrundargumentation, die den Mannheim'schen *Denkstilbegriff* in das Bedeutungsuniversum des Vokabulars von Historismus, geisteswissenschaftlichem Weltanschauungsdenken und geisteswissenschaftlich begründeter Kultursoziologie zur Zeit K. Mannheims systematisch einbindet. Zum anderen ist es die Hintergrundargumentation einer fundamentalen Differenz zwischen einer mentalistischen Philosophie, die den Mannheim'schen *Denkstilbegriff* an den Grundterminus Denken als (kollektive!) Bewusstseinskategorie zurückweist und einer sprachtheoretisch inspirierten Theorie, die mit dem Begriff des *Soziolekts* ausdrückt, dass die Sprache und ihre heterogenen Ausdrucksformen letztlich den Grundsachverhalt von Wirklichkeitsdeutungen ausmacht. Trotzdem kann eine Brücke geschlagen werden, wenn man sich unter strikt methodologischer Hinsicht fragt, ob das Theorem des »*ideologischen Soziolekts*« die Mannheim'sche *Denkstilanalyse* nicht nur ergänzt, sondern möglicherweise in der Art eines feinanalytischen Instrumentariums besser fundiert. Bei K. Mannheim erschöpft sich ja die *Denkstilanalyse*, wie sich noch darstellen wird, nur auf die Feststellungen von *Denkstilanalogien* und ihren Entsprechungen zu *soziologischen Funktionalitäten* im sozialen bzw. historischen Raum. K. Mannheims *Denkstilanalyse* ist zu sehr von zwei Analogieschlüssen befangen: Zum einen ist der *Denkstil* eine zum Stil erhobene Analogie zu einer erlebnismäßig gegebenen Grundintention, die als kollektives »Weltwollen« nur noch lebensphilosophisch nachvollziehbar ist. Zum anderen bildet der *Denkstil* ein Analogon zu einer *soziologischen Funktionalität*, die den *Denkstil* »in einem jeweiligen Querschnitt der Geschichte« als »geistig-systematischen Standort« von konkurrierenden geistigen Trägerschichten herausarbeitet (vgl. Das Problem einer Soziologie des Wissens, 1964, 385). Was aber in dieser Art einer großräumigen, und allein auf sozialen Funktionssinn abgestellten Interpretation von Denkweisen fehlt, ist die Konstitutionsfrage dessen, was nur in der Ebene der sprachlichen Ausdrucksformen des Denkens analytisch zu vindizieren ist: Auf welche sprachimmanente Weise werden Bedeutung wie Sinn gebildet, verfestigt und auch geändert, um Wirklichkeitsdeutungen in den Formen kollektiv verbindlicher *Denkstile* zu geistigen Denkstandorten im sozialen Raum werden zu lassen. In »Ideologie und Utopie« stellt K. Mannheim die selbstketzerische Frage, um ihr zugleich mit der Antwort nach der »sozialpsychologischen Funktion« die Spitze zu nehmen: »Wir sehen immer klarer, daß die Sinnbedeutung, woher sie immer stammt und ob sie wahr oder falsch sein mag, eine bestimmte sozialpsychologische Funktion ausübt: Sie hat die Aufmerksamkeit derjenigen zu fixieren, die auf Grund einer bestimmten *Definition der Situation etwas gemeinsam unternehmen wollen*« (ebd., 1985, 20). Die »*Definition der Situation*« verrät die Art der Denkweise, die steht jedoch nicht nur im Dienste einer kollektiven »Weltwollung«, sie wird auch gebildet durch das sprachliche Strukturmuster und die sprachlichen Topoi, die aus den gemeinschaftlichen Sinn- und Bedeutungsgebungen der *Seinssituation* entspringen. Das Theorem der »*ideologischen Soziolekte*«, das ja auch die Sprachformen mit kollektiven Interessen zusammenbindet, muss ein konstitutiver Teil der *Denkstilanalyse* sein. Hierin ist die *Denkstilanalyse* K. Mannheims produktiv zu ergänzen.

5.1.2. Funktionalität

Der systematische Ort des Mannheim'schen *Funktionalitätsbegriffs* wurde bereits in der Darlegung zum *Denkstilbegriff* ausgewiesen. Innerhalb der von K. Mannheim vorgenommenen methodologischen Differenzierung von immanenter Betrachtung und nichtimmanenter Betrachtung der Kulturgebilde eröffnet der *Funktionalitätsbegriff* »die soziologische Betrachtung der Kulturgebilde« (Strukturen des Denkens, 1980, 68). Erst die Erfassung der *sozialen Funktionalität* von Kulturgebilden, mithin von Denkformen, ermöglicht es, den jeweiligen *Denkstil* soziologisch zu rekonstruieren, indem auf den hinter ihm stehenden sozialen und kollektiven Erlebniszusammenhang abgehoben wird. Von daher ist der *Funktionalitätsbegriff* ein soziologischer Begriff sui generis. Dagegen ist der *Denkstilbegriff* eine kompositorische Umformung eines ursprünglich ästhetischen Begriffs in einen kulturalistischen Begriff, der sich nur mittels des sozialen Funktionalitätsbezugs soziologisch auffüllt. Nur der soziologische *Funktionsbegriff* gestattet es, das jeweilige – historische oder/und gruppenspezifische – Denken *denksoziologisch* zu erfassen und zu interpretieren. Die Tatsache des Denkens allein, seine kulturelle Ausdrucksform für sich, erlaubt noch keine *denksoziologische* Betrachtung. Sie gestattet es nur, das Denken in seiner immanenten Sinnstruktur bzw. in seiner kulturell intendierten Ausdrucksgestalt zu rekonstruieren, nicht aber in der Dimension seiner *sozialen Funktionalität.* Methodologisch heißt dies, dass die *denksoziologische* Interpretationsweise eine doppelte Lesart praktizieren muss, die K. Mannheim als das methodische Ingenium seiner *Denksoziologie* angesehen hat: »[...] nur bei der gleichzeitig vorhandenen Fähigkeit das Denken gleichsam von innen heraus, der logischen Struktur nach, und von außen her, in seiner sozialen Funktionalität sehen zu können, kann die erkenntnissoziologische Fragestellung (der Wissenssoziologie) sich fruchtbar gestalten« (Das Problem einer Soziologie des Wissens, 1964, 372). Nun kann man der Ansicht sein, dass diese Doppelung des soziologischen Analyseblicks sich dadurch ergibt, dass die immanente Interpretation von *Denkstilen* durch eine zusätzliche Feststellung ihrer *sozialen Funktionalitäten* ergänzt wird. Das, was K. Mannheim als »doppelte Erkenntnisfähigkeit« (ebd., 372) einfordert, legt diesen Verdacht einer nachträglichen Ergänzung nahe. Würde man aber die Erfassung der *sozialen Funktionalität* nur als eine zusätzliche Sinnergänzung des objektiv immanenten Denkstilgehalts ansehen, würde man m.E. jedoch die spezifisch methodologische Qualität des Mannheim'schen *Funktionalitätsbegriffs* verfehlen bzw. verfälschen. Die Feststellung der *sozialen Funktionalität* von Denkgebilden geht ja nicht von einer Sinnanalogie zwischen immanentem Sinngehalt des *Denkstils* und nichtimmanentem Funktionssinn desselben aus. Die Pointe des soziologischen *Funktionalitätsbegriffs* liegt gerade darin, dass der rekonstruierbare Sinngehalt des jeweiligen *Denkstils* sich durch die Betrachtung seines sozialen Funktionalitätssinns völlig anders darstellt bzw. verändert. Noch pointierter formuliert kann man sagen, dass das Erkennen »von außen«, also »eine Einstellung auf die soziale Funktionalität der Kulturgebilde« (Strukturen des Denkens, 1980, 71) den immanenten Sinn des *Denkstils* zugunsten eines neuen Sinns *aufhebt* und damit in seiner ideologischen, d.h. *seinsverbundenen* wie *seinsgebundenen* Deutungsfunktion erkennbar macht. In seinem Aufsatz »Ideologische und soziologische Interpretation der geistigen Gebilde« (1926/1975) hat K. Mannheim dieser Umwandlung bzw. Ersetzung des zugrunde liegenden Sinnzusammenhangs in der Weise Rechnung getragen, dass er einen »*immanenten Sinn*« von einem »*Funktionssinn*« deutlich unterschieden hat. Dabei ist der *Funktionssinn* nicht derselbe »wie der Bedeutungssinn einer Aussage«, sondern ein »neuer Sinn, der vorher nicht erkennbar« war (ebd., 203). Die Kernfrage, die Mannheim an den methodologischen *Funktionssinn* heftet, ist denn auch die der kritischen Ersetzbarkeit des immanenten Sinns durch den *Funktionssinn*: »Kann man einen immanenten Sinn, eine Idee, durch den zu ihr gehörigen Funktionssinn widerlegen, aufheben, negieren oder aber auch bekräftigen« (ebd.)?

Aus dem bisher Explizierten lassen sich zwei Folgerungen schließen: Zum einen, dass es *keine Sinnentsprechung* oder -analogie zwischen dem objektiven Sinngehalt des Denkens und seinem *sozialen Funktionssinn* gibt. Vielmehr kann sich der immanente bzw. objektive Sinngehalt als eine ideelle Abschattung oder »ideologische« Hypostasierung geistiger Gehalte darstellen, so dass sich immanenter Sinn, also manifester Ausdruckssinn und latenter *Funktionssinn* widersprechen. Zum anderen ist einsichtig, dass die nachträgliche Interpretation von immanentem Sinn und von *Funktionssinn* methodologisch eine *Interpretation von Sinn durch Sinn* darstellt. Wenn K. Mannheim formelhaft davon spricht, »[...] daß auch hier Sinn aus Sinn verstanden wird« (ebd.), so ist damit gemeint, dass die sich Sinninterpretation des *Funktionssinns* nur auf die vorgängige Sinninterpretation des immanenten Sinngehalts stützt, diesen aber nicht interpretatorisch absichert. Hermeneutisch gesprochen heißt dies: Die Sinninterpretation des *Funktionssinns* stellt eine Interpretation des zweiten Grades dar, indem der Ausdrucksinn der ersten Ebene wiederum zur Ausdrucksform eines neuen, aber andersartigen Interpretationsgehalts wird. Damit ist die basale Grundfigur der hermeneutischen Interpretation verändert. Diese Grundfigur stellt sich dar als eine kreisförmige Interpretationsbewegung, in der sich die Sinnentwicklung letztlich spiralhaft immer weiter zu einem (geschichtlichen) Totalsinn ausweitet und erhärtet. Auf diese Weise wird der immer wieder geronnene Interpretationssinn durch geschichtliche Neuinterpretation erneuert und modifiziert, um eine Geschichte der Sinnauslegung zu begründen, die einen latent vorhandenen Geschichtssinn stufenweise herausschält. Die Idee dieser hermeneutischen Grundfigur ist die sukzessive Vertiefung eines Sinngehalts durch ein (historisch) besseres

Verstehen. Diese insgeheime Kontinuität des geschichtlichen Sinns ist aber durch die Mannheim'sche Sinninterpretation des soziologischen *Funktionssinns* nicht mehr gegeben, denn bei K. Mannheim geht es um die Ersetzung des in einem Verstehenskreis erworbenen Sinngehalts durch einen anderen, diesem Sinngehalt nicht mehr entsprechenden Sinngehalt. Gerade die Interpretationsperspektive des kritisch-soziologischen Sinnverstehens ist es, die immanent gegebene und historisch wirksame Sinnimmanenz aufzubrechen, um deren Wirksamkeit aufzuheben. Insofern liefert das Verstehen des *Funktionssinns* nicht nur einen Rückbezug auf die gelebte soziale Erfahrung, die hinter den Denkgebilden steckt, es soll auch die Deutungsmacht dieser Denkgebilde unterbrechen, die ja als gelebte Interpretationsmuster von gesellschaftlich-historischer Wirklichkeit fungieren bzw. fungiert haben. Dieses Unterbrechen der gelebten Interpretationsmuster ist für K. Mannheim das an der *denksoziologischen* Methode ausweisbare Moment der Ideologiekritik an den sozial funktionierenden Denkweisen. Von daher kann man folgern, dass die Feststellung des *soziologischen Funktionssinns*, der ihm eigene Blick »von außen«, ein systematisches Zusammengehen von Sinnerschließung einerseits und kritisch verändernder Seinsdeutungsperspektive andererseits impliziert. K. Mannheim hat diesbezüglich die soziologische Interpretationsarbeit immer auch als soziologische Aufklärungsarbeit über den ideologischen Charakter von Denkformen angesehen. Seine interpretationsleitende Grundthese, dass die Feststellung des *sozialen Funktionssinns* eine kognitive Einstellungsänderung erfordert (vgl. Strukturen des Denkens, 1980, 68 ff.), folgt von daher keinem perspektivischen Relativismus. Vielmehr wird sie getragen von dem kritischen Impetus, dass die in den Denkgebilden inhärierten Ideen soziogenetisch Ausdrucksmomente von *Weltanschauungen* geistiger Trägerschichten und deren realen Soziallagen sind; mithin also auch Funktionswerte, der sie materialiter ermöglichen und ideologisch stützenden Gesellschaftsform. Auf diese Weise greift die Interpretation des *Funktionssinns* tiefer und grundsätzlicher in den Zusammenhang von Denkformen und sozialen Seinsweisen hinein. Es gilt nicht mehr den Sinnzusammenhang von Kulturgebilden untereinander oder für deren wirkungsgeschichtlichen Zusammenhang zu rekonstruieren. Dies liegt alles noch auf der hermeneutischen Linie einer immanenten Sinnlogik, auch der historistisch interpretierenden und umgeht die von K. Mannheim angestrebte ideologiekritische Funktionsinterpretation in soziogenetischer Absicht. Auf die Frage, was eigentlich Funktionalisierung des geistigen Gehalts bedeutet, antwortet K. Mannheim: »Das Funktionalisieren bedeutet zunächst die Aufdeckung aller jener existentiell (seinsmäßig) bedingten Zusammenhänge, die das Auftreten und Einsetzen eines geistigen Gebildes erst ermöglichen« (Ideologische und soziologische Interpretation der geistigen Gebilde, 1964, 395).

Die Fragen, die nach diesen Ausführungen zu klären sind, sind Folgende: Welcher Erklärungsmodus liegt eigentlich der soziogenetischen Funktionalisierung eines immanenten Sinnzusammenhangs zugrunde? Oder anders gefragt: Verfährt die soziogenetische Rückfrage nach der *Funktionalität* von Denkgebilden bzw. Denkweisen nicht nach dem Muster von Kausalerklärungen, »indem sie geistige Gebilde einer historischen Gemeinschaft auf das dahinter stehende *soziale Sein* hin funktionalisiert« (ebd., 396)? Und daran anschließend: Wie gehen Kausalerklärung und soziologische Funktionalisierung eines Sinngehalts zusammen oder schließen sie sich grundsätzlich aus? Grundsätzlich, so wurde es bereits ausgeführt, baut die soziogenetische Rückfrage nach der *sozialen Funktionalität* auf einer soziologischen Außenbetrachtung auf, die eine »einfache Rückgängigmachung der immanenten (Sinn)-Betrachtung« darstellt (ebd., 391). Soziologische Außenbetrachtung im Sinne soziogenetischer Funktionsfeststellung kann aber laut K. Mannheim zweifach verstanden werden:

Zum einen als sinnfremdes kausales Bedingungsverhältnis zwischen dem Auftreten eines geistigen Gebildes und den materiell-gesellschaftlichen Zusammenhängen, unter denen dieses Auftreten festzustellen ist. Auf diese Weise wird z.B. ein kausales Bedingungsverhältnis zwischen der Entstehung des Buchdrucks und der Entwicklung des neuzeitlichen literarischen Geistes so ausgewiesen, dass der Sinngehalt der Entstehung des literarischen Geistes der Neuzeit in all seinen Facetten eindimensional aus diesem kausalen Bedingungsverhältnis ableitbar ist. Mit dieser einfachen Kausalerklärung würde aber ein Ursache-Wirkungs-Verhältnis von einem Teilmoment (einer historisch-materiellen Veränderung eines Kommunikationsmittels, nämlich dem Buch) zu einem anderen Teilmoment (einer veränderten literarisch-kulturellen Geisteshaltung) gestiftet und zu einer generellen *Funktion* für eine historisch dynamische Seinsweise totalisiert. Zum anderen als sinnhafte Voraussetzung für das historische Wirksamwerden eines geistigen Gebildes, das sich qua einer historisch immanenten Sinnentwicklung aus vorherigen geistigen Gebilden oder Ideen heraus entwickelt hat, weil sich im Sinne einer historisch-immanenten Eigenlogik des Kultursinnes dessen soziale Geltungsansprüche verändert haben. Hier spielt also nicht so sehr die Kausalerklärung eine Rolle, sondern eher der Gedanke einer soziogenetischen Herleitung von Sinnkonstitution und Sinnentwicklung. Die Begrenztheit dieser soziogenetischen Herleitung ist aber offensichtlich, da der Einzelsinn, in unserem Beispiel der Sinngehalt des literarischen Geistes zu Beginn der Neuzeit, zum neuzeitlichen Deutungssinn des historischen Seins insgesamt bzw. der Existenzlage dieser Epoche generalisiert wird. Diese noch immanente Sinndeutung verfährt gewissermaßen nicht nur nach dem Muster pars pro toto, sondern unterschlägt auch, dass der Einzelsinn Teilmoment einer vorgängigen Seinsdeutung ist, die sich in einem historisch zu lokalisierenden Totalitätssinn ausdrückt. Dieser Totalitätssinn umfasst nicht nur den Sinngehalt von einzelnen Sinngehalten geistiger Gebilde, sondern hat auch den materiellen Sinngehalt von historisch-materiellen Seinsfaktoren einer historischen Gesellschaftsform realisiert.

K. Mannheim betrachtet deshalb die soziogenetische Herleitung der *sozialen Funktionalität* weder nach der Seite einer sinnfremden Kausalerklärung, noch nach der Seite einer immanent sinnverstehenden Deutung einzelner geistiger Gebilde. Die Funktionalisierung eines umfassenden Sinn- bzw. Bedeutungszusammenhangs ist daher »im Gegenteil eine neuartige, vom Sein her gegebene Sinndeutung [...]« (ebd., 395 ff.) und keine eines generalisierten Geltungssinns von einzelnen Kulturgebilden, mögen sie noch so symbolträchtig einzelne historische Epochen oder Phasen auszeichnen. Man kann hier etwa an so zeitgeschichtliche Bezeichnungen, wie z.B. die Goethezeit oder die antike Kulturzeit Homers denken.

Was heißt nun eine »vom Sein her gegebene Sinndeutung« für die soziologische Interpretation des *Funktionssinns*? Es heißt zunächst, dass das soziologische Sinnverstehen auf die Totalität der Genesis und die Wirksamkeit der geistigen Gebilde insgesamt eingestellt ist, und zwar so, dass in ihnen ein gemeinsamer Totalitätssinn inkorporiert ist, der zugleich der Totalitätssinn von historisch gegebenen Seins- bzw. Existenzweisen ist. Dies kann insgesamt entweder für eine historische Gemeinschaft in toto gelten oder aber auch begrenzter für eine gesellschaftliche Gruppierung innerhalb einer historischen *Seinssituation*. Entscheidend ist, dass der *Funktionssinn* nicht ein *partialer Sinn* ist, sondern ein jeweiliger Totalitätssinn, der alle geistigen Ausdrucksformen von Gemeinschaften bzw. Kollektiven auf ihre umfassende Seinslage hin funktionalisiert. Erst der Totalitätssinn der gemeinschaftlichen Soziallage, der »sozialen Seinsweise« gibt die eigentliche Sinndeutung frei, die den Einzelsinn der geistigen Gebilde in anderem, neuartigem Sinngehalt erscheinen lässt:

>»Eine jede soziologische Erklärung, z.B., indem sie geistige Gebilde einer historischen Gemeinschaft auf das dahinter stehende soziale Sein hin funktionalisiert, setzt dieses Sein als einen umfassenderen, wenn auch anders gelagerten Sinnzusammenhang [voraus/Verfasser], aus dem heraus eigentlich der letzte Sinn des besonderen Gebildes erst verstanden werden soll« bzw. werden kann (ebd., 396).

Damit wird zweierlei deutlich: Was als *Funktionssinn* letztlich zu gelten hat, kann nicht über einen verallgemeinerten Sinngehalt eines einzelnen Kulturgebildes erfasst werden, denn dessen immanenter Geltungssinn als Kulturgut und *sozialer Funktionssinn* sind nach K. Mannheim nicht ineinander übersetzbar, da sie völlig getrennte Sinnarten sind (vgl. ebd., 399). Der *soziale Funktionssinn* kann auch nicht einfach kausaldeterministisch aus materiell-historischen Seinsbedingungen abgeleitet werden, so als wäre er ein Widerspiegelungsmoment für diese Seinsbedingungen, denn der soziale Funktionssinn ist nicht allein der Sinn materieller Faktoren und Prozesse, sondern der Sinn von jeweiligen *Seinsdeutungen* im Hinblick auf die gegebenen, sich dynamisch entwickelnden *Seinsbedingungen*. Insofern ist der *soziale Funktionssinn* ein Sinn, der sich auf gelebten und ausgedrückten Deutungssinn der »sinnvollen seinsmäßigen Voraussetzungen« (ebd., 397) in toto bezieht.

Wenn nun die soziologische Interpretation sich als Funktionalisierung von geistigen Gebilden, d.h. hier von Ideen und Denkformen aus ihrem Zusammenhang zu einem seinsmäßigen Totalsinn versteht, was heißt dies für die Logik des Verfahrens? Oder anders gefragt: Wenn Kausalerklärungen und Einzelsinngeneralisierungen ausscheiden, welche Modalität des Sinnverstehens des *sozialen Funktionssinns* bleibt dann noch übrig? Die Kausalerklärung erhebt ja ein Ursache-Wirkungs-Verhältnis von einem Teilmoment, sagen wir hier von materieller Gegebenheit, und einem anderen, z.B. einer manifesten Denkweise, und lässt dieses Ursache-Wirkungs-Verhältnis dann als generelle *soziale Funktion* für das bedeutsame Ganze erscheinen. Bei der immanenten Sinndeutung wird der interpretative Sinngehalt nicht nur zu einem Ganzheitssinn *generalisiert*, sondern der Totalsinn der Seinsweise, die das einzelne geistige Gebilde trägt und hervorgebracht hat, erscheint nur im Lichte dieses immanenten Einzelsinns. Da beides nach den bisherigen Explikationen ausscheidet, bleibt nur der dritte Weg des Sinnverstehens: *ein konstellatives Sinnverstehen*.

Was heißt dies? Man interpretiert die Sinngehalte geistiger Ausdrucksformen von vornherein tentativ auf einen umgreifenden Sinnzusammenhang, der sich letztlich als funktionale Entsprechungseinheit zu einem gemeinschaftlichen bzw. historischen Totalsinn der Seinsauslegung darstellt. Auf diese Weise erscheinen dann – ausgehend von einem Sinnverstehen des jeweiligen sozialen Totalitätssinns – die Sinngehalte der geistigen Gebilde nicht mehr nach ihren immanenten Sinngehalten, sondern nach denen, die sie zu einem gemeinsamen, d.h. Totalitätssinnzusammenhang verdichten. Sie stellen somit einzelne geistige Funktionalitäten innerhalb eines totalisierten *Funktionssinns* dar, der nicht nur interpretatorische Entsprechung zum Sinn des sozialen Seins hat, sondern auch eine geistig funktionale. Das *konstellative Sinnverstehen* identifiziert Sinnadäquanzen zwischen der totalitätsgebundenen Seinsdeutung von Kollektiven und den geistigen Sinngehalten, die sich als Momente dieser kollektiv funktionalen Seinsdeutung zeigen. Wenn K. Mannheim von der *Seinsgebundenheit des Denkens* ausgeht, so zielt er auf sinnfunktionale Korrelationen zwischen der kollektiven Sinngebung der sozialen Seinstotalität und den geistigen Sinnformen, die sich im Denken und Wissen als Niederschläge einer vorgegebenen sozialen Seinsdeutung manifestieren. Letztlich zeigt damit das soziologische Sinnverstehen des *Funktionssinns* des Denkens, dass die Ausdrucksformen des Denkens und Wissens eine vorübergehende sinnhafte Sozialfunktion im Erleben und Verarbeiten von gemeinschaftlichen Seinsweisen einnehmen. K. Mannheim interessiert sich nicht für die soziologische Interpretation der *Funktion* der Denkweisen, der Ideen und Wissensformen in der Gemeinschaft, denn dies würde letztlich auf motivationale Beweggründe zurückführen, die der sozialpsychologischen Erklärung folgen. Was ihn vielmehr interessiert, ist die soziale Eigenschaft des Denkens, des Wissens und der Ideen, die sie als *sozialen Funktionssinn* einer Gemeinschaft oder einer historischen Trägerschicht einzunehmen vermag. In Form einer verbindlichen *Weltanschauung* ist dieser *soziale Funktionssinn* der dokumentierte Ausdruck dafür, dass dieser *Funktionssinn* ein Totalitätssinn der jeweiligen Gruppen bzw. historischen Trägerschichten ist.

Bisher ist der Begriff der *Funktionalität* durchweg im Hinblick auf seinen methodologischen Stellenwert für ein soziologisches Sinnverstehen behandelt worden. Diesbezüglich konnte der *Funktionsbegriff als sozialer Funktionssinn* expliziert werden. Was letztlich aber noch fehlt, was methodologisch weniger von Belang ist, ist die Klärung, was K. Mannheim unter *Funktionalität* versteht, wie er diesen Begriff inhaltlich begründet. Anders gefragt: Was ist eigentlich – sozialanthropologisch betrachtet – mit dem Begriff der *Funktionalität* bei K. Mannheim gemeint? Hierzu hat K. Mannheim mit seinem Beispiel des »Hilferufs« (vgl. Strukturen des Denkens, 1980, 71 ff.) ein sehr anschauliches Exempel gewählt.

Zunächst ist ein menschlicher Hilferuf in Form einer bestimmten artikulierten Lautgebung eine biologisch-physiologische Erscheinung, die sich als eine körperliche Expressionstätigkeit darstellt. Darüber hinaus aber ist sie eine bewusstseinsförmige Erscheinung im Sinne einer Vernehmungsbedürftigkeit, die die körperliche Expression nicht nur überschreitet, sondern sich auch von dieser in zweifacher Weise absetzt: Zum einen ist sie eine sprachliche Objektivation im Sinne einer subjektiv-seelischen Entäußerung: »Hilfe, ich bin verletzt und benötige dringend Hilfe«; zum anderen spielt sie auf einen weitergehenden Funktionszusammenhang an, der diesen Hilferuf als Manifestation eines allgemeinen Soziabilitätsbezugs erscheinen lässt. Auf der Ebene der individuellen Manifestation besteht eine erste *Funktionalität,* die sich als *Funktionalität* des individuellen Seelenlebens darstellt und auch nur in dieser seelischen Immanenz zu erfassen und zu begründen ist. Auf der Ebene des allgemeinen Soziabilitätsbezugs jedoch enthält der subjektiv motivierte »Hilferuf« eine Bedeutungs- bzw. Sinnschicht, die den Ruf in einen sozialen Erlebens- und Handlungsbezug einstellt. Die individuell-seelische Aussage: »Hilfe, ich bin verletzt [...]« intendiert eine seelisch-soziale *Funktionalität,* bei der »der Ruf den Stempel einer Allgemeinheit, somit der Soziabilität an sich trägt« (ebd.). Diese grundsätzliche Unterscheidung zweier seelischer *Funktionalitäten* hat K. Mannheim bereits in einer seiner ersten Schriften, der Schrift »Seele und Kultur« (1985) vorgenommen. Hier differenziert er sehr grundsätzlich zwischen einer subjektiven, innerseelischen und einer sozialen, zwischenmenschlichen *Funktion:* »Das Werk hat eine doppelte Mission: eine gegenüber seinem Schöpfer und eine zwischenmenschliche Berufung, wodurch es zum Kulturobjekt wird, und als solches zeigt es infolge der sozialen Einstellung neue, von den bisherigen prinzipiell verschiedene Gesetze« (ebd., 161/162). Diese Unterscheidung zweier *Funktionalitäten* wiederholt, was K. Mannheim in methodischer Argumentationsperspektive terminologisch als die Differenz von immanentem Sinngehalt und *sozialem Funktionssinn* ausgewiesen hat. Kehren wir aber zum einfachen Sachverhalt des Hilfeappells zurück, um an diesem Mannheim'schen Exempel die *soziale Funktionalität* von der innerseelisch subjektiven *Funktionalität* abzuheben. Der Begriff der Vernehmungsbedürftigkeit, der ja schon begrifflich eine Reziprozität intendiert, weist hier den Argumentationsweg voraus. Die Vernehmbarkeit eines Hilferufs in seiner *sozialen Funktionalität* ist für das vernehmende Subjekt nur nachvollziehbar, wenn selbst ein erlebnismäßiger, d.h. seelischer Erfahrungszugang zur Situation des Hilferufs besteht. Dass der Hilferuf mehr ist als die seelische Ausdrucksfunktion eines Subjekts, nämlich ein an andere adressierter Appell, lässt sich hinreichend nur begründen, wenn im vernehmenden Subjekt ein bereits bestehender erlebnismäßiger Erfahrungskonnex dessen besteht, was gemeinschaftlich, d.h. überindividuell und verbindlich als Sinnkontext von »Hilferufen« sozial verankert ist. Die *soziale Funktionalität* des Hilferufs kann über den individuellen Appell als »Rettungssinn« oder »Rettungsbedeutung« dechiffriert werden, weil die situativ vereinzelte Ausdrucksform *zugleich* eine Manifestation eines gemeinschaftlichen, d.h. sozialen Lebenssinnzusammenhangs des unmittelbaren aufeinander-angewiesen-seins der Subjekte ist.

Dieses sozialfunktionale Surplus, das sowohl die reine Objektivation des Hilferufes wie auch die intraseelische Funktion übersteigt, nimmt dann einen komplexeren kulturellen Sinngehalt an, wenn es nicht mehr um einfach strukturierte Sachverhalte wie den exemplarisch angeführten Hilferuf geht. Rekurriert man auf die *soziale Funktionalität* komplexerer Sozialphänomene, wie z.B. kulturelle Gebilde der Kunst, der Philosophie, des Rechts usw., so ist die interseelisch erzeugte *soziale Funktionalität* bei diesen »höheren Gebilden« durchweg kulturell überformt. Gewissermaßen ist in diesen »höheren Gebilden« die grundlegende Soziabilitätsfunktion nicht nur aus der unmittelbaren Reziprozität herausgenommen, d.h. faktisch sedimentiert wie historisch geronnen, sondern auch als ein Gemeingut, als ein sozialer Wert- bzw. Kultursinn völlig umgeschrieben.

Um dieses Argument gedankenexperimentell am Mannheim'schen Beispiel des Hilferufs zu verdeutlichen, Folgendes: Entlang seiner situativen Alltagsfunktion ist der »Hilferuf« kulturell wie sozial eingebettet in eine kulturelle Textur der Rettungsidee, wie sie z.B. für das abendländische Denken in bestimmter Form christologisch semantisiert ist. Die kulturelle Bedeutsamkeit des »Hilferufs« geht also über den sozialen Handlungsbezug hinaus. Ihr *kultureller Funktionssinn*, der zugleich die höherwertige *soziale Funktionalität* des »Hilferufs« ausmacht, ist eben nicht unabhängig davon, was bereits als gemeinschaftliche Kulturideen und normativ-ideelle Wertpräferenzen geschichtlich eingelenkt und fixiert ist. Selbst noch marginale Alltagsdeutungen von sozialen Handlungssequenzen sind von solchen übergreifenden kulturellen Funktionssinngehalten befrachtet.

Diese Differenzierung eines zweifachen *Funktionsbegriffs* bei

K. Mannheim dient nicht nur dazu, die Eigenart der soziologischen Betrachtung von einer mehr psychologischen abzuheben, sie eröffnet auch die weitergehende Perspektive einer Kultursoziologie, die »versucht das Werk, die Kulturobjektivation auf ihre *Funktionalität,* [...] in Bezug auf den Gesellschaftsprozess« (Strukturen des Denkens, 1980, 76), d.h. auf die kollektiv-historischen Seinslagen hin zu erfassen. Ebenso wie man nämlich den einzelnen Hilferuf als subjektive Ausdrucksfunktion einer individuellen Seelenäußerung von seiner *sozialen Funktionalität* für eine nur intuitiv erfassbare Soziabilität differenzieren kann, so lässt sich auch der Sinnbezug der Kulturgebilde in analoger Weise aufspreizen: Zum einen gibt es die *Funktionalität* der Kulturgebilde hinsichtlich des individuellen Erlebniszusammenhangs, so dass sie Moment einer immanenten Bezüglichkeit von Kulturgut und individueller Erlebnisfähigkeit bleibt, zum anderen besteht jedoch die *soziale Funktionalität* im Hinblick auf einen gemeinschaftlichen Erfahrungs- und Erlebenszusammenhang, für den diese Kulturgebilde dann die entsprechende Ausdrucksformen sind. Die erste *Funktionsanalyse* ist nicht kultursoziologischer Art, da sie an die seelische Immanenz des subjektiven Erlebnishorizonts gebunden bleibt. Die zweite *Funktionsanalyse* kommt jedoch nur der Kultursoziologie zu: Sie analysiert die *soziale Funktionalität* der Kulturobjektivationen in Bezug auf gemeinschaftliche Erlebniszusammenhänge von Gruppen, Gesellschaften und Kollektive in ihren historisch wie dynamisch sich entwickelnden Seinslagen. Auf dieser Ebene erfasst die *soziale Funktionalität* eines zu analysierenden geistigen Gebildes einen Teil der »örtlichen und zeitlichen Simultanität« eines gemeinschaftlichen »Erlebenszusammenhangs«, der sich als dessen Bewusstseinsform im Denken und Wissen repräsentiert. Mit der *sozialen Funktionalitätsbestimmung* verbindet K. Mannheim drei wichtige Thesen seiner Theorie der *Denksoziologie*: die These von einem gemeinschaftlichen Erlebens- bzw. Erfahrungszusammenhang einer sozial-historischen Seinslage, die These von den daraus resultierenden Denk- und Wissensformen als geistige Gebilde und die These von dem *sozialen Funktionszusammenhang,* über den der gemeinschaftliche Erlebenszusammenhang mit den Denk- und Wissensformen soziologisch vermittelt sind. Diese Vermittlung leistet der *Funktionalitätsbegriff* deshalb, weil er eben nicht die Bedeutung der kausalen Ableitung oder der bloß analogisierenden Zuordnung hat, sondern die der *Relationalität.* Da diese *Relationalität* keine rein formale ist, vielmehr eine der *Relationalität* von sozio-kulturellem Sinn, muss – bevor das methodische Konzept des soziologischen Sinnverstehens K. Mannheims dargestellt wird – der Mannheim'sche *Sinnbegriff* expliziert werden.

5.1.3. Sinn

Nach den Ausführungen zum *Funktionsbegriff* scheint es so, dass der *Funktionssinn* umstandslos gleichgesetzt werden kann mit dem des *Sinnbegriffs*. Bei einer genaueren Differenzierung dieser beiden Begriffe bei K. Mannheim, verliert sich aber diese Gleichsetzung. Es wurde ja herausgearbeitet, dass der *Funktionssinn* in der Interpretationsanalyse in der Weise in den Blick kommt, dass die geistigen Gebilde einer historischen oder einer gegenwärtig analysierten Gemeinschaft auf das hinter dieser Gemeinschaft stehende soziale Sein funktionalisierbar werden. Der Sinngehalt, der durch diese Funktionalisierungsanalyse festgestellt wird, ist ein Sinngehalt, der die Handlungsmaximen und Handlungsoptionen von weltanschaulich gebundenen Kollektiven bzw. Gemeinschaften elementar betrifft. Mit dieser Handlungsbezogenheit des *Funktionssinns* kommt auch der eigentliche Bedeutungsgehalt des *Funktionsbegriffs* zum Tragen, denn *soziale Funktionen* sind definierbar über Handlungs- und Tätigkeitsvollzüge, nicht etwa über geistige Akte wie Vorstellungen, Meinungen, Wertungen und anderes. Wenn man von den *Funktionen* sozialer Rollen spricht, so meint man in erster Linie, die mit diesen Rollen gegebenen Handlungsweisen und Tätigkeitsfestlegungen, nicht aber die Deutbarkeit der sozialen Rollen selbst. Von daher ist die *Funktionsbetrachtung* etwas anderes als die *Sinnbetrachtung*, obwohl sie beide innerhalb einer sinnverstehenden Soziologie zwei Seiten ein und derselben Sache betreffen. Deutlich wird diese nur analytisch zu ziehende Differenz, wenn man den *Funktionsbegriff* innerhalb der Theorie des sozialen Handelns heranzieht. Danach hat die *Funktion* innerhalb einer sozialen Handlungssequenz einen quasi-gesetzmäßigen Status für einen gesellschaftlichen Handlungszusammenhang. Diese Quasi-Gesetzmäßigkeit weist ihr zwar einen *Funktionssinn*, nicht aber einen Sinngehalt zu, der die sozialen Handlungen in einen weitergehenden kulturell-sozialen Sinngehalt einbettet. So hat z.B. die Begrüßungshandlung den *Funktionssinn* der Kontaktaufnahme und die soziale Handlungsregel definiert in den meisten Fällen die Kontaktaufnahme über eine Begrüßungshandlung. Der *Funktionssinn* und sozialer Handlungssinn dieser Handlungseinheit haben in diesem Fall eine synchrone Bedeutung. Zugleich geht aber der soziale Deutungssinn der Begrüßungshandlung ungleich weiter bzw. kann anders gelagert sein, da er sich nicht auf die wechselseitige

Handlungsintentionalität in sozialen Handlungssituationen eingrenzen lässt. Der weitergehende Sinngehalt des Begrüßungsrituals umfasst nämlich auch nichtfunktionale Werte, wie z.B. gestische und rituelle Momente der Freundlichkeit, der Herzlichkeit, der normativen Korrektheit oder gar der körperlichen Zuwendung, die in ihrer Sinngenese nicht auf den reinen Handlungssinn zu reduzieren sind. Wäre der volle Sinngehalt der Begrüßung identisch mit seinem *Funktionssinn*, also der sozialen Handlungsintention der gegenseitigen Kontaktaufnahme, dann wäre z.B. die heterogene Sinnvielfalt von kulturell unterschiedlichen Begrüßungsritualen nicht nachvollziehbar. Der kulturell gestische Reichtum von mannigfaltigen Begrüßungsritualen, vom bloßen »Hallo« bis zum französischen Wangenkuss, widerspricht allein schon der Verrechnung dieser sozialen Handlungsweise auf einen *reinen Funktionswert*. Der *Sinn* liegt hier nicht beim funktionalen, sondern bei einem kulturell tradierten Wert, der die *Funktionalität* der Begrüßungshandlung nur als Teilmoment eines sozial-kulturell verobjektivierten Sinngehalts ausweist. In diesem Sinngehalt ist weit mehr die wertbestimmte Deutung des Sozialen in Handlungssituationen überhaupt sedimentiert, also die Form eines grundlegenden Soziabilitätsverständnisses ausgedrückt, als etwa die *Funktion* von sozialen Handlungskoordinationen und deren Zweck-Mittel-Relationen. Wenn das Soziale nicht bloß als Moment von gesellschaftlicher Sozialstruktur definiert, sondern als Sinnkonstituens von gemeinschaftlicher Bezugnahme überhaupt begriffen wird, und das Mannheim'sche Denken des *konjunktiven Seins* legt dies nahe (vgl. hierzu Kapitel 3), dann ist der *Sinn* dasjenige, was aus einem konjunktiven Bewusstsein entspringt und in kulturell variablen Ausdrucksformen zum (Wert-)Ausdruck gelangt. K. Mannheim hat gegen jede Einengung des *Sinnbegriffs* als »Erfassen der Zweck-Mittelrelation« ein »eigentliches Verstehen« behauptet (vgl. Strukturen des Denkens, 1980, 308/309), das auf den unmittelbaren Konnex von *Sinn* und konjunktiver Erfahrungsweise in existenziellen Lebensvollzügen methodologisch eingestellt ist: »Die Methodologie wird also der konjunktiven Erfahrung nur dann gerecht, wenn sie die auch hier vorkommenden Verbegrifflichungen stets als einen Teil eines existentiellen Gesamtprozesses auffaßt, in dem das Begriffliche nur eine Seite [des existentiellen Bezugs/Verfasser] darstellt« (ebd., 219). Das *Sinnverstehen* kann nicht auf das begriffliche Ausdrucksverstehen allein begrenzt werden, denn:

»Kein Wort ist verstehbar, ohne daß das dazugehörige Leben, die dazugehörigen existentiellen Akte mitvollzogen wären, kein Lebensvollzug ausdrückbar und mitteilbar, sofern er nicht in den Bahnen der Lebensvollzüge der betreffenden Lebensgemeinschaft verläuft« (ebd., 227).

Insofern muss das *Sinnverstehen* in den »atheoretischen Erfahrungsraum« der konjunktiven Erfahrung eindringen, was im Grunde heißt, dass man nicht mehr von einem »üblichen erkenntnistheoretischen Subjekt« als »logischem Bezugspunkt« ausgeht, sondern allein von den »Systemen kohärenter Kollektivvorstellungen«, die der erlebnismäßige Niederschlag konjunktiver Erfahrungsweisen sind. K. Mannheim nennt dies ein Sinnerfassen von einem »kollektiven Gemeinschaftssubjekt in uns« (ebd., 239 ff., 241).

Noch in einer anderen Argumentationsweise hat K. Mannheim den Primat des *Sinns* herausgehoben. In seiner Kritik an mechanistischen und funktionalistischen Erfahrungstheorien hat er den vorgängigen Akt der Sinndeutung für umfassende soziale Situationsdefinitionen herausgestellt. Mechanistische und funktionale Erfahrungsbegriffe seien gewissermaßen »blind gegen die letzten Beweggründe des Wissen-Wollens«, denn:

»Wir sehen immer klarer, daß die Sinnbedeutung, woher sie immer stammt und ob sie wahr oder falsch sein mag, eine bestimmte sozialpsychologische Funktion ausübt: sie hat die Aufmerksamkeit derjenigen zu fixieren, die auf Grund einer bestimmten Definition der *Situation*« etwas gemeinsam unternehmen wollen. »Eine *Situation* wird zur *Situation*, wenn sie für Mitglieder einer Gruppe in gleicher Weise definiert ist« (Ideologie und Utopie, 1985, 20).

Das Fazit dieser hier vorgenommenen Differenzierung lässt sich für die Mannheim'sche Terminologie von *Funktionssinn* und *Sinnbegriff* dahingehend ziehen, dass der *Funktionssinn* die Handlungsdimensionen geistiger Gebilde im Hinblick auf ein dahinter stehendes soziales Sein in den Blick nimmt, während der *Sinnbegriff* die geistigen Ausdrucksakte der konjunktiven Sinngebungen in ihrer lebensweltlichen Gebundenheit für das soziale Sein umfasst. Es ist nun darzulegen, dass der *Sinnbegriff* K. Mannheims sich dieser letzteren Bestimmung fügt und weniger einer Zuweisung folgt, die den *Sinnbegriff* völlig im *Funktionssinn* aufgehen lässt.

Der *Sinnbegriff* bei K. Mannheim ist nicht systematisch expliziert und in axiomatischer Weise ausgeführt. Schon die häufige Ausdifferenzierung des *Sinnbegriffs* in methodisch angelegte *Arbeitstermini*, wie *immanenter Sinn, Funktionssinn, Ausdruckssinn, Bedeutungssinn* usw., verdeutlicht, dass dieser Begriff nicht nur in seiner Bedeutung häufig changiert, sondern auch, dass er ein ubiquitär anzutreffender Arbeitsbegriff ist, der von erkenntnistheoretischen über gegenstandstheoretische bis zu methodischen Erörterungen quer durch die Mannheim'schen Texte verteilt ist. Er ist insoweit ein Fundamentalbegriff der Mannheim'schen *Denksoziologie*, als sich diese Soziologie durch und durch als *sinnverstehende Soziologie* versteht und begründet. Der *Sinnbegriff* wird von K. Mannheim epistemologisch eingesetzt, um sich – ganz in der Linie von W. Dilthey – der naturwissenschaftlichen Denkweise entgegenzustellen. Das Sinnverstehen ist, jenseits seiner methodologischen Umsetzung und Begründung, dem Objektbereich Soziales und Kulturelles eine genuin adäquate und unverwechselbar originäre Erkenntnisweise. Strikt grenzt sich K. Mannheim gegen eine Übertragbarkeit naturwissenschaftlicher Erkenntnisformen auf kulturell wie sozial Sinnhaftes ab: »Daß jedes Gebiet aus sich selbst die Möglichkeit, die Anforderungen und Grenzen, die Art und Weise und Richtung seiner Theoretisierbarkeit gleichsam herausstrahlt und die Exaktheitskriterien niemals aus einem Gebiete in das andere übertragen werden dürfen« (Beiträge zur Theorie der Weltanschauungs-Interpretation, 1964, 138). Selbst noch das *Weber'sche Sinnverstehen* von Kulturphänomenen, das letztlich eine Synthese von kausaladäquater Erklärung (Wie ist der Ursache-Wirkungs-Zusammenhang für den Handlungsvollzug?) und motivationalem Handlungsnachvollzug (Warum wurde diese Handlung vollzogen?) darstellt, greift für K. Mannheim nicht tief genug in die Deutbarkeit des sozial Sinnhaften hinein. *Sinn* ist die umfassende Geistigkeit eines jeweiligen Weltbezugs und die kann nicht allein durch eine *Sinnadäquanz* im Modus von genetischen Kausalerklärungen abgedeckt werden:

> »Die Deutung hebt die Notwendigkeit der Kausalerklärung nicht auf, sie bezieht sich auf etwas anderes, sie konkurriert deshalb auch gar nicht mit ihr. Die Deutung dient dem tieferen Sinnverständnis. Die genetische Kausalerklärung gibt die Geschichte der jeweiligen Sinnaktualisierungen und Sinnrealisierungen heraus. Jedenfalls kann *Sinn* selbst letzten Endes kausalgenetisch nicht erklärt werden. *Sinn* in seinem eigensten Gehalt kann nur verstanden oder gedeutet werden« (ebd., 151).

Epistemisch betrachtet, ist der *Sinn* also etwas, was mit dem physisch Gegebenen oder den psychischen Akten, die ja das Sinnhafte nur realisieren, es zum Ausdruck bringen, nicht identifiziert werden darf. Das Sinnhafte ist deshalb auch nichts akzessorisches, noch etwas,

was aus psychischen Beweggründen ableitbar wäre. In beiden Fällen wäre nämlich der *Sinn* als eigenständiger Objektbereich des Kulturellen und Sozialen aus nicht Sinnhaftem abgeleitet. Im Fall des Physischräumlichen aus materiellen Gegebenheiten, im Fall von psychischen Akten aus Bewusstseinsintentionen, die letztlich wiederum auf innerpsychische Bedingungen zurückgeführt werden müssten. Psychische Akte und ihre Bewusstseinsintentionen sind aber nicht mit dem Sinnhaften in eins zu setzen, denn der motivationale Akt des Bettelns, dieses Beispiel führt K. Mannheim in seiner Ausdifferenzierung von drei zu unterscheidenden Sinnarten aus, ist nur ein einzelnes Ausdrucksmoment des übergreifenden Sinngehalts des Bettelns als soziologischem Phänomen. Das psychisch disponierte Motiv des Bettelns, der Akt der individuellen Mitleidshandlung bildet nämlich niemals den gesamten sozial-kulturellen Sinngehalt des Bettelns als Dokument des Kulturgebildes »soziale Hilfe« ab. Der geistig-kulturelle Sinn der »Almosenszene« des Bettelns dokumentiert über die Aktualisierung individueller Intentionen hinaus etwas, was in der kollektiven Sinngeschichte des Sozialen steckt, und das den Totalitätszusammenhang absteckt, auf den das »Betteln« sinnhaft, d.h. deutbar bezogen bleibt: eine sozial-kulturelle *Weltanschauung*, in der das »Betteln« sozial-kulturell als »Armenhilfe« symbolhaft tradiert wie in seiner Bedeutsamkeit codiert ist.

Sinndeutung kann, so das Fazit, nur auf *Sinn* bezogen sein, auch und gerade weil dieser als überindividueller Gehalt eines *weltanschaulichen* Deutungshorizonts eines Kollektivgeistes anzusehen ist. Da die Sinndeutung für K. Mannheim das zentrale Instrument der *Weltanschauungsanalyse* ist, und nicht bloß das Werkzeug sozialer Handlungsrekonstruktionen, muss sie das Dilthey'sche Credo, dass *Sinn* letztlich nur aus *Sinn* zu verstehen ist, konsequent gegen das Weber'sche Sinnerklären behaupten: »Die *Weltanschauungsforschung* ist stets ein Deuten und nicht ein Erklären«, denn »ein Dokument kann also niemals ein anderes Dokument verursachen, man kann sie nur beide auf dieselbe Totalität der *Weltanschauung* beziehen« (ebd., 151). Dokument auf Dokument zu beziehen, dies heißt aber – methodisch betrachtet – Textinterpretation, und zwar in *denksoziologischer* Absicht, um den weltanschaulichen Deutungssinn von Kollektiven bzw. Gemeinschaften an Kulturgebilden rekonstruieren zu können. Indem dieser Totalitätssinn zugleich, und zwar durch den Blickwechsel auf eine soziologische Funktionsbetrachtung, auf seine *soziale Funktionalität* im Hinblick auf die soziale und geschichtliche Seinssituation von entsprechenden Gemeinschaften bzw. Gruppierungen deutend bezogen werden kann, ergibt sich der gewollte Übergang von einer noch *immanenten Sinnanalyse* von *Weltanschauungssinn* zu seiner *denksoziologischen* Fundierung:

»Erst nach dieser *immanenten Weltanschauungsanalyse* beginnt die eigentliche soziologische Aufgabe: Wenn man fragt, welche sozialen Schichten jeweils hinter den geistigen Schichten stehen. Denn allein aus der Rolle dieser Schichten im Gesamtprozeß und aus der Verschiedenheit ihrer Engagiertheit am werdenden Neuen sind jene grundlegenden, in einem Zeitpunkte vorhandenen verschiedenen Willensrichtungen, Weltwollungen erfaßbar, in die bereits vorhandene Gedanken und Methoden überhaupt aufgenommen werden können und von denen aus ein Funktionswandel [...] einsetzen kann« (Das Problem einer Soziologie des Wissens, 1964, 385).

Der *Sinnbegriff*, besser noch: das mit ihm gegebene *Sinnverstehen*, ermöglicht also eine interpretativ-rekonstruktive Klammerung: die sozialfunktionale Entsprechung der geistigen Sinntopoi wie Strukturmerkmale von gemeinschaftlichen *Weltanschauungen* mit den wirkenden Existenz- bzw. Soziallagen, in denen sich bestimmte Schichten oder Gruppierungen mit ihren Weltwollungen befinden. Aber dies ist nur die eine Hälfte der eruierbaren Sinnwahrheit, denn in der *denksoziologischen Sinndeutung* bildet sich nicht nur der Geist einer gemeinschaftlichen Weltwollung ab, sondern weit mehr das seelisch-konjunktive Moment einer gemeinsam erlebten Lebenslage – wenn man so will, das konstitutive Element des Sozialen als konjunktiver Erlebenszusammenhang von Gemeinschaften. Mit dem Letzteren reklamiert K. Mannheim W. Diltheys *Sinnverstehen* als ein »verstehendes Erfassen« des Erlebens eines »ursprünglichen Lebenszusammenhangs« (vgl. Ideologie und Utopie, 1985, 40). Auf dieser Ebene greift das *soziologische Sinnverstehen* auf das Soziale nicht nur als Bewusstseinszusammenhang zurück, sondern als gemeinschaftlich gelebten wie erlebten Lebenskontext. Der *Sinnbegriff* konnotiert sich hier mit der gemeinschaftlich erbrachten symbolischen Deutung von sozialem Sein als Leben in bestimmten historisch gegebenen Existenzsituationen.

Resümiert man die bisher vorgenommenen Explikationen zu den Begriffen *Denkstil, Funktion* und *Sinnbegriff*, dann kann man – unter dem Gesichtspunkt methodologischer Zuweisungen wie methodischer Anweisungen für Interpretationsebenen – Folgendes in analytische Abgrenzungen bringen: Der *Denkstilbegriff* stellt sich ein auf eine Interpretationsebene, auf der die Bedeutungsschicht von Sozial- und Kulturgebilden im Hinblick auf ihre stilistische Eigenart als Dokumente von Denk- und Wissensformen erhoben wird. Der *Funktionsbegriff* erlaubt es, diesen noch immanenten rekonstruierten *Sinn zu soziologisieren*, indem er auf seine *soziale Funktionalität* innerhalb von historisch-gesellschaftlichen Soziallagen geistiger Schichten bezogen wird. In gewisser Weise zeigt er den jeweilig sozial-kulturell geprägten funktionalen Handlungssinn bestimmter Weltwollungen von konkurrierenden Kollektiven auf, um das ihnen gegebene gemeinschaftliche Handlungsinteresse aufgrund ihrer Soziallage durchzusetzen. Der *Sinnbegriff* zeigt die weltanschauliche Gesamtdeutung des sozialen Seins, das als sozialer Lebenszusammenhang erlebt und in seiner Totalität als verbindliche Wirklichkeitsauffassung als jeweiliger Seinssinn verabsolutiert und verbindlich gemacht wird. Im *Sinnbegriff* kumuliert der Aufweis, dass in allen Dokumenten des sozial-kulturellen Lebensausdrucks Welteinstellungen bzw. *Weltanschauungen* als sinngebende Totaldeutung wirksam sind. Zwar gibt der *Sinnbegriff* die Ganzheit, die Totalität der Weltdeutung preis, zugleich aber wird durch die Rückbeziehung dieser Weltsinndeutung auf die vorgelagerte Ebene des soziologischen Funktionssinns auch deutlich, dass die *Weltanschauungen* doch bloß standortgebundene Sichtweisen auf die Welt sind, die eine affine Sinnentsprechung zu den geistigen Schichten von gesellschaftlichen Soziallagen haben. Insofern kann der interpretierte weltanschauliche Sinn niemals verabsolutiert werden: Immer wird er durch die methodische Relationalisierung zum *soziologischen Funktionssinn* relativiert. Man kann aber aus dieser Tatsache kein methodisches Primat der *soziologischen Funktionsanalyse* vor allen anderen analytischen Interpretationsschritten ableiten. Vielmehr ist es so, dass alle drei Interpretationsebenen, vermittelt über die methodologischen Begriffe von *Denkstil, Funktion* und *Sinn*, insgesamt eine methodische Einheit bilden, die zwar nach analytischen Ebenen getrennt werden können, jedoch in Form eines konstellativen Interpretationsvorgangs gleichrangig und gleichwertig den Rahmen des *denksoziologischen Sinnverstehens* abstecken.

5.2. Sinnentsprechung als methodisches Prinzip

Die Ausführungen zu den Begriffen *Denkstil, Funktion* und *Sinn* hatten nicht nur den Zweck, deren implizite Bedeutungsgehalte methodologisch zu begründen, sondern sie auch im Hinblick auf ihre methodischen Brauchbarkeiten auszuweisen. Dabei sollte durchsichtig geworden sein, dass diese – auch methodologisch – aufzufassenden Begriffe K. Mannheims, und dies wird nicht nur der *Sinnbegriff* aufzeigen, prinzipiell qualitativer Natur sind. In »Ideologie und Utopie« (1985) hat er eine diesbezügliche klare Abgrenzung formuliert: »Die Nichtbeachtung der qualitativen Elemente und die Unterdrückung des Willensmoments konstituiert nicht etwa Objektivität, sondern negiert die wesentliche Qualität des Objekts« (ebd., 42). Das Qualitative des Willensmoments ist nicht etwa das, was sich mit willensmetaphysischen Begriffen oder naturalistischen Triebkräften umdeuten ließe, es ist konkreter und damit soziologisch handhabbarer gemacht: Es ist »der sinnorientierte Wille« als »Quellpunkt des Situationsverständnisses« einer historisch-gesellschaftlichen Seinslage (ebd.). Inhaltlicher gefasst bedeutet »der sinnorientierte Wille« nichts anderes als die Art und Weise, wie sich die »mannigfachen Wahrnehmungs- und Denkweisen« in der »Wirklichkeit zu verschiedenen Zeiten darbieten« (ebd., 45). Damit wird klar, was als soziale Tatsache, als soziales Erfassungsobjekt anzusehen ist: Nicht die soziale Tatsache als materielle Gegebenheit, als factum brutum hat Sinnqualität, sondern seine Existenz als Dokument kollektiven Handlungs- und Lebenssinns. K. Mannheim hat bereits in seiner frühen Schrift »Grundprobleme der Kulturphilosophie« (Éva Karádi/Èrszébet Vezér, 1985) geradezu apodiktisch herausgestellt, dass die soziale Tatsache, auf die sich die Sinninterpretation bezieht, kein materielles Substrat, sondern ein geistiges ist: »Bei der kulturphilosophischen Interpretation ist die Materie völlig nebensächlich [...]. Es gibt keine an sich bedeutungsvollen Dinge. Sie müssen in Sinnreihen eintreten« (ebd., 218). Dieses Einstellen von sozialen wie kulturellen Objektivationen in eine (soziologische) Sinnreihe kann als Interpretationsvorgang eingestuft werden, der »die Beziehungen zwischen *Sein* und *Sinn* adäquat zu erfassen« (Das Problem einer Soziologie des Wissens, 1964, 329) versucht. Nun kann aber die Sinninterpretation nicht einfach durch Akte divinatorischer Geistesblitze vollzogen werden. Gerade die programmatische Zielsetzung, die K. Mannheim für seine *denksoziologische* Interpretationsanalyse von *Denkstilen* vorgegeben hat, soll sich ja von frei flottierenden Nachfühlungs- und Einfühlungsdeutungen abgrenzen. Gefordert ist deshalb, so K. Mannheim, »eine Methode auszuarbeiten, die uns erlaubt, mittels zunehmender präziser Kriterien verschiedene *Denkstile* zu unterscheiden und zu isolieren und sie den entsprechenden Gruppen zuzuordnen« (Ideologie und Utopie, 1985, 45).

Die Frage ist nun, was sich auf der Basis der vorgegebenen methodologischen Leittopoi von *Denkstil, Funktion* und *Sinn* als methodisches Interpretationsprinzip bei K. Mannheim herausstellen lässt. Zur Methodik ist bereits einiges im Abschnitt zum *Denkstilbegriff* ausgeführt worden, insbesondere auch unter dem Stichwort des *Soziolekts*. Die Herausarbeitung des methodischen Interpretationsprinzips der Sinnentsprechung bzw. Sinnzurechnung wird hier in zwei Abschnitten erfolgen: Zum einen mit der Darstellung der drei Sinnarten, wie sie von K. Mannheim selbst im Zuge seiner methodischen Überlegungen unterschieden worden sind, und zum anderen die Differenzierung des Interpretationsvorgangs nach der doppelten Betrachtungseinstellung von *immanenter* und *nichtimmanenter* Interpretationsanalyse.

5.2.1. Drei Sinnarten

K. Mannheim hat seine Interpretationsmethode als »Verknüpfung von Bedeutungsanalyse und soziologischer Situationsdiagnose« gekennzeichnet:

»Unser Ziel ist deshalb, erstens, die Bedeutungsanalyse in der Sphäre des Denkens so gründlich zu verfeinern, daß grob undifferenzierte Termini und Begriffe durch zunehmend exakte und detaillierte Charakteristika der verschiedenen Denkstile ersetzt werden, und zweitens die Methode einer Rekonstruktion der Sozialgeschichte soweit zu vervollkommnen, daß wir imstande sind, anstelle isolierter Fakten die Sozialstruktur als eine Ganzheit wahrzunehmen, als das Gewebe sich gegenseitig beeinflussender gesellschaftlicher Kräfte, aus denen die mannigfachen Wahrnehmungs- und Denkweisen hervorgegangen sind, wie sie sich in der Wirklichkeit zu verschiedenen Zeiten darbieten« (ebd.).

Was K. Mannheim hier mit »Sozialstruktur als eine Ganzheit« bezeichnet, ist nicht als materielles Kondensat gesellschaftlicher Positionen und Strukturformationen zu verstehen. »Ganzheit« meint hier eben »das Gewebe sich gegenseitig beeinflussender gesellschaftlicher Kräfte« und nicht anonyme Sozialstrukturen aufgrund soziomaterieller Verhältnisse, denn diese lassen sich nicht per se als Sinnelemente zu sinnadäquaten Einheiten verknüpfen. Verknüpfung heißt bei K. Mannheim, Sinnelemente, die bisher nicht in *Sinnadäquanz* gesehen wurden bzw. standen, so in eine interpretatorische Entsprechung zu bringen, dass sie als eine *soziologische Entsprechung* nachweisbar werden. Konkret also: Die Sinnheit eines *Denkstils*, ermittelbar durch die *Sinnadäquanzen* seiner einzelnen Bedeutungselemente, in eine sinnadäquate Entsprechung zu einem kollektiven *Weltanschauungsmuster* zu stellen, das als geistige Totalität das »Gewebe gesellschaftlicher Kräfte« als »Ganzheit« einer historischen Gesellschaftsform ausmacht. »Soziologische Situationsdiagnose« ist demnach zu verstehen, als die interpretatorische Rekonstruktion von kollektiven »Weltwollungen«, die entsprechend ihrer (geistigen) Seinsinterpretationen, um die jeweilige gesellschaftliche Repräsentationsmacht konkurrieren. Verknüpfungen meinen nicht einen kausaladäquaten Zusammenhang von bloß sozialstrukturellen Positionen mit Denkweisen. Dies würde keine *Sinnadäquanz*, sondern nur Zurechnung von Denkweisen auf sozialstrukturelle Fakta bedeuten. K. Mannheim geht es um eine soziologische Entsprechung im Sinne wechselseitiger *Sinnadäquanz* von Denkformen und konjunktiven Weltwollungen von geistigen Trägerschaften; wenn man so will, um Sinnentsprechungen zwischen allein Geistigem und nicht zwischen Geistigem und Nichtgeistigem – dies ist denn auch die von K. Mannheim gewollte Abkehr von einer marxistisch inspirierten Soziologie. Eine *Kausaladäquanz* von materiellen Soziallagen und Denkweisen ist nach K. Mannheim deshalb kaum möglich, weil »die realkausale Verursachung mangels schriftlicher Belege nicht mehr rekonstruierbar ist« (Konservatismus, 1984, 56). Divergente Denkformen, ihre stilistischen Charakteristika und Bedeutungsmuster sind eben nicht in eine direkte Kausalentsprechung zu den materiell strukturellen Bedingungen und Prozessen zu setzen. Das Verfahren der kausalen Entsprechung sieht K. Mannheim bei den Analysen M. Webers angewendet, denn der nimmt

> »die gegenseitige kausale Bedingtheit der abgesonderten Kulturgebiete an […] und hält es im Interesse einer richtigen kausalen Zurechnung für notwendig, daß man bald aus dem Geistigen das Wirtschaftlich-Materielle, ein anderes Mal wieder – dem konkreten Fall entsprechend – aus dem Spirituellen das Materielle erklärt« (Beiträge zur Theorie der Weltanschauungs-Interpretation, 1964, 150).

Für K. Mannheim gibt es jedoch keine direkte Übersetzung von Sinnform und materieller Seinsweise, sondern immer nur das rekonstruktive Auffinden von *Sinnadäquanzen* zwischen vorfindlich dokumentierten Sinndokumenten: »Letzten Endes kann Sinn selbst kausalgenetisch nicht erklärt werden« (ebd., 151). Aus diesem Grund entscheidet sich K. Mannheim »für die Kategorie des Entsprechens und die Parallelität« (ebd.), die auf eine innere Sinn- und Bedeutungsverwandtschaft von dokumentierten Sinnquellen eingestellt ist. Michael Löwy hat zu Recht darauf hingewiesen, dass dieses Sinn-Entsprechungsprinzip mit Goethes Begriff der *Wahlverwandtschaft* identisch ist (vgl. hierzu, 1997, 20). Die *Wahlverwandtschaft* oder auch die »Familienähnlichkeit« sieht dort *Sinnadäquanzen* in Denkweisen und Denkelementen, wo sie zunächst nicht vermutet werden bzw. wo sie auf den ersten Blick keine Gemeinschaftlichkeit haben. Anders ausgedrückt: Eine vordergründige Bedeutungsdifferenz verschwindet dort, wo sich im semantischen Tiefenhaushalt Homologien auftun, die strukturelle und topologische Übereinstimmungen zeigen. K. Mannheim hat dieses interpretierende Suchen von *homologen* und nicht additiven oder synthetischen Bedeutungsmomenten als *Korrespondenzidentität* ausgewiesen. Um die charakteristische Sinneinheit der dokumentierten Objektivationen zu erfassen, müssen – so K. Mannheims methodisches Vorgehen – diese Objektivationen bzw. »Bruchstücke nach homologen, dasselbe dokumentarische Wesen bekundenden Momenten« durchforscht werden. Man erfasst so, »an grundverschiedenen objektiven und ausdrucksmäßigen Momenten stets ein Identisches, nämlich das gleiche Dokumentarische« und dieses »Erfassen des Homologen an den verschiedenen Sinnzusammenhängen« ist auch nicht »Abstraktion gemeinsamer Merkmale«, sondern es ist mehr »das Ineinander Verschiedener sowie das Vorhandensein eines einzigen in der Verschiedenheit« aufgrund »korrespondierender, charakteristischer Züge« (Beiträge zur Theorie der Weltanschauungs-Interpretation, 1964, 121). Auf diese Weise können z.B., um bei einem Beispiel K. Mannheims zu bleiben, *Sinnadäquanzen* zwischen den romantischen und konservativen Denkformen gefunden werden, obwohl das manifeste Vokabular dieser Denkformen dies zunächst nicht aufzeigt. Das *Entsprechungs-* oder *Korrespondenzprinzip* der Interpretationsmethode kann folglich dort nur *Sinnadäquatheit* ausmachen, wo sie nur auffindbar ist: in geistigen Erzeugnissen – dort aber in einer doppelten Strukturiertheit.

Was heißt hier nun aber doppelte Strukturiertheit? Zum einen, dass es eine *Sinnadäquanz* hinsichtlich der einzelnen Sinnmerkmale gibt, die einem *Denkstil*, einer Denkform allein und in Abgrenzung zu anderen entspricht. Zum anderen, dass es eine *Sinnadäquanz* zwischen dieser Sinnheit des einzelnen *Denkstils* und einer ihr entsprechenden *Weltanschauung* gibt, die aber dann in soziologischer Entsprechung zu dem steht, was K. Mannheim »soziologische Situationsdiagnose« genannt hat und die als der in *Weltanschauungen* geronnene konjunktive Erfahrungs- und Erlebnishaushalt zu begreifen ist. Die Entsprechung von partieller Sinneinheit *Denkstil* und totaler Sinneinheit *Weltanschauung* ist damit also auch eine Interpretation im Sinne der *Sinnadäquanz*. Die letztgenannte *Entsprechung*, die vom konjunktiven Erfahrungs- bzw. Erlebensfundament zu den historisch sozialen Soziallagen, steht nicht im methodischen Modus der *Sinnadäquanz*, sondern im Modus der Kausaladäquanz. Es ist nach K. Mannheim ein zusätzliches methodisches Moment der *soziologischen Denkstilanalyse*, das die sinnadäquate Interpretationsanalyse notwendig ergänzt bzw. soziologisch fundiert, sie aber keinesfalls ersetzt. In seiner Schrift zum Konservatismus (1984) hat K. Mannheim deshalb dieses Ineinandergreifen von interpretativer *Sinnadäquanz* und Zurechnung einer *Kausaladäquanz* insgesamt als »*soziologische Zurechnung*« bezeichnet: »Diesen Nachweis der adäquaten soziologischen Zurechnung kann man in zwei Etappen führen: a) durch den Nachweis der Sinnadäquatheit der Zurechnung, b) durch den Nachweis der real-kausalen Adäquatheit der Zurechnung« (Konservatismus, 1984, 56). Entscheidend ist aber nun, dass sich diese »real-kausale Adäquatheit« immer noch im übergeordneten Modus einer Sinninterpretation vollzieht. Dies wird deutlich, wenn K. Mannheim am Beispiel konservativer Trägerschichten die real-kausale Zurechnung exemplifiziert:

> »Vollständig wird der Beweis erst dann, wenn auch eine real-kausale Zurechnung nachweisbar ist. Ein solcher Beweis ist meistens dann geleistet, wenn es gelingt, historische Belege dafür zu finden, wie der betreffende Begriff, in der fraglichen Bedeutung von konservativen Autoren gestaltet, im politischen ideologischen Kampf entstand« (ebd.).

Lässt man hier die politisch-ideologische Inskription beiseite, um die es in der Konservatismusschrift maßgeblich geht, und neutralisiert man dieses Zitat, dann geht es doch um Folgendes: Die strukturtopologische Bedeutungsadäquanz eines Begriffs zeigt sich im identischen Stilmuster eines *Denkstils*. Die Sinngenese dieses denkstilgebundenen Begriffs erschließt sich jedoch – wiederum nur interpretatorisch – dadurch, dass diese durch eine real-kausale Zurechnung zu einer bestimmten *diskursiven Weltanschauungspraxis* nachweisbar ist. Was also kausale Adäquanz heißen soll, stellt sich *als Kausaladäquatheit im Modus der vorgängigen Sinnadäquanz* dar, bei der eine kausaladäquate Sinnhomologie von denkstilgebundener Sinnheit und übergeordneter weltanschaulicher Diskurspraxis geistiger Trägerschaften vorliegt. Im letztgenannten Sinne spricht K. Mannheim auch von einem »zweigliedrigen Totalbeweis« (ebd., 55), der die »Eckpfeiler« eines *Denkstils* vorzeichnet, damit über diese »Eckpfeiler« möglicher Sinnadäquanzen die entsprechende *Denkstilfigur* mit der sie ermöglichenden *Weltanschauung* herausbildbar wird.

Man kann unter methodischen Gesichtspunkten für die These

von der Verknüpfung von »Bedeutungsanalyse und soziologischer Situationsanalyse« folgendes Interpretationsmuster festhalten: erstens die interpretatorische *Sinnadäquanz* von einzelnen Bedeutungselementen eines Denkstils, so dass man die interne Sinneinheit des jeweiligen Denkstils rekonstruiert; zweitens die interpretatorische *Sinnadäquanz* der Sinntotalität *Weltanschauung* zu einem *Denkstil*, der das Bedeutungsvokabular dieser *Weltanschauung* darstellt und drittens die sinnhafte Kausaladäquanz zwischen dem *Denkstilgebrauch* und der diesen *Denkstil* prägenden *Weltanschauung*. Dass diese sinntragende Kausaladäquanz in einer soziologischen Entsprechung zu geistigen Trägerschaften, also zu bestimmten kollektiven Gruppierungen steht, die ihr spezifisches Seinsverständnis historisch-gesellschaftlich durchsetzen wollen, ist selbst nicht als kausales Determinationsverhältnis zu verstehen. Dies geht daraus hervor, dass soziologische Zurechnungen immer Sinnzurechnungen und nicht real-kausale Beweiszuordnungen sind. Dies gibt dieser Interpretationsmethode den Anschein von Konstruktionshaftigkeit:

> »Die ganze Kultursoziologie beruht auf dem Zurechnungsproblem; dieses bildet ihre methodische Achse. *Zurechnungen* sind zweifelsohne Konstruktionen, aber auch eine jede andere historische Wissenschaft ist Konstruktion, da sie ja Gewesenes aus den zurückgebliebenen Dokumenten rekonstruiert, also gezwungen ist, das Werden aus dem Gewordenen zu rekonstruieren. Die entscheidende Frage kann also nur die sein, ob die Konstruktion cum fundamente in re vollzogen ist« (ebd., 57).

Die methodische Achse der Mannheim'schen Interpretationsanalyse darzustellen, bedeutet zunächst aufzuzeigen, dass sie sich als *soziogenetische Methode* versteht, also Sinneinheiten nicht zeitlos und zeitungebunden hypostasiert, sondern die Entstehungs- und Entwicklungszusammenhänge von Sinngebilden rekonstruiert. Dass die Interpretationsmethode K. Mannheims sich als eine *soziogenetische Methode* versteht, bedeutet zweierlei:

Zum einen, dass die Sinninterpretation den Sinngehalt von verschiedenen soziokulturellen »Ausdrucksgebieten« (Historismus, 1964, 282) genetisch und nicht kausal betrachtet. Der Sinn hat einen sozialen Ursprungsort, von dem her er sich entwickelt und in seiner spezifischen Ausdrucksgestalt manifestiert hat. Die Sinngenese hat einen geschichtlichen Charakter und der *Sinn* ist ein mit der historischen Zeit und den geschichtlichen Umständen wandelbarer *Sinn*, weil sich die soziogenetischen Entstehungs- und Entwicklungsbedingungen gewandelt haben. Es muss hier nicht wiederholt werden, dass der soziogenetische Bedingungszusammenhang nicht materialistisch, d.h. sozioökonomisch aufzufassen ist. K. Mannheims Terminus des soziogenetischen Bedeutungs- bzw. Sinnwandels bezieht sich darauf, »daß soziale Gruppen, die in dem werdenden Sozialprozess entstehen, jeweils verschiedene Grundrichtungen der ›tensio‹, aus denen heraus stets gelebt, gedacht und gehandelt wird, aus sich herauszustellen imstande sind« (Das Problem einer Soziologie des Wissens, 1964, 384). Die Sinngenese rekurriert auf sozialkulturelle Verschiebungen im Deutungsprozess der sozialen Seinsauffassungen. Sie soll aufzeigen, mit welchen spezifisch gruppenspezifischen »Weltwollungen« soziale Gruppen und Milieus geistig-funktional sozialstrukturelle Wandlungen in ihrem kollektiven Interessenhorizont umdeuten. Insofern ist die *Sinngenese* eine Genese, die auf die Entstehungs- und Entwicklungszusammenhänge von gewordenem Deutungssinn bzw. geronnenen Sinngebungsakten eingestellt ist. Die *Sinngenese* setzt dort an, wo bestimmte Bedeutungs- und Sinngehalte innerhalb eines *Denkstils* eine synchrone und charakteristische *Sinnadäquanz* aufweisen, die sich zu einem umfassenden vorfindlichen *Weltanschauungssinn* zurechnen lässt. Anders ausgedrückt: Die *Sinngenese* zeigt, wie sich aus der Entwicklung und Entstehung einer historisch wirksamen *Weltanschauung* ein spezifischer *Denkstil* entwickelt, der in soziologischer Entsprechung den atheoretischen Bereich konjunktiver Erlebniserfahrungen von kollektiven Seinsinterpretationen dokumentiert und damit ausdrückt. Die hermeneutische Leistung liegt dann darin begründet, dass das, was im atheoretischen Bereich an konjunktiver Sinnproduktion virulent und unreflektiert wirksam ist bzw. war, durch die soziologische Sinninterpretation nachträglich ins theoretisch-analytische Bewusstsein gehoben wird. Deshalb nennt sich die *sinngenetische Interpretationsmethode* auch nicht kausale, sondern *rekonstruktive*.

Zum anderen, und dies qualifiziert sie als *soziogenetische* und nicht etwa als individualgenetische Methode, wird der *Sinn* und seine Genese nicht »im individuellen Erleben«, sondern »eher« in seinem »kollektiven Zusammenhang gesucht« (Ideologie und Utopie, 1985, 25). Die eigentlich soziologische Akzentverschiebung sinngenetischer Interpretation liegt darin, dass sie nicht auf das Subjekt und dessen individuelle Lebensgeschichte eingestellt ist. Dies ist eben das originäre »Verdienst der Soziologie, daß sie neben der individuellen Sinngenese«, die den psychologischen Motivkomplexen des Individuums auf der Spur ist, »auf die aus dem Zusammenhang des Gruppenlebens entspringende Genese hingewiesen hat« (ebd., 26).

Es versteht sich, dass dieser Zusammenhang des Gruppenlebens kein bloß gruppenstruktureller ist, sondern ein Zusammenhang konjunktiver Erfahrungen, die zu kollektiven Sinneinheiten geronnen sind. Die *Sinngenese* hebt auf die identifizierbaren Wissens- und Denkformen als gemeinsamen Produkt eines »kooperativen Gruppenprozesses« ab, »in dem jeder sein Wissen (und Denken/Verfasser) im Rahmen eines gemeinsamen Schicksals, eines gemeinsamen Handelns und in der Überwindung gemeinsamer Schwierigkeiten entfaltet« (ebd., 27). Ein solcher kooperativer Prozess muss nicht nach den Kooperationsakten und ihren strukturellen Merkmalen analysiert werden. Vielmehr müssen, um dessen *Sinngenese* zu erfassen, die in den kooperativen Denk- und Wissensformen sedimentierten gemeinsamen Sinn-Ausdrucksformen rekonstruiert werden. Nur sie zeigen auf, wie »gemeinsames Handeln«, »gemeinsames Schicksal« und »Überwindung gemeinsamer Schwierigkeiten, mit welchen Sinngebungsformen korreliert« sind, denn vor den kooperativen Prozessen, wie »gemeinsames Handeln« usw., steht die konjunktive Sinndeutung, weil sie allein das soziologische Signum kollektiven Geistes trägt.

Nun ist es methodisch so, dass die Einheit von Sinngehalt und kollektivem Erlebnisfundament, das ja aus dem kollektiven Lebensvollzug resultiert, nicht unmittelbar rekonstruiert werden kann. Der Mannheim'sche Terminus der »*soziologischen Entsprechung*« oder der »*Zurechnung*« verdeutlicht in semantischer Hinsicht, dass man den Bereich der konjunktiven Erfahrungs- und Erlebensfundamente nur indirekt erfassen kann. Man leitet ja interpretatorisch aus dem Sinnverstehen von rekonstruierten Sinneinheiten, die man methodisch aus dokumentierten Sinnquellen erschließt, über zu Entitäten, die im konjunktiven Seelenhaushalt kooperativer Zusammenschlüsse stecken und die eigentlich nicht direkt zugänglich sind. Anders gesagt: Was als gemeinsamer *Sinn* interpretatorisch rekonstruierbar ist, wird auf eine Totalität eines gemeinsamen Erlebenszusammenhangs zurückgebogen, von dem man annimmt, dass er eine – wie immer auch geartete – Einheitlichkeit mit dem von ihm dokumentierten *Sinn* hat. Diese Einheit von kollektivem Sinn und konjunktivem Erlebensfundament ist zwar nicht verfügbar, jedoch durch die Mannheim'sche Formel der *soziologischen Entsprechung* oder *Zurechnung* wird diese an sich prinzipielle Unverfügbarkeit methodisch überbrückt. Indem der *Sinn* für K. Mannheim immer schon als verbürgter Ausdruck für das soziale Erleben angesehen wird, hat K. Mannheim auch keine Probleme von der Sinnanalyse auf kollektive Erlebenshintergründe rückzuschließen. Wie dies möglich ist, wird deutlich, wenn man sich den *drei Sinnarten* zuwendet, die für K. Mannheim so etwas wie den Königsweg seiner soziologischen Interpretationsmethode darstellen.

Was K. Mannheim als die *drei Sinnarten* ausdifferenziert hat, hat er in seiner Schrift »Beiträge zur Theorie der Weltanschauungs-Interpretation« (1964, 121 ff.) ausgewiesen. Prinzipiell muss man nämlich bei jedem »vollen Kulturgebilde«, sei es nun Ausdruckselement höherer Kultur oder auch alltäglicher, profaner Herkunft, »drei Sinnschichten« bzw. drei Sinnarten unterscheiden: ein *objektiver Sinn*, ein intendierter *Ausdruckssinn* und ein *Dokumentensinn* (ebd., 101). Erst der interpretatorische Zusammenhang dieser drei Sinnschichten qualifiziert ein Kulturgebilde als ein vollständig verstandenes, denn jedes Kulturgebilde ist so lange nicht voll verstanden, wie wir »nur auf jene Sinnschicht eingehen, die uns rein als sie selbst, als objektiver Sinn vorschwebt«. Gewissermaßen ist das Abheben des Kulturgebildes in Form seiner objektiven Sinnfeststellung nicht nur eine Sinnverkürzung, sondern auch dem Verfahren nach ein bloßes Konstatieren, das den Gegenstand gleichsam wie ein Naturobjekt erfassbar macht. Um den vollen Sinngehalt zu erfassen, »müssen wir« also den »objektiv vorliegenden Sinn [...] nach zwei Richtungen hin transzendieren«: nach seinem *Ausdrucks-* und seinem *Dokumentensinn* (ebd., 104/105).

Axiomatisch aufgefasst, lassen sich diese drei Sinnarten, die jedem Kulturgebilde zukommen, wie folgt unterscheiden: Der *objektive Sinn* ist der manifeste Sinngehalt, der einen in sich geschlossenen Sinnzusammenhang des Kulturgebildes absteckt und vorzeichnet, damit soziale Tatsachen nicht bloß als physisch räumliches Faktum gesehen werden, sondern überhaupt als Sinnelemente einer sozialen Handlungs- und Lebensweise. Dieser *objektive Sinn*, der ja Materielles oder Faktisches erst in Bedeutsames transferiert, ist die Grundsubstanz jedes Kulturgebildes und liegt damit den anderen Sinnarten, dem *Ausdrucks-* wie dem *Dokumentensinn* voraus.

Der *Ausdruckssinn* stellt den individualisierten Sinnbezug dar, weil in ihm der subjektiv gemeinte bzw. intendierte Sinngehalt repräsentiert ist. In diesem *Sinn* gehen expressives Sinnmoment und darin ausgedrückte Intentionalität des Handelnden wie des Erlebenden zusammen. Der *Ausdruckssinn* ist vollständig im Subjekt, seinen Erlebnisweisen und Bewusstseinsintentionen situiert: »Beim *Ausdruckssinn* handelt es sich um einen Querschnitt seines Erlebnisstromes, um einen Einblick in einen einmal stattgefundenen Verlauf im Bewusstsein eines Individuums«, also die »Aktualisierung eines seelischen Lebens« im Kulturgebilde. Man kann auch sagen, dass der

Ausdruckssinn eine Repräsentation von individualisiertem Sinngehalt ist. Deutlich wird dies, wenn z.B. auf der Grundlage des objektiv feststellbaren Sinns eines Kunstwerkes, über dessen objektiven Sinngehalt hinaus die subjektive künstlerische Ausdrucksgestaltung interpretierbar wird.

Der *Dokumentensinn* ist kein intentionaler *Ausdruckssinn*, denn in ihm kommt das Sediment einer überindividuellen Charakteristik zum Vorschein, die die Sinneinheit, die Totalität eines wirksamen aber weltanschaulich gebundenen Kultursinns dokumentiert. Man könnte versucht sein, den *Ausdruckssinn* als individuellen und den *Dokumentensinn* als gemeinschaftlichen Sinngehalt zu unterscheiden, weil beide ja letztlich auf »atheoretische Erlebnisformen« (ebd., 132) rekurrieren. Beide unterscheiden sich jedoch unter interpretationslogischen Gesichtspunkten in zweierlei Hinsicht:

Zum einen gibt es bei dem Verstehen des *Ausdruckssinns* – so K. Mannheim – ein selbstidentifikatorisches Bezugsmoment zwischen Interpret und Sinngebilde, weil dieser Sinngehalt, »wie er von dem ihn ausdrückenden Subjekt *gemeint*, im bewußtseinsmäßigen Daraufgerichtetsein intendiert war« (ebd., 107), subjektiv nachvollzogen werden muss. Der Interpret muss also eine divinatorische Nähe zum *Ausdruckssinn* haben. Bei der Interpretation des *Dokumentensinns* kann dieses selbstidentifikatorische Bezugsmoment fallen gelassen werden, vielmehr besteht bei ihm ein viel höheres Maß an »Fremdheits«- und »Distanzverhältnis zur Objektivation«, weil die jeweilige *Weltanschauung* (mit dem jeweiligen *Denkstil*!), die in den Kulturgebilden sedimentiert ist, einfach nur dokumentiert bzw. als geistige Einheit einer sozial-historischen Seinsweise repräsentiert wird.

Zum anderen unterscheiden sich *Ausdrucks*- und *Dokumentensinn* dahingehend, dass – obwohl beide die objektive Sinnschicht zur Voraussetzung haben – der *Ausdruckssinn* unmittelbar, d.h. durch die »geschlossene Einheit des jeweiligen objektiven Sinns« fundiert ist. Der *Ausdruckssinn*, der auf das *Wie* des *objektiven Sinns* bezogen ist, bedarf der vollständigen Erfassung desselben, weil er eben inhaltlicher Träger der subjektiv intendierten Formungsgestalt ist. Ohne eine komplette Kenntnis des *objektiven Sinns* ist auch die Interpretation seines *Ausdruckssinn* verfehlt, weil in seiner erlebnis- und bewusstseinsintendierten Form sinnhaft kupiert. Wie soll der subjektiv gemeinte *Ausdruckssinn* verstanden werden, wenn sein objektiv sozialer bzw. kultureller Sinngehalt unzureichend erfasst ist? Insofern ist der *Ausdruckssinn* elementar auf die Sinneinheit der objektiven Sinnschicht bezogen und kann nicht über vereinzelte Elemente dieser

Sinneinheit erschlossen werden. Der *Dokumentensinn* hingegen bedarf dieser vorgesetzten Sinneinheit der objektiven Sinnschicht nicht, da er als dokumentarischer Sinn einer bereits in allen Elementen des Sinnganzen gleichermaßen sedimentierten *Weltanschauungstotalität* anzutreffen ist. Gewissermaßen dokumentiert sich auch in bereits rudimentär gegebenen Sinnelementen des objektiv festgestellten Sinngehalts eines Kulturgebildes eine weltanschaulich-geistige Einheit, die das *Wie* und das *Dass* der objektiv geformten Sinnschicht durchgängig und in allen Sinnfragmenten gleichermaßen bestimmt. Im *Dokumentensinn* repräsentieren bereits Teilmomente etwas, was über den objektiven Sinn von Kulturgebilden als deren weltanschauliches Sinnmuster fungiert hat bzw. immer noch wirksam ist. Die Differenz zwischen *Ausdrucks-* und *Dokumentensinn* ist diejenige, die sich danach bemisst, wie in diesen beiden Sinnarten die stellvertretende Funktion der Sinnteile zum Sinnganzen gesehen wird: »Der *Ausdruckssinn* ist mit der monadischen insichgeschlossenen Totalität des objektiven Sinnes am Werke eng verwoben, wogegen das Dokumentarische auch an abspaltbaren Momenten zu haften vermag« (ebd., 120). Konkreter formuliert heißt dies: Der *Dokumentensinn* tritt auch an Bruchstücken, an Details von Kulturobjektivationen in Erscheinung nicht etwa weil »die Teile sich mosaikartig zu Ganzheiten zusammenfügen lassen«, sondern weil die weltanschauliche Sinneinheit als eigenständige Sinnschicht *neben* die objektiv vorliegende Sinnschicht tritt. Die Teile, die zunächst die objektive Sinnschicht vertreten, dokumentieren nun eine Sinnganzheit, die als die Totalität eines kollektiven Geistes aufzufassen ist, aus dem die Formen von *Weltanschauungen* verstehbar werden.

Die Nomenklatur der *drei Sinnarten* ist recht einfach nachzuzeichnen, schwierig ist jedoch das Verstehen der Differenzierungsverhältnisse zwischen ihnen. Dies kommt daher, dass diesen drei Sinnschichten keine objektiven Merkmale der sachlichen Unterscheidungen zukommen, sondern, dass sie in begrifflicher Hinsicht Unterscheidungen anzeigen, die letztlich nur auf phänomenologischen Einstellungswechseln des Interpreten beruhen. Dieser jeweilige interpretatorische Einstellungswechsel wird plausibel, wenn man sich auf die Konkretisierung der *drei Sinnarten* einlässt, wie sie K. Mannheim am Beispiel des »Bettelaktes« entfaltet hat (vgl. Beiträge zur Theorie der Weltanschauungstheorie, 1964, 104 ff.).

Für K. Mannheim ist bereits das alltägliche Phänomen des Bettelns ein Kulturgebilde. Kulturgebilde sind eben nicht nur höhere Kulturgüter, wie Kunstwerke, Rechtsdokumente und anderes mehr, die ein exklusives Kulturverständnis von rein ideellen Gütern und

Werten, gereinigt von der Profanität des sozialen Lebens, nahelegen. Die Bestimmung von Kulturobjektivationen geht bei K. Mannheim bis in die lebenspraktischen Bezüge des Alltags hinein. Sie sind für die kulturwissenschaftliche Betrachtung genauso elementar, d.h. von gleicher epistemischer Natur, wie die materiellen Fakten dies für die naturwissenschaftliche Betrachtung sind. Aus diesem basalen Verständnis von Kultur und Kulturobjektivationen heraus, kann K. Mannheim auch bei einfachen sozialen Interaktionsformen, wie hier dem »Betteln«, von einem Kulturgebilde sprechen. Wie differenziert er nun am »Bettelakt« die »*dreifache Sinnartung*«?

Zunächst bestimmt er die Interaktionsform Betteln, die ja aus dem bittenden Handausstrecken und dem anschließenden Almosengeben besteht, als »Träger eines [...] in der soziologischen Sphäre beheimateten Sinnes«, den man entsprechend seines objektiven Sinngehalts als »soziale Hilfe« bezeichnen kann (ebd., 106). Durch diese Sinneinheit wird das Betteln mehr als ein durch »optische Sinnesdata« vermitteltes Geschehen, mehr als eine physiologisch zu bestimmende Aktionskette von Handlungen, denn nur durch eine objektive Sinnschicht, die den Bettelakt als sozial-kulturelle Sinneinheit signifiziert, wird aus der einen Person, die um etwas bittet und der anderen Person, die etwas gibt, das eben ein Almosen ist und kein bloßes Metallstück, der soziale Hilfsakt des »Bettelns«. Entscheidend an dieser soziologisch bestimmten Sinneinheit ist nun, dass dieser *objektive Sinn* weder die psychische Disposition oder Intentionalität des Bettelnden oder des Almosengebenden, »sondern nur den objektiven sozialen Zusammenhang, durch den und in dem es Bettler und Besitzende gibt« (ebd., 107) zur Voraussetzung hat. Nur eine Einstellung auf diesen objektiven Zusammenhang der sozialen Interaktionsform, auf diese situative Ganzheit der sozialen Wechselseitigkeit des Bittens und Gebens berechtigt dazu, von einer objektiven Sinnerfassung als »sozialer Hilfe« oder Ähnlichem zu sprechen. Eine objektive Sinnschicht gibt es durchgängig bei allen Kultur- wie Sozialgebilden; sie ist gewissermaßen eine logisch notwendige Sinnunterstellung wie auch ein sozial praktisches Erfordernis dafür, dass wir menschliche Handlungen wie Aktionen nicht bloß als akzessorische Momente von physisch räumlichen Realisierungen in der Zeit ansehen.

Von dieser grundierenden Sinnschicht kann man nun einen *Ausdruckssinn* abheben, indem man allein und ausschließlich auf die Sinnschicht eingestellt ist, die auf die Intentionalität des Bettlers bzw. Almosengebers zurückgeht. Dies heißt – methodisch betrachtet – nicht, dass die objektive Sinnschicht negiert bzw. als inexistent angesehen wird. Vielmehr ist es so, dass nur ein Wechsel der Interpretationsebene stattfindet, bei dem »der Träger jenes objektiven Sinnes *zugleich* zum Träger eines ganz neuen Sinnes« (ebd., 107), dem des *Ausdruckssinns* oder individualisierten Sinngehalts wird. Man geht also – ausgehend von dem objektiven Sinngehalt – auf den Innenbezug, auf den subjektiven Erlebnis- und Bewusstseinszusammenhang ein der dann die Hilfegeste des Almosengebens, z.B. zum Sinngehalt einer subjektiv intendierten Mitleidsbekundung umformt. Es geht hier nicht darum, das Almosengeben hinsichtlich seiner psychischen Motivlagen und subjektiven Beweggründe ex post zu interpretieren, denn dies würde zu einer unzulässigen Kausalitätsannahme zwischen psychischem und sozialem *Ausdruckssinn* führen, bei dem dann ja die soziologische Interpretation durch psychologische Ableitungen ersetzt würde. Es muss – so das methodische Credo K. Mannheims – immer um die Rekonstruktion des in der soziologischen Sphäre vorliegenden Sinns gehen und nicht um Konklusionen zwischen soziologischen Interpretationen und psychologischen Ableitungen. Aus dieser genauen, auf die soziologische Sphäre abhebenden Eingrenzung heraus wird einsichtig, dass der Terminus *Ausdruckssinn* oder *subjektiv gemeinter Sinn* soziologisch gefasst ist: als subjektiver *Ausdruckssinn* eines vorliegenden objektiven Sinngehalts der sozialen Szene »Betteln«. Der *Ausdruckssinn* erfordert zwar eine andere Interpretationseinstellung, um zu einer neuen Sinnart zu gelangen, jedoch bleibt dieser neue Sinngehalt gebunden an die soziologisch lokalisierbare Sinneinheit, die das Kulturgebilde »Betteln« als »soziale Hilfe« signifiziert.

Die dritte Sinnschicht wird durch den *Dokumentensinn* erfasst. Die ganze Szene des »Bettelns« wurde bisher in zwei Dimensionen des Sinns aufgesplittet: den fundierenden *objektiven Sinn* der Interaktionsform »soziale Hilfe« und den subjektiv gemeinten Sinn einer »Mitleidsbekundung« (soweit man eben auf den Almosengeber rekurriert). Nun besteht aber keine zwingende Veranlassung dafür, diese beiden Sinngehalte bereits als das vollständige Sinntelos der Bettelszene aufzufassen und festzulegen. Es könnte ja z.B. sein, dass die ganze Bettelszene ein Indiz für »soziale Heuchelei« (vgl. ebd., 108) oder anderes ist. Es besteht demnach die Möglichkeit, die »Bettelszene« nicht mehr allein nach dem objektiven, d.h. konsensuellen Sinngehalt und einem subjektiv gemeinten Sinngehalt zu interpretieren, sondern sie auch als weitergehendes Dokument für einen Sinngehalt dritter symbolischer Ausdrucksordnung anzusehen. Wenn man bei der Hypothese bleibt, dass die Bettelszene anderes dokumentiert als das, was der intendierte *Ausdruckssinn* und der *ob-*

jektive Sinn vorgeben, so kann das Betteln und seine Hilfeleistung in Form des Almosengebens einen *Dokumentensinn* enthalten, der möglicherweise die Lesart des bisherigen Sinngehalts auf den Kopf stellt bzw. dieser Lesart widerspricht. Durch den Wechsel der Lesart auf einen *Dokumentensinn*, in unserem Beispiel also die »Bettelszene« als Dokument für »soziale Heuchelei«, werden nicht nur bestimmte Elemente der Objektivation neu gesehen, sondern auch andere Elemente der Szene, die vorher gar nicht interpretativ zur Deutung gelangten, können nunmehr einen dokumentarischen Sinn erhalten. Mit der Einstellung auf den *Dokumentensinn* ergibt sich also eine zweifache – methodisch relevante – Interpretationsergiebigkeit: Erstens wird der objektive Sinngehalt, der ja das Interpretationsfundament für den soziologischen Sinngehalt abgibt, in seiner bisher geltenden, weil kontextuellen Sinnhoheit in Frage gestellt: Das »Betteln« kann nicht mehr semantisch auf »soziale Hilfe« codiert werden, sondern es wird Dokument für soziale Heuchelei, weil die Hilfeleistung »als Beleg für sein substantielles Wesen, das ich in ethisch-theoretischer Reflexion als heuchlerisch bezeichne«, nunmehr interpretierbar wird. Zweitens eröffnet mir die dokumentarische Interpretationshypothese die Möglichkeit, dass einzelne Bedeutungselemente des sozialen Interaktionsakts »Betteln« konträr oder anders interpretiert werden als sie im Lichte der »sozialen Hilfeleistung« erscheinen. Gewissermaßen eröffnet sich mit der Interpretationseinstellung auf den Dokumentensinn eine Lesart, die das Kulturgebilde »Betteln« entlang der Frage interpretierbar macht: Welchen *sozialen Funktionssinn* dokumentiert das »Betteln« bzw. das »Almosengeben« in gesellschaftlicher Hinsicht, und wie ist dieser *Funktionssinn* innerhalb einer gesellschaftlich-historischen *Weltanschauung* verankert? Anders gefragt: Welcher historisch-sozial geltende Weltanschauungssinn drückt sich im Dokument des soziologisch lokalisierbaren Sinngebildes »Betteln« bzw. »soziale Hilfe« aus? Drückt sich im Bedeutungsgehalt des »Bettelns«, der den »objektiven sozialen Zusammenhang« in bestimmter Weise semantisiert, nicht auch ein »dokumentarisch gegebener Weltanschauungssinn« (ebd., 137) aus, der das Armutsphänomen in die Sinngenese eines sozial-kulturellen Soziolekts »christlicher Nächstenliebe« zurückversetzt?

Im *Dokumentensinn* ist immer – so K. Mannheim – eine originäre Welteinstellung sedimentiert. Der *Dokumentensinn*, dies macht seine methodische Stellung innerhalb der *drei Sinnarten* aus, muss »stets aus der Verflochtenheit mit dem objektiven Sinngehalt und dem *Ausdruckssinn* herausgearbeitet werden« (ebd., 141); dies ist seine unlösbare Bindung an die Sachgegebenheit der Sinngehalte von den jeweiligen Kultur- bzw. Sozialobjektivationen. Zugleich aber, weil er eine überindividuelle Charakteristik von gemeinschaftlicher Welteinstellung bzw. *Weltanschauung* ausdrückt, ist in ihm notwendigerweise ein Stück Totalitätskonstruktion enthalten. Dadurch, dass an den verschiedenen Sinngehalten einzelner, jedoch divergenter Kulturobjektivationen gemeinschaftliche Merkmale im dokumentarischen Sinngehalt gefunden werden können, also Sinnentsprechungen im Sinne eines epochalen bzw. kollektiven Geistes zwischen ihnen auffindbar sind, baut sich ein dokumentarisch interpretierbares *Weltanschauungsmuster* auf. Es ist nicht so, dass der *Dokumentensinn* deduktiv erfasst wird, indem man ein *Weltanschauungsmuster* voraussetzt und danach einzelne Sinngehalte von Kulturobjektivationen zu einem *Dokumentensinn* verdichtet. Eher folgt das methodische Verfahren einer induktiven Vorgehensweise, die sich aber nicht ad infinitum verliert, sondern dem Klärungsprozess des hermeneutischen Spiralprinzips folgt: »Aus den Einzeldokumentationen erfasse ich den Geist der Epoche, und aus dem Geist der Epoche lerne ich die Dokumentationen als Teilmoment desselben zu verstehen« (ebd., 142). Was hier als Modus epochaler Interpretation des *Dokumentensinns* formuliert ist, also eine diachrone Sicht erfordert, gilt auch umstandslos für eine synchrone Sicht, bei der der weltanschauliche Geist einer Gruppe, eines Milieus oder Kollektivs quer durch ihre dokumentierten Ausdrucksgehalte rekonstruierbar ist. Entscheidend für das methodische Vorgehen ist, dass sich »die Weltanschauungseinheit«, also das, was sich als kollektiver Gemeinschaftsgeist dokumentiert bzw. dokumentiert hat, in keiner einzelnen Sinnobjektivation allein und ausschließlich ausspricht. Dies heißt verfahrenstechnisch, dass man »sämtliche Gebiete der Kultur [-objektivationen/Verfasser] durchläuft, dieselben unter einem durchgehalten dokumentativen Gesichtspunkt vergleicht« (ebd., 142), um so etwas wie einen »horizontalen Querschnitt« von identischem Dokumentensinn zu erhalten. Indem verschiedene Dokumente eine weltanschauliche Sprache sprechen, drücken sie insgesamt die Totalität eines dokumentarischen Sinnhaushalts aus. Für diese identische Sinntotalität haben alle Dokumente die gleiche Aussageevidenz, obwohl sie für sich gesehen unterschiedlich sinnhaft sind. Diese gleiche Aussagenevidenz besagt auch, dass kein einzelner *Dokumentensinn* aus einem anderen abgeleitet werden oder als deren Sinnursache herhalten kann, denn sie stehen in einem relationalen Entsprechungsverhältnis zueinander: »[...] ein Dokument kann [...] niemals ein anderes Dokument verursachen, man kann sie nur beide auf dieselbe Totalität der Weltanschauung beziehen« (ebd., 151). Die jeweilige *Weltan-*

schauungstotalität, entweder die epochal-historische oder die einer gesellschaftlichen Trägerschicht, bildet letztlich den methodischen Nukleus der dokumentarischen Interpretationsmethode bei K. Mannheim. Die *Weltanschauungskategorie* ist insofern sinnleitend, weil sich mit ihr alle Entsprechungspunkte der »inneren Verwandtschaft der Gebiete demonstrieren lassen«, die die »Einheit der verschiedenen Ausdrucksgebiete« veranschaulichen (Historismus, 1964, 282).

5.2.2. Immanente und nichtimmanente Interpretation

Bisher wurde die Interpretationsmethode K. Mannheims entlang der *dreifachen Sinnarten* expliziert, um einerseits das methodische Mittel des »dokumentarischen Sinnverstehens« herauszustellen und andererseits das zentrale Interpretationsprinzip der Sinnentsprechung zu verdeutlichen. Diese *drei Sinnarten* gehen implizit von der These aus, dass alle Kulturobjektivationen unterschiedliche Sinnschichten enthalten, die je nach der entsprechend methodisch gewählten Betrachtungseinstellung erschließbar sind. Was sich hier – noch der Sache nach – an der Grundthese von vorfindlichen Sinnschichten aber auslegt, geht aus einer viel grundsätzlicheren, d.h. epistemologischen Einsicht hervor: Der Begründung einer phänomenologischen Differenzierung von zwei grundverschiedenen Objekteinstellungen. Diese Differenzierung zeigt sich in der Unterscheidung einer *immanenten* und einer *nichtimmanenten Betrachtungsweise* von Objekten bzw. Objektbereichen. Danach erschließen sich Objekte nicht eindimensional, d.h. nur durch eine verbindliche Form der Objektwahrnehmung, sondern variieren je nach Betrachtungseinstellung. Übertragen auf die Interpretation von geistigen Gebilden, also Kulturobjektivationen, wie beispielsweise Denk- und Wissensformen, reklamiert K. Mannheim diese phänomenologische Einsicht: »Es wird nämlich hier [...] für uns jene ganz besondere Eigentümlichkeit eines jeden geistigen Gehalts sichtbar, daß dieses sich je nachdem verschieden darbietet, wie das phänomenologische Subjekt in verschiedenen Einstellungen sich ihm nähert« (Ideologische und soziologische Interpretation der geistigen Gebilde, 1964, 388).

Methodisch umgesetzt hat K. Mannheim diese phänomenologische Einsicht in die zwei grundlegenden Interpretationsverfahren der »*immanenten*« und »*nichtimmanenten*« *Interpretationen* von Kulturobjekten. Grob skizziert kann man zunächst festhalten, dass die »*immanente Interpretation*« vollständig, d.h. hier systematisch auf den »geistig-seelischen Gehalt eines kulturell-sozialen Gebildes«, wenn man so will, auf den immanenten Ideen- bzw. Sinngehalt einer Kulturobjektivation eingestellt ist. Die *immanente Betrachtung* ist eine, die die »Idee von innen heraus erfaßt« (ebd., 388), also den gültigen Sinngehalt, den die Kulturobjektivation an und für sich hat bzw. gehabt hat, erfassen will. Diese Innenbetrachtung fragt nach der manifesten Sinnbedeutung, die das Kulturgebilde objektiv als Werk- oder kulturellen Erzeugnissinn repräsentiert und dafür Geltung beansprucht bzw. beansprucht hat. K. Mannheim hat den Stellenwert dieser *immanenten Interpretationsbetrachtung* recht plausibel an dem »Geltungscharakter einer normativen Sphäre«, wie der der Rechtspraxis verdeutlicht. Der jeweilig objektive Sinngehalt einer juristischen Rechtspraxis wird dann nämlich immanent erfasst, wenn man auf die Geltung des Rechts, so wie es geistig-ideell als »Grundphänomen in seiner Reinheit« gegeben war oder ist, eingestellt ist. Der jeweilig objektive Geltungsgehalt der normativen Sphäre der Rechtseinstellung insgesamt ergibt den immanenten Sinngehalt, nicht aber etwa einzelne Rechtsgrundsätze oder Rechtsargumentationen innerhalb einer Rechtspraxis. Auch die Art und Weise wie subjektiv die Rechtsnormen empfunden oder erlebt werden, stellt noch nicht den durch die immanente Interpretation vindizierten objektiven Sinngehalt dar (vgl. hierzu: Strukturen des Denkens, 1980, 68/69). Die Objektivität dieses Sinngehalts liegt nicht in seiner Faktizität, denn die Rechtspraxis ist nicht immer der Ausdruck des geistig-ideellen Sinngehalts der Rechtsnormen, sondern allein in der identischen Immanenz des Rechtsideellen, für die jeweilige Kulturobjektivation vorgegeben ist. Der Sinngehalt ist der, der in seiner manifesten Bedeutung als Ideatum gilt oder gegolten hat, und der durch die identische Art und Weise des Ausdrucksmittels »Kulturobjektivation« in Immanenz repräsentiert wird. Man könnte seine Objektivität auch als Werk- oder Produktsinn des jeweiligen Kulturobjekts bezeichnen, da dessen geistig-ideelles Substrat nicht auf einen subjektiv gemeinten Sinn (M. Weber) oder einen übergeordneten, d.h. objektexternen Geschichtssinn oder sonstiges zurückbezogen werden soll. Die Objektivität seines Sinngehalts liegt allein in der strukturellen Immanenz seiner geistig-ideellen Aussagegestaltung. Überträgt man das vorgenannte Beispiel aus der Rechtssphäre auf den Bereich der Denk- und Wissensformen, dann bedeutet dies methodisch für die *immanente Interpretation* zweierlei: Sie erfasst zunächst die manifeste Bedeutungssprache der Denk- und Wissensformen aus der Summe ihrer einzelnen Repräsentationen. Dann verdichtet sie diesen manifesten Bedeutungsgehalt zu einer identischen Stileinheit der Denk- und Wissensformen, die den objektiven Sinngehalt einer bestimmten Denkweise repräsentiert. Auf diese Weise erfasst man eine *interne*

Sinnadäquanz von einzelnen Bedeutungsmerkmalen der Kulturobjektivation »*Denkstil*«, die dann in der Totalität ihres Ausdruckscharakters den objektiv geltenden Sinngehalt einer jeweils vorfindlichen Denkform ausmacht. Die *immanente Sinninterpretation* rekonstruiert also die Kulturobjektivation Denkform auf der Basis der Interpretationsannahme, dass es stilistische Sinnheiten im Denken gibt, die als geltende geistig-ideelle Objektivitäten von Denkweisen anzusehen sind. Ohne diese vorausgesetzte Interpretationshypothese liefe die *immanente Interpretation* ins Leere, weil ohne diese Objektivitätsannahme der stilistischen Sinneinheit die Polysemie der einzelnen heterogenen Bedeutungselemente in den jeweiligen Kulturobjektivationen keine identische Immanenz gestatten würde.

Dass man durchaus eine *immanente Interpretationsanalyse* machen kann, hat K. Mannheim nie bestritten, sondern ausdrücklich anerkannt. So schreibt er in seinem Konservatismus-Buch (1984) ausdrücklich, dass man eine Bedeutungsanalyse »immanent ideengeschichtlich betreiben« könne, um »die logische Immanenz eines *Denkstils*« zu erfassen, »die aus gegebenen denkerischen Ansatzpunkten gleichsam selbsttätig neue Gestaltungen hervortreibt« (1984, 53/55). Auf diese Weise erhält man einen doppelten Interpretationsertrag: einerseits die »logische Immanenz« des *Denkstils* innerhalb einer Denkströmung oder -richtung, andererseits aber auch das innere »Bildungsprinzip« des *Denkstils* (ebd., 53), denn aus den zunächst »denkerischen Ansatzpunkten« ergibt sich die »Entfaltung und Ausgestaltung einer spezifischen Logik« des sich ausbildenden *Denkstils*. Eine solche *immanente Bedeutungsanalyse* verbleibt aber letztlich bei einer interpretativen Nachzeichnung von Denkweisen; sie rekonstruiert das »Denken nur von der Begriffsebene her«, von der manifesten Semantik eines geistig-ideellen, immanent konzipierten Zusammenhangs der dieses Denken bestimmenden Begriffe. Was elementar fehlt, und was die soziologische *Denkstilanalyse* letztlich beansprucht, ist eben nicht das »Gedachte vom existentiellen Bezug« abzuheben, sondern die »Begriffe auch (als) Teilfunktion eines Gesamtprozesses des existentiell verankerten Denkens« zu interpretieren; kurz gesagt: Die Bedeutungs- wie Sinnanalyse unter dem Gesichtspunkt »funktioneller Verankerung« des Denkens zu betrachten (Strukturen des Denkens, 1980, 217). Das methodische Verfahren kann sich nicht allein auf eine *immanente Interpretation* stützen, es muss »*nach* der Herausarbeitung der inhaltlichen Sphäre« (ebd., 99), die ja durch die *immanente Interpretation* vorbereitet wird, zur soziologischen Betrachtung übergehen. Dies erfordert nicht nur einen Wechsel von der *immanenten Interpretation* zur *nichtimmanenten In-*

terpretation, also einfach einen Wechsel des Betrachtungsstandpunktes, sondern auch das »systematische Heranbringen der soziologischen Begriffsebene« an den »bereits aus der immanenten Betrachtung herausgehobenen Komplex« (ebd.). Während die *immanente Interpretation* den logisch immanenten Sinnzusammenhang der Kulturobjektivation rekonstruiert und somit bereits eine methodische Distanzierungsleistung gegenüber einer unmittelbar subjektiven Erfahrungsweise darstellt, ist die *nichtimmanente Interpretation* eine methodische Distanzierungsleistung *zweiter* Potenz. Sie erweitert die »adäquate Erkenntnis [...] des Grundphänomens in seiner Reinheit« zugunsten einer »Distanzierung«, die »in ihrer nichtimmanenten Betrachtung das ganze Phänomen zugleich in seinem Verwoben- und Verpflichtetsein mit der Totalität des Lebens und Erlebens zeigt« (ebd., 69). Damit ist nicht behauptet, dass die *immanente* falsch und die *nichtimmanente Interpretation* wahr ist. Der Verdacht, dass die *immanente Interpretation* eigentlich unwahr ist, d.h. den objektiven Gehalt des Kulturgebildes verfehlt oder verzerrt, liegt ja insofern nahe, weil K. Mannheim die Innenbetrachtung bzw. die *immanente Betrachtungsweise* eine »ideologische« nennt:

»Um Mißverständnisse zu vermeiden: Auch wir nennen – da sie dieser Sprachgebrauch zu sehr verwurzelt hatte – die Innen-Betrachtung eine ideologische. Solange man ideologisch (immanent) eingestellt ist, wird der Ideologiecharakter der geistigen Gebilde nicht sichtbar, sodaß wir sagen müssen, daß in ideologischer Betrachtung die Ideen als Ideen und erst in soziologischer Betrachtung als Ideologien erscheinen«. (Ideologische und soziologische Interpretation der geistigen Gebilde, 1964, 391, Anm. 4).

Es geht bei der Differenz von *immanenter* und *nichtimmanenter Interpretation* nicht um den Stellenwert eines absolut bzw. endgültig einzuholenden Wahrheitsgehalts, der möglicherweise erst mit der soziologischen Interpretation einlösbar wäre. Eher kann man sagen, dass ein epistemologischer Wahrheitsanspruch zugunsten unterschiedlicher methodischer Interpretationsweisen relativiert ist. Eine Relativierung, die mit dem erkenntnistheoretischen Primat K. Mannheims, dass es nur perspektivische Wahrheitsansprüche im Bereich der Erkenntnis gibt, zusammenhängt (vgl. Kapitel 3.1.). Die Differenz ist zwar ein Unterschied in den Betrachtungsweisen, zugleich aber auch ein Unterschied des methodisch am Kulturgebilde zu vindizierenden Sachverhalts:

»Gegensatz von Idee und Ideologie kann als ein Gegensatz der Betrachtungsweisen derselben geistigen Gehalte gefaßt werden. In diesem Sinne erscheint also der geistige Gehalt als Idee, sofern man ihn *von innen* betrachtet, er erscheint als Ideologie, sofern man ihn *von außen her* betrachtet und ihn als Funktion eines außerhalb seines gesetzten *Seins* nimmt« (ebd., 395).

Gemäß den Sinnschichten, die jedem Kulturgebilde eigen sind, rekonstruiert man in dem einen Fall den objektiven Bedeutungsgehalt als *immanenten Sinn* der Kulturobjektivation, seinen ideellen Gültigkeitswert als Kulturobjekt, in dem anderen Fall, unter Ausklammerung dieses immanenten Gültigkeitswerts, den *Funktionssinn* dieser Kulturobjektivation innerhalb einer historisch-gesellschaftlichen Seinssituation bzw. Seinslage. Erst mit der *nichtimmanenten Interpretationsweise*, die auf die jeweilige *soziale Funktionalität* von Kulturobjektivationen methodisch eingestellt ist, kommt es zur eigentlich (kultur-)soziologischen Interpretation. Mit den Worten K. Mannheims: »Die Soziologie [...] wählt nämlich [...] nicht den Standort der immanenten Betrachtung, sondern versucht, das Werk, die Kulturobjektivation auf ihre Funktionalität hin zu erfassen. Sie richtet ihr Augenmerk aber dabei nicht auf die Funktionalität des Werkes in Bezug auf das individuelle Seelenleben, sondern in Bezug auf den *Gesellschaftsprozeß*, als dessen Funktionalität sie die Gebilde der Kultur erfaßt.« (ebd., 76). Der verwendete Terminus »Gesellschaftsprozess« evoziert eine Vorstellung, dass der *Funktionssinn* eine kausaladäquate Entsprechung zu dem gesellschaftlichen Strukturzusammenhang hat, so als würde z.B. eine Rechtsnorm, ein Kunstwerk oder gar ein vorherrschender *Denkstil* aus der gesellschaftlichen Verfassung insgesamt unmittelbar ableitbar. Dass dem nicht so ist, wurde bereits dargelegt und ausreichend begründet. Worauf sich nämlich die soziologische Interpretation bezieht, ist eine sinnadäquate Entsprechung zwischen dem durch die *nichtimmanente Betrachtung* erschlossenen *Funktionssinn* einer Kulturobjektivation und dem konjunktiven Erfahrungshaushalt von Kollektiven, der sich wiederum in Form des geistigen Sinnzusammenhangs gemeinschaftlicher *Weltanschauung* ausgedrückt hat bzw. immer noch ausdrückt. Die Interpretation des *Funktionssinns* erhält im Kern zwei miteinander zusammenhängende Richtungen der Feststellung von Entsprechungsleistungen: zum einen die Feststellung der funktionalen Entsprechung zwischen einem geistigen Gebilde und dem hinter ihm stehenden gemeinschaftlichen Erlebenszusammenhang, der sich als Sinntotalität einer kollektiven *Weltanschauung* verobjektiviert hat, zum anderen die endgültige Feststellung der funktionalen Entsprechung, die zwischen dem gemeinschaftlichen Erlebniszusammenhang und der Kulturobjektivation einerseits und den Wirkungen der jeweiligen sozialhistorischen Lebenslagen bzw. Seinssituationen andererseits besteht; wobei die letztgenannte Entsprechung die methodische Referenz dafür ist, dass es eine intermediäre Sinnfunktionalität zwischen Geist und sozialem Sein gibt. Die soziologische oder auch *nichtimmanente Interpretation* ist ja keine Methode, die nur den immanenten Sinngehalt der Kulturobjektivationen relativiert, um ihn allein in die Entsprechung zu einer höher gelagerten Sinntotalität wie der einer *Weltanschauung* zu bringen. Dies wäre in der Tat eine Verkürzung der soziologischen Interpretationsmethode K. Mannheims, dem es ja letztlich um die Erfassung eines *Funktionssinns* des *seinsgebundenen* Elements am *Denkstil* ging. Erst wenn auch rekonstruktiv der Entsprechungszusammenhang aller drei Momente, nämlich *Funktionssinn* der Kulturobjektivationen für eine gemeinschaftliche *Weltanschauung, Funktionssinn* der *Weltanschauung* für eine historisch-gesellschaftliche Seinsweise und deren Wirkungszusammenhänge als *Funktionssinn* für eine geistige Lage, sprich, geltende kollektive Seinsdeutung, die sich wiederum als *weltanschaulicher Sinnzusammenhang* ausdrückt, gleichermaßen in Deckung gebracht sind, ist das methodische Verfahren abgeschlossen. Man kann nun nicht folgern, dass es sich bei diesem Interpretationsverfahren um eine dreistufige Vorgehensweise handelt, bei der der zunächst niedere *Funktionssinn* von einzelnen Kulturobjektivationen durch den höher gelagerten *Funktionssinn* der *Weltanschauung* einfach in seinem Sinngehalt negiert und aufgehoben wird. Vielmehr ist es so, dass alle drei Bezugsebenen, die Kulturobjektivation, die *Weltanschauung* und der (erlebnishafte) Wirkungszusammenhang der sozialen Seinslage in einem konstellativen Sinnzusammenhang stehen, der insgesamt als der geltende *Funktionssinn* der jeweiligen Form des *seinsgebundenen Denkens* anzusehen ist. Insofern kann man sagen, dass die drei Bezugsebenen den *Funktionssinn* konstellativ im Sinne von wechselseitigen Sinnentsprechungen zur Sprache bringen. Entscheidend ist nun die Frage, wo man mit der konstellativen Sinnkonstruktion ansetzt bzw. wo der methodische Einstieg in den Sinnentsprechungszusammenhang zu wählen ist. Zunächst beginnt ja der methodische Einstieg mit der Feststellung des immanenten, d.h. objektiven Sinngehalt eines Kulturobjekts. Jedoch stellt dies nur die Ebene der reinen Bedeutungsanalyse dar, die für sich noch keine soziologische Interpretation des *Funktionssinns* erlaubt. Von daher ist sie die Vorbereitung für eigentliche Sinnrekonstruktionen auf der soziologischen Ebene, um sicher zu sein, von welchem manifesten Sinngehalt man eigentlich ausgeht. Erst die Ebene des Sinnzusammenhangs »*Weltanschauung*« oder

»Weltbild« gestattet es, die geistige Ausdruckssphäre der Kulturobjektivationen mit dem umfassenden Wirkungszusammenhang des kollektiven Erlebens von faktischen Seinssituationen so zu synthetisieren, dass beide nicht aufgehoben, sondern in eine Relation funktionalen Sinngehalts für eben diese *Weltanschauung* gebracht sind. Durch die einheitliche Ausdrucksform der *Weltanschauung* verbindet sich seelischer Erlebnisfond mit dem geistigen Ausdrucksvermögen zu einer funktionalen Sinneinheit, in der sich der Zusammenhang von Leben und Denken aufspeichert bzw. aufgespeichert hat. Die realen Wirkungszusammenhänge des Lebens können sich nicht anders sedimentieren als in ausdrückbaren Sinnzusammenhängen. Diese sind zwar auch isoliert zu betrachten, will man jedoch ihren konjunktiven, d.h. gemeinschaftlichen Sozialcharakter vindizieren, muss auf die soziale Welt als einheitlicher Sinnzusammenhang zurückgegriffen werden. Anders ist eine Interpretationsanalyse des *seinsgebundenen Denkens* als Moment des existenziellen Totalbewusstseins nicht zu machen. K. Mannheims These in seiner Schrift »Beiträge zur Theorie der Weltanschauungsinterpretation« lautet deshalb auch, dass die Totalitätsfrage in den Kulturwissenschaften generell nicht zu vernachlässigen ist, weil eine sinnhafte Interpretation von Kulturobjektivationen nicht gelingen kann, »ohne« dass man »auf jene Totalitäten in einem gewissen Stadium ihrer Ausführungen [gemeint sind die Sinninterpretationen/Verfasser] rekurriert« (1964, 95). Will man den *Funktionssinn* der Kulturobjektivation »*Denkstil*« als *seinsgebundene Denkart* erfassen, so bildet die *Weltanschauungskategorie* den methodischen Eingangsschlüssel, um die Interpretation der *nichtimmanenten* nach der immanenten Sinngenese beginnen zu lassen. Die *soziologische Interpretationsmethode* von *Denkstilen* als Kulturobjektivationen ist im Endeffekt das logisch begründete und umgesetzte Verfahren des Mannheim'schen *Weltanschauungskonzepts*. Das Erkennen von Sinnzusammenhängen als Ausdrucksmomente von sozialem Totalbewusstsein in den Formen von *Weltanschauungen* und ihren *Denkstilen* gelingt nur mittels der interpretativen Konstruktion von Sinnentsprechungen, die in theoretischer Sprache die soziale Welt des Sinnzusammenhangs ins logisch und methodisch gereinigte Bewusstsein des Soziologen heben.

Wenn auch das Sinnentsprechungs- bzw. Zurechnungsverfahren das zentrale Interpretationsprinzip der Mannheim'schen Methodik des Sinnverstehens ist, so dispensiert dies nicht eine kritische Rückfrage. Diese kritische Rückfrage bezieht sich darauf, dass das Sinnentsprechungsverfahren im Kern einen Übersetzungsmodus darstellt. Um nämlich dem relationalen Vermittlungszusammenhang von Sein und Denken mittels der geistig-seelischen Ausdruckssphäre *Weltanschauung* habhaft zu werden, fungiert die Sinnentsprechung immer als ein gegenseitiges Übersetzen von Vokabularien. Selbst noch die Übersetzung der Bedeutungssprache des *immanenten Sinns* von Kulturobjektivationen geht davon aus, dass die manifeste Bedeutung eine, zwar andersartig gemeinte Entsprechung zum *nichtimmanenten Sinn* hat. Konkret: Das Sinnvokabular der Bedeutungssprache eines *Denkstils* in seiner bedeutungskonsistenten Immanenz muss eine nicht semantische aber analoge Entsprechung zu seiner nichtimmanenten Sinnsprache als kollektives *Weltanschauungsmoment* haben. Zudem ist letztlich der methodische Nachweis, dass zwischen den einzelnen Kulturobjektivationen, wie auch zwischen einem weltanschaulich totalisierten Sinnzusammenhang und einer ihm gemäßen historisch-gesellschaftlichen Seinslage, nicht ohne das Prinzip der gegenseitigen Sinnzurechnung möglich. Man entdeckt Sinnzusammenhänge, nicht weil sie realiter nachweisbar sind, sondern weil sie sich auf der Konstruktionsfolie *denksoziologischer* Begriffe bedeutungsanalog decken bzw. zurechnen lassen. K. Mannheim hat deshalb – fast apodiktisch – hervorgehoben, dass »die Kultursoziologie auf dem Zurechnungsproblem beruht; diese bildet ihre methodische Achse« (Konservatismus, 1984, 57). Letztlich hat er die aporetische Struktur der *Zurechnung* nicht lösen können, sondern als notwendig hermeneutische Zirkelstruktur des Sinnverstehens stehen gelassen. Er hat folglich anerkannt, dass die »Zurechenbarkeit« in der »Tat« in einem »Zirkel besteht«, der den Nachweis der Sinnadäquatheiten trägt (ebd., 59). Zwar warnt er vor »einer generalisierenden Oberflächlichkeit, die aus bloßen Sinnplausibilitäten allgemeine Notwendigkeitszusammenhänge konstruiert« (ebd., 58), aber diese Warnung vor einer »generalisierenden Oberflächlichkeit« hebt an sich die Zirkelhaftigkeit der Sinnzurechenbarkeit prinzipiell nicht auf. Sie appelliert nur für die methodische Sorgfalt, möglichst genau und umfangreich am konkreten Material zu bleiben. Sein Fazit zum Zurechnungsproblem hebt deshalb die Selbstkorrektur durch das Material hervor: »Aber nur für die abstrakte Problematik [einer Logik des Zirkelschlusses/Verfasser] gestaltet sich die Lage so hoffnungslos, da forschend und im konkreten Material sich bewegend die Durchdringung des Materials gerade in einer gegenseitigen Erhellung erfolgt« (ebd., 59). Diese Hoffnung, die K. Mannheim hier formuliert, gehört aber originär zu jeder hermeneutischen Methodik, dass nämlich ein anfängliches Sinnverstehen durch ein weitergehendes, immer wieder durch das Interpretationsmaterial belehrtes und damit in der Sache aufgeklärteres Sinnverstehen abgelöst wird. Das

Zurechnungsverfahren nimmt zwar von einer Sinnkonstruktion ihren Beginn, jedoch vertraut sie darauf, dass die Dignität der Bedeutungssprache des Materials, ihre wechselseitige Übersetzbarkeit in Vokabularien anderer Betrachtungsweisen, dort Einspruch erhebt, wo offensichtliche Sinnwidrigkeiten aus Generalisierungsfantasien einfach methodisch geglättet werden. Ein Kriterium der Stimmigkeit der Sinnzurechnungen bleibt nämlich als Maßstab gewahrt: dass nämlich die Sinnkongruenz sich durch eine in den dokumentierten Materialien evidente und bedeutungskonsistente Sinnsprache und nicht durch die Willkür des Interpreten ergibt. Anders formuliert: Eine implizit unterstellte Sinntotalität des Dokumentenmaterials leitet das Zurechnungsverfahren, dessen sorgfältiger Hüter und Verschrifter der Interpret ist. Das Mannheim'sche Zurechnungsverfahren beruht nicht auf einem unhaltbaren logischen Zirkel, sondern operiert mit der hermeneutischen Zirkelstruktur, innerhalb derer die hermeneutische Empfänglichkeit durch das Entsprechungsspiel von semantischen Analogien in der Sprache des Dokumentenmaterials geleitet wird. Das von K. Mannheim geforderte Heranbringen der »soziologischen Begriffsebene« an die Kulturobjektivationen (Strukturen des Denkens, 1980, 99) bedeutet nichts anderes als die hermeneutische Lesart von sozial-kulturell fixierten Dokumenten nach der Art und Weise, wie es eben unter den begrifflich-konstruktiven Auspizien soziologischer Betrachtungsweise und des durch K. Mannheim konstruierten denksoziologischen Deutungsvokabulars möglich ist. Mehr kann und will das Mannheim'sche Sinnverstehen als *denksoziologische* Rekonstruktionsmethode der textuell dokumentierten Verbindung von *Weltanschauung* und sozialer Wirklichkeitsauffassung nicht leisten – weniger aber auch nicht.

Der Begriff der dokumentarischen Bedeutung bzw. des dokumentarischen Sinns verweist darauf, dass sich in Denkweisen und Wissensformen zu allererst soziales Seinsbewusstsein und nicht individuelles Bewusstsein anzeigt. Die *dokumentarische Interpretation* eines solchen sozialen Seinsbewusstseins ist die methodische Umsetzung dessen, was K. Mannheim durch die Soziologie von Anfang an zu erfassen beanspruchte: das soziale Bewusstsein und nicht das individuelle.

6. Begriff und Funktion des Intellektuellen

»Wächter zu sein in einer sonst allzu finsteren Nacht.«
(K. Mannheim, Ideologie und Utopie, 1985, 140)

K. Mannheims Grundthese seiner *denksoziologischen* Arbeiten gipfelt darin, dass das Denken prinzipiell *seinsgebunden* und als weltanschaulich zersplitterte Ideologien in der Moderne *seinsverbunden* ist. *Ideologien* versteht K. Mannheim dabei nicht als falsches Bewusstsein vom gesellschaftlichen Sein, sondern als repräsentative Vorstellungen, die sich Menschen aufgrund ihrer standortgebundenen Denk- und Erfahrungsweisen von ihrem sozialen Dasein machen bzw. gemacht haben. Vordergründig steckt darin das deterministische Argument, dass das Denken seinen Erkenntnisperspektivismus, wie auch die partielle Wahrheit seiner Wirklichkeitsdeutung grundsätzlich nicht hintergehen kann. Gleichwohl hat K. Mannheim in der Kennzeichnung des *Intellektuellentypus* als Typus der »sozial freischwebenden Intelligenz« (Alfred Weber) die allgemeine Standortgebundenheit des Denkens relativiert und damit den deterministischen Anschein seiner *denksoziologischen* Konzeption gelockert. Dies wird deutlich, wenn man sich auf den sozialen Typus des *Intellektuellen* und seine spezifische Funktion als geistigem Träger einer geschichtlich-dynamischen Bildungssynthese so einlässt, wie dieser Zusammenhang von K. Mannheim gekennzeichnet wurde. Dabei wird eine Lesart, die den *Intellektuellentypus* bei K. Mannheim entlang der Elitenbildung und Elitenfunktion innerhalb der Kulturkrise der modernen Gesellschaft thematisiert bzw. scharf kritisiert (vgl. T. W. Adorno, 1986, 20 ff. und B. Wasner, 2004), eher vernachlässigt. Das Hauptaugenmerk liegt hier in der Beantwortung der Fragen: Welche intellektuellen Dispositionen kennzeichnen den sozialen Typus *Intellektueller*? Welche gesellschaftliche Rolle nimmt dieser Typus aufgrund seiner freischwebenden Soziallage zwangsläufig ein und welche historisch-dynamischen Funktionen kommen diesem Sozialtypus zu? Letztlich auch die Abschlussfrage: Ist dieser von K. Mannheim skizzierte *Intellektuellentypus* innerhalb der *denksoziologischen* Argumentationen dieses Autors nicht eine aporetische Figur, die in ihrer klassischen Bestimmung eigentlich ein historischer Schwundtypus ist? K. Mannheim hat diese Frage damit beantwortet, vornehmlich in seinen Londoner Exilschriften, dass er den *Intellektuellentypus* innerhalb der politischen Planungsfunktion von geistigen Eliten auflöste.

6.1. Begriff des Intellektuellen

Es ist abwegig anzunehmen, dass K. Mannheim den Begriff des *Intellektuellen* substantiell, mithin als Wesenstypus mit personalen Merkmalen gekennzeichnet hat. Im Mannheim'schen Sinne gibt es keinen Typus des *Intellektuellen* sui generis, wohl aber einen Sozialtypus des *Intellektuellen*, der sich durch seine spezifisch gesellschaftlich-historische Funktionalität einerseits und seine soziale Positionierung andererseits im gesellschaftlichen Raum beschreiben lässt. Die begriffliche Fassung des *Intellektuellen*, seine sozialtypologische Kennzeichnung ist nach K. Mannheim nur im Medium der Soziologie, d.h. der *denksoziologischen* Argumentationstopoi möglich, weil alle Beschreibungsmerkmale zugleich soziologische Funktionsmerkmale dieses Typus sein sollen. Wie die personalen Zuschreibungen daneben greifen, so verfehlt sind auch die Kennzeichnungen des *Intellektuellen* nach Gesichtspunkten des praktisch politischen Engagements oder nach rein kulturellen Ausdrucksfähigkeiten.

Die Bestimmung des *Intellektuellen* als geistigem Träger von politischen Umbrüchen bzw. Revolutionen, wie dies Emil Lederer in seiner »Soziologie der Revolutionen« (Leipzig, 1918) noch getan hat, verabsolutiert das Merkmal der politischen Kritik und der politischen Revolutionsidee zur ausschließlichen Kennzeichnung des *Intellektuellen*. Der *Intellektuelle* ist nach E. Lederer der geistige Stimulator, der eigentliche Spiritus Rector des gesellschaftlichen Umorganisationsprozesses, den dann die mobilisierte Masse durchführt. Während die Masse die soziale Umsturzbewegung, die Revolution ausführt, verhilft der Intellektuelle der politischen Idee zum Durchbruch, indem er sie in Form der Kritik der alten Gesellschaftsform und der Zukunftsvision einer neuen Gesellschaftsform diskursiv verbreitert und somit in die Massen hineinträgt (vgl. 1918, 12 ff.). Auf diese Weise ist der *Intellektuelle*, was er seit der Tradition der politischen Revolutionssemantik immer bedeutete: Repräsentant und Missionar der geschichtlich notwendigen Gesellschaftsrevolutionen. Der Begriff des *Intellektuellen* geht hier mit der Funktion einer politischen Mandatsträgerschaft konform und der *Intellektuelle* hat die politische Funktion einer ideellen Anwaltschaft für die unaufgeklärten Massen: Robespierre inspiriert und überzeugt Danton, weil dieser der Revolutionsidee zur Wirklichkeit verhilft.

In der Kennzeichnung des *Intellektuellentypus* von E. Lederer liegt aber eine Vereinseitigung des Sozialtypus des *Intellektuellen* auf seine politische Funktion vor, die nicht nur die soziologische Interdependenz von sozialer Positionierung und umfassendem *Denkstil des Intellektuellen* vernachlässigt, sondern auch die sozial differenten Merkmale der intellektuellen Denkweise und Geisteshaltung ungenügend spezifiziert. Dies wird deutlich, wenn man auf die frühe Skizzierung einer »Soziologie der Intelligenz« von Carl Brinkmann (Berlin, 1921, 30 ff.) rekurriert, die sich wie eine argumentative Vorlage für die *Intellektuellenkennzeichnung* durch K. Mannheim liest. Für Carl Brinkmann hebt sich die Intellektuellenschicht deutlich von der Schicht des Bildungsbürgers des 19. Jahrhunderts ab. Obwohl die *Intellektuellen*, was ihre soziale Herkunft wie auch ihre kulturelle Bindung angeht, zu dieser Gruppierung des Bürgertums eine hohe Affinität haben, stehen sie geistig deutlich in Opposition bzw. in Ablehnung zu dieser tragenden Gesellschaftsschicht. Ihr zentrales, sie deutlich kennzeichnendes Merkmal ist die unentwegte »Reflexion auf die eigene gesellschaftliche Rolle« und ein unverwechselbar »eigenes Selbst- und Gegenständlichkeitsbewusstsein«. Beides hebt sie deutlich vom Milieu des Bildungsbürgers ab und bringt sie zu einer sozialen Distanzierung dieser Trägerschicht. Bedingt ist die Selbstreflexion der eigenen gesellschaftlichen Rolle, der geistige Habitus unentwegter selbstreflexiver Einstellung durch die »ausschließliche oder doch betonende Schätzung geistiger Werte als solcher« (1921, 30/31). Dies wäre auch dem Bildungsbürger zuzuschreiben, was dieser jedoch als kulturelle Erbauung instrumentalisiert, wird beim *Intellektuellen* zum ausschließlichen Wesenszentrum seiner Person. Das »reine Denken und die geistige Bewegung« werden beim *Intellektuellen* zum »Lebensprinzip« (ebd., 32) schlechthin, bestimmen nicht nur seine Denkart, sondern auch sein umfassendes Weltverhältnis. Diese Merkmale der Intellektuellenschicht entspringen aber keiner persönlichen Attitüde, sind nicht einfach Ausdruck persönlicher Intentionalität. Dies wäre eine unzulässige Personalisierung dieser Merkmale und damit keine soziologische Bestimmung des Sozialtypus des *Intellektuellen*. Für Carl Brinkmann ist deshalb die selbstreflexive Einstellung des *Intellektuellentypus*, die Art und Weise seines gedanklichen Bruchs mit der Schicht des Bürgertums vielmehr ein sozialstruktureller Reflex der Ort- und Positionslosigkeit des Intellektuellenmilieus. Gewissermaßen sind – so die soziologische Zentralthese Carl Brinkmanns – das eigene »Selbst- und Gegenständlichkeitsbewusstsein« und die »Reflexion auf die eigene gesellschaftliche Rolle« reine Rationalisierungen aufgrund der gegeben sozialen Distanz, die die Intellektuellenschicht aufgrund der ihr gegebenen Denk- und Wahrnehmungsart vollzieht. Carl Brinkmann dreht also das soziale Bedingungsargument um: Die spezifische Denkart des *Intellektuellen* ist nicht der Reflex einer sozialstrukturellen Rand- oder Mittellage innerhalb der Schicht des Bürgertums, sondern die soziale Bindungs- und Ortslosigkeit des *Intellektuellen*, also seine Losgelöstheit von sozialen Schichten und Positionierungen, ist bereits das Resultat seiner originären Geistesart. Eine geistige Eigenart, die eben inkompatibel mit dem alltäglichen Common Sense, mit den »unreflektierten«, auf »Suggestion und Glauben« (ebd., 33/34) beruhenden Einstellungen und Lebensgewohnheiten der Bürgerwelt ist. Der *Intellektuelle* löst die bürgerliche Gemeinschaft, ihr unwahres, weil auf Bürgerlichkeit gestimmtes und verabsolutiertes Gemeinschaftscredo auf: »Der *Intellektuelle* allein überwindet die Naivität des Ortes und der Zeit, die jeder Gruppe ihre eigenen Maßstäbe und Gewohnheiten als die von *Natur* gegebenen aus dem Fluß der Entwicklung ans absolute Ufer rettet«. Solchermaßen ist er ein »Relativitätstheoretiker der Soziologie« in Permanenz (ebd., 32).

Die *Intellektuellen* sind auch nicht in eins zu setzen mit der technischen oder kulturellen Intelligenz, die im Gegensatz zu den *Intellektuellen* nicht auf eine Reflexion und Kritik gesellschaftlicher Zustände und Entwicklungen eingestellt ist, um »die menschliche Freiheit des Allgemeinen (statt des Brotdienstes bei Parteien und Aristokraten)« fortzuentwickeln. Eine »menschliche Freiheit des Allgemeinen«, die für C. Brinkmann letztlich auf das »eigene Volk« (ebd., 36) ausgerichtet und von diesem Volk ideell getragen wird. Mit der Terminologie vom »eigenen Volk« ist nicht aber etwas Völkisches gemeint, vielmehr die Idee der gesellschaftlichen Gemeinschaft jenseits ihrer Klassen- oder Schichtzugehörigkeiten; gewissermaßen ein früher Vorgriff auf die gegenwärtige Idee des Kommunitarismus, der das Gemeinwesen über die Idee des Gemeinsinns des Menschen begründet wissen will. Für C. Brinkmann wird die Idee »der Freiheit des Allgemeinen« durch den *Intellektuellen* verkörpert. Er ist der historisch »große Einzelne«, der »Saemann«, der »die große Masse als

Acker des Werdenden« ansieht (ebd., 41). Diese historisch-missionarische Aufgabe kann die technische und die kulturelle Intelligenz nicht leisten. Sie stellt nur das geistige Know-how der modernen Gesellschaft zur Verfügung, während der Personenkreis der *Intellektuellen* der kritische »Bundesgenosse« der Massen ist und bleibt, um das Werden der Freiheit im Allgemeinen, sprich, für die Volksgemeinschaft insgesamt und gleichermaßen durchzusetzen. Im Sinne der Aufklärung ist der *Intellektuelle* nach Carl Brinkmann mehr der geistige Erwecker der Massen, um sie aus der Unwissenheit, der Unaufgeklärtheit herauszuführen, die sie in politischer Unfreiheit belässt. Die sozial-historische Funktionsrolle des *Intellektuellen* besteht darin, den Geist der Aufklärung gegen seine verbürgerlichte Verharmlosung aufrecht zu erhalten. Darin steckt die ganze Brinkmann'sche Pointe der Kritikfunktion des *Intellektuellen*. Demgemäß ist eine soziale Positionierung des *Intellektuellen* auch nicht möglich, da er kein klassen- oder schichtspezifisches Eigeninteresse hat. Während die Intelligenzschicht sozialstrukturell im gesellschaftlichen Raum zu verorten, sie auch sozialgenetisch nach klassen- bzw. schichtspezifischen Herkunftsmerkmalen zu bestimmen ist, ist der *Intellektuelle* »ein monologisches und parthenogames Geschöpf« (ebd., 32). Er ist ein über allen sozialen Gruppierungen und jenseits sozialer Schichtungen »freischwebender« Sozialtypus, dessen – dies ist die logische Folgerung aus den Argumentationen Carl Brinkmanns – sozialtypologische und soziogenetische Merkmale allein und ausschließlich aus der besonderen, nur diesem Personenkreis zukommenden Geisteshaltung heraus interpretierbar sind. Der *Intellektuelle* ist der personifizierte Sozialtypus des in der modernen Gesellschaft nachwirkenden Aufklärungsgeistes. Carl Brinkmann hat nicht umsonst die Gestalt Lessing zu seinem Vorbild des *Intellektuellen* erkoren.

Alfred von Martin hat in ähnlicher Weise wie Carl Brinkmann den *Intellektuellen* skizziert. Für ihn ist der moderne *Intellektuelle* zwar ein Sozialtypus, der sich in der Herausbildung des Bürgertums seit der Renaissance mitentwickelt hat, der jedoch den Idealen des humanistischen Menschenbildes als bürgerliche Erbschaft bis in die Gegenwart hinein treu bleibt. Die antibürgerliche Positionierung des *Intellektuellen* resultiert insofern aus einem permanenten Verrat des Bürgertums an ihren eigenen ideellen Versprechungen. Der *Intellektuelle* folgt nicht dem Typus des »homo öconomicus«, zu dem sich das moderne Bürgertum entwickelt hat; er bleibt dessen Negation bei gleicher historisch-soziogenetischer Herkunft:

»Der Mann, der nur über geistiges Kapital verfügt und von ihm leben will, wird zwar erst auf bürgerlichem Boden möglich, aber er fühlt sich doch zumeist vom Bürgertum unten gehalten und regiert mit Ressentiment gegen eine allzu bürgerliche Geistesverachtung bei der besitzenden, wirtschaftlich erwerbenden und politisch mächtigen Schicht« (A. von Martin, 1948, 110).

Die antibürgerliche Haltung des *Intellektuellen* hat also zwei Wurzeln: einerseits die reaktive Verarbeitung der bürgerlichen Geistverachtung und andererseits das Bestreben der Intellektuellen von der bürgerlichen Schicht als deren »geistige Repräsentantin anerkannt« zu sein. Aus dem Misslingen dieses Anerkanntseins resultiert das, was A. von Martin das »eigentümliche Eigen- und Sonderdasein der Intelligenz« nennt, sowohl »gesellschaftlich« wie auch »dem damit zusammenhängenden Lebensgefühl und erst recht der *Weltanschauung* nach« (ebd.). Die bürgerliche Geistesverachtung speist sich aus einem Verdacht gegen den intellektuellen Eskapismus, der dem bürgerlichen Nützlichkeitsdenken »unbewusst leicht als gesellschaftsfeindliche Potenz des reinen Geistes« erscheint. Da es das hervorstechende Merkmal der *Intellektuellen* ist, dass »deren ganzer Existenzsinn ausschließlich eben auf die Idee gestellt ist« (ebd., 113), die *Intellektuellen* also die Wirklichkeit nach idealistischen Gesichtspunkten strukturieren und interpretieren, verstoßen sie gegen den bürgerlichen Realismus, dem sich die Wirklichkeit zuerst unter handlungspragmatischem Kalkül erschließt. Durch die Ausgrenzung des *Intellektuellen* aus diesem Geist des Bürgertums wird die »Gruppe der Intelligenz«, also die *Intellektuellen,* »sozialfreischwebend«, was nichts anderes heißt, als dass sie sich »dann – nach überall abgegrenzt, wenn auch von überall her Elemente empfangend und überall hin Verbindung unterhaltend – als eine *rechte Schicht zwischen den Schichten* vorkommen« (ebd., 112). Die Abhebung des *Intellektuellen* vom Bürger durch das wesensprägende Merkmal der Intellektualität, die einzig nur auf existenzielle Sinnfragen eingestellt ist, kehrt auch wieder in A. von Martins Schrift »Mensch und Gesellschaft heute« (1965). In dieser Schrift spricht er zwar nicht mehr vom Bürgertum, er führt jedoch die Unterscheidung zwischen dem Durchschnittstypus, der lediglich im Besitz praktisch verwendbaren Wissens ist und dem *Intellektuellen,* dem sein geistiges Wirken ausschließlich zum Daseinssinn wird, ein. Dabei ist dieser geistige Daseinssinn durchweg an einer Ausrichtung eines allgemeinen und verbindlichen moralethischen Werturteils orientiert, das sich konträr zu den geltenden gesellschaftlichen Normen und Wertungen stellt, da diese nur einem zweckrationalen und utilitaristischen Geistesimpuls folgen. Der *Intellektuelle* wird eben »von ethischen Energien angefeuert, im Sinne geistiger Werte« (1965, 192), die prinzipiell, d.h. universell sein sollen und die letztlich einem idealistischen Daseinssinn entspringen. Der *Intellektuelle* steht in einem permanenten Spannungsverhältnis von ideellen Werten, denen er sich in seinem Daseinssinn verpflichtet fühlt und der kruden Wirklichkeit bürgerlichen Materialismus', der die Ideale des intellektuellen Ethos verrät. Dies drängt ihn in die Haltung der sozialen Distanzierung und zum Willen der Kritik. Die soziale Distanzierung birgt jedoch sowohl die Gefahr der Wirklichkeitsferne, des intellektuellen Eskapismus' als auch die Gefahr der Radikalisierung der Idee als politischer Handlungsverpflichtung.

Genealogisch betrachtet, hat A. von Martin eine interessante Idee ins Spiel gebracht, ohne dass er diese materialiter weiter fundiert hat. Da der *Intellektuelle* die Idee als alleinigen Existenzsinn ansieht und bar jeglichen bürgerlichen Realismus' nur dem historischen Erbe des Humanismus verpflichtet ist, kann er »in weltlicher Form die Vita contemplativa der Mönche weiterleben« (1948, 112). Damit ist aber das soziologische Merkmal des *Intellektuellen* nicht mehr nur seine gesellschaftliche Ortlosigkeit, sondern auch die Zeitlosigkeit, im Sinne einer Metamorphosierung dieses Sozialtypus als eines permanent Sinnfragenden und Sinnsuchenden. Für A. von Martin ist der Sozialtypus des *Intellektuellen* eine historisch wandelnde Gestalt: angefangen mit den individuellen Vorformen in der mittelalterlichen Gesellschaft, die aber »keine Intellektuellenschicht als tragende gesellschaftliche Kulturschicht« (ebd., 64) ausbildeten, wie sie sich in der Hochphase des Bürgertums entwickelten, bis zur Spätmoderne des 20. Jahrhunderts, in der ein nihilistisch gestimmter *Intellektuellentypus* »unter Umständen die geistige Freiheit mit dem Untergang« dieses Sozialtypus »bezahlt« (1965, 219). Vor diesem prognostizierten Untergang des *Intellektuellentypus* in der Spätmoderne, differenziert A. von Martin den Grundtypus des *Intellektuellen* noch in Subtypen, die sich entlang der politischen Strömungen des 20. Jahrhunderts konturieren: Es gibt den Typus des rein *kontemplativen Intellektuellen*, der vor allem ein Zweifler ist und von daher alles in Geltungsrelativität stürzt. Dagegen steht der Typus des *politisch revolutionär denkenden Intellektuellen*, der im Geiste der Utopie die gesellschaftliche Ordnung umstürzen will. Schließlich gibt es noch den *liberalen Intellektuellen*, der für das Freiheitsrecht individueller Meinungsäußerung in der Öffentlichkeit eintritt und in Wort und Text für die Individualrechte kämpft. Diese Typologie des *Intellektuellen* spannt sich also auf zwischen introvertierter Kontemplation und charismatischem Dogma (vgl., 1965, 215 ff.). Alle diese Subtypen des modernen

Intellektuellentypus sind jedoch an die vorgenannte, historisch übergreifende Abfolge, wie sie sich seit der Herausbildung des *Intellektuellentypus* seit dem Bruch der mittelalterlichen Weltordnung ergeben hat, gebunden. Soziologisch ist an dieser historischen Abfolge, dass »alle Stufen der Intelligenz« nur »unter wechselnden sozialen Bedingungen« (1948, 218) ihre je spezifische Ausprägung erhalten haben, im Grunde also sozialtypologische Reaktionsbildungen darstellen. Die Typausprägungen des *modernen Intellektuellen* in seine Subformen sind bei A. von Martin dagegen nicht so sehr soziologisch als politisch bestimmt. Gleichwohl bleiben auch sie soziologisch eingebunden an die vorgebende Kennzeichnung des *Intellektuellentypus* als antibürgerlichem Sozialtypus. Dieser Typus mit allen seinen hierzu aufgeführten Merkmalen ist der Grundtypus des *Intellektuellen,* wie er von A. von Martin seit der Neuzeit durch alle Merkmalschattierungen hindurch skizziert wurde, denn alle diese Merkmale gehen letztlich aus der »Spannung zwischen bürgerlichem Realismus und humanistischem Idealismus, zwischen dem geistigen Anliegen um seiner selbst willen und dem nur (bürgerlichen) Nützlichkeitsanliegen« (ebd., 151) hervor. Historisch wie soziologisch gewendet heißt dies: Der *Intellektuelle* ist ein das Bürgertum selbst ideell substanziierendes wie auch transzendierendes Element, weil es den bürgerlichen Idealismus gegen dessen Realismus immer wieder behauptet und ausspielt. Diese Argumentationsfigur kehrt in anderer, mehr *denksoziologischer* Begründungsweise bei K. Mannheim als utopische Funktion der »freischwebenden Intelligenz« wieder.

Wie ist nun der Begriff des *Intellektuellen* bei K. Mannheim bestimmt? Welche prägnanten Merkmale zeichnen den *Intellektuellen* aus? Der zentrale Ansatzpunkt zur Bestimmung des *Intellektuellen* geht von der Grundthese aus, dass alles Wissen und Denken *standortgebunden* ist; mithin weltanschaulich gebundenes Denken ist, dem nur ein partieller Wahrheitsgehalt zukommt. Diese *denksoziologische* Grundeinsicht ergibt sich nach K. Mannheim zwingend, wenn man Wissens- und Denksysteme, so wie sie im sozialen Alltagsgebrauch existieren, auf ihren internen Zusammenhang von weltanschaulichen Vorstellungen und den diesen Vorstellungen entsprechenden Soziallagen reduziert bzw. daraufhin rekonstruiert. Man kann also letztlich sagen, dass die Bindung an eine bestimmte Seinsgrundlage und der in ihr vorhandenen »Seinswollung« den Kern dessen ausmacht, »wie Menschen wirklich denken« (Ideologie und Utopie, 1985, 3). Das Denken und das Wissen ist nicht nur Ausdruck einer *Weltanschauung,* sondern auch Produkt geistiger Umformung einer sozialen Eingebundenheit, einer von der jeweiligen Soziallage bestimmten »Erlebnisgrundlage«, die keinerlei reflexive Distanzierung zum eigenen *standortgebundenen Denkort* zulässt. Pointiert gesagt: Die vorgängige Einbindung in bestimmte soziale Milieus, in soziale Schichtzugehörigkeiten erlaubt es nicht, sich aus dem Zusammenhang von sozialer Lage, *Weltanschauungsmuster, Denkstil* zu distanzieren. Erst die *Intellektuellenschicht,* die sozial ungebunden und im Modus der Kritik ein skeptisches Motiv der geistigen Distanzierung besitzt, ist in der Lage »die Seinsverbundenheit des menschlichen Denkens überhaupt« (Wissenssoziologie, 1931, 664) als jeweilige Partialvorstellungen von Wirklichkeit zu durchschauen und damit zu relativieren. Gewissermaßen, so muss man die *denksoziologische* Quintessenz der Mannheim'schen *Intellektuellenbestimmung* zusammenfassen, ist die Ort- bzw. Standortlosigkeit des *Intellektuellen* die argumentative Conditio sine qua non, damit der Sozialtypus des *Intellektuellen* überhaupt Bestimmung, soziale Funktion sowie historische Rolle findet. Dies wird deutlich, wenn K. Mannheim die Intellektuellenschicht als »eine eigentümliche sozialgeistige Mitte im historischen Geschehen«, die zum Geistigen eine bestimmte Beziehung hat, kennzeichnet. Dabei ist der Terminus »*sozialgeistige Mitte*« nicht sozialstrukturell gemeint, sondern als soziale »Dünnschicht«, die jenseits von manifesten Interessenträgerschaften »eine mehr auf das Spirituelle eingestellte Schicht« war und ist (Ideologie und Utopie, 1985, 221/2). Im Gegensatz zu sozialstrukturell abgrenzbaren Schichten oder Gruppierungen fehlt den *Intellektuellen* eine »ihnen eigene soziale Organisation« (ebd., 12), eine »klassenmäßig homogene Determiniertheit«. Das einzige die *Intellektuellengruppe* »vereinheitlichende soziologische Band« ist die »Bildung« (ebd., 135/136). Gleichwohl ist die »Dünnschicht« der *Intellektuellen* nicht mit dem Bildungsphilistertum des Bürgers zu vergleichen. Die Intellektuellenschicht ist auch nicht mit »den Trägern des Bildungspatentes« (ebd., 221) zu verwechseln, denn diese gehören ideologisch zu den eine bestimmte Schicht repräsentierenden Interessenträgern. Vielmehr ist die Intellektuellenschicht, historisch wie sozialstrukturell, die aus den schichtspezifischen Interessenlagen anderer Gesellschaftsschichten abgesonderte, nicht mehr diese Interessen deckungsgleich repräsentierende Gruppierung. Zwar hat die Intellektuellengruppierung ihre soziogenetische Herkunft im modernen Bürgertum, aber gegen deren Besitzideologie behauptet die Intellektuellenschicht die »Eigenart moderner Geistigkeit«, sprich, das kulturelle Ethos des humanistischen Bildungsideals (ebd., 136). Aufgrund dieser Anbindung an den Kulturgeist, der sich ständischer und klassenmäßiger Kulturinteressen historisch entledigte, steht der *Intellek-*

tuelle jenseits der in der Moderne konkurrierenden und die Schichten determinierenden Interessenlagen. Die in der Bildung angelegte Tendenz einer geistigen Distanzierung zur spezifischen sozialen Seinslage, zur »konkreten Bewusstmachung der eigenen sozialen Position« (ebd., 139), kumuliert gewissermaßen im Typus des *Intellektuellen.* Der *Intellektuelle* wird »freischwebend« in dem Sinne, dass er jenseits der »geburtsmäßig-ständischen, beruflichen, besitzmäßigen Differenzen« (ebd., 136) der geistige Synergist einer erst durch die Moderne erzwungenen Diversifikation von »sich bekämpfenden Wollungen und Tendenzen« (ebd.) ist. Durch das durch die moderne Bildung erworbene Vermögen zur Wirklichkeitsdistanzierung und zur Abstraktion von den weltanschaulich gebundenen Sichtweisen erwirbt er die Befähigung, »die für den Gesamtprozess« notwendige »Gesamtorientierung«, also »das Gesamtwerden der politischen Wollungen und Weltanschauungen aus dem soziologisch erfaßbaren Totalprozeß zu verstehen« (ebd., 141). Im *Intellektuellen* überdauert nicht nur die Tradition des humanistischen Bildungsideals, sondern in ihm fokussiert sich vor allem das ihm ureigene »Bedürfnis« der intellektuellen Geistigkeit zur »Zusammenschau« (ebd., 140); also die partikularen Weltsichten unter dem Gesichtspunkt der historisch-gesellschaftlichen Ganzheit zu synthetisieren. Seine sozialstrukturelle Bindungslosigkeit, seine Freisetzung aus der Klasse und der Besitzideologie des Bürgertums macht ihn nicht umstandslos zum Nihilisten, zum Melancholiker am Rande des Weltgeschehens. Zwar gibt es das Phänomen des »Fanatismus der radikal werdenden *Intellektuellen*«, aber darin »dokumentiert« sich nur »eine geistige Kompensation des Mangels sozial-vitaler Bindung und die Notwendigkeit das eigene und das fremde Mißtrauen zu überwinden« (ebd., 138). Wesensnäher ist jedoch für den *Intellektuellen* »das Sich-Besinnen auf die eigenen Wurzeln, das Suchen der eigenen Mission, prädestinierter Anwalt der geistigen Interessen des Ganzen zu sein« (ebd.). Diese Mission ist ihm eigen, weil sie der Impetus eines gemeinsamen Ideals der Kulturbildung, deren geistiger Träger und Anwalt er ist, von Anfang an war. In diesem nichtschichtspezifischen Interesse übernimmt er eine völlig andere Sozialfunktion für das Ganze der Gesellschaft als etwa die der technischen oder kulturellen Intelligenz. Die vordringlichste *Sozialfunktion* des *Intellektuellen* bzw. seiner Gruppierung ist es, dass sie das Privileg einer Monopolisierung der Weltinterpretation übernimmt: »In jeder Gesellschaft gibt es soziale Gruppen, deren besondere Aufgabe darin liegt, daß sie der Gesellschaft eine Deutung der Welt besorgen. Wir nennen sie die *Intelligenz*« (ebd., 11). Der Terminus »*Intelligenz*« meint hier – wie auch bei den bisher referierten Autoren – durchweg den Sozialtypus des *Intellektuellen.* Aufgrund dieses Privilegs der Weltdeutung, das sich nur durch die originäre Einstellung des *Intellektuellen* auf das Geistige und dessen spezifische Verarbeitung rechtfertigt, vollzieht sich »ein relatives Entferntsein von den offenen Konflikten des alltäglichen Lebens«. Sein *Denkstil* geht »primär nicht aus dem Kampf um konkrete Lebensprobleme noch aus den Erfahrungen in der Beherrschung von Natur und Gesellschaft hervor«, sondern »vielmehr aus seinem eigenen Systematisierungsbedürfnis, das die aus religiösen und anderen Lebenssphären hervorgehenden Tatsachen auf gegebene traditionell und intellektuell unkontrollierte Voraussetzungen bezieht« (ebd.). Was K. Mannheim hier noch für den *mittelalterlichen Intellektuellen* skizziert, dessen primäre Funktion in der »Formung des Weltbildes« im Sinne des Klerus und in der Kontrolle durch »Überwindung oder Versöhnung von Differenzen in den naiv gebildeten Weltvorstellungen anderer Schichten« (ebd.) bestand, stellt sich für die moderne Intellektuellenschicht anders dar. Während die mittelalterliche Intellektuellenschicht eine klerikal geschlossene und durchorganisierte ist, die man eher als eine die theologische *Weltanschauung* repräsentierende »Priesterschicht« bezeichnen kann, ist für die moderne Intellektuellenschicht dieser schichtspezifische Zusammenhalt einer weltanschaulichen Kohärenz gänzlich aufgehoben. Dass, was unter dem Terminus »freischwebende Intelligenz« als *Intellektuellentypus* soziologisch erfasst wird, ist also erst ein Produkt bzw. ein Resultat des Zusammenbruchs der einheitlichen Weltinterpretation in der mittelalterlichen Gesellschaft. Diese genealogische Sichtweise zum Ursprung des *Intellektuellentypus* deckt sich völlig mit der A. von Martins. Aus der Sicht der Moderne formuliert heißt dies: In die historische Leerstelle, die die mittelalterlich-klerikale Intellektuellenschicht hinterlassen hat, ist der *moderne Intellektuelle* getreten, um im dynamischen Prozess von konkurrierenden *Weltanschauungen* das Geschäft der weltanschaulichen Klärungen, Kritiken und vorübergehenden Synthesen zu betreiben. Für die moderne Gesellschaft übernimmt er die *Funktion* eine notwendige *Legitimationsinstanz* zu sein, um den sozial-geistigen Prozess einer normativ-ethischen Selbstreflexion im Hinblick auf die Auslegung des Seins zu vollziehen und zugleich öffentlich zu repräsentieren. Der historische Freisetzungsprozess skizziert jedoch für den *modernen Intellektuellentypus* – wenn man genauer hinsieht – eine paradoxe Gestalt: Einerseits wird ihm immer noch die *Sozialfunktion* der Weltinterpretation bzw. der rationalen Klärung und Synthetisierung vorfindlicher *Weltanschauungen* überantwortet, andererseits ist er »nicht mehr wie früher Mitglied einer Klasse oder eines Standes, dessen scholastische Denkweise ihm das Denken als solches repräsentiert« (ebd., 12). Wenn *Weltanschauungen* bzw. Weltbilder nicht mehr von der Kanzel gepredigt werden, nicht mehr ungefragt durch das Monopol des christlichen Dogmas gesichert sind, sondern »durch (wissensskeptische) Erkenntnisakte produzierbar« (ebd., 15) werden, indem sie sinnorientierende symbolische Verdichtungen des aktuellen Wissens für die jeweilige Seinstotalität darstellen, dann rückt der Personenkreis in den Vordergrund, der seit jeher das Geschäft betrieben hat: die Geistarbeiter, die *Intellektuellen*, die die dynamischen Vertreter derjenigen »sozialen Energien« sind, welche in den »akkumulierten Kulturgütern« erhalten geblieben sind (ebd., 134). Insofern sind *Intellektuelle* geistige Anwälte eines in den Kulturerrungenschaften sedimentierten und immer wieder virulent aufbrechenden utopischen Versprechens, das sich kritisch an den jeweiligen historisch-gesellschaftlichen Seinszuständen bricht. Diese seinskritische Haltung, die zugleich eine Mission des *Intellektuellen* ist, ist die »*Wurzel*« und der Antrieb seiner geistigen Eigenart, die ihn deutlich von der übrigen Intelligenz unterscheidet.

Politisch gibt es für den *modernen Intellektuellen* den Weg, sich als geistige »Mitte«, die »keine klassenmäßige Mitte« ist (ebd., 137), den »verschiedensten sich jeweils bekämpfenden Klassen anzuschließen«, aber dann wird er zum Theoretiker, zum geistigen »Vertreter« der Gruppierungen in allen politisch agierenden Lagern. Solchermaßen spreizt sich der *Intellektuelle* bzw. seine geistige Energie in die weltanschaulich sich bekämpfenden Gruppierungen auf; sei es als »Theoretiker für die konservativen Gruppen« oder als »Theoretiker für das Proletariat« (ebd., 138). Dieses Einrücken in den Interessenhorizont, in die für den *Intellektuellen* an sich fremde, weil einseitig und ideologisch gebundene »Weltwollung« enthält ein positives wie ein negatives Kennzeichen des *Intellektuellen*. Negativ interpretiert bestätigt »dieses Sichanschließen-Können an klassenmäßig ihnen fremde Gruppen« (ebd.) die prinzipielle Ortlosigkeit, das Freischweben über den Klassen und Schichten. Positiv heißt dies aber, dass der *Intellektuelle* trotz einer »spezifischen Klassenaffinität«, d.h. seiner Herkunft aus der Bildungsschicht des Bürgertums, in der Lage ist, »jene soziale Sensibilität aufzubringen, die allein dazu befähigt, sich in die dynamisch sich bekämpfenden Kräfte einzufühlen« (ebd., 137). Diese Fähigkeit quer zu und über alle weltanschaulichen Polaritäten hinweg eine geistige »Mitte«, eine synthetische Sicht konkurrierender Denkstandorte einzunehmen, versucht K. Mannheim nicht über »eine volle Kasuistik der Wege der intellektuellen

Seele« (ebd., 138) zu begründen. Dies wäre Seelenkasuistik und keine Bestimmung aus einer soziologischen Argumentation. Zwar konstatiert K. Mannheim, dass die Intellektuellenschicht »durch eine bloß an Klassen orientierte Soziologie sehr schwer bzw. gar nicht zu fassen« (ebd.) ist, was jedoch aus Klassen- oder Schichtlagen nicht möglich erscheint, braucht deshalb noch nicht unsoziologisch erklärbar zu sein. Gerade für K. Mannheims *denksoziologisches* Konzept, das die Formen des Denkens und Wissens in ihren sozialen Funktionalitäten rekonstruiert, also die spezifischen Eigenarten von kulturellen Ausdrucksformen, ist eine einfache Herleitung aus Klassen- bzw. Schichtlagen zu einfach, weil zu deduktionistisch. Alle Merkmale und Fähigkeiten des *Intellektuellen*, wie etwa den »Blick und das Interesse für das jeweilige Ganze zu bewahren« (ebd., 141), eine dynamische Vermittlung der vorhandenen und konkurrierenden Denktendenzen qua *denksoziologischer Analyse* zu leisten, also die »Fähigkeit zur erweiterten Umschau« (ebd., 140) und für den Gesamtprozess der jeweiligen *Seinssituation* kritischer »Wächter in einer allzu finsteren Nacht zu sein« (ebd.), können nach K. Mannheim eben »aus der soziologischen Eigenart der Strukturlage der Intellektuellenschicht« (ebd., 138/9) – wie sie hier reformuliert wurde – verständlich gemacht werden.

Der Begriff des *Intellektuellen*, so wie er von K. Mannheim skizziert wurde, ist zweifach bestimmbar: Einerseits ist er ein Begriff der soziohistorischen Genese, denn ohne den Zusammenbruch des mittelalterlichen Weltbildes wäre die weltanschauliche Zersplitterung der Moderne keine Krise, deren »sublimierte Verdichtung« und »rationale Verfeinerung« durch die geistig-synthetische Eigenart des *Intellektuellen* kompensiert werden soll. Andererseits ist der Begriff ein durchweg kultursoziologisch ausgewiesener, denn der Sozialtypus des *Intellektuellen* weist sich durch primär kulturelle Parameter aus, als da z.B. wären: Die »Eigenart moderner Geistigkeit«, die weltanschauliche Ungebundenheit bzw. Disponibilität, das gemeinsame Bildungsethos, das das humanistische Ideal tradiert und schließlich die deliberative Sozialfunktion der »Totalorientierung« des gesellschaftlichen Geschehens. Letzteres bestimmt maßgeblich seine gesellschaftliche Funktion und historische Rolle.

6.2. Gesellschaftliche und historische Funktion des Intellektuellen

Begriff und gesellschaftliche wie historische Funktionszuschreibung des *Intellektuellen* sind für K. Mannheim deckungsgleich. Der Begriff des *Intellektuellen* also dasjenige was K. Mannheim als die aus der »spezifischen Strukturlage« […] entspringende Prädisposition »des *Intellektuellen*« nennt (ebd., 140), ist mehr eine Funktions- als eine Substanz- oder Wesensbestimmung. Was man innerhalb Funktionsbestimmung jedoch analytisch trennen kann, ist die Unterscheidung zwischen einer primär gesellschaftlichen und einer weitergehenden historischen Funktion des *Intellektuellen* bzw. der Intellektuellenschicht. Dabei bezieht sich die gesellschaftliche Funktion auf folgende Leistungen: Erstens eine gesamtgesellschaftliche Deutung vorzugeben, zweitens eine wissens- bzw. denksoziologische Klärung der standortgebundenen Denkweisen aufzuzeigen und drittens in Form einer »überperspektivischen Synthese« von konkurrierenden Weltanschauungsweisen eine »Totalsynthese« als Entwurf einer Zukunftsorientierung anzubieten.

Die erste Leistung resultiert aus dem immer noch vorhandenen Bedürfnis moderner Gesellschaften, trotz der diversifizierenden Wirklichkeitsauffassungen für eine Zeit lang einen handlungsstabilisierenden Common Sense der Wirklichkeitsdeutung zu besitzen. In der Argumentation und in der Begrifflichkeit K. Mannheims würde dies heißen, dass entlang der verschiedenen *seinsverbundenen* Wirklichkeitsdeutungen ein rudimentärer Bedarf existiert, der nach einer einheitlichen, d.h. seinsadäquaten Wirklichkeitsdeutung verlangt. Der *Intellektuelle* arbeitet also reflexiv an einer Deutungsarbeit, die die Seinsauslegung in Übereinstimmung mit der jeweiligen Seinstotallage vermittelt. Er praktiziert ein *seinsgebundenes Denken*, das die Adäquatheit von Seinsauslegungen an der jeweiligen gesellschaftlich-historischen Seinssituation misst. Insofern ist er *zeitkritisch*, da er Ideologisierungen von Wirklichkeitsauffassungen durchsichtig macht, weil diese einer dynamisch veränderten Seinssituation bzw. Gesellschaftslage nicht mehr entsprechen. In diesem Sinne ist der Intellektuelle auf der Höhe der Zeit und der jeweiligen *Seinssituation*: Er ist Kritiker veralteter Denk- wie Bewusstseinsstrukturen. K. Mannheim hat diese Leistung des *Intellektuellen* als seine intellektuelle Haltung beschrieben: »Diese Haltung erfordert ein eigentümliches Wachsein dem historischen Jetzt gegenüber«, d.h. was historisch und sozial in der Gegenwart »nicht mehr nötig« ist und

»was noch nicht möglich ist« (ebd., 135), muss zur gesellschaftlichen Klärung kommen.

Die zweite Leistung hängt unmittelbar mit der ersten zusammen, jedoch stellt sie sich eher als ein selbstkorrektives Moment gesellschaftlicher Denkpraktiken dar. Hier geht es nicht mehr um die Synthese oder Vermittlung der verschiedenen Denkweisen, sondern primär um das Reflexivwerden der Denkweisen und Wissensformen. Die intellektuelle Leistung besteht in einem immanenten Aufweis, dass in den Denkweisen notwendigerweise *standortgebundenes Denken* mit seinen interessengeleiteten »Weltwollungen« zum Ausdruck kommt. Der *Intellektuelle* wird durch seine *denksoziologische Kritik* der Denkformen nicht nur zum weltanschaulichen Relativierer, sondern auch und vor allem zum Zerstörer der »Illusion«, »daß es nur eine Art des Denkens gibt« (ebd., 12). Die gesellschaftliche Funktion der *Illusionszerstörung* ist aber positiv konnotiert, denn aus dem Umkehrschluss wird Folgendes deutlich: Die dynamische Seinsstruktur der Moderne verlangt eine Dynamik ihrer geistigen Anpassungsleistungen, mithin ihrer basalen Deutungs- und Orientierungsmuster. Aus diesem Grund müssen alle *weltanschaulichen Weltdeutungen* in Konkurrenz stehen, müssen um die jeweilige Geltung der Seinsauslegung kämpfen, was ja maßgeblich durch politische Diskurse in Szene gesetzt wird. Der intellektuelle Nachweis, ermöglicht durch die *soziale Distanz des Intellektuellen*, dass alle Denkweisen im Alltag weltanschaulich in der Weise gebunden sind, dass sie gesellschaftliche Interessenstandorte repräsentieren, führt über die Bewusstmachung sozialer Faktoren im Denken zu einer *denksoziologischen* Kontrolle von Ideologisierungen im Denken. Gewissermaßen verschafft die distanzierte Blickeinstellung des *Intellektuellen* eine kritische Distanz zu den naiv geltenden Absolutheitsansprüchen vorfindlicher Denkweisen und Wissensformen. Die gesellschaftlichen Denkweisen, gerade auch in ihrer öffentlichen Geltung und Reputation, werden durch den intellektuellen Kritikdiskurs im Hinblick auf ihre ideologischen Verkennungen und Wahrnehmungsbegrenzungen durchsichtig. Pointierter formuliert: Der *Intellektuelle* befreit das Denken aus seiner alltäglichen Geltungsnaivität. Der *Intellektuelle* muss die Eigenschaft haben, wie sie von G. Simmel am Sozialtypus des »Fremden« als dessen Objektivitätsblick herausgestellt hat:

»Weil er nicht von der Wurzel her für die singulären Bestandteile oder die einseitigen Tendenzen der Gruppe festgelegt ist, steht er allen diesen mit der besonderen Attitüde des Objektiven gegenüber, die nicht etwa einen bloßen

Abstand und Unbeteiligtheit bedeutet, sondern ein besonderes Gebilde aus Ferne und Nähe, Gleichgültigkeit und Engagiertheit ist« (1992, 767). Der *Intellektuelle* ist ähnlich wie der Fremde ein gesellschaftliches Element, das »zugleich ein Außerhalb und Gegenüber einschließt« (ebd., 765).

Die dritte Leistung zielt auf eine gesellschaftliche Funktion, die die jeweilige Seinsauslegung transzendiert. Die gesellschaftliche Funktion des *Intellektuellen*, sein öffentliches Wortergreifen – mündlich oder textuell – erschöpft sich nicht allein in den zwei vorgenannten Leistungen, denen der *seinsadäquaten Seinsauslegung* wie der intellektuellen *Selbstreflexion gesellschaftlicher Denkweisen*. Indem der *Intellektuelle* eine Synthese der *standortgebundenen* Denkweisen und »Weltwollungen« im Sinne einer »Totalsynthese« vornimmt, bescheidet er sich nicht allein mit dem »räumlichen hic« und dem »zeitlichen nunc im historischen und sozialen Sinne« (ebd., 135). Sein Entwurf einer gesellschaftlichen »Totalorientierung«, einer gesellschaftlichen »Gesamtorientierung im Geschehen« (ebd., 140) steht ganz im Zeichen eines utopischen Vorgriffs bzw. einer vorgreifenden Seinsauslegung, die die Gegenwartsdiagnose transzendiert. Während die beiden vorgenannten Leistungen des Intellektuellen darauf zielen, die Ideologisierungen im *standortgebundenen Denken* aufzuweisen, konzentriert sich die dritte Leistung der Intellektuellengruppierung darauf, dass sie »die utopische Dynamik aus der ideologischen Bedingtheit löst und sie im Sinne seinsadäquater Erkenntnis der Dynamik des Geschichtswerdens anpaßt« (A. Neusüss, 1968, 33). Das utopische Denken erscheint dem *Intellektuellen* selbst noch als standortbedingtes Denken; er sieht in den historisch überkommenden bzw. politisch sich noch bekämpfenden Gestalten des utopischen Bewusstseins (Ideologie und Utopie, 1985, 184 ff.) die »allmähliche Senkung der utopischen Intensität«, indem jede »sich neu konstituierende Utopie ein Näherrücken an den historisch-sozialen Prozeß verrät« (ebd., 214). Utopisches Bewusstsein ist – zumindest in der Bewusstseinskonstellation der Gegenwart des 20. Jahrhunderts – keines mehr, das sich im geschichtstranszendenten Nirgendwo ansiedelt, das sich an die Bilder Arkadiens oder an den kritischen Entwurf der Nova Atlantis eines F. Bacons heftet. Das utopische Bewusstsein ist in »mögliche Gesichtspunkte« zersplittert, die zwar als »transformierende Reste gewesener Utopien« (ebd., 216) gegeneinander noch konkurrieren, jedoch durch diesen weltanschaulichen Konkurrenzkampf nur noch einmal das »Verschwinden der Totalsicht« (ebd., 217) dokumentieren. Der *Intellektuelle* nimmt in dieser Lage eine eigentümlich paradoxe Haltung ein: Einerseits insistiert er darauf, dass »der Geschichtsprozeß stets etwas Umfassenderes ist als alle vorhandenen Standorte, und daß die Denkbasis in ihrer aufweisbaren Zersplitterung der gegenwärtigen Erfahrbarkeit nicht gewachsen ist« (ebd.); d.h. das historisch aufgeklärte Bewusstsein des *Intellektuellen* destruiert den ideologischen Gehalt utopischen Bewusstseins, um damit das utopische Denken in die geschichtlich-gesellschaftliche Funktion von dynamischen Seinsentwicklungen einzustellen. Aus dieser Totaleinsicht in die geschichtliche Seinsdynamik, entsagt er auch jeder Utopie, weil sie »Prophetie wäre« (ebd., 223). Andererseits aber, aus seiner ideologiekritischen Erkenntnis heraus, dass für die »Zukunft eine absolute Ideologie und Utopielosigkeit prinzipiell möglich ist«, weil die »Welt gleichsam mit sich fertig geworden ist und sich stets nur reproduziert«, was ja einer »völligen Destruktion der Seinstranszendenz« in einer versachlichten Welt gleichkommt, bleibt der *Intellektuelle* der Mahner bzw. Wächter dessen, was das utopische Bewusstsein immer mitintendierte: dass nämlich der Mensch Schöpfer und Herr seines geschichtlichen Seinsgeschicks ist. Gegen die ideologische Bedingtheit des utopischen Bewusstseins, das mit der Gegenwartsmoderne sich in politische Standorte des weltanschaulichen Denkens aufspreizte, setzt K. Mannheim das humanistische Erbe des Utopischen, für das die *Intellektuellen* einstehen sollen: Kritiker zu sein, dass »mit dem Aufgehen der verschiedenen Gestalten der Utopie« der Mensch »den Willen zur Geschichte und damit den Blick in die Geschichte« nicht »verliert« (ebd., 225). Der *Intellektuelle* erkennt in der weltanschaulichen Bewusstseinslage des 20. Jahrhunderts die Tendenz zur Entutopisierung, hält aber am Utopismus eines sich Denken und Handeln selbstaufklärenden Menschen fest; nicht als bürgerliches Dogma, sondern als Sinn für das Geschichtstranszendente des dynamischen Geschichtswerdens des Seins. Auf dieser Ebene verlässt der *Intellektuelle* auch die soziale Funktion der kulturellen Synthese vorfindlicher *Weltanschauungen*, denn es geht ihm nicht mehr um den seinsadäquaten Geist der Zeit oder um die Destruktion seinsverbundener, mithin ideologischer Denk- und Wissensformen. Es geht ihm allein um die Distanz zum jeweilig möglichen Sinn des Geschichtswerdens von Seinsformen, die sich anbahnen. Er wird Seinskritiker, um die Geschichte, gerade auch die Geschichte der Moderne für einen *alternierenden Seinssinn* offen zu halten.

Anthropologisch argumentiert bedeutet die dritte Leistung der Intellektuellenschicht, dass die Transzendierung der Seinsauslegung auf eine kritische Teleologie zielt, die da lautet, dass der Mensch sich in reflexiver Distanz zu seiner *Seinsgebundenheit* begeben kann und nicht in toto von der *Seinsgebundenheit* bestimmt wird. Dies heißt auch, dass die prinzipielle soziale Distanz des *Intellektuellen*, seine sozial freischwebende Position als generelle ethische Maxime des utopischen Bewusstseins im Typus des *Intellektuellen* aufbewahrt bleibt: Der Mensch als primär geistiges Wesen darf durch die Sachlichkeit des Seins nicht »selbst zu Sache« (ebd., 225) werden, denn Mensch und geschichtliches Sein bilden nur eine Option – und kein Schicksal.

Wenn K. Mannheim schreibt, dass die *Intellektuellen* »die wenigen Geistigen« sind, »denen es bewußt oder unbewußt stets auch auf etwas anderes ankam als auf das Hineinarrivieren in die nächste Stufe des sozialen Seins« (ebd., 221), so bedeutet dies genau jene intellektuelle Disposition, die in allen Umbruchsituationen des geschichtlichen Seins die »Erforderlichkeit des Sollens (des Utopischen)« nicht nur immer wieder neu thematisierte, sondern auch »im Zusammenhang mit der Notwendigkeit des Wollens erst entdeckte« (ebd., 223). Dasjenige, was im geschichtlichen Sein sein soll bzw. kann, dafür steht der Geist des *Intellektuellen* ein. Das soziale Sein, jener Bereich des vitalen Wollens steht dem *Intellektuellen* fremd gegenüber. Beides in ihrer Angewiesenheit und Vermittlung aufzuzeigen, ist Aufgabe des *denksoziologisch* instrumentierten *Intellektuellen*. Die *Denksoziologie* ist nicht nur eine methodische Aufgabe der Analyse des Denkens im Alltag, sie ist auch das reflexive Organon der sozialhistorischen Selbstvergewisserung des *Intellektuellen* bzw. der »Dünnschicht« der *Intellektuellen*.

Es lassen sich nun an der Kennzeichnung des *Sozialtypus des Intellektuellen*, an dessen sozialer Funktion wie auch dessen historischer Rolle einige kritische Nachfragen stellen, die man durchaus als Aporien der Mannheim'schen *Intellektuellenkonzeption* auffassen kann.

Zum Ersten gibt es den Gegensatz von sozialstrukturell bestimmbaren Gruppierungen bzw. Trägerschichten, die *seinsverbundenen Ideologien* bzw. Denkweisen verhaftet sind und der freischwebenden »Dünnschicht« von *Intellektuellen*, die auf eine überperspektivische Totalsicht bzw. »Gesamtschau« eingestellt ist. Es stehen sich somit der ideologische Partikularismus des weltanschaulichen Denkens und die ideologiekritische Totalisierung der Denkweisen gegenüber, ohne dass klar wird, wie sich die partikularen Weltsichten inhaltlich zu einer Totalsicht gegeneinander aufheben. Für K. Mannheim ist das *weltanschaulich gebundene Denken* durchweg durch Agonalität bestimmt. Seine These von der Konkurrenzsituation der verschiedenen Denkweisen in der Moderne ist nicht nur begründet durch das soziale Faktum der heterogenen Soziallagen, die verschiedene Gruppierungen in der Gesellschaft einnehmen, sondern vor allem durch das Vorhandensein divergenter noetischer Bewusstseinsformen, die aus verschiedenen konjunktiven Erfahrungszusammenhängen resultieren und somit die jeweiligen Aspektstrukturen des Denkens erzeugen. Agonalität des Denkens gehört also zum Wesen des Denkens im Alltag; es ist eine Essenz ideologischen Denkens. Aus dieser Agonalität der modernen Denkweisen vermag nun das intellektuelle Denken auszuscheren, weil es sich einerseits seines konjunktiven Bindungszusammenhang entledigt hat und sich andererseits, aufgrund seines synthetisierenden Denkimpulses, über die konkurrierenden Weltsichten erheben kann. Gewissermaßen soll das synthetische Denken die weltanschaulichen Ideologien neutralisieren:

»Indem ich den Sichtindex zu einer sich absolut nehmenden Sicht hinzufüge, neutralisiere ich in einem bestimmten Sinne schon die Sichtpartikularität. Die meisten unserer Darlegungen bewegten sich ganz spontan in der Richtung einer Neutralisierung der *Seinsgebundenheit* im Sinne des sich darüber Erhebens«.

Der verfahrensmethodische Formalismus einer Relationierung von verschiedenen Denkweisen, von weltanschaulichen Ideologien kann zwar eine »Verabsolutierung der *Seinsverbundenheit*« (ebd., 259) von Denkweisen verhindern, indem deren Geltungsansprüche relativiert werden, damit ist jedoch die inhaltliche Seite der Synthese von Denkweisen – jenseits ihrer ideologischen Gehalte – noch nicht geleistet. Soll diese Synthese als eine verallgemeinerte Weltsicht der Intellektuellenschicht verbindlich werden bzw. als gesellschaftliche Totalorientierung im öffentlichen Diskurs Geltung finden, gerät sie – auch wenn sie sich anheischig macht, überperspektivisch zu sein – in Konkurrenz zu bestehenden *Weltanschauungssystemen*. Anders formuliert: Inhaltliche Synthesen, die so genannten »Kultursynthesen« der intellektuellen Denkweisen, stehen nicht außerhalb der Konkurrenzsituationen von Seinsauslegungen; sie treten ein in die prinzipielle Agonalität der Bewusstseinsformen, wie sie für die Pluralität der modernen Denkformen kennzeichnend ist. Da hilft dann auch kein argumentativer Ausgriff in die historische Totalvision, die das Werden der Denkweisen soziogenetisch und geistesgeschichtlich zurückbuchstabiert.

Wenn K. Mannheim die Distanzierung für einen »ganz grundlegenden Modus, eine fundamentale gesellschaftsbildende Kraft« (Gegenwartsaufgaben der Soziologie, 1932, 8) hält, dann rechtfertigt dies die Annahme, dass die Agonalität des Denkens wesentlich für das gesellschaftliche Diskursgeschehen ist. Von daher ist eine konsensuelle Funktion der intellektuellen Synthese, die ja durch eine Überwindung der konkurrierenden Weltsichten ermöglicht werden soll, zu relativieren. Eher muss man sich die Frage stellen, inwieweit es nicht eine wesentliche Agonalität zwischen der intellektuellen Denkweise und den Denkweisen des Common Sense gibt, so dass die intellektuellen Synthesen zwar Versuche der Neutralisierung von Denkstandorten sind, letztlich aber in inhaltlicher Weise diskursive Elemente von weltanschaulicher Agonalität bleiben. Unter Umständen bewirken die Denksynthesen gerade keine Konsensbildungen von Diskursprozessen, sondern eröffnen als stimulierende Elemente weltanschaulicher Auseinandersetzungen erneut den Prozess von diskursiven Distanzierungen und Abgrenzungen, die ohnehin das wesentliche Geschäft von intellektuellen Diskursen sind.

Weiterhin lässt sich fragen: Stellen sich die agonal strukturierten Denkweisen nicht auch als Denkhintergründe dar, die auf spezifische, eben intellektuelle Verarbeitungen von lebensweltlichen Erlebnisformen der »Dünnschicht« von *Intellektuellen* verweisen? Es sei in diesem Zusammenhang nur an die intellektuellen Rationalisierungsformen von lebensweltlichen Erfahrungen erinnert, die sich möglicherweise deutlich und wesentlich von den Erlebnisverarbeitungen anderer Trägerschichten unterscheiden. Es ist nicht einsehbar, wieso die synthetische Denkweise der Intellektuellenschicht sich aus der allgemeinen Agonalität der Denkformen so abheben soll, dass sie diese schließlich überwindet. Ist denn der Bildungsgeist der *Intellektuellen* so allgemein, so universell, dass sich durch und in ihm alle lebensweltlichen Erfahrungsdifferenzen ausgleichen? Wirkt sich die Synthese der *weltanschaulichen Denkstandorte* so konsensbildend aus, dass sie die basale Funktion der gesellschaftlichen Distanzierung, die die Intellektuellenschicht auszeichnet, gänzlich eliminiert? Verliert der *Intellektuelle*, wenn die Kultursynthese einen gesellschaftlichen Konsensualismus aller weltanschaulichen Differenzen ermöglicht haben sollte, nicht seine wesentliche gesellschaftliche Rollenfunktion, die des radikalen Infragestellers, des prinzipiellen Opponenten im gesellschaftlichen Diskurs? Schon Hans Speier hegte den Verdacht, dass die Idee der Kultursynthese, also der Transzendierung der weltanschaulichen, weil ideologischen Denkstandorte letztlich nur die Wiedergeburt des Ideals klassisch liberalen Bildungsgeistes ist:

»Der Bildungsbegriff, den Mannheim verwendet, ist nicht der unserer Zeit. Er stammt aus der deutschen Klassik, die ihn als Ideal errichtete und von der ihn als Ideal der Liberalismus des 19. Jahrhunderts übernahm« (Hans Speier, Soziologie oder Ideologie?, 1982, 542).

Hans Speier hat mit dieser Feststellung die weltanschauliche Denkbindung, die der *Soziologie des Intellektuellen* insgeheim bei K. Mannheim zugrunde liegt nicht nur aufzeigt, sondern auch das Theorem der Kultursynthese in die Agonalität weltanschaulicher Auseinandersetzungen zurückgeholt.

Zum Zweiten gibt es ein verkapptes geschichtsphilosophisches Argument, das mit dem Argument der Überwindung ideologischer Denkweisen eine utopische Dimension der intellektuellen Kultursynthese rechtfertigen soll. K. Mannheim sah ja in der sozialen Bindungslosigkeit der *Intellektuellen* nicht nur eine Chance, aus der Krise konkurrierender *Weltanschauungen*, insbesondere aus der ideologischen Lagermentalität der Weimarer Republik herauszukommen, indem die kompromisslose Relativierung der *standortgebundenen Denkweisen* die damalige politisch-agitatorische Einkapselung auflösen sollte. Dies war damals der weltanschaulichen Situation geschuldet. Darüber hinaus aber sollte die *denksoziologische* Programmatik das Reflexivmachen der sozialen Gebundenheit des Denkens denk- wie wissensperspektivisch zu einer weitgehenden rationalen Einsicht in den Zusammenhang von Denkform und Seinsweise führen. In der soziologischen Aufklärung über diesen mittelbar gegebenen Zusammenhang, versprach sich K. Mannheim eine fortschreitende Selbstaufklärung menschlicher Geistestätigkeit. Nicht mehr blindes Gebundensein an irrationale Motive, an partikulare Interessen und ideologische Weltbilder sollte Erkennen und Denken leiten.

In dieser Annahme steckt aber die geschichtsphilosophische Idee, dass eine völlige Transparenz, eine endgültige Verobjektivierung des Denkens möglich ist, und zwar so, dass das Denken jederzeit mit der jeweiligen Seinsweise deckungsgleich bzw. *seinsadäquat* ist. Dies setzt aber voraus, dass die seinsadäquate Erkenntnis der *Intellektuellen* jederzeit mit der materiellen Dynamik des geschichtlichen Seins identisch bzw. auf der Höhe des Geschichtswerdens des Seins ist. Die Aporie steckt nun darin, dass das intellektuelle Denken zwar die ideologischen Bedingtheiten von bestehenden oder gewesenen Denkweisen aufdecken kann, nicht aber eine Selbsttransparenz seiner Denkform im Hinblick auf die geschichtliche Seinsdynamik aufbringen kann. Es gibt auch für das intellektuelle Denken keinen archimedischen Punkt, von dem aus dieses Denken seine eigene *Seins-*

gebundenheit zum Werden des Seins sich vergegenwärtigen kann. Immer ist die *Seinsgebundenheit* der begrenzende Horizont, von dem aus der *Intellektuelle* denkt, auch wenn er in der Lage ist, die Partikularansichten von *seinsverbundenen Denkweisen* durchsichtig zu machen. Mehr und anderes liegt nicht in der synthetischen Denkweise des *Intellektuellen*. Er steht nicht außerhalb der Geschichte, um ihren Seinssinn in toto zu erfassen.

Zum Dritten gibt es, im Zusammenhang mit dem vorgenannten Einspruch, einen kritischen Einwand dagegen, dass mit dem Wissens- und Denkmonopol des *Intellektuellen* die soziale Funktion der gesellschaftlichen »Totalorientierung« gegeben ist. K. Mannheims Einschätzung, dass dem *Intellektuellen* die Mission zukommt, »prädestinierter Anwalt der geistigen Interessen des Ganzen zu sein« (Ideologie und Utopie, 1985, 138), ermächtigt den *Intellektuellen* zur Einsichtsfähigkeit in den Verlauf und den Prozesscharakter von Gesellschaft und Geschichte. Er soll das Wissen und das Monopol haben, das Telos der geschichtlichen Dynamik der Seinsentwicklung zu erkennen und ihm Ausdruck zu verleihen. Für den *Intellektuellen* sind Denksynthesen »möglich und notwendig«, die »versuchen das Höchste zu leisten, was einem historisch gebundenen Menschenbewußtsein überhaupt gegeben ist: aus den Grundströmungen der Zeit heraus den historischen Körper selbst zu sehen« (Strukturen des Denkens, 1980, 199). Dies heißt aber, dass das intellektuelle Denken sich aufschwingt zur Annahme einen universellen Sichtindex zu haben. Dies kommt einer totalen *Weltanschauung* gleich, die vorgibt das geschichtliche Seinswerden wie die zukünftige Seinsentwicklung erfassen zu können. Zwar soll sie nur relativ gelten, weil das synthetische Denken eben gebunden ist an die »Lebenselemente und Strömungen« der »Epoche« und den bis dahin entwickelten »Denkmethoden, Gesichtspunkten und Begriffen« (ebd.), aber diese Relativierung wird dadurch wieder zurückgenommen, dass das historische Denken des *Intellektuellen* mit der Seinsentwicklung »eine werdende Seinseinheit bildet« (ebd., 200). Hier wird Seinsentwicklung und Denkadäquatheit der Seinserfassung so in Sinndeckung gebracht, dass das intellektuelle Denken die Funktion der »Bestimmung des geschichtsphilosophischen Aufbaus im Weltgeschehen« übernimmt. Dies widerspricht jedoch der Tatsache, dass sich K. Mannheim gegen Geschichtsprophetie ebenso ausgesprochen hat, wie er sich gegen die Anmaßung gewehrt hat, dass totale *Weltanschauungen*, auch wenn sie sich geschichtsphilosophisch legitimieren, Geltungen erhalten sollten. Die Überfrachtung des intellektuellen Denkens mit geschichtlichen Totaleinsichten und gesellschaftlichen »Gesamtorientierungen«

passen eben nicht zur *denksoziologischen* Skepsis eines soziologischen Autors, der prinzipiell von der noetischen Aspektstruktur des Bewusstseins ausging und damit den Sichtindex des Denkens gegen alle gedanklichen Totalisierungsversuche setzte. Dass K. Mannheim bei der intellektuellen »Dünnschicht« von dieser Skepsis zurücktrat, hängt sicherlich damit zusammen, dass er den Intellektuellen in klassischer Weise mit dem philosophischen Weisen der Antike assoziierte, der für die Führung der griechischen Polis prädestiniert war. K. Mannheims spätere Schriften aus dem Londoner Exil, vornehmlich die Schrift »Mensch und Gesellschaft im Zeitalter des Umbaus« (1958), spielen deshalb die Möglichkeiten einer planenden Rolle der *Intellektuellen* im Neuaufbau der Gesellschaft nach ihrer faschistischen Zerstörung durch. Dabei wird die geistige Exklusivität der Intellektuellenschicht, da sie am Ideal wissenschaftlicher Rationalität und Wertfreiheit orientiert ist, zur Begründung ihres politischen Eliteanspruchs. Der *Intellektuellentypus* als das sozialtypologisch repräsentierte Andere der Gesellschaft verschwindet, an seine Stelle tritt die Intelligenzschicht als die planende und repräsentierende Elite in den westlichen Demokratien.

7. Zwischen den Fronten: zweierlei Kritik an K. Mannheim

> *»Wir sind zugleich Bürger mehrer Welten.«*
> *(K. Mannheim, Beiträge zur Theorie der Weltanschauungs-Interpretation, 1921)*

Die Schriften K. Mannheims, sein argumentatives Konzept, ja die erkenntnistheoretische wie *denksoziologische* Grundstruktur des *seinsgebundenen Denkens* ist von Anfang an immer einer massiven Kritik ausgesetzt gewesen. Dies gilt für die unmittelbare Wirkungsgeschichte zur Zeit des geistigen Wirkens K. Mannheims, also in der Zeit der zwanziger und dreißiger Jahre, ebenso wie für die spätere, kurzweilige Renaissance der Mannheim'schen Schriften in den siebziger und achtziger Jahren des 20. Jahrhunderts. Über die letztgenannte Zeitspanne der Kritik an K. Mannheim gibt das Buch von N. Stehr »Der Streit um die Wissenssoziologie« (1982) ausreichend Aufschluss. Im Kerngehalt, d.h. in der wissenspolitischen Stoßrichtung wiederholt jedoch diese spätere Kritik erneut, was bereits in der geistigen Situation der Weimarer Zeit als »Lager-Mentalität der Weimarer Debattenfront« (U. Matthiesen, 1989, 73) geleistet worden ist: Die marxistische Auseinandersetzung mit der Mannheim'schen Art und Weise der *Ideologiekritik*. Wenn man sich substantiell der Kritik an K. Mannheims Denken nochmals vergewissern will, kann man sich die zweite, im Grunde nur reformulierte Kritik ersparen, da in der ersten kritischen Auseinandersetzung mit den Schriften K. Mannheims, also der Wirkungsgeschichte in der Weimarer Zeit alles bereits fokussiert ist. Selbst N. Luhmanns Kritik in den achtziger Jahren erbringt in der Quintessenz nichts Neues, was nicht schon zu Zeiten K. Mannheims gesagt worden ist: nämlich die Kritik am Erkenntnisrelativismus und an der Methode des interpretatorischen Zurechnungsverfahrens. In den Worten N. Luhmanns heißt dies:

»Wissen wird als Ausdruck einer Interessenlage oder einer entwicklungsgeschichtlichen Situation bestimmter Gruppen, Schichten oder Klassen gesehen, und dies auf einer eher kollektivistischen Basis, d.h. ohne Analyse der internen Kommunikationsstrukturen dieser Gruppe. Bereits in den zwanziger Jahren hatte sich hier jedoch das Problem der Zurechnung des Zurechnens gestellt [...]. Wenn aber jeder jeden durchschauen kann, bleibt am Ende nur noch der bejahte Relativismus – oder eine Kritik der theoretischen Ergiebigkeit des bloßen Zurechnens von Wissen« (1980, 11).

Man kann – um dies nur am Rande zu kommentieren – »die Analyse der internen Kommunikationsstrukturen von Gruppen« vornehmen, dies würde jedoch aus der Perspektive des Mannheim'schen Denkansatzes nichts an der These einer konjunktiv gegebenen *Weltanschauungseinheit* von Gruppierungen ändern. Für K. Mannheim ist eben nicht das Vorhandensein differenter Kommunikationsstrukturen der Ausgangspunkt seiner Analyse, sondern die inhaltlich weltanschauliche Einheit des gemeinschaftlichen Vokabulars, das identische Bedeutungskonzept in der Auffassung von Seinserfahrungen entscheidend. Apodiktisch formuliert lautet die Differenz zu Luhmanns Einlassung so: *Weltanschauungsmuster* sind nicht identisch mit internen Kommunikationsstrukturen von Gruppen. So ist z.B. die *romantische Weltanschauung* eines romantisch denkenden und empfindenden Geistmilieus nicht umstandslos aus den internen Kommunikationsstrukturen von Gruppierungen der deutschen Romantik ableitbar. Die Welt in einer gewissen Weise zu sehen, über die Dinge zu denken und Empfindungen zu gemeinsamen Weltinterpretationen umzuformen stellt eine übergreifende Einheit dar, von der einzelne Gruppierungen oder einzelne Personen in ihrer faktischen Kommunikationspraxis abweichen können. Der Protestant Schubert bewegt sich mit seiner *romantischen Weltanschauung* problemlos in den Kommunikationszusammenhängen der Münchner Katholiken, und der Romantiker Justinus Kerner verfasste höchst unromantische Reden bzw. Predigten für das katholische Fürstenhaus. Sie bewegten sich also in differenten Kommunikationszusammenhängen, die nicht die ihnen eigene, *romantische Weltanschauung* ausdrückten. *Weltanschauungen* bündeln identische Ideen von Wirklichkeitsinterpretationen, die sich aber nicht völlig mit den »internen Kommunikationsstrukturen« verrechnen lassen. Als vorübergehende ideelle Überhöhungen von gemeinschaftlich erlebten Seinserfahrungen sind *Weltanschauungen* kognitiv umgeformte Hintergrundmuster, die zwar den kollektiven Erfahrungshaushalt präformieren, jedoch die faktische Kommunikationspraxis nicht bis ins letzte Wort oder den letzten Satz bestimmen. *Weltanschauungen* sind eben ideeller Natur und unterstehen nicht so sehr den lebenspraktischen Kautelen einer faktisch genötigten Kommunikationspraxis. Von daher muss man sagen, dass die Luhmann'sche Kritik von einer völlig anderen paradigmatischen Perspektive ausgeht, die mit der des Mannheim'schen *Weltanschauungskonzepts* gar nicht in Deckung zu bringen ist. Das aber, was von einem späteren, anderen paradigmatischen Begriffshorizont als Mangel an einem früheren paradigmatischen Konzept kritisiert wird, ist eben kein Mangel, sondern eher eine wirkungsgeschichtliche Grenze der eingenommenen Erkenntnisperspektive, die von diesem ursprünglichen Wissensparadigma vorgegeben ist. Insofern müsste die Luhmann'sche Kritik sich des wirkungsgeschichtlichen Abstandes bewusst sein, die sie von der Denk- und Erkenntnisweise der Mannheim'schen Konzeption trennt.

Das vorgenannte Argument kann auch als Plädoyer dafür genommen werden, sich nochmals der anfänglichen Kritik zuzuwenden, also der Kritik an K. Mannheims Schriften als diese in den philosophisch-soziologischen Debatten der geistigen Situation der Weimarer Zeit auftauchten bzw. zu intellektuellen Auseinandersetzungen führten. Dies um so mehr, als die *ideologiekritische Programmatik* K. Mannheims ihrer damaligen Intention nach auch eine Antwort sein sollte, die weltanschauliche Gemengelage mit den ihr eigenen ideologischen Positionierungen einer Ideologieforschung, einer *denksoziologischen* Selbstaufklärung anzudienen. Was war damals der Hintergrund für diese uneinheitliche Geisteslage, in der jede weltanschauliche Überzeugung im Ringen mit konkurrierenden Positionen für sich einen absoluten Ausschließlichkeitsanspruch ableitete? Was steckte hinter dieser Diversifikation von weltanschaulich gebundenen Bewusstseinslagern, die auf eine »sozial aufgelockerte Situation« (Ideologie und Utopie, 1985, 76) mit monopolistischen Weltauslegungsansprüchen reagierten?

Ohne eine umfassende Analyse der Geisteslage der intellektuellen Debatten der Weimarer Zeit liefern zu wollen, kann doch aufs Ganze gesehen von drei elementaren Erfahrungen ausgegangen werden, die sich in der damaligen Bewusstseinslage der *Intellektuellen* niedergeschlagen haben: Zum Ersten die Krisenerfahrung des modernen Bewusstseins, das eine einheitliche Weltauslegung obsolet geworden ist, also die Wahrheit des Weltwissens nur vorübergehende Geltung hat. Zum Zweiten die radikale Infragestellung des Erkenntnisidealismus, den Verfall der großen Philosophiesysteme durch den Marxismus, der die Abhängigkeit des Wissens, des jeweiligen Erkennens vom Stand der Produktiventwicklung der Gesellschaft aufzeigte. Schließlich zum Dritten die Auflösung eines im Grunde subjektivistischen Begründungshintergrunds, bei dem das erkennende und schöpferisch tätige Individuum das Bewusstsein seiner Zeit und seiner Lage bestimmt. Nicht mehr auf das geistige Genie, auf den großen Geistheroen der Epoche wird referiert, sondern auf Kollektive, auf gesellschaftliche Klassen und soziale Gemeinschaften. Dies ist die geistige Situation, die in den philosophisch-soziologischen Debatten der Weimarer Zeit zur ständigen Erfahrung des gegenseitigen Beschuldigens der Ideologiehaftigkeit führte. Es ist aber auch die geistige Lage, in der K. Mannheims Konzeption einer *denksoziologischen Ideologiekritik* selbst zwischen die Fronten der weltanschaulichen Kontroversen geriet. Exemplarisch soll und kann dies an den zwei sehr divergenten Kritiken aufgezeigt werden: der Kritik von *E. R. Curtius* und der im gemeinsamen Tenor formulierten Kritik *M. Horkheimers* und *T. W. Adornos*. Zugleich aber, insbesondere in der Auseinandersetzung mit der damaligen Kritischen Theorie, wird deutlich, wie eine marxistisch instrumentierte Kritik K. Mannheims *denksoziologischen* Ansatz über ihren Begriffsrahmen scharf balsamierte.

7.1. Die Kritik von E. R. Curtius

In seiner Heidelberger Zeit erlebte K. Mannheim, dass bereits die Anfänge seiner *denksoziologischen* Programmatik vom *George-Kreis* heftig kritisiert wurden. In den Augen der Anhänger des *George-Kreises* leistete die Mannheim'sche Soziologie dem damals aktuellen Relativismus nicht nur Vorschub, sondern auch dem fortschreitenden Atheismus der Moderne (vgl. W. Lepenies, 1985, 391 ff.). Durch diese Kritik des *George-Kreises* war K. Mannheim schon sehr früh bewusst, dass sein *denksoziologisches* Vorgehen gegen den damals noch geltenden Primat von der Autonomie des Geistes verstieß. Seine Programmatik einer ideologischen und soziologischen Interpretation von geistigen Gebilden stellte diesen Primat mit Hilfe soziologischer Erkenntnismittel konsequent in Frage. Vom *George-Kreis* wurde dies als ein *denksoziologisches* Relativieren der Geistautonomie ausgelegt, das zu einem durchgängigen Wert- und Erkenntnisnihilismus führen würde.

Die spätere Kritik *E. R. Curtius'*, maßgeblich sein Aufsatz »Soziologie und ihre Grenze«, in der »Neuen Schweizer Rundschau« von

1929 knüpfte in der argumentativen Stoßrichtung an diese Kritik des *George-Kreises* in Heidelberg an. Der einzige Unterschied besteht darin, dass im Gegensatz zum *George-Kreis* das soziologische Denken, wie es sich nicht nur bei K. Mannheim dokumentierte, für *E. R. Curtius* nicht gänzlich verdammungswürdig war. E. R. Curtius selbst war prinzipiell kein Feind des soziologischen Denkens, denn sein positives Verhältnis zu den Gebrüdern A. und M. Weber und ihren Denkweisen schließt dies eindeutig aus. Ausdrücklich erkannte er das Recht der Soziologie, Fachdisziplin zu werden an, was er jedoch strikt ablehnte, war die sukzessive Einsetzung des Faches Soziologie als »Zentralwissenschaft« bzw. »Universalwissenschaft der Moderne« (W. Lepenies, 1985, 384). *E. R. Curtius* befürchtete, dass durch das starke Aufkommen und die Popularität der Soziologie an den damaligen Universitäten, die Philosophie als einzige Hüterin der Autonomie des Geistes ihre universell angelegte Deutungshoheit verlieren würde. Für ihn war die Philosophie das »sich selbst garantierende Reich der Ideen, der Werte, der Bedeutungen, des Sinnes« (Soziologie und ihre Grenze, 1929, 733). Seine Kritik an der Soziologie war deshalb nicht so sehr ihre völlige Ablehnung als Universitätsfach als vielmehr ihre Eingrenzung als Lehrfach abseits und weit unterhalb der Hoheit der Philosophie. Freilich ging seine Kritik an der *Denksoziologie* aber über diese universitäre Zurechtweisung hinaus, da er in der Mannheim'schen Soziologie ein weiteres Zeichen der allgemeinen Symptomatik der Denk- und Wissenshybris der Moderne vermutete. In diesem Punkt ging er wiederum mit der heftigen Kritik der Georgianer konform.

In der Soziologie, speziell in derjenigen K. Mannheims, sah er nicht nur die Zerstörung des idealistischen Traditionssinns, sondern vor allem die moderne »Moral des Dynamismus« am Werk, die eigentlich nichts »vom Wesen der menschlichen Dinge etwas zu verstehen« weiß (ebd., 730). In den *denksoziologischen* Argumentationen K. Mannheims sah *E. R. Curtius* nur das Auf und Ab von weltanschaulichen Betrachtungsweisen, ein unentwegtes Prozessualisieren von weltanschaulichen Bekenntnissen und Einstellungen, das in seiner Quintessenz keine notwendige »Totalorientierung« (ebd., 734) erlaubt. Statt einer notwendigen Wertorientierung würde sie im Grunde nur Relativismus und Wertdestruktion liefern. Mit dem Relativismusvorwurf wurde dann von *E. R. Curtius* konsequent das weitergehende Argument des *Nihilismus* und modernen *Erkenntnisskeptizismus* ins Spiel gebracht (ebd., 729), weil die Relativierung – so das Argument – notwendigerweise jede Anerkennung eines absoluten und von der Geschichte herausgebildeten Wertfundaments unterhöhlen würde. *E. R. Curtius* sah im relationalen Denken K. Mannheims keinen denkmethodischen Ansatz zur Auflösung von Absolutheitsansprüchen, was ja gerade den kritischen Ansatz bei K. Mannheim ausmacht, vielmehr kehrte er dessen Selbstaufklärungsimpetus geradezu um: Relationismus ist gleich Relativismus und als solcher wertdestruktiv, weil er an eine »Moral des Dynamismus« von jeweils neuen, d.h. aktuellen Denk- und Erkenntnisweisen gebunden ist. In der Summe kann man sagen, dass die Kritik *E. R. Curtius* in der »Neuen Schweizer Rundschau« zwei zentrale Intentionen des Mannheim'schen Denkansatzes verfehlte bzw. polemisch-rhetorisch entwertete: erstens die sozialfunktionale Betrachtung des Denkens und Wissens, die das Denken zum »Organon des Lebens und der Geschichte« (ebd., 735) einstuft und zweitens die dadurch ermöglichte Selbstkritik des Denkens im Hinblick auf seine sozialhistorische wie sozialstrukturelle Einbindung. *E. R. Curtius* war jede soziale Funktionalisierung des Denkens zutiefst suspekt, da sie das autonome »Recht und die Würde des Denkens« (ebd., 734) auflöst. Sind diese aber einmal aufgelöst, und davon war *E. R. Curtius* überzeugt, dann sind alle überkommenden und absolut geltenden Werte wie Sinngehalte des Idealismus auf ewig obsolet. Das Fazit lautete also: Der moderne *Nihilismus* leistet in der Gestalt der Mannheim'schen *Denksoziologie* eine weltanschauliche Entwurzelung, die der zunehmenden Orientierungslosigkeit des modernen Individuums entspricht.

Für *E. R. Curtius* stand das Denken K. Mannheims, seine *denksoziologische* Programmatik ganz im Zeichen jener Idealismusfeindschaft, die durch die Ideologiekritik des Marxismus inauguriert wurde. In seinem 1932 publizierten Buch »Deutscher Geist in Gefahr« griff er nochmals seine Kritik an K. Mannheim auf, um sie dann aber erheblich pointierter als das zu kennzeichnen, was das Mannheim'sche Denken in den Augen *E. R. Curtius* im Grunde war: »submarxistische« Theorie (1932, 101 ff.). In der Abwehr der kommunistischen wie nationalsozialistischen Massenbewegungen, die für *E. R. Curtius* eine »Verherrlichung der Revolution« betrieben, rückte er K. Mannheim in die Reihe der intellektuellen Geister, die nach seinen Worten »außer Zucht« geraten sind (1929, 735). Das von K. Mannheim vertretene soziologische Denken arbeitete nicht nur am Prozess der modernen Wertedestruktion mit, es vertrat auch einen »konfusen und unverantwortlichen Irrationalismus, der hoffentlich morgen eine Mode von gestern sein wird« (1932, 101). Für *E. R. Curtius* wurde das Mannheim'sche Denken zum polemischen Anlass, um alle Relativierung des Geistes und alle Infragestellung, der durch den autonomen Geist herausgebildeten wie tradierten Kulturwerte abzuweisen. Gegen den Mannheim'schen Relationalismus, den er irrtümlich als Relativismus deutete, hielt er am ideellen Wertesubstanzialismus beharrlich fest.

K. Mannheim war diese Kritik nicht verborgen geblieben, denn er hat sich gegen diese polemischen Vorwürfe gewehrt. So schrieb er in seinem Aufsatz »Zur Problematik der Soziologie in Deutschland« (1964):

»Der dynamische Relationismus für den ich mich einsetze, hat nicht das Mindeste mit Nihilismus zu tun. Er ist erwachsen aus jenen Tendenzen, die die Engherzigkeit und Eingekapseltheit aller Standpunkte, soweit dies überhaupt möglich ist, zu überwinden suchten. Es handelt sich hier zunächst um eine Methode des Suchens, die an der Lösbarkeit unserer Seins- und Denkkrise ausgesprochenermaßen nicht zweifelt und schon deshalb nicht nihilistisch sein kann, sondern im Interesse der heute schon möglichen Selbsterweiterung jede Position auffordert, sich für einen Augenblick in Frage zu stellen, die für jeden als Denkgewohnheit selbstverständliche Selbsthypostasierung in suspenso zu halten« (1964, 620).

Gegen den *Vorwurf der Idealismusfeindschaft*, der ja zur polemischen Zuordnung zum »submarxistischen« Denken ausgeweitet wurde, grenzte sich K. Mannheim ab, indem er lapidar darauf hinwies, dass *E. R. Curtius* einfach Ideologiekritik mit Idealismusfeindschaft gleichsetzte (ebd., 621). Auch die Kritik, dass K. Mannheim doch eigentlich Philosophie durch Soziologie ersetze, wurde zurückgewiesen. Nicht Philosophie sollte durch *Denksoziologie* ersetzt werden, sondern nur die Absolutheitsgeltungen durch Metaphysik und Ontologie sollten vom Kopf auf die Füße gestellt werden. Darum konnte K. Mannheim programmatisch behaupten, dass: »Für die philosophische Ontologie [...] die wissenssoziologische Relationierung die Revision der bisher als Absolutheiten kursierenden Partikularitäten des Seins [leistet], um jenen Pseudometaphysikern den Boden zu entziehen, die unser politisches soziologisches Denken belasten« (ebd. 622). Es ist nicht bekannt, inwieweit K. Mannheim mit dem Begriff der »Pseudometaphysiker« auch auf seinen Kritiker *E. R. Curtius* zielte.

Was deutlich wird an dieser Kritik, wie auch an der Replik von K. Mannheim, ist zweierlei: Erstens wird an dieser Auseinandersetzung der *weltanschauliche Streit der Intellektuellen* während der Weimarer Republik exemplarisch vorgeführt. Dieser intellektuell weltanschauliche Streit, der die geistige Situation der Weimarer Zeit bestimmte, ist von K. Mannheim als typische *Konkurrenzsituation von Denkstilen* eingeordnet worden. Sein Konzept der *denksoziologischen Weltanschauungsanalyse* diente also auch dazu, diesen Weltanschauungsstreit soziologisch erklär- wie verstehbar werden zu lassen. Zweitens wird an dem Gegenargument von K. Mannheim, das besagt, dass der »dynamische Relationismus« im Grunde nur ein methodisches Rüstzeug sein soll, sehr deutlich, was die Positionen von *E. R. Curtius* und K. Mannheim substantiell trennte. Für *E. R. Curtius* war das methodische Denken niemals weltanschaulich neutral. Methodisches Denken in den Wissenschaften war für ihn eingebunden in eine typisch szientistische Denkweise der Moderne, die den Wertezerstörungsprozess der Moderne mitträgt und vorantreibt. Was für K. Mannheim eine »Methode des Suchens«, der ideologischen und weltanschaulichen Selbstaufklärung des Denkens und Wissens war, gerät unter dem generalistischen Blickwinkel *E. R. Curtius'* zum relativistischen Charakter des Denkens in der Moderne schlechthin. K. Mannheim verband aber mit seiner *denksoziologischen Weltanschauungsanalyse* die Hoffnung, dass sie ein »Instrument der Bewußtseins- und Seelenerweiterung« und damit ein »Organon der neuen Menschwerdung« (W. Lepenies, 1985, 382 ff.) sein kann. Diese selbstkritische, an Vernunft gebundene Erweiterung der Denkoptionen und Handlungsspielräume hat *E. R. Curtius* nicht wahrnehmen wollen. Für ihn stellte die Mannheim'sche *Denksoziologie*, indem sie alles Geistige, vornehmlich das Denken, auf *Seinsverbundenheiten* zurückband, nur die Gefahr dar, dass der Hort idealistischer Wahrheiten verwässert und zerstört wird. Das Reich der Wertideale, durch die idealistische Philosophie garantiert und durch die Autonomie des philosophischen Geistes begründet, drohte durch die Mannheim'sche *Denksoziologie* profanisiert zu werden. Dass das Denken eine Funktion des Sozialen ausdrückt, das war der eigentliche Skandal für *E. R. Curtius*, denn damit griff für ihn der Funktionalismus der Moderne endgültig und gänzlich auf das Denken über. Wenn *E. R. Curtius* in seiner Kritik an K. Mannheim von *Nihilismus* und *Destruktion* sprach, so verbirgt sich im Kern dahinter die generelle Aversion dieses romantischen Philologen gegen jede Art des funktionalen Denkens in der Moderne.

7.2. Die Kritik von M. Horkheimer und T. W. Adorno

Die heftigste Kritik gegen K. Mannheim erfolgte durch die frühe Kritische Theorie, namentlich durch *M. Horkheimer* und *T. W. Adorno*.

Gerade weil K. Mannheim mit seiner *Denksoziologie* eine historisch aufgeklärte Version der *Ideologiekritik* einforderte, und die damalige Kritische Theorie in der Fortführung der Marx'schen Ideologiekritik den Schlüsselansatz formulierte, um das affirmative Bewusstsein über ihre historisch-gesellschaftliche Lage durch kritisches Denken und Handeln aufzusprengen, standen sich Kritische Theorie und Mannheim'sche *Denksoziologie* – was den Aufklärungsprospekt der *Ideologiekritik* betraf – zunächst nahe. Gleichwohl zeigt die vehemente Kritik der Kritischen Theorie an der Mannheim'schen *Denksoziologie* mehr als einen polemischen Schlagabtausch zwischen kritischen Linken in den intellektuellen Debatten der Weimarer Zeit, denn es ging schließlich um die Reichweite und den Stellenwert soziologischer Kritik im Interpretationshorizont Marx'scher Grundbegriffe. Anders gesagt: Es ging um die zentrale Frage, inwieweit eine *Ideologiekritik rein denksoziologisch*, d.h. ohne Rekurs auf die materialistische Philosophie K. Marx ausreichend begründbar ist. Obwohl sich beide, die Kritische Theorie wie auch die Mannheim'sche Soziologie, programmatisch als kritische Soziologie verstanden, trennte sie der paradigmatische Leitfaden der historisch-materialistischen Weltanschauung, der für die frühe Kritische Theorie erst eine wahre *Ideologiekritik* ausreichend begründete. Für die Kritische Theorie hantierte K. Mannheim nur mit einem entmaterialisierten Ideologie- und Seinsbegriff und »halte« – wie *M. Horkheimer* pointiert festhielt – nur »an einer verdünnten Variante des klassischen Idealismus fest« (zitiert nach U. Matthiesen, 1989, 65).

Wie lautete nun die Kritik von *M. Horkheimer* und *T. W. Adorno* an der denksoziologischen Ideologieforschung oder allgemeiner, an dem, was *T. W. Adorno* als »das Bewusstsein der Wissenssoziologie« (T. W. Adorno, 1997) kennzeichnete?

Zunächst zur Kritik *M. Horkheimers*, die sofort nachdem K. Mannheim 1930 an die Universität Frankfurt als »der jüngste Ordinarius auf einem der ersten deutschen Soziologiestühle« (U. Matthiesen, 1989, 72) berufen wurde, einsetzte. Diese Kritik ist in einem der ersten Artikel der institutseigenen Zeitung, dem Grünberg-Archiv, unter dem Titel »Ein neuer Ideologiebegriff« (1930, M. Horkheimer, GS 2, 1987, 271 ff.) erschienen und rechnete schonungslos mit dem Ideologiekonzept K. Mannheims ab. Vernachlässigt man die institutionelle Konkurrenzsituation, die möglicherweise zwischen dem Anliegen *M. Horkheimers*, die Soziologie auf der marxistischen Gesellschaftslehre aufzubauen und dem Mannheim'schen Bestreben an der Frankfurter Universität eine *Denksoziologie* als »angemessene Lebensorientierung des Menschen in der industriellen Gesellschaft« institutionell zu verankern (vgl. hierzu U. Matthiesen, 1989, 82 ff.) bestand, so lässt sich die Kritik *M. Horkheimers* in Form von vier zentralen Vorwürfen reformulieren:

Zum Ersten der massive Vorwurf, K. Mannheim habe in nuce die marxistische Grundbegrifflichkeit preisgegeben, um somit am Idealismus weiterhin festhalten zu können. *M. Horkheimers* Kritik hebt deshalb mit den summarischen Feststellungen an: »Bei der Eingliederung der Lehren von Karl Marx in die Geisteswissenschaften der Gegenwart wird der Sinn seiner Grundbegriffe in das Gegenteil verkehrt« (1987, 271), und es wird quasi nur »mit einigen Stücken aus der Rüstkammer des Marxismus« gearbeitet (ebd., 294). Die Folge dieser Preisgabe ist »der Glaube, man könne ohne Heranziehen der materiellen Entstehungs- und Daseinsbedingungen, also lediglich durch innergeistige Untersuchungen geistiger Gebilde eine *Weltanschauung* verstehen, ist idealistischer Wahn« (ebd., 288). K. Mannheim – so *M. Horkheimers* Schlussfolgerung – habe die materiellen Klassenkämpfe von den ideologischen Auseinandersetzungen entkoppelt, um nur deren Unangemessenheit oder Angemessenheit zur historischen Seinsentwicklung abzuklopfen. Es liege in der Mannheim'schen Konzeption ein »Bestreben« vor, »die geistigen Vorgänge von den groben Machtkämpfen der wirklichen Menschen ungetrübt zu denken«, so dass »jene unbestimmte Verbindung von Sein und Bewußtsein tatsächlich als ein bloß äußeres Beieinander, eben als schicksalhafte Fügung erscheint«. Konsequenterweise muss es daher »für ihn [K. Mannheim/Verfasser] die gemeinen Kämpfe des geschichtlichen Alltags und *daneben* auch die Gegensätze der Weltanschauungssysteme« geben (ebd., 289). Diese Exklusivität, diese Separation der Bewusstseinsformen von den materiellen Seinsbedingungen habe aber, so *M. Horkheimer*, eine bestimmte geistesgeschichtliche Tradition, von der K. Mannheim bestimmt werde: »Bei Mannheim verbindet sich Wissenssoziologie mit wichtigen Bestandteilen der Geschichtsphilosophie Diltheys« (ebd., 277). In dieser ungebrochenen Adaption des Dilthey'schen Denkens liege nicht nur die unmarxistische Substanz der Mannheim'schen *Denksoziologie*, sondern auch ihr beharrliches Festhalten am Idealismus: »Damit erweist sich die Mannheim'sche Wissenssoziologie ebenso wie die Dilthey'sche Geisteswissenschaft als Nachfolgerin der klassischen idealistischen Philosophie« (ebd., 279). Wer wie K. Mannheim Bewusstseinsphänomene als Teilmomente einer einheitlichen Gestaltung wie auch die *Weltanschauung* isoliert betrachte, also ohne ihr materielles Substrat, offenbare – so *M. Horkheimer* – »die Absicht einer Umbildung des marxistischen Ideologiebegriffs« (M. Horkheimer, 1987, 201).

Zum Zweiten der Vorwurf, dass K. Mannheim einer haltlosen Entleerung der Wahrheitskategorie zuarbeite. Auch wenn K. Mannheim einem metaphysischen, d.h. absolut geltenden Wahrheitsbegriff nicht mehr folge, so intendiere sein Konzept pluraler, weil nur partikular geltender Wahrheitsansprüche mehr als es eigentlich zurückweise. K. Mannheim müsse nämlich, über das bloße Konstatieren verschiedener Bewusstseinsformen und historisch wirksamer *Denkstile* hinaus, ein geschichtliches Richtmaß von Sinnwahrheit supponieren, damit die historisch sich manifestierenden Bewusstseinssysteme als ideologisch qualifiziert werden können. Gewissermaßen muss, so folgert *M. Horkheimer*, die Idee eines geschichtlichen wirksamen Wahrheitswertes unterstellt werden, um gemessen an diesen partikularen Bewusstseinsformen *seinsadäquates* bzw. *seinsinadäquates Denken* und Wissens ausweisen zu können. Letztlich kann die Ideologiehaftigkeit des Denkens, seiner Bewusstseinsformen ja nur entlang einer supponierten Teleologie von geschichtlicher Wahrheit qualifiziert werden, damit an diesem Maßstab entschieden werden kann, inwieweit das Bewusstsein und das Sein schon konform bzw. nicht mehr konform gehen. Die Ideologiehaftigkeit des Denkens müsse sich daher notwendigerweise an einem immer schon angenommenen Zustand, bei dem das Sein und das Denken sich wahrheitsadäquat zueinander zeigen, bemessen können – wenn auch nur als ein geschichtlicher Imperativ: »Wenn überhaupt jedes Denken als ideologisch gekennzeichnet werden kann, wird es offenbar, daß Ideologie ebenso wie Partikularität nichts anderes bedeutet als die Unangemessenheit an die ewige Wahrheit« (ebd., 290). *M. Horkheimers* These ist also, dass sich mit der Mannheim'schen Argumentationsfigur, es würde sich ohnehin eine geschichtliche Teleologie der Wahrheit durch den Geschichtsprozess von konkurrierenden *Weltanschauungen* und ihren Seinsideologien durcharbeiten, der idealistische Wahrheitsbegriff der Metaphysik hinterrücks rehabilitiert. Dieses stehe aber im Widerspruch zu K. Mannheims Überzeugung von der *seinsgebundenen Wahrheit*, die einen ewigen Wahrheitsbegriff relativieren wollte. Präzise hat *M. Horkheimer* das Fortleben des metaphysischen Wahrheitsbegriffs im Denken K. Mannheims aufgespürt: »Aber die Wissenssoziologie kennzeichnet – wie jede Metaphysik – alle Denkstandorte sub specie aeternitatis, nur daß sie die ewige Wahrheit noch nicht in Besitz genommen zu haben behauptet, sondern sich erst auf dem Wege zu ihrer Eroberung fühlt« (ebd., 284). Herzustellende Wahrheit als inhärenter Geschichtssinn müsse aber letztlich »Geschichte metaphysisch verklären«, d.h. im »Unnennbaren« fundieren, was nichts anderes bedeutet als die –

freilich säkularisierte – Wiederkehr »auf die in Europa (gegründete) Gotteslehre« (ebd., 281). Mit solcher bei der Metaphysik entliehenen »Selbsthypostasierung« von Geschichtssinn würde aber – so *M. Horkheimer* – die kritische Funktion der Wahrheitskategorie von jeglicher historisch-gesellschaftlichen Substanz, d.h. von den materialistisch-dialektischen Widersprüchen in den realen Geschichtsprozessen entleert; sie würde relativistisch im Sinne von beliebig. Aus dieser Haltung heraus gelänge auch »die Entfernung der Ideologiekritik aus dem Bereich der politischen Kritik«, was ja einen Kerngehalt der Marx'schen Ideologiekritik ausmache. Damit würde aber auch das Aufklärungsethos der *Denksoziologie* zentral in Frage gestellt, denn:

> »Wer die geschichtliche Bedingtheit geistiger Gehalte statt als Indiz ihrer Bezogenheit auf aktuelle menschliche Interessen vielmehr als disqualifizierendes Indiz ihrer bloßen Relativität und Unverbindlichkeit ansieht, bezeugt damit sein Desinteresse an den realen Problemen der endlichen, mit äußerer Lebensnot kämpfenden Menschen« (zit. nach R. Wiggershaus, 1986, 65).

M. Horkheimer sah folglich in der »Wissenssoziologie« bzw. *Denksoziologie* K. Mannheims eine affirmative Form der soziologischen Aufklärung, da sie sich konkreter Gesellschaftsanalysen zugunsten von *Weltanschauungsdeutungen* entzieht.

Zum Dritten der Vorwurf, K. Mannheim betreibe »eine geistesphilosophische Einbürgerung des Ideologiebegriffs«, die »gründlich von den Resten seiner anklägerischen Bedeutung gesäubert ist« (1987, 290). Auch hier, bei der Grundlegung des *Ideologiebegriffs*, warf *M. Horkheimer* K. Mannheim vor, was ein Grundtenor seiner vehementen Kritik ist: die Neutralisierung der realen gesellschaftlichen Widersprüche. Die Mannheim'sche *Ideologiekritik* verfahre in ihrer Analyse deshalb auch nur rein formal und nicht substantiell: »Er [K. Mannheim/Verfasser] sucht vielmehr nach Formenentsprechungen zwischen der sozialen Lage und der etwa im Sinne eines Idealtypus ausgedachten Weltanschauungstotalität«. Statt handfeste Interessen und materielle Bedingungen bei der Herausbildung von Bewusstseinsformen zu analysieren, würden nur »Stileigentümlichkeiten des Denkens oder Wertens« aufgesucht, die dann »idealtypischen Weltwollungen« zugeordnet werden. Eine formale Zuordnung, die wiederum »aufgrund sehr unbestimmter Überlegungen«, eine »Zugehörigkeit zu einer gesellschaftlichen Lage« anzeige (ebd., 287). Der Mannheim'sche Begriff der »Weltwollungen«, der ja ein gemeinschaftlich existenziales »*Engagiertsein*« von Menschen meint, wurde von *M. Horkheimer* als insgeheime Adaption der »Hegelschen

Lehre von den Volksgeistern« eingestuft, die unter den Begriffen »Weltwollungen oder objektive Strukturzusammenhänge wieder auferstehen« (ebd., 289). Zwar attestierte *M. Horkheimer*, dass das Mannheim'sche Ideologiekonzept »sich einer höchst radikalen Sprache und marxistischer Denkmittel bedient«, es löse jedoch die ideologiekritische Bewusstseinsaufklärung nicht ein, denn die »Aufmerksamkeit wird von der gesellschaftlichen Funktion der Ideologie auf innergeistige Erwägungen abgelenkt« (ebd., 293/294). Insgesamt bleibe die *denksoziologische Ideologiekritik* bei einer »idealistischen Umdeutung der bestehenden Widersprüche in die Gegensätze von Ideen, *Denkstilen* und *Weltanschauungssystemen*« stehen (ebd., 294). Alles sei in der Mannheim'schen *Ideologiekritik* zu kurz geraten, sei zu vordergründig auf die Ausdrucksformen von Bewusstseinsphänomenen begrenzt: »Der Aufweis der gesellschaftlichen Elemente in einer Erfahrung eines, des Denk- und Sehstils und was dazugehört, ist leerer Wissensbetrieb, wenn er nicht als Moment am Ganzen begriffen wird« (1988, 81). Gerade *M. Horkheimers* Bestreben, die Soziologie als Universalwissenschaft zu etablieren, indem sie das Projekt einer umfassenden Erkenntnis des historisch-gesellschaftlichen Entwicklungsprozesses fundiert und angeht, konnte letztlich mit einer *Ideologiekritik* Mannheim'scher Prägung nichts anfangen.

Zum Vierten der Vorwurf, dass K. Mannheim einen inhaltslosen Begriff der *Seinsgebundenheit* als Zentralkategorie seiner »Wissenssoziologie« bzw. *Denksoziologie* benutze, der den konkreten Gehalt des Marx'schen Seinsbegriffs, »nämlich die marxistische Einteilung der Gesellschaft in einander bekämpfende Klassen« ins Unbestimmte verwässere. Gerade weil der Mannheim'sche Seinsbegriff ohne eine »bestimmte Lehre von der Gliederung der Gesellschaft« sei, »bleiben wir über die tatsächliche Bedeutung der Seinsgebundenheit völlig im Unklaren«. Auch der Hinweis auf gesellschaftliche Gruppenzugehörigkeiten bleibe bei K. Mannheim formal, weil z.B. »die Zuordnung zu den durch Eigentumsverhältnisse gesonderten Gesellschaftsklassen« völlig fehle. Letztlich – so *M. Horkheimers* Fazit – schlage der Begriff der *Seinsgebundenheit* ins Nebulöse um, denn »der Ausdruck *seinsgebunden* bleibt ohne eine solche Theorie [gemeint ist die Marx'sche Gesellschaftstheorie/Verfasser] ganz inhaltslos und rücke in bedenkliche Nähe zu dem Begriff des Seins am Anfang der Hegel'schen Logik, wo er die dialektische Neigung hat, in den des Nichts umzuschlagen« (ebd., 291/292). Mit seiner Kategorie der *Seinsgebundenheit* würde K. Mannheim nicht nur den »Marxismus ins Abenteuerliche« steigern, sondern vielmehr die »spiritualistische Grundeinstellung dieser Art Soziologie« (ebd.) hervortreten lassen.

Soweit die inhaltliche Kritik *M. Horkheimers* an der *denksoziologischen* Grundlegung der Mannheim'schen *Ideologiekritik*. Zunächst kann man unabhängig von der inhaltlichen Differenz die Kritik *M. Horkheimers* unter zwei getrennt zu betrachtenden Gesichtspunkten bewerten: zum einen unter dem Gesichtspunkt einer institutionspolitischen Konkurrenzsituation an der damaligen Universität Frankfurt und zum anderen unter dem Gesichtspunkt, dass die *denksoziologische Weltanschauungsanalyse* im Prinzip den Marxismus unter einen weltanschaulichen Ideologieverdacht stellte. Dies bedeutete aber, dass damit auch die Adaption des Marxismus durch die Kritische Theorie ebenso zur weltanschaulichen Haltung reduziert wurde. K. Mannheims Einschätzung des Marxismus als einem historisch zwar wirksamen, aber im Grunde vorübergehenden Weltanschauungssystem, wirkte sich somit relativierend auf das zentrale Denkmotiv der Kritischen Theorie aus, die marxistische Welterklärung zur ultima ratio der modernen Sozialforschung zu erheben. Für K. Mannheim war die damalige marxistische Theorie zwar die fortgeschrittenste *Weltanschauung*, weil sie der historisch-sozialen Lage geistig entsprach, also deren *seinsadäquater* Ausdruck war, sie stellte jedoch für ihn nur eine der divergenten weltanschaulich-politischen Denkweisen dar, die innerhalb des intellektuellen Meinungsspektrums der Weimarer Zeit um die Deutungshoheit kämpften. K. Mannheims Vortrag auf dem Züricher Soziologentag »Die Bedeutung der Konkurrenz im Gebiete des Geistes« (1928/1982) thematisiert zwar die dynamischen Strukturmomente der Generation und der Konkurrenz für die Entwicklung des Geistes, dieser Vortrag stellt sich jedoch im Nachhinein auch als biografische Paraphrase dar, der die konkurrierende Situation zwischen *M. Horkheimer* und *T. W. Adorno* und K. Mannheim an der damaligen Frankfurter Universität konkretisiert.

Was war der Hintergrund dieser institutionspolitischen Konkurrenzsituation um die inhaltliche Ausrichtung einer Soziologie, die sich der Ideologiekritik programmatisch verschrieb? Als K. Mannheim 1930 als Professor für Soziologie an die Frankfurter Universität berufen wurde, gehörten sowohl *M. Horkheimer* und *T. W. Adorno* als auch K. Mannheim zu den führenden Repräsentanten »einer geistigen Linken, die sich um das Jahr 1930 in der philosophischen Fakultät« der Frankfurter Universität »formierte« und die dort »zum ersten Mal systematisch Ideologie und Ideologiekritik« lehrte, wie auch als soziologische Forschungsprogrammatik aufbaute (K. Korn, zit. nach R. Wiggershaus, 1986, 129). K. Mannheim, der seine Assistenten und Schüler aus Heidelberg (u.a. N. Elias, H. Speier) mitbrachte, um die *denksoziologische Ideologiekritik* an der Frankfurter Universität voranzutreiben, wurde von den Vertretern des Instituts für Sozialforschung, maßgeblich von *M. Horkheimer* und *T. W. Adorno* als Repräsentant der Heidelberger Soziologie eingestuft. Dies wird u.a. sehr deutlich in der Kritik *T. W. Adornos* an K. Mannheim, in der *T. W. Adorno* eine enge Beziehung zur »wertfreien Soziologie« Max Webers zieht: »Was gegen Mannheim gesagt ist, trifft noch Max Weber, das Schulhaupt« (T. W. Adorno, GS 20/1, 1986, 44). Auf die Kritik *T. W. Adornos* wird noch näher einzugehen sein. Um die Differenz geografisch zu sektorieren: K. Mannheims Projekt einer Aufklärungssoziologie als *Ideologiekritik* versuchte seine *Denksoziologie* in der Fortführung der Heidelberger Soziologie zu etablieren, während *M. Horkheimer* und *T. W. Adorno* strikt an der Frankfurter Programmatik einer marxistisch gewendeten Soziologie als Universalwissenschaft festhielten. Obwohl räumlich in der Frankfurter Universität benachbart, waren das Institut für Soziologie und das soziologische Seminar K. Mannheims konkurrierende Wissensunternehmen im Kampf um die Anerkennung innerhalb der soziologischen Zunft. Diese Konkurrenzsituation war nicht zufällig, sondern vom damaligen Universitätskurator der Frankfurter Universität, Riezler, intendiert, denn dessen Pläne gingen dahin einerseits die »zwischendisziplinäre Forschung zu fördern wie auch andererseits ›eine gewisse Konkurrenz zum Institut für Sozialforschung‹ zu etablieren‹« (U. Matthiesen, 1989, 82). Vor diesem Hintergrund ist auch verständlich, dass *M. Horkheimer* die Berufung K. Mannheims respektlos kommentierte, indem er universitäre Qualifikationsschriften K. Mannheims geradezu polemisch abqualifizierte: Er spricht diesbezüglich von einer »schmalen Dissertationsschrift und einer schlanken Habilitationsschrift« (zit. nach N. Hammerstein, 1989, 81).

Neben dieser institutionspolitischen Konkurrenzsituation, die gewiss den aversiven Unterton nicht aber die inhaltliche Dignität der Kritik *M. Horkheimers* an K. Mannheim erklärbar macht, kommt noch ein weiteres konkurrierendes Moment hinzu. Zwar hatte das Institut für Sozialforschung innerhalb der »geistigen Linken« an der Frankfurter Universität die Meinungsführerschaft, aber innerhalb der aufstrebenden Zunft der Fachsoziologen war K. Mannheim nach seinem Wechsel von Heidelberg nach Frankfurt längst zum geistigen »Wortführer der neuen Soziologengeneration« geworden (U. Matthiesen, 1989, 85). *M. Horkheimers* und *T. W. Adornos* Projekt einer Soziologie als einer dialektisch-materialistischen Universalwissenschaft, die sich der Erkenntnis des historisch-gesellschaftlichen Gesamtprozesses annehmen sollte, widersprach dem damaligen Mainstream der Fachsoziologen. Ein solches Projekt wurde, trotz seiner analytischen Schärfe, nicht nur für »größenwahnsinnig« eingeschätzt (R. Wiggershaus, 1986, 130), sondern auch als fachdisziplinäre Entgrenzung empfunden. Dagegen war sich K. Mannheims *Denksoziologie* der fachsoziologischen Akzeptanz sicher; auch weil seine *denksoziologische* Forschungsprogrammatik »engagierter [...] für die handlungs- und politikanleitende Kraft soziologischen Fachwissens« optierte (ebd.). Zudem hatte K. Mannheims Buch »Ideologie und Utopie« sowohl in der interessierten Öffentlichkeit als auch unter den Fachsoziologen einen durchschlagenden Erfolg, denn es traf den Nerv der damaligen geistigen Lage, die durch den Widerstreit zwischen marxistischer und immer noch idealistischer *Weltanschauung* gekennzeichnet war. All dies mag ein subtiler Hintergrund für die vehemente Kritik an der Denkposition K. Mannheims sein; auch deshalb, weil sich K. Mannheim nicht eindeutig als weltanschaulicher Gegner verorten ließ, denn seine Position, die er in seinem Buch »Ideologie und Utopie« inskribiert hat, ist die eines totalen Ideologieverdachts gegen alle Denksysteme und weltanschauliche Positionen, gleich welcher Couleur. Dies aber konnte von der Kritischen Theorie nicht angenommen werden, sondern nur als Pseudoradikalität abgetan werden.

In der Sichtweise der Kritischen Theorie war K. Mannheims Soziologieverständnis nicht radikal und revolutionär, sondern reformerisch. Ihr kritischer Impetus zielte allein auf eine zeitgemäße Orientierungs- und Handlungswissenschaft, die sich der weltanschaulichen Bindungen und Befangenheiten der Bewusstseinsphänomene durch *denksoziologische* Analysen bewusst werden sollte. Anstatt eben das kritische Totalverdikt gegen die Gesellschaft auszusprechen, wie dies die Kritische Theorie tat, versuchte der kritische Denkansatz K. Mannheims den geschichtlichen Klärungsprozess des *seinsadäquaten Denkens* mit *denksoziologischen Mitteln* voranzubringen. Obwohl beide Soziologien, die der Kritischen Theorie und die K. Mannheims unter einem universitären Dach arbeiteten und beide das Projekt der *Ideologiekritik* verfolgten, gab es keinen produktiv-kritischen Dialog. Dies wird an einem biografischen Detail sehr deutlich. Der einzige geistige Begegnungsort zwischen *M. Horkheimer, T. W. Adorno* und K. Mannheim war das »Frankfurter Kränzchen«. In diesem »Frankfurter Diskussionskreis um Paul Tillich [...] an dem neben Mannheim auch Horkheimer und Adorno intensiv teilnahmen, sollen beide heftige Angriffe gegen Mannheim losgelassen haben«. (vgl. U. Matthiesen, 1989, 84). Diese Angriffe zielten durchweg auf die –

wie die Kritik *M. Horkheimers* behauptete – »idealistische Überspanntheit« im Denken K. Mannheims (M. Horkheimer, 1988, 249).

K. Mannheim soll dieser Kritik gegenüber eine »auffällig reservierte Haltung eingenommen haben« (U. Matthiesen, 1989, 84). Man kann auch sagen, dass sich K. Mannheim der marxistisch-dialektischen Ausschließlichkeitslehre deshalb nicht beugen wollte, weil er den intellektuellen Widerstreit zwischen den weltanschaulichen Positionen bereits für ein Symptom der notwendigen Konkurrenz im Geistigen hielt.

Bevor hier dezidiert auf die Kritik an K. Mannheim eingegangen wird, sollte zunächst noch die Kritik *T. W. Adornos* reformuliert werden. Die maßgebliche Kritik *T. W. Adornos* an K. Mannheim ist in den beiden Schriften »Das Bewusstsein der Wissenssoziologie« (GS, Band 10.1., 1997, 31 ff.) und »Neue wertfreie Soziologie« (GS, Band 20.1., 1986, 17 ff.) formuliert. Zudem gibt es knappe Passagen der Kritik in der »Negativen Dialektik« (GS, Band 6, 1996, 98) und in der Schrift »Die Aktualität der Philosophie« (GS, Band 1, 1997^{2}, 342). Ähnlich wie die Kritik *M. Horkheimers* ist die Kritik *T. W. Adornos* eine stark marxistisch instrumentierte Kritik. Auch diese Kritik ist vehement und spart nicht mit polemischen Vorwürfen. *T. W. Adorno* hat selbst – rückblickend auf seine Kritik an K. Mannheim – davon gesprochen, dass diese Kritik der marxistischste Text gewesen sei, den er jemals geschrieben habe. Sieht man sich in der Summe diese Kritik im Einzelnen an, wird das parallele Argumentationsmuster zur Kritik *M. Horkheimers* an K. Mannheim offensichtlich. Es ist nicht von der Hand zu weisen, dass *T. W. Adorno* nicht nur die gemeinsamen Interessen des Instituts für Sozialforschung gegen die aufkommende institutionelle Konkurrenz durch das Mannheim-Seminar verteidigen wollte, sondern auch in der Art einer unterstützenden Erfüllungsfunktion die vehemente Ablehnung *M. Horkheimers* mit übernommen hat. Diese Einschätzung stützt sich auf das besondere Abhängigkeitsverhältnis von *T. W. Adorno* zu *M. Horkheimer*, das R. Wiggershaus hervorhebt: »Adorno passte auch ausgezeichnet in die psychologische Struktur des Horkheimerkreises. Er war auf Horkheimer fixiert und auf alle anderen eifersüchtig« (1986, 183). Die Vehemenz der Kritik *T. W. Adornos* an der Denkweise K. Mannheims erscheint so in einem anderen Licht: Sie hat ihren innerpsychischen Ausgangspunkt in dem Versuch, mit dieser Kritik ein Stück Wohlgefallen *M. Horkheimers* einzuholen. Das Projekt der Entwicklung einer originären »dialektischen Logik«, mit *M. Horkheimer* zusammen »zu schreiben«, also gewissermaßen das epistemologische Feld des Instituts für Sozialforschung zu bestellen, ist eine Sache. Eine andere ist die wütende Kritik an der Ideologieforschung K. Mannheims, die ja gar keinen Angriff auf das Paradigma der Kritischen Theorie darstellte. Kritiken im Felde der theoretischen Begründungen zeigen somit nicht nur inhaltliche Divergenzen auf, sondern sind auch – ihrer Ausdrucksform nach – Symptom von institutionellen Reibereien, gruppenpsychologischen Settings und individuellen Animositäten. Auch diese Momente bestimmen einen *Denkstil*, der sich in kritischen Abgrenzungen und Auseinandersetzungen dokumentiert.

Was sind nun – in aller Kürze – die inhaltlichen Kritikpunkte, die *T. W. Adorno* an der Denkposition K. Mannheims formuliert? Es sind folgende aufzuführen:

Erstens die Feststellung, dass K. Mannheim eine »zahnlose Kritik« betreibe, weil diese Kritik gesellschaftliche Phänomene wie quasi-empirische Tatsachen hinnehme und dabei würden »soziale Antagonismen tendenziell nivelliert«. Dieser Nivellierungseffekt würde auch am Mannheim'schen Gesellschaftsbegriff deutlich, weil der reale, antagonistische Prozess der Gesellschaft »im Sinne eines mittleren Ausgleichs der Widersprüche in der Gesellschaft zum Verschwinden gebracht« werde. Zwar »bedient er [K. Mannheim/Verfasser] sich sozialkritischer Termini«, aber diesen »nimmt« er »zugleich den Stachel« der Kritik, so dass also alles im »Gestus harmloser Kritik« verbleibe. Gewissermaßen praktiziere K. Mannheim eine weltanschaulich-politische Neutralität, die die gesellschaftliche Integration als Funktion gesellschaftlicher Selbsterhaltung fortschreibt (1997, 31/32). In seiner zweiten Kritikschrift »Neue wertfreie Soziologie« (1986) hat *T. W. Adorno* diese »zahnlose Kritik« als phänomenologische »Hinnahme des jeweils Erscheinenden« bezeichnet, die »eine Überschätzung des Erscheinenden selber« darstellt und das »Kernprinzip [...] eines jeglichen Positivismus« ausmacht (ebd., 21). Zwar folge K. Mannheim nicht unmittelbar der positivistischen Soziologie, jedoch in der Art seiner »generalisierenden Soziologie« übernehme er ungeprüft das »generalisierende Verfahren« des »Positivismus, der die Phänomene *als solche* hinnimmt und sie dann klassifikatorisch nach Allgemeinbegriffen aufteilt« (ebd., 20/22). Die »Konsequenz aber des Positivismus« werde gleichfalls mitübernommen:

> »Eine Nivellierung der gesellschaftlichen Vorgänge auf eben jene statischen und geschlossenen Begriffe hin, die Widersprüche und Spannungen der Klassengesellschaft weiterhin verschwinden macht und ihre und die eigentlichen *Wirkkräfte* nur als subtile Modifikationen und Korrekturen des Begriffsapparates noch sichtbar werden läßt« (ebd., 22).

Zweitens, und dies hängt unmittelbar mit dem Denkgestus »einer *vorurteilsfreien* Registrierung der Phänomene« (ebd.) zusammen, bevorzuge K. Mannheim eine formal soziologische Deskriptionsweise, die die Totalität des gesellschaftlichen Prozesses nicht nur in unzulässiger Weise von der »politischen Ökonomie« abhebe (ebd. 21), sondern auch auf gesellschaftliche Integrationsfähigkeit hin konzeptualisiere (ebd. 23). Dies werde exemplarisch am Mannheim'schen Elitekonzept deutlich, denn »als Organon der Integration betrachtet Mannheim die Eliten« als »die Vollstrecker jener gesellschaftlichen Vernünftigkeit« (ebd., 24), die angesichts der anstehenden »Kulturkrise« der Moderne durchgesetzt werden muss. Ähnlich wie schon *M. Horkheimer*, der K. Mannheim eine bloß formal soziologische Analyse attestiert hat, kritisiert *T. W. Adorno* am Mannheim'schen Elitebegriff, dass dieser ohne eine Analyse der historisch-gesellschaftlichen Genese der Machtbedingungen von Eliten auskommt. Die Elitentheorie K. Mannheims sei, so *T. W. Adorno*, eine Angleichung ans »idealistische Kulturkrisengeschwätz« (1997, 36), dessen Kulturpessimismus nur den Niedergang der Elitenfunktion in der Moderne beklagt. Indem K. Mannheim eine »wesentliche Störung der Elitebildung in der angeblich *fundamentaldemokratischen* Gesellschaft« konstatiere (1986, 24), verschwindet ihre klassische »Kulturträgerfunktion« (1997, 36) und damit ihre kulturelle Integrationskraft. In der demokratischen Massengesellschaft fallen die geistigen Eliten ohnehin der zunehmenden Proletarisierung anheim. Entscheidend an der Elitentheorie K. Mannheims sei aber, so *T. W. Adornos* abschließendes Urteil, dass mit dem »sorgsam formal gehaltenen Elitebegriff« eigentlich »von den inhaltlichen, materiellen Bedingungen seiner Konstitution abgesehen wird« (ebd.). Diese Kritik *T. W. Adornos* ist durchweg auf den Mannheim'schen Aufsatz »Mensch und Gesellschaft im Zeitalter des Umbaus« (1958) bezogen. Die Stoßrichtung dieser Kritik geht über diesen Aufsatz hinaus, denn hier wie auch in den anderen Schriften K. Mannheims könne die »soziologische Generalisierung« (1986, 23), die Mannheim vornehme, den materiell gesellschaftlichen Antagonismen nicht gerecht werden. K. Mannheims Elitetheorie »reiße den prinzipiellen Zusammenhang von Besitz und Leistung auseinander« (1997, 35) und »trennt eben so willkürlich funktionell Zusammengehöriges« anstatt die »Scheidung von Besitz- und Leistungsprinzip« (1986, 28) formal soziologisch zu rechtfertigen.

Drittens moniert *T. W. Adorno*, und dafür ist seine Elitentheorie ebenso ein Exempel, dass K. Mannheim an der bloßen Bewusstseinsstruktur ansetze und das Phänomen der Kulturträgerschaft rein auf ihre Sinngeltung reduziere. Im Kern lautet dieser Vorwurf, dass K. Mannheim nicht nur die idealistische Denkweise rehabilitiert, sondern sogar auf einen »vor-Hegelschen Standpunkt« zurückfalle (ebd., 32). Damit »setzt er aber eine Übereinstimmung von gesellschaftlichem und individuellem Sein gewissermaßen voraus, deren Nichtexistenz einen der vordringlichsten Gegenstände der Kritischen Theorie bildet« (1997, 36). Paradigmatisch laufe die Soziologie der Kritischen Theorie und die Mannheim'sche Soziologie vollkommen auseinander. Dies sei nicht nur der unterschiedlichen Anbindung an Materialismus einerseits und Idealismus andererseits geschuldet; es läge auch am »Charakter der Mannheimschen Soziologie« insgesamt, denn: »Sie bleibt Symptomdenken nicht nur in der Elitentheorie« (1986, 45). Dafür spräche u.a., dass K. Mannheim versuche, die gesellschaftliche Dynamik der Moderne mit vitalistischen Begriffen, wie dem Lebensbegriff, (vgl. ebd. 46) soziologisch einzuholen. Formale Gestaltanalysen und vitalistische Grundbegrifflichkeiten würden weitgehend die generalisierende Soziologie K. Mannheims bestimmen. Dagegen – *so T. W. Adorno* – formiert sich die Kritische Theorie, die eine gesellschaftskritische Soziologie auf der Basis dialektisch-materialistischer Begriffe ist.

Viertens setzt sich die Kritik *T. W. Adornos* mit der *Denkmethode*, dem methodischen Vorgehen K. Mannheims auseinander. Hierbei formuliert *T. W. Adorno* im Kern fünf zentrale Einsprüche: 1. Dialektische Begriffe werden in klassifikatorische übersetzt, wodurch »von den Bedingungen der realen gesellschaftlichen *Macht* [...] abgesehen wird« (ebd., 36). 2. Historische Prozesse werden nicht als dialektisch-materialistische Prozesse aufgefasst, sondern eher »als fließend wechselnde Verhaltensweisen des vergesellschaftlichten Menschen schlechthin [...] interpretiert, indem die bestimmenden Gegensätze verschwinden«. Dadurch aber muss dem Geschichtsprozess zwangsläufig ein »einstimmig gesellschaftliches Gesamtsubjekt« (1997, 36/37) als Steuerungsinstanz unterstellt werden. Die bereits von T. W. Adorno kritisierte Nivellierung von gesellschaftlichen Macht- und Herrschaftsverhältnissen wird bereits am denkmethodischen Ansatz K. Mannheims erkannt. 3. Mannheims Utopiegedanke, d.h. die Vorstellung vernunftgeleiteter gesellschaftlicher Planung, aufgebaut auf rationale Einigungsprozesse und vertreten durch die geistige Elite, verdeckt im Grunde den konstitutiven Widerspruchscharakter der Gesellschaft. 4. Mit dem ungebrochenen idealistischen Denkansatz K. Mannheims geht auch eine »Freiheit der abstrahierenden Begriffe« einher, die denkmethodisch das Bewusstsein vor den Primat des Seins setzt. Dagegen setzt *T. W. Adorno* sein konträr methodisches

Credo: »Die These vom Primat des Seins übers Bewusstsein schließt die methodische Forderung ein, Begriffe nicht nach dem Maßstab denkpraktisch-zweckmäßiger Merkmalseinheiten zu bilden und zu verifizieren, sondern in ihrer Bildung und Bewegung die Bewegungstendenzen der Wirklichkeit auszudrücken«. Gegen diese »Forderung«, so *T. W. Adornos* Fazit, »hat sich das Bewusstsein der Wissenssoziologie gesperrt« (ebd., 38). Daraufhin muss die Schlussfolgerung *T. W. Adornos* hart ausfallen: K. Mannheims Soziologie wirke »auf die Realität wie Hohn« (ebd., 39).

Ganz im Sinne der Generalabrechnung *M. Horkheimers* mit der Denksoziologie K. Mannheims wird auch diese von *T. W. Adorno* der politischen Folgenlosigkeit, allenfalls des Bewusstseinsreformismus, der einem politischen Veränderungsillusionismus unterliegt, verdächtigt: »Soziologie meint im Ursprung Kritik der Prinzipien der Gesellschaft« und nicht eben gelehrte Reflexion über »illustre gesellschaftliche Phänomene« (ebd., 43). Weil eben die Mannheim'sche Bewusstseinskritik nicht an den materiellen Bedingungen ansetzt, sondern nur immanent an ihren historischen Ausdrucksformen, bleibt sie Sozialreformismus – ein Sozialreformismus in der Hoffnung, dass allein Bewusstseinsaufklärungen zu Änderungen gesellschaftlichen Seins führen:

»Dieser wohlerfahrene und demütigende Materialismus ist das Reversbild eines Idealismus der Geschichtsbetrachtung, dem Mannheim in der Konstruktion, insbesondere von Rationalität und Fortschritt sonst verschworen bleibt, und demzufolge Änderungen des Bewusstseins es gar vermögen sollen, das Aufbauprinzip der Gesellschaft sozusagen von innen heraus aus den Angeln zu heben« (ebd., 44).

Lässt man die Kritiken von *M. Horkheimer* und von *T. W. Adorno* Revue passieren, so stechen zwei Vorwürfe hervor: Zum einen die mangelnde dialektisch-marxistische Begrifflichkeit, wenn es um das dialektisch gefasste Interdependenzverhältnis von Bewusstseins- bzw. Denkformen und gesellschaftlicher Seinsweise geht, zum anderen die methodische Unzulässigkeit des *denksoziologischen* Ansatzes, weil er nicht nur klassifikatorisch verfährt, sondern darüber hinaus mit Entsprechungszurechnungen arbeitet. Diese müssen das Phänomen des ideologischen Bewusstseins verfehlen, denn »ohne die Frage der Wahrheit oder Unwahrheit der Inhalte selbst [...] aufkommen zu lassen«, kann ein kategorial gefasster Ideologiebegriff, »formal als Zuordnung bestimmter Bewusstseinsinhalte an bestimmte Gruppen«, methodisch nur unkritisch fungieren (1997^2, 341). Zum

Vorwurf einer ungenügenden Adaption des Marxismus hat sich K. Mannheim dezidiert in seiner Schrift »Die Eigenart der kultursoziologischen Erklärung« (1980, 33 ff.) geäußert. Dort heißt es in Abgrenzung zum Marxismus:

> »Wenn man auch nicht, wie Marx, die ideologischen Momente letzten Endes stets an den Produktionsverhältnissen wird ableiten wollen, so wird doch eine jede soziologische Untersuchung in irgendeiner Form darauf hinauslaufen, die theoretischen Zusammenhänge aus außertheoretischen Konstellationen ableiten zu wollen« (ebd., 90).

Das heißt, der Rückgang auf die Produktionsverhältnisse allein reicht nicht aus, sondern auch andere »gesellschaftsbildende Faktoren« (ebd., 108) müssen herangezogen werden. Und mit Blick auf die sozioökonomischen Faktoren, die im Marxismus ausschlaggebend sind, schränkt er deren unmittelbaren Determinismus ein: denn deren unmittelbarer Wirkungszusammenhang auf die Menschen sei »vom innerlichen Erlebniszentrum zu fernliegend«, als dass damit die »sublimeren Erscheinungen« (gemeint sind damit die geistig-kulturellen!) erklärt werden können (ebd.). Gerade *Weltanschauungen* und die mit ihnen verbundenen *Denkstilmuster* lassen sich – so K. Mannheims antimarxistisches Credo – nicht in eine Ableitung oder einen kausalen Bedingungszusammenhang zu den ökonomischen Verhältnissen bringen; ihnen muss eine relative Autonomie im gesellschaftlichen wie geschichtlichen Entwicklungsprozess zugestanden werden. Was man nur *denksoziologisch* machen kann, ist die typologische Konstruktion von Entsprechungsmustern, die sich zwischen *Weltanschauungen* und sozialen Seinsweisen von Kollektiven aufweisen lassen. Bezogen auf die Kritiken von *M. Horkheimer* und von *T. W. Adorno* umgeht K. Mannheim also die materialistisch gefasste Dialektik von Seins- und Bewusstseinskategorien, bei der die Bewusstseinskategorien letztlich von der dialektischen Bewegung des ökonomischen Prozesses abhängen. K. Mannheims Entsprechungslogik zeigt nämlich nichts anderes auf als eine *Wahlverwandtschaft* zwischen dem geistigen Gebilde *Weltanschauung* und der lebensweltlich strukturierten *Sozialwelt* von gesellschaftlichen Daseins- bzw. Seinsweisen. Der Begriff der *Wahlverwandtschaft* taucht bei K. Mannheim nirgends auf, auch nicht dort, wo er den Entsprechungsbegriff als methodischen Angelbegriff ausweist. Gleichwohl kann man diesen *goethischen Begriff* hier explizieren, um das Mannheim'sche Entsprechungsprinzip gegen seine kausale Verfassung abzugrenzen. *M. Horkheimer* und *T. W. Adorno* haben ja moniert, dass die Entsprechungsmethode eine unzureichende Kausalerklärung abliefert, um den determinierenden Einfluss von gesellschaftlichen Realfaktoren auf Idealfaktoren aufzuzeigen. Damit fixieren sie jedoch den Begriff der Entsprechung methodologisch auf ein Erklärungsmuster, das nach kausalen Bedingungszusammenhängen fragt. Fasst man hingegen den Entsprechungsbegriff nach der Bedeutungslesart des *Wahlverwandtschaftsbegriffs* auf, so entfällt die Bedeutung von kausalen Erklärungen. Der Begriff der *Wahlverwandtschaft* meint nichts anderes als eine »bestimmte strukturelle Analogie«, die zwischen disparaten Entitäten bestehen können. Danach gibt es neben den kausalen Zusammenhängen auch noch eine »geistige Nähe«, eine »Verwandtschaft« der Ausdrucksformen, die in originärer Weise geistige Korrespondenzen oder Konvergenzen zwischen diesen Entitäten erscheinen lassen. Der Begriff der *Wahlverwandtschaft* vermag also eine »strukturelle Homologie« aufzuzeigen, die möglicherweise zwischen dem Sozialen und dem Geistigen besteht, damit beide Bereiche in ihrer gelebten und erlebbaren Sinnhaftigkeit konvergieren (vgl. hierzu, M. Löwy, 1997, 14/20). Ein solches Verhältnis der sinnhaften *Wahlverwandtschaft* hat ja auch M. Weber mit seiner Studie zum Entsprechungszusammenhang von protestantischer Ethik und dem Geist des Kapitalismus geliefert. Man kann unterstellen, dass der Entsprechungsbegriff bei K. Mannheim eher aus dem Sinnverstehen M. Webers und nicht aus dem Schatten kausaler Erklärungsmuster stammt, die einem Ableitungsdeterminismus folgen. Der von *T. W. Adorno* in der Schrift »Neue wertfreie Soziologie« (1986) geäußerte Verdacht, dass die »generalisierende Soziologie« K. Mannheims von der »Affinität zu Weber beherrscht« würde, erweist sich damit als triftig. Gleichwohl muss dies nicht heißen, dass eine *Denksoziologie*, die sich der soziologischen Erhellung von *Weltanschauungsmustern*, ob nun synchron oder diachron, zuwendet, sich unbedingt einem *Weltanschauungstypus* überlassen muss, der ausschließlich die Wahrheit seiner Erkenntnis- und Wissensproduktion aus der Erklärungskraft des Marxismus zieht; auch wenn dieser – wie *M. Horkheimer* und *T. W. Adorno* planten – durch die Gesellschaftstheorie der Kritischen Theorie politisch entdogmatisiert und seiner geschichtsphilosophischen Bestimmung zugeführt werden sollte.

Die Kritik an der *denksoziologischen* Konzeption K. Mannheims, ob sie nun von *E. R. Curtius* vorgetragen oder von der Kritischen Theorie scharf ins intellektuelle Feld der Marxismusauseinandersetzung gebracht wurde, spiegelt insgesamt etwas wieder, was jenseits der inhaltlichen Argumente dem Mannheim'schen Denkansatz in die Hände spielt: dass nämlich durch eine denksoziologische Vergleichsanalyse der verschiedenen *Denkstandorte* ihre implizit gesetzten Ausschließlichkeitsansprüche relativiert und als typisch intellektuelle Ausdrucksformen der jeweiligen historisch-sozialen Seinssituation erkennbar werden. Eine solche historisch-soziale Situation war die Weimarer Republik mit ihren geistigen Debatten, die der vorhandenen Krise von tradierten Weltauslegungssystemen in einer »sozial aufgelockerten Situation« (K. Mannheim, Ideologie und Utopie, 1985, 76) erneut weltanschauliche Orientierungsmuster andienen wollten. Die Kritik an K. Mannheim hat durchweg versäumt, auch wenn sie konstruktive und begriffliche Schwächen seiner *Denksoziologie* scharfsinnig aufdeckte, in der Mannheim'schen Konzeption von der *Seinsgebundenheit des Denkens* den selbstreflexiven Spiegel zu erkennen, der die eigenen Bemühungen um eine Monopolisierung ihrer Weltanschauungsansprüche relativiert. K. Mannheims biografisch-intellektuell bedingter Habitus, ein »Wanderer zwischen den wissenschaftlichen Disziplinen« (W. Hofmann, 1996, 34) zu sein, disponierte ihn zu einer weltanschaulichen Ortlosigkeit; diese aber ist von der Kritik an ihm nicht als Chance begriffen worden, über die damalige Lager-Mentalität – auch in den sozialwissenschaftlichen Denkweisen – hinauszukommen.

8. Schlussbemerkung: Zwischen Agonalität und Synthese?

> *»... meaningful disagreement.«*
> *(D. Davidson)*

Diese Schlussbemerkung stellt keine Konklusion aller bisherigen Darlegungen und Argumente dar. Außerdem soll hier auch keine Verortung der *Denksozologie* K. Mannheims in das gegenwärtige Theoriespektrum der Soziologie, speziell der Wissenssoziologie vorgenommen werden. Dafür genügt ein Blick in die zahlreichen Einführungsbände zur Wissenssoziologie, die seit Jahren das Wiederlesen und die Interpretationen der Originalschriften verkümmern lassen.

Was im Rahmen dieser Schlussbemerkung ansteht, und was auch der zugrunde liegenden Rekonstruktionsidee dieser gesamten Interpretationsstudie entspricht, ist etwas völlig anderes. Es geht nachfolgend um eine begriffliche Zuspitzung, die die argumentative Grundstruktur des *denksoziologischen* Theoriekonzepts K. Mannheims behandelt. Im extensiven Durchgang durch dieses Theoriekonzept ist nämlich deutlich geworden, dass das Argumentationsmuster des gesamten *denksoziologischen* Ansatzes von K. Mannheim von zwei basalen Strukturmerkmalen bestimmt ist: von der *Agonalität* und von der *Synthese. Agonalität* wie auch *Synthese* sind dabei nicht etwa zwei bevorzugte Gegenstandsbereiche, die die Mannheim'sche *Denksoziologie* analysiert; sie sind vielmehr originäre denkstilistische Strukturelemente der Denkweise K. Mannheims selbst, die strukturbildend die Form, die Gestalt der Mannheim'schen *Denksoziologie* ausmachen. Da diese beiden Strukturelemente denkstilistischen und nicht epistemolgischen Charakters sind, wurden sie auch nicht unter den epistemologischen Prämissen behandelt, wie sie im 3. Kapitel unter den Stichworten: *Wahrheitswert, Relationalität* und »*konjunktives Erkennen*« (K. Mannheim) thematisiert worden sind. Es handelt sich bei diesen Strukturelementen eben nicht um erkenntnistheoretische Grundlegungen der *Denksoziologie* K. Mannheims, also um epistemische Kategorien, die letztlich den rationalen Begründungs- und Rechtfertigungszusammenhang der Mannheim'schen Theorie ausweisen. Eher sind sie basale Strukturelemente des Denkhabitus, der die argumentative Grundstruktur des *denksoziologischen* Begründungskonzepts K. Mannheims insgesamt beherrscht. Natürlich gibt es sinnadäquate Entsprechungen zu den vorgenannten epistemologischen Prämissen, diese denkstilistischen Strukturelemente haben jedoch selber keinen epistemologischen Erkenntnisstatus, da sie weder auf Wahrheits- bzw. Geltungsansprüche noch auf Rechtfertigungsbegründungen der Theorie der *Denksoziologie* abzielen.

Wenden wir uns zunächst dem ersten Strukturelement, dem der *Agonalität* zu. Das Strukturmerkmal tritt in den Mannheim'schen Ausführungen in mehrfacher Bedeutungsform auf. Summarisch, und ohne noch einmal diese Ausführungen zu wiederholen, lässt sich die *Agonalität* für folgende Argumentationskontexte bei K. Mannheim reklamieren:

1. *Agonalität* ist ein wesentliches Moment des *seinsverbundenen Denkens*, wenn es um die ideologischen Auseinandersetzungen im politischen Diskurszusammenhang geht; wenn es also um das kollektive »*Interessiertsein*« von sozialen Gruppierungen geht, die ihr Interesse an einer bestimmten Wirklichkeitsauffassung *gegen* andere Gruppierungen durchsetzen wollen. Hier ist das Moment der *Interessenkonkurrenz* maßgeblich. Die *Agonalität* ist eine sozialstrukturelle, da das »*Interessiertsein*« gekoppelt ist mit den sozialen Positionierungen im sozialen Raum, die die jeweiligen *geistigen Trägerschichten* mit ihrem gemeinschaftlichen »*Interessiertsein*« einnehmen.
2. *Agonalität* besteht in fundamentaler Weise zwischen den weltanschaulichen Denkweisen, die in Form unterschiedlicher *Denkstile* von Kollektiven sichtbar werden. Hier handelt es sich um unterschiedliche perspektivische Sichtweisen auf die Welt, die sich als Totalanschauungen, also generellen *Weltanschauungsmustern* von Kollektiven aufgrund divergenter Erlebniserfahrungen ergeben. In dieser *Agonalitätsbestimmung* kommt das grundlegende Prinzip zum Ausdruck, dass es keine einheitliche Weltsicht, sondern nur

verschiedene Sichtindexikalitäten auf die Wirklichkeit gibt. Es handelt sich also um eine *Agonalität* von Weltsichten, von *Weltanschauungsmustern*. Diese *Agonalität* ist darauf zurückzuführen, dass das Denken immer *seinsgebunden* ist; dass es also abhängig ist von divergenten »*Weltwollungen*«, die niemals identisch und für soziale Gemeinschaften ungleich sind. Es handelt sich also um einen agonalen Perspektivismus von Seinsauslegungen, der aus der prinzipiell unterschiedlichen *Wir-Bewusstseinsstruktur* von sozialen Gemeinschaften resultiert.

3. In der historischen Zeitenfolge, die durch *historische Weltanschauungsmuster* gekennzeichnet ist, gibt es wohl auch eine *Agonalität* verschiedener historisch wirksamer *Weltanschauungen*, aber diese *Agonalität* stellt sich als ein Wandel, als ein Umbruch von einer geltenden *Weltanschauung* zu einer neuen *Weltanschauung* dar. Kulturelle Revolutionen, aber auch Umbrüche in den mentalen Seinsauffassungen, bei denen neue Weltsichten durchgesetzt werden und zur Geltung kommen, sind ein historischer Indikator für diese historisch wirksame *Agonalität* von *Weltanschauungen*. Entscheidend ist nun, dass diese *Agonalität* nur im Nachhinein ersichtlich wird, da ja für die jeweils gerade geltende Weltanschauung wegen ihres Totalitätsindexes keine *Agonalität* offenkundig vorliegt. Vielmehr ist es so, dass in einer historisch geltenden *Weltanschauung* die agonalen, d.h. gruppenspezifischen Weltsichten zu einer einheitlichen Weltsicht vorübergehend nicht nur stillgestellt, sondern sogar *synthetisiert* sind. Hier geht es um eine *Agonalität* in der Frage, welche Seinsauslegung in der jeweiligen historischen *Seinssituation* die seinsadäquateste ist und zwar unabhängig von den divergenten Sichtweisen, die die unterschiedlichen sozialen Gruppierungen gerade für sich als überzeugend oder ablehnungswürdig empfinden.
4. Letztlich gibt es noch eine *Agonalität*, die sich aus der prinzipiellen Distanzfunktion des Sozialtypus des *Intellektuellen* ergibt. Diese *Agonalität* ist eine soziale Grundfunktion des *Intellektuellen*, damit die bestehenden Polaritäten von (Welt-)Sichtweisen, von konkurrierenden Denkformen und ideologischen, d.h. *seinsverbundenen* Diskurspraktiken auf ihre impliziten Geltungsabsichten sowie kollektive Interessenbindungen zurückgeführt werden können. Diese *Agonalität* besteht, weil der *Intellektuelle* keine *standortgebundene* Denk- und Sichtweise praktiziert, da er von der fundierenden *Wir-Intentionalität* der Kollektive wie Gemeinschaften sozial freigesetzt ist. Der *Intellektuelle* nimmt im Denken einen *seinstranszendenten Horizont* ein, der – bedingt durch die Geschichte des Geis-

tes, dessen Anwalt der *Intellektuelle* ist – das jeweils kulturell Andere der historischen Seinsverfassung ins Widerspiel zum Common sense bringt. Die *Agonalität* des *Intellektuellen* ist kulturell bedingt und kulturtranszendierend.

Eine ähnliche summarische Anordnung lässt sich für den Gebrauch des *Synthese-Begriffs* bei K. Mannheim zusammenstellen. Die *Synthese* ist grundsätzlich der *Agonalität* entgegengesetzt, denn sie zeigt nicht die bestehenden Antagonismen im Denken auf, sondern dynamische Prozesse der zeitweiligen Zusammenführungen von Standortpolaritäten und Denkkonkurrenzen. Im Einzelnen wird der *Synthese-Begriff* mit folgenden Bestimmungsdimensionen bei K. Mannheim benutzt:

1. Eine *Synthese* liegt bereits da vor, wo die konjunktiven Erfahrungen sich zu einer gemeinsamen *Wir-Bewusstseinsstruktur* verbinden. »Konjunktives Erkennen« (K. Mannheim), also die kognitive Verarbeitung von sozialweltlichen Erlebensverhältnissen, basiert auf einer Vereinheitlichung von Erlebensqualitäten im Hinblick auf ein gemeinschaftliches, im Denken ausgedrücktes *Wir-Bewusstsein*. Diese Vereinheitlichung von basalen Erlebensqualitäten zu einem *Wir-Bewusstsein* geschieht durch »Denksynthesen«, in denen sich der jeweilige »Denkwille« von konjunktiven Gemeinschaften manifestiert. Die gemeinsame »Weltwollung« stiftet jenes »konjunktive Erkennen«, das sich in einer kollektiven Denksynthese entfaltet (vgl. Die Bedeutung der Konkurrenz im Gebiete des Geistigen, 1982, 353). Die hier vorliegende Bedeutung des *Synthese-Begriffs* bei K. Mannheim ist mikrosoziologischer Art.
2. Auf der Stufe des *seinsverbundenen Denkens* existiert zwar eine Polarität von Denkstandorten, diese muss jedoch zeitweilig dispensiert werden, damit es zu einer geschichtlich wirksamen *Weltanschauung* kommen kann. D.h. die Denkentwicklung muss sich, um historisch nicht in Ideologien zu erstarren, die ja dann nicht mehr zeit- und seinsgemäß sind, dynamisieren und als jeweilige adäquate Seinsauslegungsweise weltanschaulich synthetisieren. Das *seinsverbundene Denken*, die jeweiligen Denkformen gleichen sich an, geben ihre partikularen Weltsichten auf und vereinigen sich zu einer »lebendigen Weltorientierung *aller* Parteien in einer Epoche«, um »das Unerläßliche, als Brauchbarste« (ebd., 366) für die *historische Seinssituation* herauszufiltern. Die Entwicklung des Seins zwingt zu zeitweiligen Denk-*Synthesen*, damit die bestehenden Denkantagonismen in einer gemeinsamen Weltorientierung aufgehoben werden können. In K. Mannheims Worten heißt dies,

dass »im sozial-differenzierten Denkprozeß auf die Dauer auch der Gegner gezwungen ist, jene Kategorien, Denkformen, die für die Orientierung in einer gegebenen Welt die geeignetsten sind, zu übernehmen« (ebd., 361). Hierbei ist die *Synthese* aber keine, die einer Dialektik des Geistes folgt, also der geschichtlichen Teleologie des werdenden Geistes unterliegt. Die Mannheim'sche *Synthese* ist eher »ein Formprinzip des lebendigen-historischen Geschehens, indem zunächst schroffe Polarisationen zustande kommen, um dann in einer *Synthese* aufzugehen« (ebd., 363). Zusammenfassend gesagt: Die *Synthese* hat die lebenspragmatische Funktion, den an sich dynamischen Prozess der gemeinschaftlichen Bewusstseinsentfaltung zeitweilig an die Dynamik der Seinsentwicklung anzupassen, damit die ideellen Weltorientierungen sich nicht aus den Funktionalitäten des sozialen Seins gänzlich verabschieden: Sie stellt eine zeitweilige Selbstrelativierung der partikularen Denkformen in Form von Einsichten in den historisch-sozialen Lebenszusammenhang des Seins dar. Im Gegensatz zur Bedeutung der ersten Explikation des Mannheim'schen *Synthese-Begriffs*, handelt es hier um einen *Synthese-Begriff* makrosoziologischer Art.

3. Eine besondere Form der synthetischen Leistung wird durch den *Intellektuellen* vollzogen. Nur er ist in der Lage, die jeweiligen Denkantagonismen mit ihren weltanschaulichen Bindungen als standortgebundene Wahrheiten zu entziffern. Indem der *Intellektuelle* aufgrund seiner sozialen Distanz von allen weltanschaulichen Bindungen freigesetzt ist, kann er die »geistige Mitte« (K. Mannheim) einnehmen, um den gemeinschaftlichen Denkprozess nicht nur als agonalen Auseinandersetzungprozess von Denkstandorten zu erkennen. Er kann mittels einer »überperspektivischen« Denkhaltung die unterschiedlichen Denkformen auf das hin synthetisieren, was in ihnen gemeinsam als mögliche historische Totalsynthese angelegt ist. Er liefert über alle weltanschaulichen Denkstandorte hinweg den Entwurf eines die Gegenwart transzendieren Geschichtssinns, damit die Seinsdeutung der Gegenwart nicht ohne utopischen Zukunftssinn bleibt. Der Intellektuelle synthetisiert standortgebundene Weltsichten auch, weil in jeder weltanschaulichen Seinsdeutung das Legitimationsbedürfnis nach zukünftiger Weltorientierung virulent ist.

Diese summarischen Zusammenfassungen zu den Strukturmerkmalen der *Agonalität* und der *Synthese* zeigten bisher nur, in welchen Argumentationszusammenhängen K. Mannheim diese beiden Strukturmerkmale wie und mit welch unterschiedlicher Reichweite benutzt hat. Damit ist aber die grundsätzliche Frage, welche Bedeutungsdimensionen der Begriffe der *Agonalität* und der *Synthese* bei K. Mannheim zum Tragen kommen, noch nicht beantwortet. Die Beantwortung soll in der Weise erfolgen, dass durch einen kurzen Rekurs auf die Semantik des *Agonalitäts-Begriffs* die Mannheim'sche Bedeutungsinschrift für beide Begriffe klar wird. Dabei wird die Bedeutungsexplikation des *Agonalitäts-Begriffs* im Vordergrund stehen, da sich von dieser Begriffsexplikation auch der *Synthese-Begriff* in der Mannheim'schen Sichtweise problemlos erhellt.

Ausgehend von der antiken Fassung des *Agonalitäts-Begriffs*, sowie sie bei Hesiod im Begriff der »eris«, also der Streitform, zugrunde gelegt ist, kann man zwei Bedeutungsdimensionen dieses Begriffes unterscheiden: zum einen der böse Streit, der Feindschaft und Krieg meint, und zum anderen der gute Streit, der im Wetteifer, im Wettstreit, im Sich-Messens besteht. Letzteres kommt im griechischen Begriff der agonalen Rivalität zum Ausdruck (vgl. F. Nullmeier, 2000, 148 ff.). Hierbei bedeutet aber die *Agonalität* keineswegs Feindschaft oder unversöhnlicher Kampf, sondern meint das Motiv des »Besser-sein-Wollens«, welches aus der Rivalität, der zeitweiligen Konkurrenz unter Gleichen, das Beste für das Sozialwesen hervorgehen lässt. J. Burckhardt hat diesen, an sich sozial positiven Bedeutungsgehalt der *Agonalität* bei den Griechen herausgestellt. Die Agonalität ist nämlich die soziale Grundhaltung der Polis im Unterschied zum orientalen Kastenwesen, weil dieses »den Wettstreit nicht duldet« (J. Burkhardt, 1957, III, 295). Die antike Haltung ist, wie F. Nullmeier die Burckhardt'sche Bestimmung zusammenfasst, mit dem »Kern des Agonalen« identisch. Er ist »[...] der ohne Feindschaft und Schädigungsabsicht ausgetragene Wettkampf, ein geordnetes Gegeneinander, bei dem es darauf ankommt, die Überlegenheit über andere zu erzielen, die im Wettkampf als Gleiche erfahren werden« (ebd., 151). Dabei – so J. Burckhardt – kommt es niemals zu einer »Überhetzung«, also »zum offenen ungeregelten Konflikt« (ebd., 13). Der Wettstreit unter Gleichen hat eine produktive Funktion für die Gemeinschaft; ja man kann sogar im Kontext von J. Burkhardt folgern, dass die *Agonalität,* nicht nur das Beste, das »Edelste« für die Gemeinschaft aus der Konkurrenzsituation herauspresst, sondern auch, dass die *Agonalität,* die innere Dynamik des Gemeinschaftslebens bestimmt.

Warum? Da die gute, d.h. produktive *Agonalität,* immer das Gegenspiel der streitenden Kräfte im Rahmen einer gemeinsamen Wettkampf- oder Streitordnung situiert, bestätigt sie nicht bloß das

Gemeinschaftliche, sondern sie erzeugt auch über den Wettstreit immer wieder aufs Neue die *Synthese* der Differenzen, der agonalen Kräfte innerhalb der Gemeinschaft. Kurz gesagt: Durch den agonalen Wettstreit wird die Stabilität der Vergemeinschaftung immer wieder erprobt und erneut fundiert. Ohne eine solche *Agonalität* würde die Gemeinschaft als Gemeinschaft erstarren und in der Tat zur Kaste oder festgefügten Institutionsform gerinnen.

Wenn aber die *Agonalität* ein notwendiges Konstituens von erneuter Vergemeinschaftungsweise ist, indem aus ihr notwendigerweise das Moment des *Synthetischen*, des Zusammenführens von individuell Widerstreitendem resultiert, welche soziale Strukturfunktion verkörpert sie dann innerhalb der Gemeinschaft? Es ist ja nicht nur das produktive Moment des Kampfes für das Beste, nicht nur das motivationale Moment der Steigerung der schöpferischen Kräfte, die in die Gemeinschaft dann zurückwirken. Die *Agonalität* ist – wenn man sie in ihrer Strukturfunktion betrachtet – immer auch eine, die eine komparative Dimension enthält. Produktiver Vergleich kommt daher nur in Gemeinschaften vor, die einen agonalen Grundzug haben. Das heißt aber, dass der Wahrnehmungs- und der Darstellungsraum in Gemeinschaften potentiell offen bzw. nichteinheitlich ist. Anders gesagt: *Agonalität* in Gemeinschaften eröffnet Pluralität von Perspektiven, von Standpunkten, von Weltsichten, die sich eben im Hinblick auf eine Ordnung des Gegeneinanders vergleichen lassen. Die Verschiedenheit, die der komparativen Dimension zugrunde liegt, bleibt aber nicht das letzte Wort. Damit die Pluralität der Perspektiven bestehen bleiben kann, muss das basale Moment der Koexistentialität eben dieser Perspektivenpluralität garantiert sein. Andernfalls gäbe es nur den Kampf der heterogenen Perspektiven, bei der sich eine so absolut und ausschließlich setzt, dass das Ende der *Agonalität* gegeben wäre. Koexistentialität von Weltsichten, von Ansichten bedeutet somit auch, dass der Vergleich das der *Agonalität* entgegenstehende Moment der *Synthese* enthalten muss. Die *Synthese* stellt also eine zeitweilige Harmonisierung der widerstrebenden Kräfte dar, damit sich die *Agonalität* selbst nicht verabsolutiert, d.h. selbstzerstörerisch für die Gemeinschaftsordnung auswirkt. Bei K. Mannheim enthält der Begriff der *Synthese* genau diese befriedenden Momente von komparativem Vergleich und von zeitweiliger Harmonisierung agonaler Denkweisen.

Resümiert man die bisherigen Ausführungen zur positiven Bedeutung des *Agonalitäts-Begriffs*, so wird ein besonderes Strukturprinzip deutlich, das vollkommen dem Mannheim'schen *Agonalitäts-Begriff* entspricht: Es ist das Strukturprinzip einer agonalen *Relationali-*

tät. Komparative Dimension und Koexistentialität pluraler Perspektiven setzen immer ein Relationalitätsverhältnis voraus. Dies liegt daran, dass das elementare Bezugsmoment im agonalen Wettstreit dasjenige eines wetteifernden und nicht feindlichen Antagonismus ist. Dieser Antagonismus setzt aber notwendigerweise eine *Relationalität* voraus, wie sie bei Konkurrenz oder nichtverfeindeten Gegnerschaften gegeben ist. Es lässt sich also folgern, dass ohne *Relationalität* von Widerstreitenden keine *Agonalität* besteht wie auch umgekehrt *Agonalität* in ihrer positiven Sozialfunktion immer *Relationalität* voraussetzt. Man kann abschließend sagen, dass diese *Agonalität* kein Entweder-Oder mit sich führt, sondern eher ein Sowohl-als-Auch.

Von dieser *Agonalität*, die das soziale Magma produktiver Vergemeinschaftung ausmacht, ist eine *Agonalität* zu unterscheiden, die prinzipiell negativ bzw. dem Bedeutungsgehalt des bösen Streits folgt. Eine solche *Agonalität* wird in dem Buch von C. Schmitt »Der Begriff des Politischen« (1987) unter der berühmten Formel des Feind-Freund-Schemas ausgedrückt. Hierbei geht es nicht um Konkurrenz oder Wettstreit im Politischen, sondern um einen grundsätzliche Abgrenzung des Antagonisten vom Feind im politischen Raum. Der Antagonist gehört zum agonalen Wettstreit, während der Feind zum Krieg gehört, bei dem es um Leben und Tod geht. Das Wort Feind bedeutet eben »nicht Konkurrenz, nicht den rein geistigen Kampf der Diskussion, nicht das symbolische Ringen (ebd., 28)«, sondern »der existentiell Fremde« (ebd., 27), der nur ein kriegerisches Entweder-Oder zulässt. Diese *Agonalität* ist im Grunde eine, die der Logik des Krieges folgt und von daher gemeinschaftszerstörend ist. Sie liegt in der Dimension des Konflikts, bei dem keine Harmonisierung mehr möglich ist, sondern nur Über- und Unterordnung, d.h. erpresste Gemeinsamkeit aufgrund von Gewaltverhältnissen. Es gibt hier auch keine *Synthese*, weil jedes Moment des Komparativen, des relationalen Bezugs auf eine gemeinsame, den positiven Widerstreit erhaltende Übereinkunft gar nicht mehr möglich ist. Die Differenzen, die Unterscheidungen sind so, dass das Andere, das Widerstreitende gar nicht mehr in Relation zum Eigenen steht. Vielmehr ist das Andere, dasjenige, was zerstört werden muss, damit sich das Eigene absolut setzen kann. Souverän ist, wer diktiert und seine Weltsicht absolut setzt.

Von dieser Schmitt'schen Auslegung der *Agonalität* als eine negativ zu bestimmende, ist der Mannheim'sche Begriff der *Agonalität* deutlich abzugrenzen. K. Mannheims Denkskeptizismus kannte kein Entweder-Oder. Sein toleranter Ansatz, dass alle Denkweisen Sowohl-als-Auch zu gelten haben, dass sie zwar antagonistisch zueinander stehen, aber im Grunde auf geschichtliche *Synthesen* von seinsadäquaten Wirklichkeitsdeutungen ausgerichtet sind, orientiert sich apokryph am antiken Wettstreitmodell, das die Rivalität als produktives und schöpferisches Strukturprinzip der Entfaltung von Kollektiven einstuft. Was K. Mannheim jedoch gemacht hat ist Folgendes: Er hat dieses Strukturprinzip von der Handlungsebene des antiken Wettstreits auf die Ebene von divergenten *Denkstilen, Weltanschauungen* und sozialstrukturell positionierten *Sozialwelten* heruntergeholt – das heißt, er hat es für den Pluralismus der modernen *Weltanschauungen denksoziologisch* konzeptualisiert.

Eine letzte Frage zum Gebrauch von *Agonalität* und *Synthese* bei K. Mannheim sollte noch geklärt werden: Wie ist das Verhältnis beider Begriffe zueinander? Handelt es sich bei diesem Begriffspaar um einen Chiasmus zweier Gesichtspunkte?

Mit einem Chiasmus ist ja die Verschränkung zweier entgegengesetzter, aber doch aufeinander bezogener Bereiche bzw. Sachverhalte gemeint, ohne dass es jedoch zu einer Koinzidenz kommt. Reklamiert man diese Bestimmung des Chiasmus bei der Mannheim'schen Verwendung der Begriffe *Agonalität* und *Synthese*, so wird für das *denksoziologische* Argumentationsmuster bei K. Mannheim Folgendes überdeutlich: *Agonalität* und *Synthese* sind keine absoluten Gegensätze, sie stellen keinen begrifflichen Sinnhiatus dar, sondern sie verknüpfen sich zu einer Form, die für das Mannheim'sche Denken leitend war: Einheit und Differenz zugleich zu denken.

Man kann diese Form als anonym wirkendes Denkprinzip bei K. Mannheim ausweisen. Auf der Hand liegt aber, dass die Mannheim'sche Anwendung dieser Denkform eher biografisch fundiert ist: nämlich in der *konjunktiven Erfahrung* seiner jüdischen Herkunft, bei der sozialweltlich Einheit und Differenz nur Diasporaerfahrung bedeutet.

Literaturverzeichnis

(Die Literaturliste ist kapitelweise und alphabetisch angelegt)

0. Vorwort

Djuric, Mihailo (1979): Mythos, Wissenschaft, Ideologie, Amsterdam: Rodopi-Verlag.

Knoblauch Hubert (2005): Wissenssoziologie, Konstanz: UVK.

Lederer, Emil (1982): Diskussionsbeiträge zu Karl Mannheims Vortrag: Die Bedeutung der Konkurrenz im Gebiete des Geistigen auf dem Züricher Soziologentag. In: Meja, Volker/Stehr, Nico (Hg.), Der Streit um die Wissenssoziologie – Die Entwicklung der deutschen Wissenssoziologie, Band 1, Frankfurt am Main: Suhrkamp.

Mannheim, Karl (1982): Die Bedeutung der Konkurrenz im Gebiete des Geistigen. In: (Hg.) Meja, Volker/Stehr, Nico (Hg.), Der Streit um die Wissenssoziologie – Die Entwicklung der deutschen Wissenssoziologie, Band 1, Frankfurt am Main: Suhrkamp.

Mannheim, Karl (1980): Ideologie und Utopie, Frankfurt am Main: Klostermann.

Mannheim, Karl (1964): Das Problem der Generationen. In: Wolff, Kurt H. (Hg.): Karl Mannheim, Wissenssoziologie – Auswahl aus dem Werk, Neuwied: Luchterhand.

Mannheim, Karl (1980): Strukturen des Denkens, Kettler, David/ Meja Volker/Stehr, Nico (Hg.), Frankfurt am Main: Suhrkamp.

Goodman, Nelson (1990): Weisen der Welterzeugung, Frankfurt am Main: Suhrkamp.

Weber, Max (1968): Wirtschaft und Gesellschaft, Tübingen: J. C. B. Mohr.

1. Einleitung

Goodman, Nelson (1990): Weisen der Welterzeugung, Frankfurt am Main: Suhrkamp.

Gumplowicz, Ludwig (1905): Grundriss der Soziologie, Wien:

Hofmann, Wilhelm (1996): Karl Mannheim zur Einführung, Hamburg: Junius.

Mannheim, Karl (1982): Die Bedeutung der Konkurrenz im Geistigen. In: Meja, Volker/Stehr, Nico (Hg.): Der Streit um die Wissenssoziologie – Die Entwicklung der deutschen Wissenssoziologie, Band 1, Frankfurt am Main: Suhrkamp.

Mannheim, Karl (1985): Ideologie und Utopie, Frankfurt am Main: Klostermann.

Meja, Volker/Stehr, Nico (1982): Der Streit um die Wissenssoziologie – Die Entwicklung der deutschen Wissenssoziologie, Band 2, Frankfurt am Main: Suhrkamp.

Merton, Robert K. (1964): The Sociology of Knowledge. In: Social Theory and Social Structure, London.

2. Biographische Orte und intellektuelle Ortlosigkeitlosigkeit

Abels, Heinz (1997): Karl Mannheim (1893-1947). In: Erler Hans: Meinetwegen ist die Welt erschaffen: Das intellektuelle Vermächtnis des deutschsprachigen Judentums, 58 Portraits, Frankfurt am Main: Campus.

Adorno, Theodor W. (1997): Das Bewußtsein der Wissenssoziologie. In: Ders.: Gesammelte Schriften, Band 10.1, Kulturkritik und Gesellschaft 1, Frankfurt am Main: Suhrkamp.

Adorno, Theodor W. (1997): George und Hofmannsthal. Zum Briefwechsel. In: Ders.: Kulturkritik und Gesellschaft, Gesammelte Schriften 10.1., Frankfurt am Main: Suhrkamp.

Adorno, Theodor W. (1996): Briefwechsel 1949-1973, Briefe 1965, Gesammelte Schriften, Band 18, Frankfurt am Main: Suhrkamp.

Ariés, Philipp (1990): Die Geschichte der Mentalitäten. In: Le Goff Jacque (Hg.): Die Rückeroberung des historischen Denkens, Frankfurt am Main: Suhrkamp.

Baumann Zygmunt (2002): Der Pilger und seine Nachfolger. In: Merz-Benz Peter-Ulrich/Wagner Gerhard (Hg.): Der Fremde als sozialer Typus, Konstanz: UTB.

Blauberger, Günter (1985): Versuch über den deutschen Gegenwartsroman Krisenbewußtsein und Neubegründung im Zeichen der Melancholie, Stuttgart: Metzler.

Blomert, Reinhardt (1999): Intellektuelle im Aufbruch – Alfred Weber, Karl Mannheim, Norbert Elias und die Heidelberger Sozialwissenschaften der Zwischenkriegszeit, München: Hanser.

Chartier, Roger (1989): Kulturgeschichte zwischen Repräsentationen und Praktiken. In: Ders.: Die unvollendete Vergangenheit – Geschichte und Macht der Weltauslegung, Berlin: Wagenbach.

Deubner-Mankowsky, Astrid (2000): Der frühe Walter Benjamin und Hermann Cohen, Berlin: Vorwerk.
(Anmerkung: Nach A. Deuber-Mankowsky verbindet die jüdische Philosophie ein Denken, das »unfanatisch, antitotalitär und einer sozialen Ethik verpflichtet ist«).

Dinzelbacher, Peter (1993): Einleitung. In: Ders.: Europäische Mentalitätsgeschichte, Stuttgart: Kröner.

Fest Joachim (2003): Was wir aus der Geschichte lernen – Die Verkettung von Vernunft und Verhängnis: Warum Historiker gut daran tun, die biografische Methode zu achten: Die ZEIT, Nr. 13 vom 20. 03. 2003, Hamburg: Bucerius.

Freud, Sigmund (1999): Ansprache an die Mitglieder des Vereins B´nai B´rith (1926) In: Ders.: Schriften aus dem Nachlaß 1892-1938, Gesammelte Werke, Band 17, Frankfurt am Main: Fischer.

Gabor, Eva (1983): Mannheim in Hungary and in Weimar Germany. In: Newsletter, International society for the sociology of knowledge, St. Johns, Newfoundland, Kanada, IX, 1,2.
(Anmerkung: Eva Gabor schreibt zur Aufnahme in den Max-Weber-Kreis: His friendly reception in Heidelberg was therefore due manily to his former friendship with Lukács [...]. It was certainly this contact which opened to him the doors of Weber's house, a. a.O.)

Goethe, Johann Wolfgang (1981): Italienische Reise, Tag 29. 9. 1786, München: Beck.

Hammerstein, Notker (1989): Die Johann-Wolfgang-Universität Frankfurt: Von der Stiftungsuniversität zur staatlichen Hochschule, Band 1, 1914-1950, Neuwied: Metzner.

Hanák, Peter (1984): Ungarn in der Donau-Monarchie – Probleme der bürgerlichen Umgestaltung eines Vielvölkerstaates, Wien/ München: Oldenbourg.

Hofmann, Wilhelm (1996): Karl Mannheim zur Einführung, Hamburg: Junius.

Horkheimer, Max (1987): Ein neuer Ideologiebegriff. In: Ders.: Philosophische Frühschriften 1922-1932, Gesammelte Schriften, Band 2, Frankfurt am Main: Fischer.

Jászi, Oscar (1967): Pester Lloyd, 31. Dezember, 1918, zit. nach Kettler David: Marxismus und Kultur. Mannheim und Lukács in der ungarischen Revolution 1918/19, Neuwied: Luchterhand.

Jesper, Willi: Marek Halters Geschichte über Judentum und Humanismus: Zu Marek Halter: Alles Beginnt mit Abraham, Wien 2001. In: Die ZEIT, Literaturmagazin, Dezember 2001, Hamburg: Bucerius.

Kettler, David/Meja, Volker (1999): Karl Mannheim (1893-1947). In: Kaesler, Dirk (Hg.): Klassiker der Soziologie, Band 1, München: Beck.

Kettler, David/Meja, Volker/Stehr, Nico (1980): Karl Mannheims frühe kultursoziologische Arbeiten. In: Dies.: Karl Mannheim – Strukuren des Denkens, Frankfurt am Main: Suhrkamp.

Landauer, Gustav (1935): Brief an den Philologen Fritz Mautner. In: Kobler Franz (Hg.): Juden und Judentum in deutschen Briefen aus drei Jahrhunderten, Wien: Saturn.

Lenk, Kurt (1989): Deutscher Konservatismus, Frankfurt am Main: Campus.

Lepenies, Wolf (1985): Die drei Kulturen – Soziologie zwischen Literatur und Wissenschaft, München: Hanser.

Mannheim, Karl (1945): The Function of the Refugee: A Rejoinder. In: The New English Weekly, XXVII, Band 1, London.

Mannheim, Karl (1985): Seele und Kultur. In: Karádi, Éva/Vezér, Erszébet (Hg.): Georg Lukács, Karl Mannheim und der Sonntagskreis, Frankfurt am Main: Sendler.

Mannheim, Karl (1985): Die Grundprobleme der Kulturphilosophie. In: Karádi, Éva/Vezér, Erszébet (Hg.): Georg Lukács, Karl Mannheim und der Sonntagskreis, Frankfurt am Main: Sendler.

Mannheim, Karl (1964): Zur Problematik der Soziologie in Deutschland. In: Ders.: Wissenssoziologie – Auswahl aus dem Werk, Wolff Kurt H. (Hg.), Neuwied: Luchterhand.

Mannheim, Karl (1958): Mensch und Gesellschaft im Zeitalter des Umbaus, Darmstadt: Wissenschaftliche Buchgesellschaft.

Mannheim, Karl (1985): Heidelberger Briefe (Teilabdruck). In: Karádi, Éva/Vezér, Erszébet (Hg.): Georg Lukács, Karl Mannheim und der Sonntagskreis, Frankfurt am Main: Sendler.

Mannheim, Karl (1956): The Democratization of Culture (übersetzt: Die Demokratisierung der Kultur). In: (Hg.) Manheim, Ernest/

Kecskemeti, Paul (Hg.): Essays on the Sociology of Culture, London: Oxford University Press, Routledge.

Mannheim, Karl (1984): Konservatismus – Ein Beitrag zur Soziologie des Wissens. In: Kettler, David/Meja, Volker/Stehr, Nico (Hg.), Frankfurt am Main: Suhrkamp.

Mannheim, Karl (1943): Diagnosis of our Time, London, (übersetzt von Fritz Blum, Zürich, 1951).

Mannheim, Karl (1951): Freedom, Power and Democratic Planing. In: Gerth, Hans/Bramstedt, Ernest K. (Hg.), London: Routledge. (übersetzt von Müller, Peter/Müller-Krefting, Anna (1970), Opladen: Leske.)

Mannheim, Karl (1964): Seele und Kultur. In: Ders.: Wissenssoziologie – Auswahl aus dem Werk. In: Wolff, Kurt H. (Hg.), Neuwied: Luchterhand.

Mannheim, Karl (1964): Beiträge zur Theorie der Weltanschauungs-Interpretation. In: Ders.: Wissenssoziologie – Auswahl aus dem Werk. In: Wolff, Kurt H. (Hg.), Neuwied: Luchterhand.

Mannheim, Karl (1982): Die Bedeutung der Konkurrenz im Gebiet des Geistigen. In: Meja, Volker/Stehr Nico (Hg.): Der Streit um die Wissenssoziologie – Die Entwicklung der deutschen Wissenssoziologie, Band 1, Frankfurt am Main: Suhrkamp.

Mannheim, Karl (1985): Ideologie und Utopie, Frankfurt am Main: Klosermann.

Matthiesen, Ulf (1988): Im Schatten einer endlosen großen Zeit – Etappen der intellektuellen Biografie Albert Salomons. In: Srubar, Ilja (Hg.): Exil, Wissenschaft, Identität – Die Emigration deutscher Sozialwissenschaftler, 1933-1945, Frankfurt am Main: Suhrkamp.

Matthiesen, Ulf (1989): Kontrastierungen/Kooperationen: Karl Mannheim in Frankfurt (1930-1933). In: Steinert, Heinz (Hg.): Die (mindestens) zwei Sozialwissenschaften in Frankfurt und ihre Geschichte, Universitätsschriften der Johann W. Goethe-Universität Frankfurt, Frankfurt am Main

Mayer, Hans (1983): Wir die Aussenseiter, Aachen: o.V.

Robert, Marthe (1977): Sigmund Freud – zwischen Moses und Ödipus. Die jüdischen Wurzeln der Psychoanalyse, Frankfurt am Main: Ullstein.

Sartre, Jean Paul (1977): Der Idiot der Familie, Band 1, Reinbek: Rowohlt.

Simmel, Georg (1992): Soziologie. In: Ders.: Gesamtausgabe, Band 11, Frankfurt am Main: Suhrkamp.

Stach, Reiner (2002): Kafka – Die Jahre der Entscheidungen, Frankfurt am Main: Fischer.

Strauss, Anselm (1974): Spiegel und Masken, Die Suche nach Identität, Frankfurt am Main: Suhrkamp.
Weber, Max (1972): Wirtschaft und Gesellschaft, Tübingen: J. C. B. Mohr.
Wiese, Leopold von (1948/49): Karl Mannheim. In: Kölner Zeitschrift für Soziologie und Sozialpsychologie, Jahrgang 1, Band 1, Köln.
Wiggershaus, Rolf (1988): Die Frankfurter Schule, München: DTV.
Wolff, Kurt H. (1978): K. Mannheim. In: Kaesler, Dirk (Hg.): Klassiker des soziologischen Denkens, Band 2, München: Beck.

3. Epistemologische Prämissen

Böhringer, Hannes/Gründer, Karlfried (1976): Ästhetik und Soziologie um die Jahrhundertwende: Georg Simmel, Frankfurt am Main: Klostermann.
Cassirer, Ernst (2000): Der Substanzbegriff und der Funktionsbegriff. Untersuchungen über die Grundfrage der Erkenntniskritik (1910), Gesammelte Werke, Hamburger Ausgabe, Band 6, Darmstadt: Wissenschaftliche Buchgesellschaft.
Cassirer, Ernst (1993): Erkenntnis, Begriff, Kultur, Hamburg: Meiner.
Cassirer, Ernst (2001): Philosophie der symbolischen Formen, Erster Band: Die Sprache, Gesammelte Werke Hamburger Ausgabe, Band 11, Darmstadt: Wissenschaftliche Buchgesellschaft.
Foucault, Michel (1974): Die Ordnung der Dinge. Eine Archäologie der Humanwissenschaften, Frankfurt am Main: Suhrkamp.
Gadamer, Hans-Georg (1986): Wahrheit und Methode, Band 2, Tübingen: J. C. B. Mohr.
Horkheimer, Max (1988): Nachgelassene Schriften 1949-1972, Gesamtausgabe Band 14, Frankfurt am Main: Fischer.
Krüger, Marlies (1981): Wissenssoziologie, Stuttgart: Kohlhammer.
Kuhn, Thomas S. (1976): Die Struktur der wissenschaftlichen Revolution, Frankfurt am Main: Suhrkamp.
Mannheim, Karl (1982): Die Bedeutung der Konkurrenz im Gebiet des Geistigen. In: Meja, Volker/Stehr, Nico (Hg.): Der Streit um die Wissenssoziologie – Die Entwicklung der deutschen Wissenssoziologie, Band 1, Frankfurt am Main: Suhrkamp.
Mannheim, Karl (1985): Ideologie und Utopie, Frankfurt am Main: Klostermann.

Mannheim, Karl (1964): Strukturanalyse der Erkenntnistheorie. In: Karl Mannheim: Wissenssoziologie – Auswahl aus dem Werk, Wolff, Kurt H. (Hg.), Neuwied: Luchterhand.

Mannheim, Karl (1964): Historismus. In: Wolff, Kurt H. (Hg.): Karl Mannheim: Wissensoziologie – Auswahl aus dem Werk, Neuwied: Luchterhand.

Mannheim, Karl (1964): Seele und Kultur in: Wolff, Kurt H. (Hg.): Karl Mannheim: Wissenssoziologie – Auswahl aus dem Werk, Neuwied: Luchterhand.

Mannheim, Karl (1964): Das Problem einer Soziologie des Wissens. In: Wolff, Kurt H. (Hg.): Karl Mannheim: Wissenssoziologie – Auswahl aus dem Werk, Neuwied: Luchterhand.

Mannheim, Karl (1932): Die Gegenwartsaufgaben der Soziologie – Ihre Lehrgestalt, Tübingen: J. C. B. Mohr.

Mannheim, Karl (1964): Beiträge zur Theorie der Weltanschauungs-Interpretation. In: Ders.: Wissenssoziologie – Auswahl aus dem Werk, Wolff, Kurt H. (Hg.), Neuwied: Luchterhand.

Mannheim, Karl (1964): Ideologische und soziologische Interpretation der geistigen Gebilde. In: Ders.: Wissenssoziologie – Auswahl aus dem Werk, Wolff, Kurt H. (Hg.), Neuwied: Luchterhand.

Mannheim Karl (1980): Strukturen des Denkens, Kettler, David/Meja, Volker/Stehr, Nico (Hg.) Frankfurt am Main: Suhrkamp.

Ortega y Gasset, José (1996): Gesammelte Werke, Band 2, Stuttgart: DVA.

Putnam, Hilary (1997): Für eine Erneuerung der Philosophie, Stuttgart: Reclam.

Sandkühler, Hans Jörg/Pätzold, Detlef (2003): Einleitung. In: Dies.: Kultur und Symbol – Ein Handbuch zur Philosophie Ernst Cassirers, Stuttgart: Metzler.

Schelting, Alexander (1982): Zum Streit um die Wissenssoziologie. In: Meja, Volker/Stehr, Nico: Der Streit um die Wissensoziologie, Band 2, Frankfurt am Main: Suhrkamp.

Serres, Michel (1991): Hermes I – Kommunikation, Berlin: Merve.

Séve, Lucien (1967): Méthode structurale et méthode dialectique. In: La Pensée, Paris: Gallimard.

Simmel, Georg (1992): Über eine Beziehung der Selektionslehre zur Erkenntnistheorie. In: Ders.: Gesamtausgabe Band 5: Aufsätze und Abhandlungen 1894-1900, Dahme, Hans-Jürgen/Frisby, David P. (Hg.), Frankfurt am Main: Suhrkamp.

Simmel, Georg (1999): Von den psychologischen Voraussetzungen in der Geschichtsforschung. In: Ders.: Gesamtausgabe Band 2: Aufsätze 1887-1890, Über sociale Differenzierung. Die Probleme der Geschichtsphilosophie (1892), Dahme, Heinz-Jürgen (Hg.), Frankfurt am Main: Suhrkamp.

Simmel, Georg (1997): Die Probleme der Geschichtsphilosophie. In: Ders.: Gesamtausgabe, Band 9: Kant. Die Probleme der Geschichtsphilosophie, (Hg.) Oakes, Guy/Röttgers, Kurt (Hg.), Frankfurt am Main: Suhrkamp.

Simmel, Georg (2001): Das individuelle Gesetz – Ein Versuch über das Prinzip der Ethik. In: Ders: Gesamtausgabe, Band 12: Aufsätze und Abhandlungen 1909-1918, Kramme, Rüdiger/Rammstedt, Angela (Hg.), Frankfurt am Main: Suhrkamp.

Simmel, Georg (1999): Rezension: Gomperz' Griechische Denker. In: Ders.: Das Wesen der Materie nach Kant's Physischer Monadologie, Gesamtausgabe Band 1: Abhandlungen 1882-1884, Rezensionen 1883-1901, Köhnke, Klaus Christian (Hg.), Frankfurt am Main: Suhrkamp.

Tugendhat, Ernst (2003): Egozentrizität und Mystik, München: Beck.

Weber, Alfred (1997): Einführung in die Soziologie. In: Alfred Weber-Gesamtausgabe, Band 4, Nutzinger, Hans G. (Hg.), Marburg: Metropolis.

Wirth, Louis (1985): Vorwort zur englischen Ausgabe von Ideologie und Utopie. In: Karl Mannheim (1985): Ideologie und Utopie, Frankfurt am Main: Klostermann.

4. Grundkategorien

Abel, Günter (2004): Zeichen der Wirklichkeit, Frankfurt am Main: Suhrkamp.

Adorno, Theodor W. (1976): Beitrag zur Ideologielehre. In: Lieber, Hans J. (Hg.): Ideologie, Wissenschaft, Gesellschaft. Neuere Beiträge zur Diskussion, Darmstadt: Wissenschaftliche Buchgesellschaft.

Blomert, Reinhardt (1999): Intellektuelle im Aufbruch – Alfred Weber, Karl Mannheim, Norbert Elias und die Heidelberger Sozialwissenschaften der Zwischenkriegszeit, München: Hanser.

Dewey, John (2003): Qualitatives Denken (1930). In: Ders.: Philosophie und Zivilisation, Frankfurt am Main: Suhrkamp.

Dilthey, Wilhelm (1977): Weltanschauungslehre. Abhandlungen zur Philosophie der Philosophie. In: Groethuysen, Bernd (Hg.): Weltanschauung, Philosophie und Religion (mit anderen Texten zur Weltanschauungsphilosophie wieder abgedruckt in: Gesammelte Schriften, Band 8, Stuttgart/Göttingen: Vandenhoeck & Ruprecht.

Dinzelbacher, Peter (1993): Einleitung. In Ders.: Europäische Mentalitätsgeschichte, Stuttgart: Kröner.

Eßer, Albert (1973): Interesse. In: Krings, Hermann (Hg.): Handbuch philosophischer Grundbegriffe, Band 3, München: Kösel.

Faul, Erwin (1997): Querschnittssoziologie. In: Nutzinger, Hans G. (Hg.): Alfred Weber Einführung in die Soziologie, Alfred Weber – Gesamtausgabe; Band 4, Marburg: Metropolis.

Foucault, Michel (1973): Archäologie des Wissens, Frankfurt am Main: Suhrkamp.

Foucault, Michel (1974): Die Ordnung des Diskurses, München: Ullstein.

Goldmann, Lucien (1978): Kritik der Literatursoziologie, Frankfurt am Main: Athäneum.

Horkheimer, Max: Ein neuer Ideologiebegriff. In: Ders.: Philosophische Frühschriften 1922-1932, Gesammelte Schriften, Band 2, Frankfurt am Main: Fischer.

Husserl, Edmund (1962): Die Krisis der europäischen Wissenschaften und die transzendentale Phänomenologie (1936), Biemel, Walter (Hg.): Husserliana, Band VI, Den Haag: Kluver Academie Publishers.

Husserl, Edmund (1999): Transzendentale Intersubjektivität: Der gegenwärtige Andere als Fremder. In: Liebsch, Burkhard (Hg.): Texte: Sozialphilosophie, Freiburg/München: Alber.

Husserl, Edmund (1962): Zur Phänomenologie der Intersubjektivität, Texte aus dem Nachlaß III. In: Biemel, Walter (Hg.): Husserliana XV (1929-1935), Den Haag: Kluver Academie Publishers.

Husserl, Edmund (1962): Zur Phänomenologie der Intersubjektivität, Text aus dem Nachlaß, II. In: Biemel, Walter (Hg.): Husserliana XIV, (1921-1935), Den Haag: Kluver Academie Publishers.

Janssen Paul (1970): Geschichte und Lebenswelt. Ein Beitrag zur Diskussion von Husserls Spätwerk, Den Haag: Kluver Academie Publishers.

Jaspers, Karl (1932): Die geistige Situation der Zeit, Berlin: Göschen.

Jaspers, Karl (1960): Philosophie der Weltanschauungen, Berlin: Springer.

Kant, Immanuel (1998): Kritik der Urteilskraft und Schriften zur Naturphilosophie, Band V. In: Weischedel Wilhelm (Hg.): Werke in sechs Bänden, Darmstadt: Wissenschaftliche Buchgesellschaft.

Lenk, Kurt (1984): Ideologie – Ideologiekritik und Wissenssoziologie, Frankfurt am Main: Campus.

Lenk, Kurt (1986): Marx in der Wissenssoziologie, Lüneburg: Dietrich zu Klampen.

Mannheim, Karl (1982): Die Bedeutung der Konkurrenz des Geistigen. In: Meja, Volker/Stehr, Nico (Hg.): Der Streit um die Wissenssoziologie – Die Entwicklung der deutschen Wissenssoziologie, Band 1, (Anhang: Diskussion über Konkurrenz), Frankfurt am Main: Suhrkamp.

Mannheim, Karl (1964): Das Problem einer Soziologie des Wissens. In: Wolff, Kurt H. (Hg.): Karl Mannheim, Wissenssoziologie – Auswahl aus dem Werk, Neuwied: Luchterhand.

Mannheim, Karl (1970): Freiheit und geplante Demokratie, Köln: Westdeutscher Verlag.

Mannheim, Karl (1964): Ideologische und soziologische Interpretation der geistigen Gebilde. In: Wolff, Kurt H. (Hg.): Karl Mannheim – Wissenssoziologie, Auswahl aus dem Werk, Neuwied: Luchterhand.

Mannheim, Karl (1964): Historismus. In: Wolff, Kurt H. (Hg.): Karl Mannheim – Wissenssoziologie, Auswahl aus dem Werk, Neuwied: Luchterhand.

Mannheim, Karl (1964): Zur Problematik der Soziologie in Deutschland. In: Wolff, Kurt H. (Hg.): Karl Mannheim – Auswahl aus dem Werk, Neuwied: Luchterhand.

Mannheim, Karl (1985): Ideologie und Utopie, Frankfurt am Main: Klostermann.

Mannheim, Karl (1980): Strukturen des Denkens, Kettler, David/Meja, Volker/Stehr, Nico (Hg.) Frankfurt am Main: Suhrkamp.

Mannheim, Karl (1964): Beiträge zur Theorie der Weltanschauungs-Interpretationen. In: Wolff, Kurt H. (Hg.): Karl Mannheim – Auswahl aus dem Werk, Neuwied: Luchterhand.

Mannheim, Karl (1964): Das Problem der Generationen. In: Wolff, Kurt H. (Hg.): Karl Mannheim – Auswahl aus dem Werk, Neuwied: Luchterhand.

Mannheim, Karl (1984): Konservatismus, Ein Beitrag zur Soziologie des Wissens. Kettler, David/Meja, Volker/Stehr, Nico (Hg.), Frankfurt am Main: Suhrkamp.

Mannheim, Karl (1980): Eine soziologische Theorie der Kultur und ihrer Erkennbarkeit. In: Ders.: Strukturen des Denkens, Kettler, David/Meja, Volker/Stehr, Nico (Hg.), Frankfurt am Main: Suhrkamp

Marck, Siegfried (1982): Zum Problem des »seinsverbundenen Denkens«. In: Meja, Volker/Stehr, Nico (Hg.): Der Streit um die Wissenssoziologie, Frankfurt am Main: Suhrkamp.

Martin, Alfred von (1948): Geist und Gesellschaft – Soziologische Skizzen zur europäischen Kulturgeschichte, Frankfurt am Main: Knecht.

Marx, Karl/Engels, Friedrich (1969): Deutsche Ideologie, Marx/Engels-Werke, Band 3, Berlin: Dietz.

Scheler, Max (1980): Die Wissensformen und die Gesellschaft, München: Francke.

Tönnies, Ferdinand (1991): Gemeinschaft und Gesellschaft, Grundbegriffe der reinen Soziologie, Darmstadt: Wissenschaftliche Buchgesellschaft.

Wittgenstein, Ludwig (1967): Philosophische Untersuchungen, Aph. 7 und 23, Wissenschaftliche Sonderausgabe, Frankfurt am Main: Suhrkamp.

Wittgenstein, Ludwig (1984): Vermischte Bemerkungen. In: Ders.: Werkausgabe Band 8: Bemerkungen über Farbe. Über Gewißheit. Zettel. Vermischte Bemerkungen, Frankfurt am Main: Suhrkamp.

Wittgenstein, Ludwig (1984): Philosophische Untersuchungen, Werkausgabe Band 1, Frankfurt am Main: Suhrkamp.

5. Grundbegriffe und Methode der soziologischen Interpretation

Fleck, Ludwig (1980): Entstehung und Entwicklung einer wissenschaftlichen Tatsache – Einführung in die Lehre vom Denkstil und Denkkollektiv, Schäfer, Lothar/Schnelle, Thomas (Hg.), Frankfurt am Main: Suhrkamp.

Kuhn, Thomas S. (1967): Die Struktur wissenschaftlicher Revolutionen, Frankfurt am Main: Suhrkamp.

Löwy, Michael (1997): Erlösung und Utopie, Jüdischer Messinanismus und libertäres Denken. Eine Wahlverwandtschaft, Berlin: Karin Kramer.

Mannheim, Karl (1980): Strukturen des Denkens, Kettler, David/Meja, Volker/Stehr, Nico (Hg.), Frankfurt am Main: Suhrkamp.

Mannheim, Karl (1964): Ideologische und soziologische Interpretation der geistigen Gebilde. In: Karl Mannheim: Wissenssoziologie – Auswahl aus dem Werk, Wolff, Kurt H. (Hg.), Neuwied: Luchterhand.

Mannheim, Karl (1964): Das Problem einer Soziologie des Wissens. In: Karl Mannheim: Wissenssoziologie – Auswahl aus dem Werk, Wolff, Kurt H. (Hg.), Neuwied: Luchterhand.

Mannheim, Karl (Hg.): Beiträge zur Theorie der Weltanschauungs-Interpretation. In: Karl Mannheim – Wissenssoziologie, Auswahl aus dem Werk, Wolff, Kurt H. (Hg.), Neuwied: Luchterhand.

Mannheim, Karl (1982): Die Bedeutung der Konkurrenz im Gebiete des Geistigen. In: Meja, Volker/Stehr, Nico (Hg.): Der Streit um die Wissenssoziologie – Die Entwicklung der deutschen Wissenssoziologie, Band 1, Frankfurt am Main: Suhrkamp.

Mannheim, Karl (1985): Ideologie und Utopie, Frankfurt am Main: Klostermann.

Mannheim, Karl (1984): Konservatismus – Ein Beitrag zur Soziologie des Wissens, Kettler, David/Meja, Volker/Stehr, Nico (Hg.), Frankfurt am Main: Suhrkamp.

Mannheim, Karl (1964): Historismus, in: Karl Mannheim – Wissenssoziologie, Auswahl aus dem Werk, Wolff, Kurt H. (Hg.), Neuwied: Luchterhand.

Zima, Peter V. (2004): Der gleichgültige Held, Textsoziologische Untersuchungen zu Sartre, Moravia und Camus, Trier: Wissenschaftlicher Verlag.

Zima, Peter V. (1989): Ideologie und Theorie – Eine Diskurstheorie, Tübingen: Francke.

6. Begriff und Funktion des Intellektuellen

Adorno, Theodor W. (1986): Neue wertfreie Soziologie – Aus Anlass von Karl Mannheims »Mensch und Gesellschaft im Zeitalter des Umbaus«. In: Ders: Gesammelte Schriften 1, Frankfurt am Main: Suhrkamp.

Brinkmann, Carl (1921): Zur Soziologie der Intelligenz. In: Lederer, Emil (Hg.): Soziologische Probleme der Gegenwart. Die weißen Blätter, Neue Folge 1, Berlin.

Lederer, Emil (1918): Einige Gedanken zur Soziologie der Revolutionen. In: Der Neue Geist – Eine Schriftenreihe, Band 10, Leipzig: Neuer Geist Verlag.

Mannheim, Karl (1980): Strukturen des Denkens, Kettler, David/Meja, Volker/Stehr, Nico (Hg.), Frankfurt am Main: Suhrkamp.

Mannheim, Karl (1932): Gegenwartsaufgaben der Soziologie – Ihre Lehrgestalt, Tübingen.

Mannheim, Karl (1958): Mensch und Gesellschaft im Zeitalter des Umbaus, Darmstadt: Wissenschaftliche Buchgesellschaft.

Martin, Alfred von (1948): Das Intelligenz-Problem. In: Ders.: Geist und Gesellschaft – Soziologische Skizzen zur europäischen Kulturgeschichte, Frankfurt am Main: Knecht.

Martin, Alfred von (1948): Soziologie der Intelligenz. In: Ders.: Geist und Gesellschaft – Soziologische Skizzen zur europäischen Kulturgeschiche, Frankfurt am Main: Knecht.

Martin, Alfred von (1965): Die Intellektuellen als gesellschaftlicher Faktor. In: Ders.: Mensch und Gesellschaft heute, Frankfurt am Main: Knecht.

Neusüss, Alfred (1968): Utopisches Bewusstsein und Freischwebende Intelligenz: Zur Wissensoziologie Karl Mannheim, Meisenheim: Hain.

Simmel, Georg (1992): Exkurs über den Fremden. In: Ders.: Soziologie, Gesamtausgabe Band 11, Frankfurt am Main: Suhrkamp.

Speier, Hans (1982): Soziologie oder Ideologie? In: Meja, Volker/Stehr, Nico (Hg.): Der Streit um die Wissenssoziologie 2 Bände, Frankfurt am Main: Suhrkamp.

Wasner, Barbara (2004): Eliten in Europa – Einführung in Theorie, Konzepte und Befunde, Wiesbaden: UTB.

7. Zwischen den Fronten: Zweierlei Kritik an K. Mannheim

Adorno, Theodor W. (1986): Neue wertfreie Soziologie. In: Ders.: Gesammelte Schriften 20.1. Vermischte Schriften, Frankfurt am Main: Suhrkamp.

Adorno, Theodor W. (1997): Das Bewusstsein der Wissenssoziologie. In: Ders.: Kulturkritik und Gesellschaft, Gesammelte Schriften 10. 1., Frankfurt am Main: Suhrkamp.

Adorno, Theodor W. (1996): Negative Dialektik. In: Ders.: Gesammelte Schriften, Band 6, Frankfurt am Main: Suhrkamp.

Adorno, Theodor W. (1997): Die Aktualität der Philosophie. In: Ders.: Philosophische Frühschriften, Gesammelte Schriften, Band 1, Frankfurt am Main: Suhrkamp.

Curtius, Ernst R. (1929): Soziologie und ihre Grenzen. In: Neue Schweizer Rundschau, Heft 10.

Curtius, Ernst R. (1932): Deutscher Geist in Gefahr, Berlin: DVA.

Hammerstein, Notker (1989): Johann Wolfgang Goethe-Universität – Von der Stiftungsuniversität zur staatlichen Hochschule, 1914-1950, Band 1, Neuwied: Metzner.

Hofmann, Wilhelm (1996): Karl Mannheim zur Einführung, Hamburg: Junius.

Horkheimer, Max (1988): Nachgelassene Schriften, Gesammelte Schriften, Band 14, Frankfurt am Main: Fischer.

Horkheimer, Max (1988): Ein neuer Ideologiebegriff? (1930). In: Ders.: Philosophische Frühschriften 1922-1932, Gesammelte Schriften, Band 2, Frankfurt am Main: Fischer.

Horkheimer, Max (1987): Pareto und die Frankfurter Soziologische Schule. In: Ders.: Nachgelassene Schriften 1914-1931, Gesammelte Schriften, Band 11, Frankfurt am Main: Fischer.

Lepenies, Wolf (1985): Die drei Kulturen – Soziologie zwischen Literatur und Wissenschaft, München: Hanser.

Löwy, Michael (1997): Erlösung und Utopie, Jüdischer Messianismus und libertäres Denken – Eine Wahlverwandtschaft, Berlin: Kramer.

Luhmann, Niklas (1980): Gesellschafliche Struktur und semantische Tradition. In: Ders.: Gesellschaftsstruktur und Semantik. Studien zur Wissenssoziologie der modernen Gesellschaft, Band 1, Frankfurt am Main: Suhrkamp.

Mannheim, Karl (1985): Ideologie und Utopie, Frankfurt am Main: Klostermann.

Mannheim, Karl (1964): Zur Problematik der Soziologie in Deutschland. In: Ders.: Wissenssoziologie – Auswahl aus dem Werk, Wolff, Kurt H. (Hg.), Neuwied: Luchterhand.

Mannheim, Karl (1982): Die Bedeutung der Konkurrenz im Gebiet des Geistigen. In: Meja, Volker/Stehr, Nico (Hg.): Der Streit um die Wissenssoziologie – Die Entwicklung der deutschen Wissenssoziologie, Band 1, Frankfurt am Main: Suhrkamp.

Mannheim, Karl (1980): Strukturen des Denkens, Kettler, David/ Meja, Volker/Stehr, Nico (Hg.), Frankfurt am Main: Suhrkamp.

Matthiesen, Ulf (1989): Kontrastierungen/Kooperationen: Karl Mannheim in Frankfurt 1930-1933. In: Steinert, Heinz (Hg.): Die (mindestens) zwei Sozialwissenschaften in Frankfurt und ihre Geschichte, Universitätsschriften der Johann W. Goethe-Universität Frankfurt, Frankfurt am Main

Wiggershaus, Rolf (1986): Die Frankfurter Schule, München: DTV.

8. Schlussbemerkung: Agonalität und Synthese

Burckhardt, Jacob (1957): Griechische Kulturgeschichte, Band III der Gesammelten Werke, Darmstadt: Wissenschaftliche Buchgesellschaft.

Mannheim, Karl (1982): Die Bedeutung der Konkurrenz im Gebiete des Geistigen. In: Meja, Volker/Stehr, Nico (Hg.): Der Streit um die Wissenssoziologie – Die Entwicklung der deutschen Wissenssoziologie, Band 1, Frankfurt am Main: Suhrkamp.

Nullmeier, Frank (2000): Politische Theorie des Sozialstaates, Frankfurt am Main: Campus.

Schmitt, Carl (1987): Der Begriff des Politischen, (Text von 1933), Berlin: Duncker & Humblodt Verlag.

Sozialtheorie

Markus Holzinger
Die Einübung des Möglichkeitssinns
Zur Kontingenz in der Gegenwartsgesellschaft
Juni 2007, ca. 320 Seiten, kart., ca. 29,80 €,
ISBN: 978-3-89942-543-7

Susanne Krasmann, Michael Volkmer (Hg.)
Michel Foucaults »Geschichte der Gouvernementalität« in den Sozialwissenschaften
Internationale Beiträge
Mai 2007, ca. 260 Seiten, kart., ca. 26,80 €,
ISBN: 978-3-89942-488-1

Jörg Döring, Tristan Thielmann (Hg.)
Spatial Turn
Das Raumparadigma in den Kultur- und Sozialwissenschaften
Mai 2007, ca. 350 Seiten, kart., ca. 29,80 €,
ISBN: 978-3-89942-683-0

Jochen Dreher, Peter Stegmaier (Hg.)
Zur Unüberwindbarkeit kultureller Differenz
Grundlagentheoretische Reflexionen
April 2007, ca. 260 Seiten, kart., ca. 25,80 €,
ISBN: 978-3-89942-477-5

Hans-Joachim Lincke
Doing Time
Die zeitliche Ästhetik von Essen, Trinken und Lebensstilen
April 2007, ca. 270 Seiten, kart., ca. 26,80 €,
ISBN: 978-3-89942-685-4

Anne Peters
Politikverlust?
Eine Fahndung mit Peirce und Zizek
März 2007, 310 Seiten, kart., ca. 29,80 €,
ISBN: 978-3-89942-655-7

Benjamin Jörissen
Beobachtungen der Realität
Die Frage nach der Wirklichkeit im Zeitalter der Neuen Medien
März 2007, ca. 232 Seiten, kart., ca. 24,80 €,
ISBN: 978-3-89942-586-4

Nina Oelkers
Aktivierung von Elternverantwortung
Zur Aufgabenwahrnehmung in Jugendämtern nach dem neuen Kindschaftsrecht
März 2007, ca. 450 Seiten, kart., ca. 34,80 €,
ISBN: 978-3-89942-632-8

Thomas Jung
Die Seinsgebundenheit des Denkens
Karl Mannheim und die Grundlegung einer Denksoziologie
Februar 2007, 324 Seiten, kart., 29,80 €,
ISBN: 978-3-89942-636-6

Christine Matter
»New World Horizon«
Religion, Moderne und amerikanische Individualität
Februar 2007, 260 Seiten, kart., 25,80 €,
ISBN: 978-3-89942-625-0

Leseproben und weitere Informationen finden Sie unter:
www.transcript-verlag.de

Sozialtheorie

Ingrid Jungwirth
Zum Identitätsdiskurs in den Sozialwissenschaften
Eine postkolonial und queer informierte Kritik an George H. Mead, Erik H. Erikson und Erving Goffman
Februar 2007, 410 Seiten,
kart., 33,80 €,
ISBN: 978-3-89942-571-0

Petra Jacoby
Kollektivierung der Phantasie?
Künstlergruppen in der DDR zwischen Vereinnahmung und Erfindungsgabe
Januar 2007, 276 Seiten,
kart., 27,80 €,
ISBN: 978-3-89942-627-4

Sacha-Roger Szabo
Rausch und Rummel
Attraktionen auf Jahrmärkten und in Vergnügungsparks. Eine soziologische Kulturgeschichte
2006, 248 Seiten,
kart., zahlr. Abb., 25,80 €,
ISBN: 978-3-89942-566-6

Max Miller
Dissens
Zur Theorie diskursiven und systemischen Lernens
2006, 392 Seiten,
kart., 30,80 €,
ISBN: 978-3-89942-484-3

Martin Voss
Symbolische Formen
Grundlagen und Elemente einer Soziologie der Katastrophe
2006, 312 Seiten,
kart., 28,80 €,
ISBN: 978-3-89942-547-5

Heiner Keupp,
Joachim Hohl (Hg.)
Subjektdiskurse im gesellschaftlichen Wandel
Zur Theorie des Subjekts in der Spätmoderne
2006, 232 Seiten,
kart., 25,80 €,
ISBN: 978-3-89942-562-8

Amalia Barboza,
Christoph Henning (Hg.)
Deutsch-jüdische Wissenschaftsschicksale
Studien über Identitätskonstruktionen in der Sozialwissenschaft
2006, 292 Seiten,
kart., 28,80 €,
ISBN: 978-3-89942-502-4

Mark Hillebrand,
Paula Krüger,
Andrea Lilge,
Karen Struve (Hg.)
Willkürliche Grenzen
Das Werk Pierre Bourdieus in interdisziplinärer Anwendung
2006, 256 Seiten,
kart., 25,80 €,
ISBN: 978-3-89942-540-6

Renate Grau
Ästhetisches Engineering
Zur Verbreitung von Belletristik im Literaturbetrieb
2006, 322 Seiten,
kart., 32,80 €,
ISBN: 978-3-89942-529-1